ERNST TROELTSCH

Die Fehlgeburt einer Republik

DIE ANDERE BIBLIOTHEK

Herausgegeben

von

Hans Magnus Enzensberger

Ernst Troeltsch

DIE FEHLGEBURT EINER REPUBLIK

Spektator in Berlin 1918 bis 1922

Zusammengestellt
und mit einem Nachwort versehen
von Johann Hinrich Claussen

Eichborn Verlag
Frankfurt am Main 1994

Die Revolution in Berlin
30. 11. 1918*

[...]

Die lange gefürchtete und verheißene Revolution ist ausgebrochen. Deutschland hat heute seine siegreiche Revolution, wie sie einst England, Amerika und Frankreich hatten. Es hat sie im unseligsten Moment des allgemeinen militärischen, wirtschaftlichen und nervösen Zusammenbruches. Darin liegt der Unterschied von jenen Revolutionen. Noch kann man kaum die Ungeheuerlichkeit der Ereignisse ausdenken, obwohl man in diesen Jahren an Ungeheures wahrlich gewöhnt war. Noch fürchtet man für das elementarste persönliche Dasein. Die Bedeutung für Deutschland und für die Welt sieht noch niemand ab, kaum hat man Ruhe, sie zu bedenken. Man wundert sich, wenn man aus dem Hause geht, daß Häuser und Bäume noch stehen. Man kommt in deren Ruhe wieder zu etwas Besinnung, und, wer das Talent dazu hat, zu einiger Freude an der Natur, die dem Wahnsinn der Menschen mit immer gleicher Unbekümmertheit zuschaut, wie sie es all die Jahre her getan hat und noch lange tun wird.

Es ist merkwürdig, wie man mit den gewaltigsten Ereignissen sozusagen Wand an Wand leben und doch von ihnen fast gar nichts merken kann. Auch ein Mann, der mit den wichtigsten Regierungspersonen wohl bekannt und von den Arbeiterführern im allgemeinen über die Sachlage unterrichtet war, hat von den entscheidenden Dingen fast nichts gewußt, woraus der Schluß zu ziehen

* Dieser Brief wurde erst am 15. 11. 1919 abgedruckt, der Chronologie wegen jedoch hier vorgezogen.

ist, daß auch jene nicht allzuviel gewußt haben. Wohl kannte ich seit dem Winter 1917 die gespannte Atmosphäre und die Revolutionsgefahr. Der Sturz Bethmanns hat verhängnisvoll gewirkt. Damals schufen die Arbeiterführer der verschiedensten Richtungen den Volksbund mit der Begründung, es gehe so nicht weiter, das Volk halte nicht mehr aus und es habe das Vertrauen verloren; es müsse ihm irgend eine Hoffnung von nicht-militärischer Seite her gezeigt werden. Deputationen dieser Führer waren bei Ludendorff und haben ihm aufs ernsteste die Gefahr der Lage gezeigt. Aber niemand glaubte ihnen. Ein sonst sehr vernünftiger Abgeordneter der freikonservativen Partei verwies einfach auf die Maschinengewehre als einziges Gegenargument. Seitden wurde die Lage immer gefährlicher. Wohl kannte ich ferner die steigende Entfremdung zwischen Mannschaften und Offizieren bei vielen Truppenteilen und den Haß zwischen Front und Etappe. Im September 1918 erlebte ich im Allgäu in einer nationalliberalen Bauernversammlung einen geradezu erschreckenden Ausbruch dieses Hasses gegen die Offiziere und die in ihnen verkörperten »preußischen Manieren«, wie die tobenden Beschwerdeführer sagten. Dann kam Anfang Oktober die Klarheit über unseren endgültigen militärischen Mißerfolg, und Herr von Hintze vollzog als einzige mir bekannt gewordene Handlung mit aller Energie den Übergang zur demokratischen und parlamentarischen Monarchie als der schlechthin unentbehrlichen Voraussetzung des Friedensschlusses. Diesen selbst dachte man sich noch auf Grund einer in Belgien haltbaren festen Linie. Prinz Max von Baden, einer der menschlich edelsten und weitsichtigsten Fürsten, der im Auslande Respekt und Vertrauen genoß, opferte sich mit vollem Bewußtsein der Erhaltung von Dynastie und Reich. In den fürstlichen Familien war seit langem die Gefahr der Revolution besprochen worden, wobei Kaiser und Kaiserin bezüglich der Gegenmittel verschieden dachten und die Kaiserin schließlich den Kaiser durch Herrn von Berg von der Außenwelt völlig abschnitt. Im Oktober 1917 sagte mir ein deutscher Bundesfürst, der seine Pappenheimer kannte, über die eben gegründete Vaterlandspartei: »Hätte ich etwas zu sagen, ich würde diese Leute an die Wand stellen; sie bringen uns um unsre Throne.« Revolutionsfurcht war also genug vorhanden. Aus dieser Einsicht und aus diesem Zwang der auswärtigen Politik entstand die verspätete Reformregierung des Prinzen Max. Der unter ihm bewirkte Verfassungsumschwung war eine volle Revolution, eine politische und Verfassungsrevolution von oben her. In dem furchtbaren Bangen jener Tage sah alle Welt über den Revolutionscharakter hinweg. Immerhin ergab sich aus dieser Revolution die Frage der Abdankung des Kaisers, die durch die allgemein anerkannte Unmöglichkeit des Kronprinzen einen ganz besonders verhängnisvollen Charakter annahm. Die Arbeiterführer im Kabinett, die sämtlich, auch die grundsätzlichen Republikaner unter ihnen, entschlossen für die Erhaltung der Monarchie eintraten, glaubten damit, die in diesem Moment politisch und militärisch völlig unentbehrliche Monarchie retten zu können. Ob sie mit dieser Annahme recht hatten, weiß ich nicht, das kann schließlich niemand sicher wissen. Da floh der Kaiser nach Homburg in das weit zurückverlegte Hauptquartier, schwerlich aus eigenem Antrieb. Der Prinz konnte kaum mehr mit ihm verkehren, eine persönliche Reise nach Homburg wäre mit der Gefahr der Gefangensetzung verbunden gewesen. So war die Teilung der Regierung endgültig, die monarchisch-militärische und die parlamentarisch-bürokratische waren völlig getrennt und im Kampf. Die Situation wurde sehr unbehaglich, aber niemand ahnte, was kommen sollte.

Es waren die Tage, an denen man die *levée en masse* vorbereiten wollte. Zu diesem Zweck wurden die Vorstände von Vaterlandspartei und Volksbund zusammenberufen. Herr von Tirpitz bestritt hier, daß die Vaterlandspartei jemals Annexionen gewollt habe und daß sie gegen das allgemeine Wahlrecht in Preußen gewesen sei! Die Arbeiterführer erklärten demgegenüber, daß das öffentliche Bild von der Vaterlandspartei jedenfalls ein anderes sei und daß es um dieses Bildes willen ihnen unmöglich sei, die Massen zu einer Versöhnung mit der Vaterlandspartei zu bringen. Die *levée en masse* habe übrigens bereits vier Jahre lang stattgefunden; heute könne jeder Versuch dazu die Revolution entfesseln. Es sei zu spät.

Ein paar Tage danach fand eine Delegiertensitzung des »Volksbundes für Vaterland und Freiheit« statt. Ein Student, der Beziehungen zu den Unabhängigen unterhielt, erklärte die Regierung des Prinzen Max für das deutsche Ministerium Kerenski und stellte den völligen Zusammenbruch in Aussicht, wenn nicht sofort radikale soziale Maßnahmen proklamiert und verwirklicht würden. Es sei fünf Minuten vor 12 Uhr. Die Versammlung im Ganzen wollte von diesem Pessimismus und sozialen Umsturz nichts wissen; der Führer der Handelsangestellten meinte, es sei der Moment, wo Ruhe einmal wirklich die erste Bürgerpflicht sei und Aufregungen zu vermeiden seien.

Dann kam die Nachricht vom Abfall Bulgariens. Sie wurde sofort als falsch oder nicht endgültig und harmlos in den Zeitungen bezeichnet. Aber man fühlte den Boden wanken. Was mochte aus ihm hervorkriechen?

Die ersten Zeichen waren ganz harmlos, aber vielsagend. Meine Frau sprach den Burschen eines Hauptmanns, der ihr Kartoffeln aus ihrem väterlichen Gut mitgebracht hatte: der Bursche lehnte die Bezeichnung als Bursche ab und nannte sich »Gehilfe und Vorleser«. Etwas ähnliches begegnete am gleichen Tage einer andern Dame. Das war am 7. November. Am selben Tage hatte ich eine Sitzung mit einigen in den Ministerien arbeitenden Gelehrten: sie wurden um 6 Uhr unruhig und wollten nach Hause; man könne nicht wissen, ob nicht der elektrische Strom unterbrochen werde; es seien alle Häuser unter den Linden mit Militär besetzt; von Naumburg seien mit Automobilen die von ihren Offizieren als besonders königstreu beurteilten Jäger gekommen; aber es sei etwas Unbehagliches in der Luft. Das sah ja nun ernst genug aus, aber wir zweifelten nicht an dem Erfolg der Jäger. Am Freitag, den 8. November, kam ich nicht in die Stadt und merkte gar nichts. Am Sonnabend, dem berüchtigten 9. November, wurde ich von einem Bekannten im Scherz als »bayerischer Republikaner« begrüßt: in meiner bayerischen Heimat war die Republik erklärt worden. Ich hielt das bei meiner Kenntnis Bayerns für einen hauptstädtischen Putsch, der sich aus der Unbeliebtheit des Königs und den fremden Arbeitermassen erklären mochte, der aber jedenfalls nur etwas Vorübergehendes sein könne. Im Westen von Berlin merkte man noch nichts. Als ich mittags nach Hause fuhr, kam vom Charlottenburger Schloßplatze her ein Soldat gelaufen und sprang auf die Trambahn mit der Meldung, dort rissen »sie« den Offizieren Säbel und Achselstücke ab. Ein Leutnant kam und beruhigte die Leute mit der Meldung, der Kaiser habe abgedankt. Nachmittags war mein Junge beim Schuster, der zugleich Landsturmmann war; er hatte aus der Kaserne Leder, Lebensmittel usw. in großer Masse »gerettet« und war noch unverschämter als sonst; in der Kaserne sei alles aus; der Major habe den Säbel hingeworfen und gerufen: es ist zu Ende; dann seien sie alle nach Hause gegangen. Die Mittagszeitung meldete die Ernennung von Ebert zum Reichskanzler, eine ganz unverständliche Meldung. Abends kamen mehr Zeitungen, sie berichteten den Sieg der Revolution in Berlin, sowie die Marine-Meuterei in Kiel und Wilhelmshaven. Am nächsten Sonntagmorgen nach banger Nacht ward das Bild aus den Morgenzeitungen klar: der Kaiser in Holland, die Revolution in den meisten Zentren siegreich, die Bundesfürsten im Abdanken begriffen. Kein Mann tot für Kaiser und Reich! Die Beamtenschaft in den Dienst der neuen Regierung getreten! Die Fortdauer aller Verpflichtungen gesichert und kein Sturm auf die Banken!

Sonntag, den 10. November, war ein wundervoller Herbsttag. Die Bürger gingen in Massen wie gewöhnlich im Grunewald spazieren. Keine eleganten Toiletten, lauter Bürger, manche wohl absichtlich einfach angezogen. Alles etwas gedämpft wie Leute, deren Schicksal irgendwo weit in der Ferne entschieden wird, aber doch beruhigt und behaglich, daß es so gut abgegangen war. Trambahnen und Untergrundbahn gingen wie sonst, das Unterpfand dafür, daß für den unmittelbaren Lebensbedarf alles in Ordnung war. Auf allen Gesichtern stand geschrieben: Die Gehälter werden weiterbezahlt.

Montag, den 11. November, hatte Hans Delbrück seinen siebzigsten Geburtstag. Ich mußte, ihn zu besuchen, ein bißchen durch den Wald gehen. Meine Frau wollte mich nicht ohne Revolver gehen lassen. Aber in Wahrheit war alles absolut ruhig. Dort traf ich allerhand Spitzen der Gelehrten-, Beamten- und Finanzwelt. Es war eine merkwürdige Feier, ähnlich einer Begräbnisfeier. Man sprach gedämpft. Der Glück wünschende Redner fand vor Tränen die Worte nicht. Delbrück erwiderte ergreifend, es sei das Ende der Fridericianischen Monarchie, mit der all sein politisches Denken und jeder Glaube an Deutschlands Zukunft verwachsen sei; sie habe stets an bösen Rückbildungen und Erstarrungen gelitten, woraus sich stets revolutionäre Neigungen ergaben. So furchtbar wie jetzt habe es freilich mit ihr noch nie gestanden. Der Glaube des Historikers an alle seine bisherigen Maßstäbe und Voraussetzungen sei im Wanken. Aber es gelte Goethes Wort: »Und keine Macht und keine Zeit zerstükkelt geprägte Form, die lebend sich entwickelt«. Ich ging fort ohne Glauben an diese geprägte Form, denn so viel man sehen konnte, war gerade ihr »Gepräge«, die militärische Form und der zugehörige »Geist« bei den Massen unheilbar zerbrochen. Was aber dann?

In den nächsten Tagen kamen dann die Einzelheiten über die Waffenstillstandsbedingungen, die uns darüber belehrten, daß wir absolut auch über die militärische Lage nicht im Bilde waren, wenn wir meinten, das demokratisierte Deutschland werde sich mit Hilfe einer festen Defensiv-Linie einen erträglichen Frieden noch erwerben können. Denn dieser Waffenstillstand ist eine verschleierte Kapitulation, kein Waffenstillstand. Ich wußte, daß Prinz Max und unsre Diplomatie an eine derartige Verzweifeltheit der militärischen Lage nicht glaubten und daß sie auf einen Monat militärisch fester Haltung rechneten, in welchem der Krieg liquidiert werden könne, mit großen Verlusten, aber doch in Ehren und unter Behauptung des Reiches und der Monarchie. Auch hier also hatten wir so gut wie nichts gewußt und gemerkt.

Die militärischen Vorgänge und die Revolution, beide sind dunkel. Nur entsetzliche Folgen sind wahrscheinlich. Was sich begeben hat, wissen die meisten von uns in Wahrheit immer noch nicht.

Bald wird man mehr wissen, und sich dann auch klarer auf die neue Lage einstellen können.

[...]

Rück- und Umblick 1
9. 1. 1919

Die Revolution war in erster Linie eine Militär-Revolution, sie ist gleichzeitig an weit auseinander liegenden Stellen der Front und in der Heimat aufgeflammt. Ihr Verlauf war überall derselbe: ein kampfloses Zusammenbrechen, ein Verschwinden der Offiziere, eine Herrschaft der Soldatenräte und dann ein Durcheinander, während die Soldaten und Matrosen zunächst nur eine Art vergnügten Feriengefühls zeigten. Die psychologischen Voraussetzungen von alledem, wie sie allmählich geworden sind, kann man unschwer begreifen, aber die Organisation, die unzweifelhaft hinter allem stand, ist noch unbekannt. Jedenfalls haben die Russen und die »Unabhängigen« hier eine große Rolle gespielt. Die Regierungssozialdemokratie war zwar im allgemeinen der kritischen Lage kundig, aber doch unzweifelhaft überrascht und bestürzt. Sie suchte den Stoß durch Teilung mit den Unabhängigen aufzufangen, aber es war natürlich auch wichtig für sie, den Anschluß an die Revolution nicht zu versäumen. Von da ab wurde sie durch das doppelte Interesse bestimmt: nämlich die innerpolitisch und außenpolitisch höchst gefährliche Revolution in das Bett der Ordnung und des Übergang zu leiten, andererseits das lang gepredigte Revolutions-Ideal als Verwirklichung ihrer Hoffnungen und Pläne begeistert zu feiern, d.h. sie vertraten auf der einen Seite das Gesamtstaatsinteresse und auf der anderen das Proletarierinteresse und die Proletariergemeinsamkeit. Da liegt also von Haus aus eine zwiespältige psychologische Stellung zur Sache in der Natur der Dinge für Leute, welche doch zugleich das Schicksal der Nation im schwierigsten und gefährlichsten Augenblicke in der Hand halten und beständig Rettung oder Untergang des Reiches vor Augen haben. Dazu kommt, daß auch die Mehrheits-

Sozialdemokraten an das Dogma von der Erlösung des Volkes durch das Proletariat glauben und davon überzeugt sind, daß sie gegen dessen verwirrte und radikalisierte Massen nur Überredung und Verhandlung, aber nicht Gewalt brauchen dürfen. Geübt in der Behandlung von Volks-Psychosen, glauben sie auch hier, nur so vorgehen zu dürfen, wie man eine Psychose behandeln muß. Ferner waren sie in schlimmer Lage, weil sie keinerlei Armee zur Deckung hatten, von den Offizieren Restaurationsversuche fürchteten und selbst keine Armee für sich organisieren konnten und wollten. Die von der Front zurückgekehrten Truppen wurden zum großen und vielfach zum besten Teile sofort entlassen; die Kommandos mußten statt dessen die noch nicht an der Front gewesenen, für den »Endkampf« ausgehobenen, noch undisziplinierten Schein-Soldaten übernehmen. So wurde die Gelegenheit, mit verhältnismäßig geringen Mitteln und Verlusten Ordnung zu schaffen, absichtlich versäumt, und der sehr tüchtige und willige General v. Lequis trat zurück. Auch waren und sind sehr viele Offiziere sehr passiv, weil sie über die ihnen widerfahrene Behandlung erbittert sind; es wäre menschlich erklärlich, wenn sie den Sozialisten nicht ungern zeigten, wohin es kommt, wenn man die bisherigen Führer so behandelt. So war die Regierung psychologisch und materiell daran gehindert, mit Hilfe der Fronttruppen die Ordnung sofort zu schaffen. Auch ist sie der Technik und Kunst des Regierens nicht ganz sicher, sie regiert den Staat wie eine schwierige Gewerkschaft. Inzwischen wuchs die Anarchie politisch und wirtschaftlich. Da ich dies schreibe, am 9. 1., ist die Regierung zum Handeln entschlossen, um die Zertrümmerung Deutschlands zu verhindern, die Grundlagen der Wirtschaft zu retten und einer reißenden Bewegung nach Rechts vorzubeugen, wohl auch aus eignem politischen Ehrgefühl. Kluge und ehrliche Leute sind die Volksbeauftragten unzweifelhaft. Ich *glaube* heute, daß es gelingen wird, den Bolschewismus bei uns zu überwinden —, aber das alles sind natürlich lediglich Eindrücke, aus hundert kleinen Mitteilungen zusammengesetzt und aufgefangen. Auch ist stets zu fürchten, daß die Regierung, um nicht bürgerlich zu erscheinen, so schnell wie möglich wieder zum Parlamentieren und Verhandeln zurückkehrt und damit alle willigen Offiziere wieder zur Niederlegung der Verantwortung zwingt. Und wenn der Bolschewismus bei uns unterdrückt ist, so bleibt die Gefahr des Welt-Bolschewismus und der Russen.

Den Kern der ganzen Lage bezeichnet eben die Zertrümmerung und psychologische Auflösung der Armee, sowie die Notwendigkeit ihrer baldigen Reorganisation. Diese nun darf kein Werk der versteckten Restauration sein, wenn nicht fürchterliche Bürgerkriege eintreten sollen; andererseits aber muß die Armee eine wirkliche Führung und echte Disziplin haben, wovor wieder die Sozialdemokraten sich fürchten. Über das Verhalten der bisherigen Führung der Armee und darüber, ob sie über die rein passive Korrektheit bei der Demobilisation hinausgeht, kann ich nichts erfahren. Jedenfalls liegen auch hier die Voraussetzungen psychologisch sehr geteilt: eine gewisse Genugtuung angesichts der schlimmen Lage, die der Zertrümmerung der Armee gefolgt ist, könnte mitspielen. Ohne Reorganisation der Armee aber, das wird man heute schon bestimmt sagen können, gibt es auf absehbare Zeit keine Ordnung und gibt es schließlich den Einmarsch der Entente. Ich mag nicht verheimlichen, daß es jetzt schon Menschen unter uns gibt, die diesen Einmarsch wünschen, obgleich die diabolische Politik der Entente jeden Denkenden warnen sollte. Insbesondere liegt ja völlig klar, daß das menschenarme Frankreich die deutsche Menschenmasse fürchtet, den Anschluß Österreichs hintertreibt und sich durch jede nur denkbare Möglichkeit für die Zukunft zu »sichern« sucht, genau so wie man früher bei uns »Sicherungen« in der Besetzung Belgiens und Brieys suchte. Nur nennt man das drüben nicht Sicherung, sondern »Bestrafung«.

Man wird von der Revolution heute noch nicht sagen können, ob sie vermeidbar war. Ob vermeidbar oder nicht, ein großes Unglück ist sie. Schon der Waffenstillstand wäre ohne sie nicht so entsetzlich geworden. Wie der Frieden werden wird, das wird sich zeigen; die Entente wird ein sozialistisches Deutschland auf's engste einschnüren und kontrollieren. Österreich scheint schon heute durch die deutschen Wirren erschreckt. Wie es die Polen infolge unsrer Selbstentwaffnung treiben, wissen wir. Nach Innen hat die Diktatur des Proletariats und die Aufwerfung der Religionsfrage lediglich entzweiend gewirkt und dem Sozialismus die heftigste Gegnerschaft geschaffen, die auch vor der Auflösung des Reiches nicht zurückscheut. Daß das Nationalgefühl der Deutschen noch sehr jung ist und überall von Klassen-Gefühl, Konfessions-Gefühl, Standes-Gefühl überwogen wird, zeigt sich sehr deutlich. Aber der gute Kern des Sozialismus und das auch durch keine Restauration aufhaltbare Drängen zur Demokratie können an sich immer noch zum erträglich Guten gewendet werden. Wirtschaftlich freilich sieht es höchst düster aus. Verwaltungsmänner und Industrielle rechnen mit kolossaler Auswanderung, mit Geburtenrückgang, mit Wieder-Agrarisierung Deutschlands und nur einer dünnen industriellen Decke. Einer der verdientesten und kundigsten Verwaltungsmänner sprach vom armen Westen und reichen Osten der Zukunft, wozu ein anderer bemerkt, wir müßten sagen: der weniger arme Osten. Doch sind das alles unsichere Rechnungen, von der Entwicklung des »Völkerbundes« und der Weltrationierung der Rohstoffe, sowie von der Gestaltung der Lohnverhältnisse abhängig, und in allen Ländern gärt es. Aus England erfährt man über Holland von gewaltigen Lohnbewegungen, von denen die englische bürgerliche Presse nichts mitteilt. Die ganze Welt wird anders. Es ist noch lange nicht aller Tage Abend.

*Rück- und Umblick 2**

Warum es zur Niederzwingung der Spartakisten so spät gekommen ist, das habe ich in meinem vorigen Briefe erläutert. Sie war grausig und schauderhaft und hat in der Lynchung der Rosa Luxemburg ein entsetzliches

* Veröffentlicht Mitte Januar 1919; das Datum ist nicht exakt zu ermitteln.

Nachspiel gehabt. Im übrigen ging während aller Greuel das Großstadtleben seinen Weg weiter. Musiker und Histrionen bieten sich an allen Plakatsäulen in Massen an, die Theater spielen weiter und versammeln ihr an Gewehrschüssen vorbeieilendes Publikum in gewohnter Masse, vor allem wird, wo irgend möglich, *getanzt* — ohne Rücksicht auf die Kohlen- und Lichtnot. Immer neue Streiks erschüttern die elementaren Lebensbedingungen, und überall steigen die Löhne ohne Mehrung der Güterproduktion. Auf dem Land und in den Betrieben fehlen die hochnötigen Arbeitskräfte, in den Großstädten sammelt sich arbeitsunlustiges und der neuen Dinge harrendes Volk, das durch Lohnsteigerungen und Vermehrung des Papiergeldes der Not steuern zu können glaubt. Anfänge einer Neubildung der Armee sind im Gange, eine Mischung von Miliz, Freiwilligensystem und Söldnerheer, von den Schwärmern und Idealisten leidenschaftlich bekämpft, aber praktisch die einzige Rettung. Die zweite große Hauptaufgabe neben der Bildung einer disziplinierten Miliz ist die Rückführung der Arbeitslosen zur Arbeit, die objektiv so möglich wie nötig wäre, die aber an psychologischen Hindernissen vorläufig immer wieder scheitert. Die Aufgaben der Regierung sind ungeheuer an Bedeutung und an Schwierigkeit. Noch ist ihre Lösung unter dem gleichzeitigen Druck der Polen und Russen wie der Entente und bei der Fortdauer der Arbeit, Rohstoffbezug und Absatz schlechthin hindernden Blockade nichts weniger als sicher. Die Politik der Entente ist teuflisch; von ihren Humanitätsphrasen ist nichts mehr übrig als der Glaube deutscher Schwärmer an sie und die Suggestion eines völlig unsinnigen Schuldbekenntnisses. Wie es mit der immer noch riesigen, nur vorsichtig demobilisierenden und die Leute vorläufig noch unterhaltenden Armee im Lande aussieht, ist schwer zu sagen. Man erfährt nur hin und wieder Beispiele. Vom Bereich des 7. Korps erfuhr ich soeben, daß es von einem Zentralrat regiert wird, der seine Delegierten aus Bezirksräten empfängt und daß hier die buntesten und wildesten Entschlüsse leichtweg gefaßt werden, z. B. Verzicht auf Abwehr der Polen und Russen. Die sehr unordentlich gewählten Vertreter wechseln, bald gibt es Mehrheiten aus Unabhängigen und Bolschewisten, bald werden diese durch mutige und vernünftige Leute niedergerungen und dann die Beschlüsse aufgehoben. Hier ist jeder kluge, redegewandte und ehrliche Gebildete vom größten Werte und kann großes Übel verhindern. Ähnlich wird es allenthalben stehen. Und neben diesem Wirrsal geht die alte Administration und die Fernwirkung der Berliner Zentralregierung so gut wie möglich weiter.

Wie weit Wahlen und Nationalversammlung dieses Chaos klären können, das ist heute schwer zu sagen. Offenkundig ist nur das eine: Einheit und Ordnung des Reiches beruht auf der Maschinerie der sozialdemokratischen Partei. Sie und ihre Leitung gehen außerordentlich gestärkt aus diesen Wahlen hervor. Die dem Spartakismus und phantastischen Bolschewismus überall mehr oder minder nahestehenden »Unabhängigen« erscheinen als geringe Minderheit, die konservativ-antisemitischen Alldeutschen sind gleichfalls auf schmale Bestandteile verringert, und das Zentrum ist nicht mehr »Trumpf«. Es kommt nun darauf an, wie Mehrheits-Sozialdemokraten und Deutsch-Demokraten die Möglichkeit eines Zusammenarbeitens und die gemeinsame Rücksicht auf die doch immer, namentlich beim Zentrum, stattlichen Minderheiten finden werden. Schwierig genug wird die Sache sein, um so mehr, als die Fragen der inneren Politik und Verfassungsbildung die Aufmerksamkeit gar nicht erschöpfen dürfen, sondern die Weltlage mit ihrer Mischung politischer, sozialer, wirtschaftlicher und ethnologischer Krisen und die Erhaltung des Reiches in dieser Weltlage eine fast noch größere Sorge bilden. Ich sprach neulich einen unserer Diplomaten, der der unseligen Moskauer Legation angehört hatte und die dortigen Männer aus zahlreichen und offenherzigsten Disputationen kennt. Er meint, das Ganze ähnele einem asiatischen Aufstand gegen den Westen, mit dem Ziel eines neuen Dschingis-Chan-Zuges, der grundsätzlich und planmäßig die westliche Kultur zerstören wolle und zunächst und zuerst die im Wege liegende deutsche. Es gibt Leute, die es im Angesichte dessen für den Plan der Entente halten, Süd- und Westdeutschland als Glacis gegen den Bolschewismus aufzubauen, Norddeutschland dagegen preiszugeben oder zum kommenden Schlachtfelde gegen den Bolschewismus zu machen.

Die Gefahren sind allenthalben riesengroß. Unsere Schwärmer wollen sie nicht sehen, wie umgekehrt unsere alten Machtpolitiker alles Schwarz in Schwarz malen und die Lust an einem Reiche verlieren, das ihren Gefühlen und Klasseninteressen so wenig Raum bietet. In Berlin waren neben Unabhängigen die Deutsch-Nationalen die Störer und Versammlungssprenger. Ein Trost ist bei alledem, daß die Wahlen im Reiche und in den Bundesstaaten wesentlich parallel ausgefallen sind, so daß sich in den Volkswahlen der deutschen Landesteile Übereinstimmung zeigt; sie haben *überall* Sozialdemokraten und Deutsch-Demokraten an die Spitze gestellt. Damit werden die auch jetzt noch sehr großen Schwierigkeiten eines Bundesstaates verringert und wird eine Gleichrichtung des Reiches mit den Einzelstaaten gesichert. Das ist im Moment die Hauptsache. An Konflikten wird es immerhin auch so nicht fehlen, sie sind in der Größe Preußens gegenüber den anderen Bundesstaaten heute noch genau so begründet wie früher.

[. . .]

Allmähliche Klärung
28. 1. 1919

Es gibt allmählich etwas mehr Übersicht, wenn auch wenig Aussicht. Die Aussicht müßte sich vor allem auf das eigentliche Hauptproblem beziehen, das in Deutschland aus Gründen innerer Not und Verwirrung meistens vergessen oder ignoriert wird: die Gestaltung des Friedens, der internationalen Rechts- und Wirtschaftsverhältnisse. Davon hängt unsere künftige Lebensmöglichkeit und schließlich auch die Gestaltung der inneren Verhältnisse ab, die nur unter der Voraussetzung der Lebensmöglichkeit zur relativen Ruhe kommen können. Aber davon sind wir heute noch weit entfernt. Deutschland ist durch die Revolution und seinen Zusammenbruch für die Entente so unwichtig geworden, wie seinerzeit Rußland für uns wurde oder doch zu werden schien. Die Entente steht vor der Schwierigkeit aller Koalitionskriege, die Einigung der Sieger zu bewahren oder herzustellen. Es kämpft das Wilsonsche Friedensprogramm mit dem Imperialismus der Engländer und Franzosen und der zahllosen Kleineren. Das menschenarme Frankreich möchte Deutschland verkleinern und zerstückeln, um jede Sorge vor seiner Menschenmasse loszuwerden, England möchte die maritime und wirtschaftliche Wiedererstarkung einer erheblichen Konkurrenz ausschließen und hat dazu außer der deutschen Kriegsflotte auch die deutsche Handelsflotte durch Charterung für den Lebensmittelverkehr unter Verschluß genommen. Freilich ist das überall nur die Politik der herrschenden kapitalistischen Schichten. Die Sozialisten und Arbeiter sind auch dort für einen Rechtsfrieden und für Arbeits- und Lohnverhältnisse, welche den ganzen Gedanken einer wirtschaftlichen internationalen Konkurrenz vor neue Verhältnisse stellen würden.

Sorglich ist für die Entente bei uns nur, wie für uns einst in Rußland, die Gefahr des Bolschewismus, der eine von russischem Ausdehnungs- und Vergeltungsdrang getragene Weltgefahr ist und in Rußland selbst in dem Maße sich hält, wie den Bolschewisten außenpolitische Erfolge gegen Deutschland und die Entente beschieden sind. [. . .] Die Folgen dieser Lage sind für jedermann einleuchtend. Es wird eine Verbündung aller Staaten und aller Ordnungssozialisten gegen den Bolschewismus wenigstens denkbar und damit die Möglichkeit eines Rechtsfriedens auch bei den durch eigene Gefahr zu Hause bedrängten westlichen Herrenschichten etwas näher gerückt.

Wie unsere eigene Regierung in dieser Sachlage denkt und hofft, wissen wir nicht. Herr Erzberger, der klug ist, aber doch mehr zu den geistig einfachen Naturen gehört, macht einen Teil unserer Politik. Unser Auswärtiges Amt ist eng gebunden. Man muß von Herrn Solf die Kämpfe zweier Monate, vor allem die mit Herrn Haase, erzählt hören und seine Akten einsehen, um zu begreifen, daß hier fortwährend ein zerreibender Kampf zwischen

Politik und Antipolitik stattfand, bei dem die Mehrheitssozialisten sich doch immer nicht recht von den mit den Unabhängigen gemeinsamen Dogmen trennen mochten. Als es sich um das Halten unserer Stellung in Rußland bis zur Rettung der ungeheuren Vorräte und Materialien handelte, erwiderte Haase, auf Bismarcks Stuhl sitzend, eisig, es sei ihm gleichgültig, wenn Milliarden verloren gehen; er wolle, daß kein deutscher Soldat auf russischem Boden stehen bleibe. Als man Herrn Haase auf die Gefahr des Einbruches des Bolschewismus in Ostpreußen hinwies, zuckte er mit den Achseln. Damit war der Osten preisgegeben, soweit nicht die Truppen aus eigenem Antrieb retteten, was noch zu retten war. Was die Doktrinen der Unabhängigen in der Zeit des Duumvirats uns gekostet haben — gekostet in jedem Sinne —, das ist unaussagbar und setzt sich in seinen Folgen fort bis zum heutigen Tage. Augenblicklich kostet es uns auf dem Berner Sozialistenkongreß sozusagen die Ehre, indem die Eisner und Kautsky wetteifern in hysterischen Selbstbeschuldigungen des deutschen Volkes und des alten Regimentes ohne jede Rücksicht auf die in der Weltlage selber liegenden Explosionsgefahren.

Kann man derart von der Lösung der auswärtigen Aufgaben durch die jetzige Regierung kein rechtes Bild gewinnen, so ist das wenigstens etwas leichter bei den inneren Aufgaben. Hier steht in erster Linie die Aufgabe der Schöpfung einer Miliz, die Zurückführung der Arbeiter- und Soldatenräte auf lediglich beratende und kontrollierende Funktionen, die Überwindung der Arbeitslosigkeit und Arbeitsscheu und die Ordnung der eng damit zusammenhängenden Valuta- und Ernährungsfrage. Das Schaffen der Miliz ist maßlos schwierig. Die Werbebureaus gleichen bisweilen denen der Landsknechtszeit; alles mögliche Gesindel kommt, das den Sold will, aber dem man keine Waffe in die Hand geben darf und vor dem nicht ein Taschentuch in der Kaserne sicher ist. Hoffentlich ist dies düstere Bild, das mir neulich ein Beteiligter zeichnete, vereinzelt; aber es beleuchtet immerhin die Schwierigkeit. Die Gesundung und Umbildung der Armee geht jedenfalls ganz langsam vor sich. Sie wird auch von den Offizieren nicht so unterstützt, wie es — unter freilich erheblicher Selbstverleugnung — sein müßte. Läßt man sich den Zusammenbruch im Osten näher erzählen, so hört man erschütternde Dinge gerade über Flucht und Versagen der Offiziere und Militärbeamten. Heute hört man von ihnen, wie neulich in einer großen und stürmischen Versammlung in der Philharmonie, Streikdrohungen. Auch sie, nicht bloß die Mannschaften, sind großenteils desorientiert. So schwankt die Umbildung der Armee zwischen der Anarchie der Mannschaften und der Gereiztheit der Offiziere, zwischen dem dringenden Schutzbedürfnis und der Angst vor Begünstigung einer Gegenrevolution. Es ist alles Mögliche, was die Regierung und tüchtige Offiziere trotz alledem zustande gebracht haben.

Eine ganz andere, aber ebenso schwierige Frage ist die der Zurückführung der Soldatenräte auf nichtregierende Funktionen. Neben dem Duumvirat der Mehrheitssozialisten und Unabhängigen waren sie ein drittes Regierungsorgan von wildester, unstabilster und gefährlichster Form trotz mancher nützlichen Leistung in der Übergangszeit. Man fragt sich, woher heute, bei fast vollzogener Demobilisierung, die vielen Soldatenräte kommen. Aber das ist leicht zu verstehen, sowie man die realen Verhältnisse erfährt, die von den rechtlichen sehr verschieden sind. In den Industriegebieten des Westens betrachten sich die entlassenen und ihre Uniformen — sie haben nichts anders — weiter tragenden Soldaten immer noch als Soldaten und regieren und wühlen weiter, binden sich nicht an ihre eigenen Wahlen, sondern schicken neue Leute usw. Sie haben 150000 Gewehre aus den Depots an die Bevölkerung verteilt und bilden dadurch natürlich einen ernsten Machtfaktor. Vernünftige Bezirksoffiziere und Beamte kommen trotzdem mit den Leuten zurecht. Aber da zeigt sich ein großer Mangel der neuen Lage. Die Beamtenwelt ist so gut wie ohne alle Personalveränderung geblieben. Die Beamten, auch die konservativsten, stellen sich auf »den Boden der neuen Tatsachen« und bleiben im Amt, regieren, sprechen und benehmen sich aber ganz im alten Stil. Das erzeugt immer neues Mißtrauen und neue Reibungen. Nur ein gründlicher Beamtenwechsel des Verwaltungsdienstes kann hier helfen, wie er unter der Regierung des Prinzen Max geplant war, aber jetzt nicht zur Ausführung gekommen ist. Man kann — wenigstens im Ganzen und Großen — mit Korpsstudenten nicht demokratisch vertrauenerweckend regieren. In anderen Fällen aber schreibt sich die Fortdauer der radikalen Soldatenräte davon her, daß es sich um Ersatzbataillone handelte, um jene für den unseligen Plan der *Levée en masse* zusammengekratzten Truppen der allerletzten Zeit. Diese lassen sich einfach nicht auflösen, leben und essen in den Kasernen ohne Dienst, bringen sich nachts ihre Mädchen mit, nehmen den Sold und wählen Soldatenräte. Hier kann nur ganz langsam mit dem Arbeitswillen Ordnung kommen.

Auf die anderen großen Hauptprobleme will ich heute nicht eingehen. Ich hebe nur hervor, daß die Finanzlage des Reiches erschütternd ist. Die Nationalversammlung muß vor allem neue Kredite bewilligen. Die alten sind erschöpft. Das ganze Elend wird erst sichtbar werden, wenn wir Lebensmittel vom Ausland kaufen müssen. Dann bricht die ganze Papierherrlichkeit zusammen, die uns heute einen Scheinwohlstand vortäuscht. Das wird bis zum Frühjahr der Fall sein, da die Ereignisse im Osten unsere Nahrungsberechnungen durchkreuzt haben. Aber jeder Tag hat seine eigene Sorge, und dieser neuen Sorgen wird dann noch zu gedenken Zeit genug sein. Jetzt setzt man seine nächste Hoffnung auf die Nationalversammlung, und weitere Schritte in der Klärung wird sie jedenfalls bedeuten.

Links und Rechts
20. 2. 1919

Unbekümmert um die furchtbare außenpolitische Lage des Reiches und höchstens ihre Aufregungen für den inneren Kampf ausnützend, gehen die *»Querelles allemandes«* ihren Weg weiter. Es befestigt sich eine Mitte, die im wesentlichen aus der alten Reichstagsmehrheit besteht, nur daß sie gegen früher außerordentlich verstärkt ist. Diese Mitte trägt naturgemäß den Charakter aller parlamentarischen Regierungen und Majoritäten der Welt, Überwiegen der Parteigrößen und Berufspolitiker, Beuteverteilung in dem Ämterschacher und der Ministerbesetzung, wo nötigenfalls neue Ministerien trotz der Finanznot geschaffen werden, parlamentarische Kämpfe mit Minderheiten, wesentlich bürgerlicher Charakter der Selbsterhaltung der Gesellschaft. Daran können auch die Sozialdemokraten nicht sehr viel ändern, da die demokratische Politik die gemeinsame Grundlage aller ist und auch sie an der Erhaltung einer produktionsfähigen Gesellschaft vor allem interessiert sind. Jedes Regierungssystem hat eben seine schwachen Seiten, und wer von dem alten nicht erbaut war, hat nun Gelegenheit, von dem neuen auch nicht erbaut zu sein. Der große moralische Aufschwung, den mancher erwartet hat, fehlt — an seiner Stelle findet sich nur die Technik eines parlamentarischen Regierungssystems mit vielen tüchtigen, braven und kundigen Leuten, auch einigen Schwätzern und Ämterjägern inmitten einer nahezu verzweifelten Gesamtlage. Deutschland ist physisch und moralisch erschöpft, müde und verworren. Man durfte nach allem dem furchtbaren Hungerleiden und den moralischen Erschütterungen vielleicht nichts anderes erwarten und kann froh sein, wenn den auf dem Boden der Demokratie geeinigten Elementen eine leidliche Beruhigung und Ordnung gelingt. Für pathetische Erwartungen und Aufforderungen ist in diesen nüchternen Geschäftsdingen wenig Boden, die Deutschen von heute wissen nichts von großem nationalem oder politischem Pathos. Pathos gibt es zwar scheffelweise in der Presse und Literatur, aber weder in den Seelen der großen Masse noch in denen der parlamentarischen Führer.

Diese trotz allem tüchtige, brave und etwas bürgerliche Mittelmäßigkeit der einzigen vorhandenen Konzentrationskräfte müßte unterstützt, belebt und ergänzt werden. Statt dessen werfen sich aber die opponierenden Minderheiten auf den giftigsten Krieg gegen sie. Auf der einen Seite stehen die Bolschewisten und Unabhängigen in mancherlei Übergängen, auf der anderen die Alldeutschen, Konservativen, Schwerindustriellen usw.

Vor allem darf man bei der Opposition zur Linken die starke Beteiligung von Intellektuellen nicht übersehen, so widersinnig und selbstmörderisch sie auch zunächst erscheinen mag. Zu ihr neigen ein erheblicher Teil der Studenten, der Literaten, die ganze künstlerische und literarische Boheme, die Differenzierten und geistig Anspruchsvollen, hier in Berlin ein guter Teil von Berlin W., nachdem er die ersten Plünderungsängste überstanden hat. In Studentenversammlungen sind Zwischenrufe radikal bolschewistischer oder, was freilich gar nicht dasselbe ist, radikal pazifistisch-internationalistischer Art die Regel. Diese Jugend will Ideen und Herrschaft der Ideen, Revolution der Seele und des Geistes, eine völlig neue, antihistorische und antibürgerliche Welt. Mit dem Thema »Wo bleibt die Revolution der Seele?« ist neulich eine der vielen Versammlungen dieser Art einberufen worden. Oder andere Beispiele aus der hiesigen Wirklichkeit. Zwei elegante Herren trinken im Restaurant eine Flasche Wein für 50 Mark und erklären sich in ihrer Unterhaltung für den Bolschewismus als die einzige Macht der Idee. Ein Diplomat erzählt mir von Gesprächen mit Freundinnen vom Theater, die ihn auslachten wegen seines Anschlusses an die demokratische Partei; deutsch-national könne man ja allerdings nicht sein, aber »unabhängig« sei doch allein chic und geistreich. Bedeutsamer war eine große Versammlung vor kurzem in einem hiesigen Salon, wo eine Reihe bekannter Literaten, Gelehrter, Schauspieler, Politiker über den Bolschewismus disputierten. Alles *einigte* sich in dem Protest gegen den bürgerlichen Charakter von Demokratie und Sozialdemokratie. Man höhnte und lästerte über die Nationalversammlung als ideenlose Spießerversammlung; auch bisher recht konservative Schriftsteller beteiligten sich daran. Reine Marxisten holten den alten Haß gegen bürgerlichen Geist und bürgerliche Moral heraus; begeisterte Anarchisten vertraten das Programm: durch den Kommunismus zur Vollentfaltung der Individualität, und zwar aller Individualitäten. Es ist ersichtlich: man kombiniert

Marx, Anarchismus, Kommunismus und den unvermeidlichen Nietzsche. Durch den Kommunismus und die Zerschlagung der ganzen bisherigen Ordnung hindurch zum Übermenschentum *aller* Menschen, zur Vernichtung der bürgerlichen Moral: das ist die Losung. Daß sie schlechthin unsinnig, widersinnig und widerspruchsvoll ist, kümmert niemand. Sie ist Idee, Revolution, Geist, Radikalismus, Welterneuerung und Zeichen eines unabhängigen und interessanten Geistes. Das genügt, und darnach verlangt man. Ähnlich steht es ja auch mit den intellektuellen Syndikalisten in Frankreich und Italien, halb Romantik und halb Sadismus der Überkultur. Welches die geistigen Inhalte einer derart befreiten Geistigkeit sein sollen, darnach fragt man ebensowenig. Die »Freiheit« und »vollendete Individualität« wird das alles schon von selber besorgen. Der Sieg dieser Revolution in der ganzen Welt, die baldige Beseitigung der feindlichen Militärmächte gilt als *selbstverständlich.* Die Greueltaten der Bolschewisten lehnt man natürlich ab, man erklärt sie für einen zufälligen Schönheitsfehler. Daß ihre Lehre von der Diktatur des Proletariats und der antibürgerlichen Geistesmenschen, also von der Herrschaft der Minorität, die nur durch Terrorismus sich behaupten kann, naturgemäß zur Gewaltherrschaft führen müsse und daher organisch zum Ganzen gehöre, das läßt man sich zwar von Kundigen sagen, findet es aber dann immer noch besser als die Herrschaft der Spießbürger. Nüchterne Sozialdemokraten, die zur Haupttugend, der Arbeitsamkeit und Besonnenheit, mahnen, lehnt man ab. Ein anderer Sozialdemokrat prophezeit eine immer weitergehende Zerstörung, deren Ende eine religöse Bewegung und Selbstrettung sein werde; man hört ihn nur mit überlegenem Lächeln an. Und auch die Kämpfer gegen den Bolschewismus, an ihrer Spitze ein jetzt viel genannter Dr. Stadtler, Elsässer, Katholik, Mitarbeiter am *Hochland* und Freund von Martin Spahn, erklären den Bolschewismus für eine Geistesmacht ersten Ranges, die neun Zehntel unseres Volkes beherrsche, und der nur eine ganz neue Lehre, ein ganz antibürgerlicher »Aktivismus« erfolgreich begegnen könne! Ohne Nietzsche geht nichts im intellektuellen Deutschland, auch den von ihm tödlich gehaßten Kommunismus und Sozialismus macht man mit Nietzsche schmackhaft. Alles ohne Liebe, ohne Selbstbescheidung, ohne die gesunden bürgerlichen Tugenden der Rechtlichkeit und der Arbeitstreue, alles phantastische Eschatologie und Schaustellung eigener geistiger Unabhängigkeit! Nur selten darunter auch nur wenigstens ein Ton der Liebe zu Volk und Nation oder zum Menschen überhaupt, alles nur »geistige« Unabhängigkeit. Natürlich ist sehr viel intelligente jüdische Jugend unter diesen Leuten.

Nicht hoffnungsvoller sieht es leider zur Rechten aus. Hier sammelt man sich allmählich wieder, und hier benützt man die Revolution, die starke Beteiligung des Judentums an ihr und die sozialdemokratische Kirchenpolitik zum Kampfe für das, was man rechts unter »nationaler« Gesinnung versteht. Wie in den schlimmsten Zeiten des Kampfes gegen die Reichsfeinde und Internationalen eröffnet man den *moralischen* Kampf gegen alle früheren Gegner der Kriegspolitik und alle, welche die neuen Verhältnisse, aus welchen Gründen immer, mitmachen und unterstützen. Man schafft eine Legende, wonach Ludendorff das Reich noch habe retten können und wollen, aber die Revolution seine Absichten durchkreuzt und die internationale Sozialdemokratie dem Reiche den Genickfang mit Freuden gegeben habe. *Alles* Elend komme von der Revolution, die keine nationale Gesinnung und Moral habe und die sich der charakterlosen jüdischen Demokratie an den Hals werfe. Daß das alles Widersinn, Unwahrheit oder gar offenkundige Lüge ist, kümmert die Leute nicht. Es muß moralisch gegen die Mehrheit gehetzt werden, gegen die Sozialdemokratie mit der Anklage der Vernichtung des Reiches, gegen die Demokratie mit dem Vorwurf, jüdisch, mammonistisch, undeutsch und international zu sein, gegen beide mit dem Stichwort »antinational«. Ludendorff, jetzt in Schweden, setzt seine Freunde in Bewegung, und Tirpitz, jetzt bartlos in Berlin, wird auch schwerlich untätig bleiben. Schon erhebt sich ein in den Blättern angekündigter Ludendorff-Feldzug, in dem dieser die Schuld auf die Diplomaten schiebt und selbst zum Friedensschluß schon im Juni geraten haben will. Einen »gerechten« Völkerbund und entsprechende Verständigung erklärt man jetzt immer gewollt zu haben. Der Sozialdemokratie und Erzberger wirft man vor, daß sie aus Internationalität und Schwäche nicht auf der »Gerechtigkeit« bestehen, die heute das Stichwort für nationale Ansprüche geworden ist. Schon rührt sich, von Berlin aus in Süddeutschland hergerichtet, auch eine Tirpitz-Kampagne. Die Vorstöße der Opposition in Weimar unterstützen planmäßig all diese Kampagnen. Bald wird man den Zusammenhang und den planmäßigen Angriff näher betrachten und verstehen können. Der Bürgerkrieg von rechts, der »weiße Terror«, ist nicht ausgeschlossen, und, wie schon immer im Zeitalter der Presse und des Telegraphen, ist dabei die moralische Verhetzung das wichtigste Kriegsmittel. Wenn sich niemand mehr auskennt und alles verfeindet ist, dann kann die Zeit der Diktatur kommen. Ein bekannter Berliner Gelehrter, der während des Krieges durch Pamphlete gegen England und Amerika sich auszeichnete, meinte am 5. Dezember, in vier Wochen sei die Entente in Berlin und schaffe Ordnung; heute, nachdem diese Prophezeiung das Schicksal all seiner übrigen erlitt, erklärt er, daß in drei Jahren bei uns wieder das alte System herrschen werde. Das zeigt, wohin die »nationale« Moral geht: auf Restauration unter gleichzeitiger Selbstdarstellung als Volkspartei. Oder man denke an den Wahlaufruf von zahlreichen deutschnationalen Professoren, der die Demokraten bezeichnet als Anhänger der französischen Staatsauffassung und als internationale Vaterlandslose, die das deutsche Volk auf dem Altar des Mammonismus opfern wollen. Und das haben zahlreiche brave, tüchtige und gute Menschen unterschrieben, von Größen der Forschung gar nicht zu reden, da in Deutschland die wissenschaftliche Bedeutung mit politischer Intelligenz offenkundig wenig zu tun hat! Die Galerie der Professoren-Aufrufe des Krieges ist eine fatale Spiegelgalerie. Nichts gelernt und nichts vergessen, wenn nicht gar alte Klasseninteressen und Machtkämpfe: das ist das Zeichen aller dieser aufschäumenden Kämpfe. Wie viel guter Wille und wie viel ehrliche nationale Überzeugung schlagen hier nicht nur falsche, sondern unselige

Wege ein, die bis zum gegenseitigen Sich-Vernichten von Deutschen durch Deutsche und zum Untergange des gemeinsamen Vaterlandes führen können!

Bürgerliche, ernst tüchtige Moral, wahrhaftes Nationalgefühl, eine ethische Gesamterneuerung, mehr Glaube, Gottesfurcht und Menschenliebe und mehr politischer Verstand: das wären die Dinge, die man unserm Volke heute wünschen müßte. Aber gerade das Einfachste, Natürlichste und Praktischste liegt heute fern — wenn es nicht etwa in den Kreisen steckt, die beim Gegeneinander-Gekreisch der Forderungen und Aufrufe nicht zu Gehör kommen. Sie sind im Grunde immer zu leise gewesen, und sie haben auch immer allzuwenig gehandelt. Es ist eine Erneuerung aus tiefstem Innern heraus nötig, welche die echtesten und edelsten Quellen unsres Nationalgeistes dort wieder anschlägt, wo er mit Humanität und Menschenliebe noch beisammen ist. Nur aus historischem Instinkte heraus und zugleich mit großen, kühnen Entschlüssen können die schweren Reformaufgaben praktisch gelöst werden, weder mit einem kranken Ästhetengeschmack an Sensationen, noch durch das Klügeln mit buchgelehrten Theorien, noch mit dem Beschwören von politisch Totem, das aus Mangel an Lebenskraft gestorben ist.

Schon in den nächsten Tagen wird ein neues Aufraffen nötig werden, mit dem bloßen Parlament und dem alten Kampf von Mehrheit und Oppositionen wird es nicht lange gehen.

Neue Finsternisse
15. 2. 1919

Neulich sprach ich von Übersicht ohne Aussicht; von den Schwierigkeiten, die jedem Regierungswillen die steigende Masse der Arbeitsscheuen und Arbeitslosen sowie das System der Räte entgegensetzen; von dem aus den verschiedenen Motiven gemischten Protest gegen die Demokratie und ihren Versuch einer Ordnung. Ordnung bedeutet jetzt vielen Menschen an sich schon Bürgertum und Betrug um die Früchte der Revolution. Wie mir neulich ein Chauffeur sagte: »Die Leute wollen nicht Ordnung, sondern Sozialisierung; sie erwarten Besserung ihrer Verhältnisse und sehen nur Verschlechterung.« Die Sozialisierung in diesem Verstand heißt freilich nichts andres als Befriedigung der Bedürfnisse aus den von den Leuten angenommenen reichen Vorräten der Besitzenden. Wäsche, Schuhe, Kleider, Lebensmittel sollen auf diese Art beschafft werden. Das alles ist die Wirkung der fortdauernden Blockade, der Versagung von Lebensmitteln und Rohstoffen. Nicht einmal Fische dürfen *unsere* Nordseefischer fangen! Fragt man nach den Gründen dieses fast unbegreiflich teuflischen Verfahrens, so sagen einem die Kundigen: es gehöre zur englischen Prestigepolitik, daß die Flagge des Besiegten mindestens ein halbes Jahr auf dem Meere nicht gesehen werden dürfe. Andre sagen, es sei die Furcht vor bolschewistischer Ansteckung, die jede Berührung mit deutschen Matrosen und Schiffen ausschließen wolle. Fast muß man den Gedanken für möglich halten, den jüngst ein englischer Arzt für ein Jingo-Blatt formuliert hat: es werde und solle nichts als rhachitisches Gesindel in Deutschland übrig bleiben.

Aus diesen Umständen erklärt sich die immer neue Verfinsterung der eben sich etwas klärenden Lage von selbst. Man braucht nur das heutige Berlin zu sehen: schmutzig, mit Papierfetzen übersät, die Sockel der Gebäude mit Plakaten aller Art beklebt, auf den Straßen Soldaten mit Drehorgeln oder fliegendem Kram, sorgenvolle Gesichter der Meisten, rasende Amüsiersucht auf den Gesichtern der andern, zahlreiche Läden aus Furcht vor Plünderung geschlossen, andere in Wohnräume notdürftig verwandelt, überall steigende Preise und Entwertung des Papiergeldes. Dazwischen ein Hin- und Hertoben der Autos mit Soldatenmassen, Schutzpatrouillen jugendlicher rauchender Soldaten, die Kasernen von Soldaten besetzt, die nur an die Verteidigung der Kaserne als ihrer Existenzgrundlage denken und sonst an nichts. In dieser Atmosphäre entstehen die immer neuen Unruhen von selbst und bieten den systematischen Politikern der immer neuen Revolution leicht verfügbare Mittel und Massen.

Solches Elend ist eben doch nur die Voraussetzung der Störungen. Diese selber kommen aus der systematischen Politik einer verhältnismäßig kleinen Gruppe. Hier ist im ganzen der Gang der Dinge recht durchsichtig. Im Oktober kam eines Abends einer unserer bekanntesten Staatswürdenträger in unseren Kreis und brachte die Nachricht, der Kaiser sei ins Hauptquartier abgereist; er fügte lakonisch hinzu: »Das gefällt mir nicht, so hat es in Rußland auch angefangen«. Eine Woche darauf erklärte in einer größeren politischen Versammlung ein junger, mit den Unabhängigen vertrauter Student, das Ministerium Prinz Max sei das deutsche Ministerium Kerenski; es werde das gleiche Schicksal haben, wenn es nicht sofort mit ganz großen sozialen Reformen hervortrete. Ein anwesender sozialdemokratischer Führer antwortete: so schlimm werde es nicht werden, aber es sei ganz heilsam, wenn die Bourgeoisie ein bißchen Angst vor der Revolution habe! Vor ein paar Tagen war ein Abgesandter einer schlesischen politisch-praktischen Vereinigung bei mir, um Unterstützung zu suchen für die Forderung sofortiger einschneidender und sichtbarer, auf die Phantasie wirkender Sozialreformen; die Parteien müßten dafür die Initiative ergreifen und sich nicht erst drängen lassen; die Massen wollten keine Ordnung und Majoritäten-Herrschaft, sondern einen sichtbaren und greifbaren Fortschritt; sonst sei die schwerste Erschütterung und der Kampf gegen jeden Ansatz irgendwelcher einheitlicher Regierung zu erwarten; die Gewalt könne nur gelegentlich Putsche unterdrücken, die Situation als ganze aber nicht halten; die Unabhängigen diskreditieren jeden Versuch demokratischer Ordnung und nähren die Hoffnung auf das große politische und soziale Wunder. Am nächsten Tag brach der Generalstreik aus und wurde der Regierung als Zweck des Streiks die Forderung der Aufrichtung des russischen Sowjet-Systems überreicht.

In der Tat: das ist der Kern der Lage. Das sozialistische Programm hat sich gespalten. Die einen bleiben bei der Demokratie und der Mehrheitsherrschaft als dem einzigen Mittel der Ordnung und dem einzigen Mittel, durch die Majorität der Arbeiterschaft in den politischen Körpern die Sozialisierung als Überführung einer produktionsfähigen Wirtschaft in die Gemeinwirtschaft zu bewerkstelligen. Die andern erklären, Mehrheit und Demokratie sei Unsinn, proklamieren die Herrschaft der Minderheit, die allein die nötige Rücksichtslosigkeit aufbringe, und bezeichnen jedes Programm der Ordnung als bürgerlich, als Restauration und Gegenrevolution, es möge so demokratisch und grundsätzlich sozialistisch gemeint sein, wie es wolle. Die einen bleiben bei dem Gedanken des Friedens, des Völkerbundes, der möglichst friedlichen Durchsetzung auch der inneren Reformen, wozu man die Hilfe der Bürgerlichen brauche. Die andern vertreten den Krieg und Kampf, die Hinübertragung der Revolution zu unseren Feinden und die Auflösung des Staatensystems der ganzen Welt, den rücksichtslosen Kampf der ideenerfüllten Minorität gegen die bürgerliche und spießerhafte Majorität, die überhaupt gar nicht mithelfen, sondern zwangsmäßig dienen soll. Der Ausdruck der einen Richtung ist das System der Konstituanten, der der andern das System der Sowjets. Unzählige schwanken unklar und aufgeregt zwischen beiden Systemen hin und her und glauben, eine Art von Kompromiß und Verbindung könne wenigstens vorläufig allein die Rettung bringen.

In Bayern begann der blutige Kampf gegen die Nationalversammlungen, obwohl das überwiegend bäuerliche und kleinbürgerliche Bayern sicher in der großen Majorität auf der Seite der letzteren stand. Revolutionen sind aber in Wahrheit eben Minoritätsherrschaften, die im Besitz der Waffen und zentralen Institutionen von den Städten aus die Masse vergewaltigen. In Preußen setzte sich der Kampf gegen die Nationalversammlung durch Verkehrsstreik und Sabotage der Eisenbahnen fort. In Berlin bot man den Generalstreik dagegen auf und verband mit ihm den Plan eines militärischen Aufstandes, der von dem »roten Soldatenbund« oder »Klub der Deserteure« sorgfältig vorbereitet war. Gegen die Reichsversammlung und die Reichsregierung, vor allem gegen die kleine ihr zur Verfügung stehende Schutztruppe, ist heute der weitere Kampf gerichtet. Deutschland soll keine Demokratie werden, was doch immer auf Bürgerlichkeit hinausliefe, sondern ein Revolutionsherd unter der Herrschaft einer entschlossenen, die Welt revolutionierenden und das Bürgertum beseitigenden Minorität. Sie wollen das Bürgertum absetzen, wie sie die Monarchie abgesetzt haben, und eine grundsätzliche Minoritätsherrschaft kann ebenso grundsätzlich nur terroristisch sein.

Wie viele begreifen diese Lage? Wie viele rechnen noch vergnügt oder noch hoffnungsvoll die Majoritätsziffern durch und glauben mit parlamentarischem System gegen all das aufzukommen! Wie viele zetern und schimpfen noch heute, daß alles nur an der Schlappheit und mangelnden nationalen Gesinnung der Sozialdemokratie liege, die das einzige Mittel, die Gewalt, nicht brauchen wolle! Wie viele auf dem »Boden der neuen Tatsachen stehende« Beamte treiben allmählich stille Obstruktionspolitik und glauben, die Regierung zwingen zu können zu Energie und Konzessionen nach rechts! Wie viele fühlen sich heute noch den bürgerlich-demokratischen Spießern überlegen, zu denen sie auch die Sozialdemokraten rechnen, und schwadronieren von neuen Idealen und neuer Seele, die an Stelle alles Alten treten müssen!

In Wahrheit liegt der Grund all dieser Dinge in der Entente-Politik, welche die Lage fortwährend verschärft; im russischen Beispiel und in der russischen Agitation; in dem steigenden Elend und dem damit steigenden Wahnsinn der Massen, die eine glänzende Existenz erwarteten und nur entwertetes Papiergeld sehen; in der mangelnden Einigkeit und Entschlossenheit derer, die die Ordnung in jedem Sinne, ob sozialistisch oder demokratisch, fördern und sich unterstützen statt befehden müßten. Nur die Einsicht unserer Feinde in ihren eigenen Vorteil und eine endliche Durchführung der so heilig versprochenen Weltordnung, sowie der Zusammenschluß aller Besonnenen zur Aufrechterhaltung von Ordnung und Gesetz unter gleichzeitigen großen Opfern und sozialen Maßnahmen können helfen, nicht bloß uns, sondern der Welt überhaupt. Der Weltkrieg war ein Weltwahnsinn, der aus überkünstlichen und unmöglichen sozialen und politischen Verhältnissen entsprang. Die Weltkrankheit des Imperialismus und Kapitalismus ist zum akuten Fieber geworden, das alle schüttelt. Sicherlich gibt es demgegenüber eine natürliche Heilkraft des menschlichen Organismus, aber sie wirkt langsam. Ärztliche Einsicht könnte ihr Werk unterstützen. Dazu aber müßten die Ärzte wissen und sich darüber einig sein, was die vom Moment geforderte Maßnahme ist. Wer darf sich rühmen, das zu wissen?

Die preußische Nationalversammlung
20. 3. 1919

Es ist der Reichsregierung gelungen, durch die Freiwilligen-Truppen und treugebliebenen Truppenformationen die neuen Finsternisse zunächst zu zerstreuen und in Weimar wie in Berlin die gesetzgebenden Versammlungen zu behaupten oder durchzusetzen. Am 13. März ist nach entsetzlichen Straßenkämpfen sofort die preußische Nationalversammlung einberufen und unter großen Vorsichtsmaßregeln in Tätigkeit gebracht worden. Es gilt nunmehr, auch die preußische provisorische Regierung zu legalisieren und eine regierungsfähige Mehrheit zu bilden. Dabei ist es natürlich der Wunsch, die Dinge in Preußen parallel mit denen im Reiche zu gestalten, d.h. das Zentrum mit Sozialdemokratie und Demokratie zur Majorität und Regierung zusammenzufassen. Das ist geradezu die Voraussetzung jeder Möglichkeit von Ordnung und wenigstens relativer Sicherung der nächsten Zukunftswege. Es ist aber in Preußen bedeutend schwieriger als im Reiche, weil beim Einzelstaat die sogenannten Kulturfragen, d.h. Kirche und Schule, eine wesentliche Rolle spielen und hier das Zentrum sehr viel größere Schwierigkeiten findet, als im Reich. Mühsame und eindringliche Verhandlungen sind im Gange, bei denen alle Beteiligten den besten Willen zeigen und von Kirchen- oder Katholikenfeindschaft nicht entfernt die Rede ist, aber dafür die Prinzipienfragen um so größere Schwierigkeiten machen. Und zwar ist es unter den Prinzipienfragen vorerst allein das Prinzip der Simultan- oder Gemeinschaftsschule, was die grundlegende Schwierigkeit ausmacht.

Eine prinzipielle Verständigung ist unmöglich; ob ein praktischer Kompromiß gefunden werden kann, ist noch unklar. Wenn diese Zeilen vor den Leser kommen, wird die Sache längst entschieden sein. Die andere große im Hintergrunde liegende Schwierigkeit ist die Zukunft Preußens selbst, wo das Zentrum nicht mehr ganz freie Hände hat, aber auch alles Nähere sich erst zeigen muß. Es genügt anzudeuten, daß die Hannoveraner großenteils die Aufhebung des Unrechts von 1866 verlangen und daß in Schleswig-Holstein starke Gruppen für Loslösung von Preußen sind. Die eigentümliche Lage der Rheinlande ist noch nicht ganz deutlich und von vielen Dingen abhängig.

Das zeigt, daß der Finsternisse genug geblieben sind. In der Tat entluden die dunklen Wolken sofort nach der Eröffnung ihre Blitze, insoferne die Unabhängigen in rasender Wut gegen die Niederwerfung des neuen Aufstandes lostobten, die Selbstentwaffnung der Regierung verlangten und die Greuel der Spartakisten als Untaten von Lumpengesindel bezeichneten, für das sie nicht verantwortlich seien, dem aber mit Gewalt nicht entgegengetreten werden dürfe, weil aus solcher Gewalt nur allzu leicht die Wiederherstellung der bürgerlichen Herrschaft folgen könne. Machte man sie für die Mitwirkung von Politikern bei jenen Putschen verantwortlich, so erklärten sie wiederum, daß das nicht sie, sondern Kommunisten seien, mit denen sie nichts zu tun hätten. Durch Vorschützung der verschiedenen Namen bewiesen sie derart jedesmal ein moralisches Alibi und blieben bei ihrem *ceterum censeo,* »keine Gewalt und kein Militär«, da dessen Wiederaufkommen die »Früchte der Revolution« bedrohe. Regierung und Mehrheit traten ihnen schlagend und scharf entgegen, Justizminister Heine zwang sie mit einer großartigen und energischen Rede nieder; im Lande aber bleibt ihr Einfluß und ihre Agitation. Und wie es immer geht, den Wolken von links entsprachen die von rechts. Zwar haben die Konservativen unter der Führung des früheren Finanzministers Hergt sehr versöhnliche und ordnungsliebende Erklärungen abgegeben, aber die Stimmung der Fraktion entlud sich in ähnlichen leidenschaftlichen Lärmszenen wie die der Unabhängigen. Und mehr als das. Es zeigte sich ein Zusammengehen von Konservativen und Unabhängigen. Die ersteren verlangten die Mitvertretung im Präsidium, wofür dann die Unabhängigen stimmten. Dafür stimmten die Konservativen im Seniorenkonvent für eine allerdings vorläufige Änderung der Geschäftsordnung, die die Zahl der für eine Interpellation notwendigen Unterschriften von bisher 50 auf 15 herabsetzt und damit den Unabhängigen einen Interpellationshagel auf die Regierung ermöglicht. Weiterhin war bemerkenswert, daß Herr Hergt, indem er sich für die Wiederherstellung der Monarchie erklärte, diese nur im Sinne einer streng demokratischen und parlamentarischen Monarchie zu erstreben bekannte. Er bezeichnete das als Bekenntnis der Fraktion. Das kann nur heißen, daß man die demokratischen Strömungen auf die Seite der Restauration zu bringen versucht, indem man von einer fortwährenden Verschlechterung der Verhältnisse die Umkehr der Volksstimmung erwartet. Diese letztere Spekulation ist nun aber das Gefährliche. Denn von da ist nur noch ein Schritt bis zur praktischen Beförderung des Chaos und Elends, um von da aus dann die Umkehr zu erzwingen. So erzählt man mir aus Greifswald, daß dort bei den Konservativen die Herrschaft des Bolschewismus die Parole sei, der ja auch die Großstädte viel härter treffen werde als Land und Kleinstadt und durch allgemeine Verelendung dann wieder zur alten Ordnung zurückführen werde. In der gleichen Linie liegt ein Artikel der *Deutschen Tageszeitung;* er benutzt einen an sich nicht sehr geschickten Aufruf von Haenisch an die Studenten, um zu sagen, die Freiwilligen hätten überhaupt keine Arbeiter unter sich; die Wiederherstellung der Ordnung sei ausschließlich das Werk der Gebildeten und Besitzenden. Das heißt, der Sozialdemokratie am gefährlichsten das Bein stellen und den Unabhängigen das beste Wasser auf die Mühle geben. Ähnlich wirkt ein Artikel des unverbesserlichen Generals Keim, der aus Anlaß dieser Freiwilligen-Korps den »Militarismus« als den einzigen Retter feiert, der Ordnung bringe und sich wieder glänzend bewähre. Diese Leute können nicht schweigen und ihren

Haß wenigstens einige Zeit in sich verschließen. Wenn sie die verhaßte Sozialdemokratie treffen können, dann sprengen sie sich selbst in die Luft — und zugleich das Ganze.

Noch ernster sind die drohenden Wolken, die aus dem Räte- oder Sowjetsystem stets von neuem aufsteigen. Nun sind wieder Wahlen für einen neuen Zentralrat ausgeschrieben, dessen Wahlmodus technisch ganz unklar und verworren ist, dessen Wähler aber jedenfalls auf die Leute unter 10000 Mark Einkommen beschränkt sind! Also etwas gemildert nach russischem Vorbild. Das wird die entscheidende Kraftprobe zwischen Reichsregierung und Sowjet-System oder deutschem Bolschewismus sein. Die »Räte« sind vielen Menschen das heilige Symbol der »Früchte der Revolution« geworden. Sie sind deshalb in das Sozialisierungsgesetz aufgenommen worden, und so erwägt man, wieweit es möglich ist, das Rätesystem als wirtschaftliches und berufsständisches System neben dem demokratischen Parlament aufzurichten. Bei dem ungeheuren Überwiegen der Arbeiterschaft unter den Wählern eines solchen Systems und dem Ausschluß der Besitzenden wäre das die Fortdauer einer veredelten »Diktatur des Proletariats«. Die letztere ist und bleibt eben das Stichwort der Revolution und steht dem demokratischen, alle Bürger berücksichtigenden System entgegen. Sozialdemokratie oder Sozialdiktatur, Minderheitsherrschaft oder Verständigung der Klassen: das ist die Frage. Marxens Büchlein über die *Klassenkämpfe in Frankreich 1848* ist heute eine lehrreiche Lektüre.

Das sind wahrlich Finsternisse genug. Sie werden vielleicht in ihrer ganzen Bedeutung deutlich, wenn ich eine Besprechung in einem Kreise von Patrioten und Politikern wiedergebe, der ich kürzlich beiwohnte. Der Vorsitzende, ein glühender Patriot, der aber stets für Beendigung des Krieges und billige Verständigung gewesen war, bekannte angesichts des drohenden Friedens mit seiner fürchterlichen Verkrüppelung und Entwaffnung des Reiches sich zu einer völligen Verzweiflungspolitik; man solle sich mit den Russen verbinden, das ganze Bürgertum opfern, Deutschland zum Herd des Welt-Bolschewismus machen und so mit sich selbst die tückische und teuflische Welt der Feinde in den Abgrund stürzen; das Leben sei ohne Wert und Hoffnung bei solchem Frieden, und so solle man es so teuer wie möglich verkaufen. Dazu bemerkte ein anwesender Diplomat: ähnliche Dinge würden in Frankreich erwogen mit umgekehrtem Ergebnis; für die größte Gefahr halte man dort eine Veredelung und Milderung des Bolschewismus in Deutschland, da dann von dort aus die Ansteckung der eigenen Arbeiterschaft sicher erfolgen werde; liefere man dagegen Deutschland dem radikalen Bolschewismus aus und bilde man gegen diesen am Rhein eine Schutzsperre, dann werde das Elend in dem nah benachbarten und weithin sichtbaren Deutschland eine Warnung und Abschreckung sein; es gelte daher, Deutschland durch Entwaffnung dem Bolschewismus völlig und hilflos auszuliefern. Dazu bemerkte dann ein Dritter, ein bekannter Kenner Rußlands, der heute noch Beziehungen dorthin hat, daß in Rußland selbst der Bolschewismus am Verhungern sei; die Bauern besäen nur mehr den nötigsten Boden, weil sie nicht für Räuber arbeiten wollen; da drängen die Banden nach Deutschland, wie die Heuschrecken aus dem abgefressenen Gebiet; die sog. rote Armee aber sei eine richtige und gute Armee unter Führung der alten Generale und bereite den Weltkrieg gegen die Entente vor, wozu sie ein bolschewistisches Deutschland bedarf, und das führe wieder Franzosen und Engländer dazu, Deutschland vorher völlig zu erdrosseln.

Das alles im Zeichen des Völkerbundes! Frankreich handelt auf Grund eines Sieges, den es nicht selber erfochten hat, wie der kapitalistische Spekulant gegen seinen Konkurrenten, wie der Diplomat alten Stils gegen die Völker und wie der Großinquisitor des Mittelalters gegen die Albigenser. Und da zankt man in Deutschland um Republik oder Restauration, um Partikularismus oder Unitarismus! Wir sind im Elend und zerfleischen uns dabei noch selbst! Wir sind hilflos und werden immer noch grenzenlos gefürchtet! Es ist, als ob das Abendland in eine Periode eingetreten wäre, wie es in der römischen Geschichte von den Gracchen bis Cäsar und Augustus war. Endlose Zuckungen und Wirren, tobender Wahnsinn unter begleitendem Moralisieren ohnmächtiger Philosophen und Philanthropen. Mit der »Sekurität« des privaten Lebens, die Jakob Burckhardt für das historisch so ganz einzigartige Ergebnis der Staatsordnung des neunzehnten Jahrhunderts erklärt hatte, scheint es vorbei. Jedenfalls wäre sie nur unter schweren Kämpfen und bei ernsthaftester Selbstbesinnung wieder zu gewinnen. Aber — um auch heute wieder mit einer Frage zu schließen — wie viele ahnen, was alles auf dem Spiele steht und wie viel nötig ist, um das noch nicht Verlorene wenigstens zu behaupten?

Der Ansturm gegen die Demokratie
20. 4. 1919

Die Reorganisation des durch die Armeerevolution völlig zertrümmerten Reiches, soweit man von einer solchen überhaupt sprechen kann, geschah auf der formalen Rechtsgrundlage der Demokratie, die allen Gruppen eine Beteiligung und Mitwirkung ermöglichte nach dem Maß ihrer Vertreter, wobei ja in der bloßen Zahl immer schon ein tüchtiges Stück des geistigen und materiellen Einflusses der Führer steckt. Es ist die Eigentümlichkeit des Rechts, formal zu sein und dadurch eine von Personen und Sachen unabhängige Gerechtigkeit, sowie eine logische Behandlung zu ermöglichen. Damit ist auch naturgemäß das demokratische Recht der heutigen Staatsumbildung wesentlich formal. Was dann aus diesem formalen Recht zur Befriedigung inhaltlicher und sachlicher Bedürfnisse der Nation gemacht werden kann, das ist Sache der auf seiner Grundlage zustande gekommenen Regierungsgewalten und der auf sie einwirkenden, daneben immer fortgehenden und sich entwickelnden öffentlichen Meinung. Die letztere wird freilich in solchen Revolutionszeiten von den verschiedensten Gruppen, Zeitungen und Menschen gemacht und hin- und hergetrieben, wozu der fortwährende Druck der Ernährungs- und Arbeitslage sowie der außenpolitischen Verhältnisse mit immer neu erregten Reaktionen auf beides hinzukommt.

Die Regierungsgewalten hatten in erster Linie die Aufgabe der Wiederaufrichtung einer ihre eigene Amtsarbeit und die Ordnung sichernden kleinen Armee. Wie schwierig das war und ist, weiß alle Welt, oder sollte sie doch wissen. Die Behandlung der außen- und innenpolitischen Fragen durch Regierung und Parlament, vor allem das Auftreten des Parlamentes selbst, hat viele enttäuscht. Ein sehr großer geistiger Zug ist beiden sicherlich nicht nachzurühmen. Aber wo soll der in der Kümmerlichkeit der ganzen Lage, wo jeder Fuß breit Ordnung erst in unendlicher Kleinarbeit erstritten werden muß und wo die Männer der Interessen der kleinern Leute mit den in der Gewerkschaftsarbeit erprobten Mitteln an die großen Weltfragen und allgemeinsten Lebensfragen herangehen müssen, herkommen? Die bisherige leitende Intelligenz ist in völlig entgegengesetzten Wegen festgefahren und wirft der Regierung nur jeden Knüppel in den Weg, um dann sagen zu können, mit »dieser« Regierung sei es nichts. Das für die Weiterarbeit unentbehrliche Beamtenmaterial hat sich zwar zumeist auf den »Boden der Tatsachen« gestellt, d.h. seine Ämter behalten, aber es macht oft genug teils in Obstruktion, teils in Radikalismus, um dann auch seinerseits auf die »Schwäche« der Regierung hinweisen zu können. Die Massen schließlich, denen eine jahrelange klassenkämpferische Erziehung von der Revolution das Paradies versprochen hatte, sind enttäuscht, da nur die Mengen des Papiergelds, aber nicht die verfügbaren Gütermengen steigen, während in verhängnisvollem Zirkel die aus dem Krieg mitgebrachte Arbeitsscheu und Disziplinlosigkeit die Güter mindert und die Güterverminderung wieder die Ernährungslage verschlechtert. In ihren Augen ist daran die Demokratie schuld, die ihrem Wesen nach zu verkappter Bürgerlichkeit führe und daher in einem erbarmungslosen Kampf gegen das Bürgertum überhaupt faktisch und ideell gebrochen werden müsse.

Da man den eigentlichen Ursachen des Elends, der giftigen Politik der Entente, der Desorganisation des Staates und dem psychologischen Zustand der von Hunger und Erregung rasend gewordenen Massen nicht beikommen kann, hält man sich an das einzige, was man zertrümmern kann, an die relative demokratische Ordnung, die wir haben und die doch die leider nur allzuberechtigten Wünsche so wenig erfüllen kann. Es ist ein allgemeiner Ansturm der Enttäuschten, der Ideologen und der Restaurationsmänner gegen die Demokratie, die man anfangs so hoch zu preisen wußte. Und wie stets die noch so entgegengesetzten Minderheiten sich gegen die Herrschenden zu vereinigen pflegen, so ist deutlich, wie diese Gruppen sich täglich mehr einander nähern und sich in gemeinsamen Schlagworten vereinigen, bei denen freilich sich jeder etwas anderes denkt und bei denen vor allem von den Konservativen die letzten Absichten und Gedanken zurückgehalten werden. So einigt man sich in der Verwerfung der öden und geistlosen »Formaldemokratie«, vermißt den großen Schwung und die großen Ideen, die grundsätzliche Neuheit, die Kraft und Größe der Herrschgesinnung. Man erzählt sich allerhand malitiöse Anekdoten über das kleinbürgerliche Privatleben der heutigen Machthaber und lamentiert darüber, daß im Grunde alles beim alten geblieben, nur kleiner, kümmerlicher, spießerhafter geworden sei. Man sieht: es ist wiederum eine sehr formale Kritik, in der die verschiedensten Geister leicht übereinstimmen und bei der sich jeder einen andern Inhalt der vermißten »großen Ideen« denken kann. Ja, in dieser Lage kann es leicht kommen, daß die einzige »große Idee« neben der demokratischen Reorganisation die Idee der Sowjet-Republik und des Minderheits-Terrorismus, der ihre logisch notwendige Folge ist, von Leuten gefeiert, umgedichtet und ihren Bedürfnissen angepaßt wird, die an sich die Todfeinde des Sowjet-Gedankens sein müßten. Denn so erhalten sie ja Mittel, der »schwachen« Regierung Schwierigkeiten zu machen, das Publikum zu verwirren, geistreich und kühn zu erscheinen; und jeder hofft in dem so entstehenden Trüben fischen zu können.

Es ist gut, sich dem gegenüber einiges klar zu machen. Für große schwungvolle Ideen ist die ganze Lage des Reiches zu kümmerlich, elend, von kleinen und kleinsten Problemen übervoll, machtlos und gebunden, den kleinsten Tagessorgen und den kleinlichsten Interessengegensätzen zu sehr ausgeliefert. Für solche Ideen fehlt weiterhin die geistige Vorbereitung, die psychologische Kraft und die innere Einheitlichkeit in dem ganzen Volke selbst, nicht bloß in seiner augenblicklichen Regierung. Wir hatten eine rein historisch und relativistisch denkende Geisteswissenschaft, die den Bismarckschen Machtstaat als die Krone aller Entwicklungen und den Zielpunkt der Jahrtausende feierte; eine internationalistisch-snobistische Literatur, die antibürgerlich genug war, aber ohne jede Verantwortung lediglich der Sensation, der Selbstgefälligkeit und dem geschäftlichen Ertrag huldigte; eine klassenkämpferische Dogmatik, die das Proletariat disziplinierte und erzog, aber die Ideen des Bürgertums völlig ignorierte oder verwarf und die eigenen dem unbekannten Moment der großen Umwälzung anheimstellte, wo sie natürlich nicht kamen; schließlich allerhand deutsche Eigenbrödler und Konstrukteure, die ohne jede Rücksicht auf Tatsachen und Völkerpsychologie ihre Ideenbauten aufführten und die jetzt den Zeitpunkt gekommen glauben, wo auf der *Tabula rasa* etwas Neues, Rein-Rationales gemacht werden könne und müsse. Dazu kommen die ungeheuren heute wieder aufklaffenden Stammesunterschiede und die Unterschiede der Konfessionen. Wo soll da die Einheitlichkeit und Schwungkraft großer politischer Ideen herkommen? Das Schwergewicht der Trägheit, der Überlieferungen, Gewohnheiten, Rechtsbestände und wirtschaftlichen Bedürfnisse ist da noch das Beste, was in diesem nie wirklich einheitlich gewordenen Volke möglich und wirksam ist für Ordnung und Rettung. Der deutsche Geist, von dessen führender Bedeutung in der Welt die Literaten heute noch nicht aufhören können zu fabeln und den sie heute, je nach dem Standpunkt als Welterlöser durch Sozialismus oder durch Anarchie oder durch ständisch-mittelalterliche Rückbildung feiern, ist in diesen Dingen heute noch so zersplittert und unproduktiv wie jemals, wenn man nicht die hundert heute aufsteigenden Utopien sich mit der üblichen Selbstgefälligkeit als Produktivität aufrechnen will. Das große und reiche Genie unsrer Nation, das vor allem in Wissenschaft und Musik sich äußert, ist dabei nicht verkannt, aber es hilft uns wenig in unserer Not, so wenig wie alle Eigenschaften des Gemüts und der Idylle, die das moderne Deutschland noch übrig gelassen hat. Die tiefen Hemmungen, die in der deutschen Geschichte, dem deutschen Volkscharakter, dem deutschen Geiste selbst für jede großzügige Lösung seiner Probleme liegen, machen die Leute sich sehr selten klar, ebensowenig die Hemmungen, die in unserer heutigen politischen und wirtschaftlichen Machtlosigkeit und in dem Einfluß der heutigen Weltbeherrscher liegen. Auch sie der Anarchie und Revolution auszuliefern ist ein Traum, und kein schöner, so schwierige Zustände auch bei den politisch begabteren und glücklicheren Völkern, eintreten mögen.

Vor allem meint das Bündnis der Unabhängigen, Bolschewisten, Literaten, Ideologen und Konservativen bei jeder Gelegenheit etwas völlig anderes. Die einen wollen auf dem Wege über das Rätesystem zu einer ständisch-mittelalterlichen Gesellschaftsordnung mit sehr starker Herabsetzung der Produktion und mit starker kirchlicher Leitung. Die andern wollen gegen die Demokratie Luft gewinnen für aristokratisches Führertum, das sich dann aus der Demagogie wieder in eine erblich befestigte Aristokratie zurückverwandeln kann und mit jeder Staatsverfassung zufrieden sein wird, die ein derartiges Führertum anzuerkennen und zu befestigen vermag. Wieder andere wollen nur Elend und Verwirrung nach Möglichkeit steigern, die Nation in Konservative und Bolschewisten zersprengen, wo dann die Wahl und der schließliche Ausweg nicht zweifelhaft sein können. Noch andere sehen im Bolschewismus die große Simsonstat, in der sie mit sich selbst die Welt unter dem einstürzenden Dache begraben oder vielleicht noch im letzten Moment die Angst der Welt für eine politische Rettung nutzbar machen können. Andere träumen von einer neuen endlich rationalen Weltordnung, in der der irrationale Machtstaat überhaupt aufhört und an seine Stelle ein wohlgegliedertes Werk der Philosophen tritt, eine Herrschaft der Sachverständigen auf jedem Gebiete und eine lediglich durch Vernunft bewirkte Einigung dieser Sachverständigen, die dann von bestellten Organen in Rechtsbestimmungen übergeführt und von der endlich vernünftig gewordenen Menschheit gerne exekutiert wird. Oder sie träumen von einem Sozialismus, der nicht auf Demokratie und Gleichheit beruht, sondern auf Organisation und Differenzierung und wie Platos Staat die verschiedenen Dauergruppen dem Geist und Wohl des Ganzen dienstbar macht; oder von einer Selbsterzeugung der Ordnung, wenn man nur auf Macht, Gewalt und Armee verzichtet und den guten Instinkten der Menschen vertraut, die bei völliger Gleichheit der Chancen eine Fülle von Talenten und Ordnungskräften aus der Tiefe hervorbringen werden. Alles kann man mit dem großen Schlagwort der Revolution, dem Namen der »Räte«, schmücken und damit die Massen gewinnen, die nun einmal an diesem Worte hängen. Daß die eigentlichen Erfinder von Wort und Sache die terroristische Herrschaft begabter Proletarier darunter verstehen und durch ein Jahrhundert von solchem Terrorismus hindurch erst die neue Menschheit erziehen wollen, das vergißt man in der Theorie. Erlebt man es staunend und mißbilligend in der Praxis, so hofft man zugleich im stillen, daß die ideenlose Demokratie damit fertig werde und damit den Bauplatz für ihre ideenreicheren Erben aufräume und reinige, soweit man nicht sich und anderen einredet, daß die Demokratie oder die ihr untermischten Reaktionäre alle diese Greuel selber durch Ungeschick oder Ideenmangel provozieren. Und vor allem an das Problem der Probleme, an die große, von der Produktivität und Weltstellung der Vergangenheit erzeugte Menschenmasse, die sich bei uns daheim durch die Rücksendung der Deutschen aus der ganzen Welt fortwährend mehrt, an diese Masse, die in den kommenden Verhältnissen nicht ernährt werden kann und entweder sterben oder irgendwo unterkommen muß, — daran denken die allerwenigsten. Wie man auch immer noch übersieht, daß hier die letzte Kriegsursache lag.

Überall Träumer, wohin man blickt, sofern nicht die Träumer blutige Realisten sind. Daß die Demokratie uns im Grunde nicht liegt und daß sie (übrigens vor allem in Deutschland) die Mängel der Mittelmäßigkeit und Spießerhaftigkeit trägt, daß das heutige deutsche parlamentarische Regime die Züge der bloßen Nachahmung und der kleinlichsten Selbstversorgung reichlich trägt, das ist leider nicht zu leugnen. Ebensowenig aber, daß wir nichts Besseres haben und an dieser kümmerlichen Stange in die Höhe klettern *müssen,* soweit von Höhe überhaupt die Rede sein kann. Die Völkerpsychologie und Auslandskunde ist offenbar noch nicht so weit, daß sie uns die eigentlichsten und innersten Hemmungen in unserm Volkstum selbst zeigen könnte, in jenem treuen, fleißigen und hochbegabten Volkstum, »das, ach, so vieles entstellt«.

Die Aufnahme der Friedensbedingungen
23. 5. 1919

Die »Friedensbedingungen« sind da! Ehe der Schleier fiel, hatte der psychologische Druck der Einschüchterungen und Hoffnungserregungen, der Blockade und der Valuta, der Arbeitsscheu und der Desorganisation ein halbes Jahr lang seine Schuldigkeit getan, um das deutsche Volk zu jedem Gedanken irgendeiner heute noch möglichen auswärtigen Politik unlustig und unfähig zu machen. Über das Schicksal der Friedensvorschläge wird man sehr viel mehr wissen, wenn diese Zeilen vor den Leser kommen. Ich will also von den Wegen und Möglichkeiten, die uns etwa offenstehen, hier nicht sprechen, denn bis dahin wäre ja doch alles veraltet. Ich will nur von der nächsten Aufnahme und Wirkung sprechen, wie man sie hier beobachten konnte. Das wird auch dann noch nicht ohne Interesse sein, denn es hat symptomatische Bedeutung.

Die Wirkung war in Regierungskreisen niederschmetternd. England vernichtet den Handel, Frankreich und Polen zertrümmern das deutsche Staatsgebiet, beide zusammen die deutschen Finanzen und die Produktivität deutscher Arbeit, die ohne jede Gewinnmöglichkeit natürlich am Ende wäre, auch wenn sie aus der gegenwärtigen Arbeitsscheu sich wieder erholen sollte. Das wäre die Helotisierung Deutschlands, wie ähnliches nur in der Türkei und in China versucht worden ist; es wäre aber zugleich der internationale Kampf gegen den Sozialismus und seine etwaige Verführungskraft, die von einem wieder sich kräftigenden und freien Deutschland ausgehen könnte. Man war auf Schlimmes gefaßt, aber etwas derartig Entsetzliches erwartete man um so weniger, als die amerikanischen Abgesandten sehr viel bessere Hoffnungen erregt hatten. Die Amerikaner sind offenbar unterlegen. Wilson hatte seine Machtmittel zu sehr aufgebraucht, d.h. die Deutschen zu gründlich besiegt, um noch einen Rückhalt gegen die Entente zu behalten.

In der Bevölkerung war die Wirkung eine sichtliche Einigung in Schmerz, Grimm und beleidigtem Ehrgefühl. Das »Unannehmbar« war oder schien wieder ein heroischer Klang, bei dem nationales Ehrgefühl aufflammen und die Stimmung der Einigkeit von 1914 wiederkehren könne. Gemeinsame Todesgefahr schien wieder die grenzenlose Zerbröckelung und gegenseitige Abschließung und Verfeindung zu überwinden. Die Schulkinder zogen wieder in großen Demonstrationszügen mit schwarzweißroten Fahnen durch die Straßen und sangen — ohne die grausige Selbstironie zu empfinden — die »Wacht am Rhein«. Das zeigte schon, welche Elemente sich der Bewegung bemächtigten. Es waren wieder die Stimmungen der Vaterlandspartei. Man hörte wieder die Anklagen gegen eine Regierung, die sich von Wilsons Friedensphrasen habe betören lassen und um ihretwillen einen fast schon errungenen Sieg preisgegeben habe. Die ganze Legende kam wieder hoch, daß nur die Flaumacher der Heimat, die Juden und die Sozialdemokraten dem stolzen Heere das Rückgrat gebrochen hätten und daß bei weniger Sentimentalität der herrlichste Sieg unser gewesen wäre. Man sprach vom Sturze der Regierung, der zu erhoffen sei, als ob ein Staat ohne Regierung stärker wäre und eine zweite Revolution der Unabhängigen und Kommunisten dem deutschen Reiche eine nationalere Vertretung gewähren würde. Gedankenloser Trotz gegen den Feind und Rache an der Revolution: das war ein unter der Decke dieser neuen Begeisterung sich ausbreitendes schwelendes Feuer, das die Genugtuung über sie wieder zunichte machte.

Natürlich blieb darauf, sobald das klar wurde, die Antwort der Massen nicht aus. Sie veranstalteten ihrerseits Riesendemonstrationen in erster Linie gegen die neue Auflage vaterlandsparteilicher Ideen und erst in zweiter gegen den Gewaltfrieden. Sie haben damit die Geschäfte der Feinde gründlich besorgt. Gegen den letzteren hilft nach ihrer Meinung nur die radikale Weltrevolution und der allgemeine schonungslos durchgeführte Kommunismus. Auch sie wollen den Sturz der Regierung und würden hierzu mit den Konservativen sich verbünden. Aber ihre Hoffnungen dabei sind die entgegengesetzten. Sie wollen die Entwaffnung der Welt und den Kommunismus als volle und ungehemmte Herrschaft des Proletariats aller Länder.

So zeigt sich mit neuen Nuancen wieder die alte Spaltung der Nation. Wenigstens für einen Moment; denn sehr lange wird das Spielen mit Ideen und Gefühlen ja nicht dauern können. Professor Roethe bezeichnete im Kolleg den Frieden als eine Katastrophe, die nur einem von Juden und Sozialdemokraten verhetzten Volke *zustoßen* könne, als ob sie ganz von außen her aus unglücklichen Zufällen und schlechten Gesinnungen Einzelner herkäme und keinerlei Begründung in Charakter und Entwicklung der letzten deutschen Geschichte, vielleicht in deutscher Weltlage und deutschem Charakter überhaupt hätte. Umgekehrt feuerte Adolf Hoffmann von den Stufen des Schinkelschen Museums aus die Tausende zum radikalen Haß gegen die alten Kriegstreiber an, die wieder Oberwasser zu bekommen hofften und von den Interessen und Standesideen einiger weniger her den Frieden gefährden, als wäre das Aufschäumen des Ehr- und Lebensgefühls nur ganz von außen her erregt. Und auf dem Königsplatz vor Bismarcks Denkmal sprach sein heutiger Nachfolger, Scheidemann, vaterländisch, tapfer und staatserhaltend für den allein möglichen Mittelweg, durch zähe Verhandlungen den ursprünglichen Wilsonschen Rechtsboden zu behaupten, aber allen irgendwie gearteten Aspirationen der alten Machtpolitik radikal zu entsagen, den Frieden für ein den Schaden wieder gutmachendes, aber freies und in seiner Arbeit lebensfähiges

Volk durch geistigen und moralischen Widerstand zu erkämpfen. Wenn er diese Linie nur immer gleichmäßig festhalten wollte!

Dazwischen werden allerhand Schauergeschichten umhergeflüstert von bevorstehenden Putschen, Versuchen, die Reichsämter zu stürmen, die Minister abzusetzen und die Unabhängigen zur Herrschaft zu bringen. Was daran wahr ist, weiß ich nicht. Die Gerüchte sind schwerlich ganz gegenstandslos. Und wie alle möglichen Gerüchte, so gehen alle möglichen Meinungen zwischen diesen Hauptgegensätzen hin und her und zwischen ihnen hindurch. Je näher der Augenblick der Entscheidung kommt, um so drückender wird die Verantwortung. Nur als Ausdruck einer erbärmlichen Angst vor ihr kann man die Idee bezeichnen, die unendlich verwickelte und folgenreiche Friedensfrage einem Volksreferendum zu übergeben. Der Erfolg wäre vermutlich Unterwerfung um jeden Preis und Furcht vor der Blockade und überdies der Sturz einer Regierung, die nicht zu führen und nicht zu entscheiden wußte. Und welche maßlose Verhetzung und Propaganda würde ein solches Referendum mit sich bringen! Man kann nur mit Grauen daran denken und hoffen, daß es nicht zu dieser Selbstaufhebung der Regierung in der schwierigsten Lebensfrage der Nation komme, wo der gemeine Mann weder in die Folgen des Nein noch in die des Ja eine klare Einsicht haben könnte und die Belehrenden nach gelieferten Rederezepten ihn grenzenlos verwirren und erregen würden.

Daß mit dem ersten neuen Aufregen der außenpolitischen Probleme die Nation wieder in den alten Gegensatz der freilich stark verkümmerten Vaterlandspartei und der stark radikalisierten Massenpartei zurückfällt, und daß die alte Sozialdemokratie dabei zur Verteidigerin der staatserhaltenden Mitte geworden ist, das ist das Symptomatische. Das schwierigste Problem bieten dabei die rechtsstehenden Parteien, denen ein großer Teil der vor der demokratisch-sozialen Entwicklung entsetzten Intellektuellen, vor allem der unvermeidlichen Professoren, angehört. Von den Radikalen war und ist eine wirkliche Umbesinnung nicht zu erwarten, sie fühlen ihre materiellen Hoffnungen unerfüllt und haben nicht genug wissenschaftliche Zucht des Denkens, um dem Möglichen nachzutrachten. Aber die Rechtsstehenden sind doch im Besitz dessen geblieben, was sie hatten und tragen nur den freilich ungeheuren allgemeinen Schaden mit. Sie können jedenfalls vom Umsturz der jetzigen Regierung eine Besserung ihrer Lage und ihrer Hoffnungen *nicht* erwarten; überdies haben die Intellektuellen unter ihnen die Möglichkeit der nüchternen logischen Einsicht, daß unter diesen Umständen die Mitte gestützt werden muß, ohne sich mit ihr zu identifizieren, ja unter dem schärfsten theoretischen Protest, aber unter praktischer Mitarbeit. Derartige Gesinnungen gab es zu Anfang, es gibt sie noch heute. Aber sie sind vereinzelt, unorganisiert und wirkungslos, sie unterliegen dem Parteidruck, der mit rasendem Haß und mit großen Geld- und Preßmitteln gegen den Sozialismus arbeitet. Würde die »Rechte« der Nation sich auf die Mitte einigen und einstellen, ohne doch die Sozialdemokratie durch allzu eifrigen Anschluß bei den Massen zu diskreditieren, würde sie auf Verhetzung und Rache verzichten und auf ihre Weise demokratisch-staatserhaltend wirken, so wäre für das Ganze und für sie selbst viel gewonnen. Die demokratische Partei, die von der Rechten her als Partei des Geldsacks und des Internationalismus verschrieen wird, ist zu schwach zu solcher Wirkung im Großen und zu sehr Partei des Mittelstandes und der Lehrerdemokratie, um das leisten zu können. Daß die Rechte auf Restauration, Rache und Rechtbehaltenwollen verzichten lernen könnte, das wäre eines der wichtigsten Mittel der Rettung. Aber derartiges scheint in unserm Deutschland unmöglich zu sein. Ein Beaconsfield scheint bei uns in jedem Sinne undenkbar, jetzt erst recht. Wir sind, will man's groß und tragisch ansehen, die Nibelungen, die sich in Haß und Starrsinn gegenseitig vernichten; will man's klein ansehen, die Kleinstädter und Prozeßbauern, die in Stank und Neid sich gegenseitig ruinieren. Hoffentlich gibt es eine Jugend, die von der ungeheuren Lehre der Zeit wenigstens so viel zu lernen imstande ist, daß sie sich aus diesem seelischen Graus herausarbeitet.

Die Schuldfrage
19. 6. 1919

Nun stehen also die anscheinend endgültigen »Friedensbedingungen« zur Entscheidung. Entweder die gemäßigte Fremdherrschaft der Commission de Réparation und die Gebietsverluste, oder aber Erneuerung des Krieges, Sperrung des Ruhrkohlengebiets, Erneuerung der Blokkade, Besetzung der Mainlinie durch die Franzosen, Sonderfrieden der Süddeutschen, Guerillakrieg mit Polen, erneute Revolution in den von Fremden nicht besetzten Gebieten, dafür aber Hoffnung, daß die Ungeheuerlichkeit all dieser Dinge die Entente sprengt und daß sie sich selbst *ad absurdum* führen, worauf dann ein wenigstens in seiner Ehre unberührt gebliebenes Volk die Kraft zur Selbsterneuerung finden werde, während ein in seiner Ehre gekränktes Volk, auch bei mäßigem wirtschaftlichen Fortschritt, die Kraft der Erneuerung nicht mehr finden könne: so etwa standen gestern in einer Besprechung durch hohe Militärs, Politiker und Gelehrte die Ansichten sich gegenüber, wobei die Vertreter des Militärs für den ersten Teil der Alternative sich entschieden und die Erneuerungsmöglichkeiten dabei immer noch eher gewahrt fanden, als bei einer Zerstörung der Einheit des Reiches und der Vernichtung der bürgerlichen Klasse in einem großen Teil des Restbestandes. Die Entscheidung naht, die Wasser steigen täglich näher an die Kehle, die Frist der vom Ausland ungestörten inneren Auseinandersetzungen und Neubildungen ist zu Ende, die Abhängigkeit aller inneren Entwicklung von den Eingriffen der feindlichen heiligen Allianz beginnt. Die Voraussetzungen unseres Daseins werden neue sein, das Verfassungs- und Ordnungswerk der Revolution und der von ihr erzeugten radikal-parlamentarischen Demokratie muß seine Leistungen bewähren, wenn sie vorhanden sind. Die Gesamtlage wird eine ähnlich durchgreifende Neuordnung der Struktur erfahren, wie sie vor einem halben Jahr der Zusammenbruch der Armee, die Vernichtung des Reformwerkes des Prinzen Max und der Ausbruch der Revolution herbeigeführt hatten. Eine Episode der deutschen

Geschichte ist zu Ende, und neue Realitäten schaffen neue Voraussetzungen. Bis diese Zeilen vor den Leser kommen, wird die Entscheidung gefallen sein. Ich will daher hier nicht über diese Dinge sprechen, wie denn in meinen Briefen die Besprechung aller Augenblicksfragen bei dem rasenden Tempo im Wechsel der Verhältnisse, Meinungen und Stimmungen sich von selbst verbietet. Hier kann sich's nur darum handeln, die großen allgemeinen Linien der Ereignisse herauszuheben und die Auffassung durch gute Informationen über das Tatsächliche zu begründen, wie sie mir hier am Orte vielfach zur Verfügung stehen.

Mit diesen Friedensbedingungen also will sich eine kapitalistische Welt gegen den Sozialismus sichern, und tritt zugleich der angelsächsische Machtkomplex die imperialistische Weltherrschaft an. Der Gesichtspunkt, der sich dabei weithin sichtbar heraushebt, ist die ungeheure Bedeutung der sogenannten Schuldfrage. Nur indem es möglich war, auf Grund der Priorität der formellen deutschen Kriegserklärung und des deutschen Einmarsches in das neutrale Belgien der Welt die Alleinverantwortlichkeit Deutschlands für den Krieg glaubhaft zu machen, wurde diese Art von Frieden möglich, der sich formell wie ein moralisches Ketzergericht gibt, während er inhaltlich eine durch den Betrug mit den 14 Punkten und durch die revolutionäre Selbstentwaffnung Deutschlands ermöglichte imperialistische Ungeheuerlichkeit ist, ähnlich wie einst das Vorgehen Roms gegen Karthago. Die berechtigten Forderungen einer Mithilfe für den Wiederaufbau des schwer geschädigten Frankreichs und Belgiens waren von den deutschen Gegenvorschlägen anerkannt, so daß ich von ihnen nicht zu reden brauche. Aber darauf ging die heilige Allianz, die ungefähr ebenso heilig ist wie die alte vor hundert Jahren und die moralischen Schlagworte mit ebensoviel Recht im Munde führt wie jene, nicht ein — die Antwort war in der Hauptsache: der Ketzer wird verbrannt. Hier liegen allertiefste politische, soziologische, völkerpsychologische und technische Gründe und Mittel im Hintergrunde, aus denen allein sich diese Weltverteilung und Güterkonfiskation in Gestalt eines Ketzergerichtes erklärt. Auf den Glauben an die deutsche Schuld und Verantwortung für einen ohne diese Schuld vermeidlichen Krieg war die ganze große Weltsuggestion aufgebaut, die durch den verhängnisvollsten Akt der deutschen Politik und Kriegsführung, den Einmarsch in Belgien, bei allen Neutralen und kleinen Staaten unendlich an Wirkung gewann, obwohl dieser, wie das Bethmann Hollwegs Buch völlig klar herausgearbeitet hat, nachweislich *nicht* der Grund der englischen Kriegserklärung war. Damit wurde es den Regierungen möglich, ihre dem Kriege widerstrebenden Völker in die Kriegsleidenschaft hineinzureißen und sich selber bei allen, auch den ungeheuerlichsten Gewalttaten, zu behaupten. Dem Ketzer war keine Treue zu halten und kein Glauben zu schenken, ihm gegenüber war jede Schonung Verbrechen an der Menschheit. Damit hat man vor allem den amerikanischen Idealismus aufgepeitscht, dem man den engen Zusammenhang dieses deutschen Kulturverbrechens mit der rückständigen autokratischen Verfassung glaubhaft machte, während man jede deutsche Verteidigung, jede deutsche Gegenrede in Amerika dadurch ausschloß, daß man England die Überwachung der deutschen Post überließ. Aber das war nur ein Teil des Vorganges, der hier vorliegt. War Deutschland derart als Schuldiger und Verbrecher hingestellt, so erhielten alle seine Kriegshandlungen und Zerstörungen den Charakter frevelhafter Rohheiten und Verbrechen, die nicht aus einem berechtigten Kriege entsprangen, wie bei der Entente, sondern die Konsequenzen einer räuberischen und gottlosen Gewalttat waren, in denen sich nur der Charakter des ganzen deutschen Unternehmens weiter offenbarte und bestätigte. Dabei wollte es der Gang der Dinge, daß die deutschen Anfangserfolge Belgien und Nordfrankreich den Deutschen auslieferten: ihre in der Tat entsetzlichen Leiden wurden also nicht als Kriegsfolge, sondern als Folgen deutschen Wahnwitzes und Frevelsinnes hingestellt, wobei dann jede nicht schlechthin notwendige Gewalttat und Zerstörung ein vertausendfachtes Gewicht empfing. Nicht anders stand es mit dem U-Boot-Kriege, zu dem Deutschland als einer vom bisherigen Völkerrecht nicht vorgesehenen Maßnahme griff, und der im Unterschiede von der langsam und undramatisch wirkenden Blockade vielmehr höchst *auffällig* und die Phantasie reizend Güter und Menschen zerstörte, bei seiner Natur Freund und Feind treffen mußte und daher in der Tat ein äußerst schwieriges und bedenkliches Kriegsmittel war. Man stellte ihn nun gleichfalls nicht als politischen Fehler und als Notwehrakt gegen die Hungerblockade, sondern als frevelhaften Mord und als wahnsinnige Güterzerstörung hin, als Ausfluß des ganzen deutschen Kriegsgeistes und weltzerstörenden Kriegsentschlusses. Nicht anders stand es mit Zeppelinen und Fernkanonen. So hat der weitere Gang des Krieges die Schuldanklagen nur verstärkt und erweitert. Man blieb dann aber bei dieser Anklage auch gegenüber der neuen revolutionären Regierung, die für den »Kaiserismus« doch keinesfalls verantwortlich war, und dem völlig entkräfteten Deutschland der Waffenstillstandszeit. So konnte man jede Verhandlung verweigern, jeder Erklärung und jeder Politik »grundsätzlich« auch jetzt noch mißtrauen, den Frieden trotz aller »demokratischen Ideale« völlig geheim vorbereiten und ihn den Deutschen ohne jede Verhandlung als Gerichtsurteil auflegen. Dann konnte man fordern, was immer man haben wollte, teils als »Bestrafung« teils als »pflichtmäßigen Schadenersatz«, teils als »Sicherung« gegen solch grauenvoll gefährliches Volk. Eben deshalb fordert man auch das praktisch Unsinnigste und moralisch Unerhörteste: die Auslieferung »der Schuldigen«, weil das und ihre Verurteilung das Siegel auf die Theorie von der deutschen Schuld ist, ohne welche der Krieg von den Feinden nicht hätte durchgehalten und dieser Friede nicht hätte entworfen werden können. Zugleich beschwichtigt man damit die allmählich erwachenden und steigenden Bedenken in den eigenen Reihen, wo Arbeiter und Liberale die Ungeheuerlichkeit dieses Friedens zu empfinden beginnen. Ebenso hofft man den deutschen Sozialismus seiner gefährlichen Ansteckungskraft zu berauben, indem man ihn als Geisteserben und innerlich unveränderten Fortsetzer des alten Regiments bezeichnet und zugleich durch die »Strafbedingungen« materiell fesselt oder gar erdrosselt. Zuletzt leitet man noch aus dieser Schuld eine Buß- und Läuterungsfrist ab, während deren Deutschland vom »Völkerbunde« ausgeschlossen bleibt und die Entente die Welt von ihm ungestört verteilt. Die verwirrende Rückwirkung dieser ganzen Moralpolemik auf das deutsche Volk selbst, die Zersetzung seines Glaubens an sich selbst, die Hervorlockung von deutschen Schuldbekenntnissen, mit denen schwache Geister ihr Schicksal zu erleichtern hofften — all das ist nur eine freilich sehr wichtige Nebenwirkung. Vor allem die Hervorlockung der Schuldbekenntnisse als Bedingungen milderer Strafe ist ein ähnliches Mittel gewesen, wie der Anreiz zur Selbstentwaffnung durch die Verheißung der 14 Punkte Wilsons. Man hat bei uns fast nur diese letzten Seiten der Moral- und Schuldpolemik gesehen und über mangelhafte Widerstandskraft des nationalen Gefühls geklagt. In Wahrheit aber ist das Dogma von der deutschen Schuld der logische Schlüssel zur ganzen Kriegs- und Friedenspolitik der Entente überhaupt: es ist von allen Kriegsmitteln das furchtbarste gewesen, und es wird noch auf lange ein Mittel des Krieges im Frieden sein.

Wie war nun aber die Festsetzung eines derartigen Dogmas möglich? Das ist keine rein historisch-retrospektive Frage. Einmal, wie wir bei dem heute möglichen Stande der Einsicht sagen können, durch den Fehler der deutschen Politik, aus Angst vor militärischem Zuspätkommen und vor Verlust wichtiger Vorsprünge von sich aus formell den Krieg zu erklären, statt die Gewehre von selbst losgehen zu lassen, wie das gemäß dem jetzt bekannten Armeebefehl des Generals Rennenkampf sicherlich geschehen wäre. Militärische Autoritäten versichern, daß ein solches Zuwarten möglich gewesen wäre. Der zweite Punkt ist der verhängnisvollste deutsche Akt, der belgische Einmarsch, der durch die Natur des einzigen, in dem Jahr 1913/14 ausgearbeiteten Kriegsplanes notwendig geworden schien. In den früheren Jahren hatte man mehrere Eventualpläne. Über all das ist kein Wort zu verlieren. Einzelheiten namentlich des sehr bedenklichen Wiener Verhaltens erfordern noch Aufklärung. Wer überhaupt für die Kriegserklärungen Deutschlands die eigentliche Verantwortung trägt, ist heute noch unbekannt. Jedenfalls hat der damalige Generalstab alles eher getan, als den Krieg zu betreiben. Es scheinen in Angst und Schrecken plötzliche Entschlüsse in kleinstem Kreise gefaßt worden zu sein. Das Bethmannsche Buch gibt darüber kaum Andeutungen.

Aber das allein hätte die Schuldlegende nicht zur Herrschaft gebracht. Die eigentlichste Voraussetzung dafür war, daß es in der ganzen Welt gerne geglaubt wurde. Der Deutsche war bereits in einem Maße verhaßt, daß das Schlimmste das Glaubwürdigste schien und eines eigentlichen Beweises gar nicht mehr bedurfte. Über die Gründe dieses Deutschenhasses hat Max Scheler in seinem bekannten Buche Aufschlüsse gegeben, bei denen nur das besinnungslose Treiben der kaiserlichen Reden, der alldeutschen Schriften, des Flottenvereins und der Bülow-Tirpitzschen Politik zu wenig in ihrer verstärkenden Wirkung eingeschätzt sind. Auch darf man insbesondere die angelsächsische Geistesart nicht vergessen, die nichts ohne moralische Begründung tut und eigene Interessen nie ohne gleichzeitiges Bewußtsein um ihre moralische Überlegenheit eintreibt. Das stammt aus der Erbschaft des alten puritanischen Geistes, der mit grenzenloser Härte doch überall das vermeintliche eigene moralische Recht in den Vordergrund stellt, das ihm zum Profit und Machtgebrauch das gute Gewissen verschaffen muß. Für ihn trifft beides stets zusammen. Es ist die grenzenlose Selbstgerechtigkeit des Kalvinismus, die uns nun im Atem einer ganzen Welt entgegenweht. Man arbeitet ihr aber dann am schlechtesten entgegen, wenn man mit überlegenem »Realismus« und mit eitlem Stolz auf seine Ehrlichkeit *alles* Moralische in der Politik nur für Vorwand und Deckmantel und die Politik selbst lediglich für eine Frage der Macht und des Interesses erklärt. Denn damit bestätigt man dem Gegner all seine Sätze und schreibt sich selbst das Vernichtungsurteil. Ein solches Urteil ist von der deutschen Kriegspublizistik und Reklamiertenliteratur tatsächlich auch tausendfach geschrieben worden. Daß kalvinistische Selbstgerechtigkeit nicht einfach Heuchelei ist und bei den Angelsachsen mit merkwürdigem Geschäfts- und Machtsinn sich subjektiv verhältnismäßig ehrlich und vor allem völkerpsychologisch höchst wirksam verbindet, das hätte man aus dem Buche von Troeltsch über die *Soziallehren der christlichen Kirchen* lernen können. Aber wie viele bei uns denken in ihrer Aufgeklärtheit daran, solche seelischen Dinge ernst und gar wichtig zu nehmen?

Das Schlimmste und Unglücklichste aber war dann die deutsche Kriegspolitik selbst. Sie ließ sich durch anfängliche und dann in kritischen Lagen erneuerte Erfolge verführen, über das ursprüngliche Ziel der Erhaltung des Bestandes und der reinen Verteidigung hinauszugehen. Seit Falkenhayn und Ludendorff gab es die eigentliche Generalstabspolitik; die Wirtschaftsverbände und die publizistisch irregeleiteten Massen verlangten immer größeren Gewinn. Die Kriegsmittel wurden nun vielfach in der Tat von größerer Härte, als unerläßlich gewesen wäre. Humanität und Gerechtigkeit kamen offiziell in den Geruch von Sentimentalitäten, und das Befürworten einer Verständigung galt überall als Flaumacherei. Die politische Führung war machtlos und schwankend, sie wurde schließlich vom Generalstab ganz in die Luft gesprengt. Militär und Politik wurden vom Kaiser niemals zusammengehalten und ausgeglichen, und in diesem kritischen Momente am wenigsten. Die Nation entzweite sich. Der Beweis für den Welteroberungswillen der Deutschen, für ihre Schuld am Kriege und für ihre schlechten Kriegssitten war durch den nie rastenden Suggerierkrieg der Entente nun aller Welt erst recht leicht zu erbringen. Auch darf nicht vergessen werden, daß unsre sittlichen Kräfte drinnen und draußen sanken, so daß die Erfahrungen besetzter Gebiete überall in Ost und West den Deutschenhaß erweckten. Zur Okkupation und Bearbeitung besetzter Gebiete hatte unsere Herrenklasse nicht das mindeste Talent. Alles das ließ das Schulddogma schließlich so anwachsen, daß der Gegner es schließlich wagen konnte, sogar die Aufforderung zur internationalen und unparteiischen Feststellung höhnisch abzulehnen. Das Dogma von der deutschen Schuld steht dem modernen Ketzergerichte so fest, wie es dem mittelalterlichen Ketzergerichte feststand, daß es einen Teufel gibt — was bedeutet es, als unerhörte Frechheit, wenn der Ketzer selbst dieses Dogma in Zweifel zieht?

Und noch ein letztes kam in Betracht: die journalistische Technik. Wie in diesem Kriege überhaupt der Rausch der Technik allen Sinn und Verstand ertötet und an sich verständliche Kriegshandlungen zum völligen Wahnsinn gesteigert hat, so hat die Technik der Meinungs- und Stimmungserzeugung, wie sie die Länder der demokratischen Wahlfeldzüge entwickelt haben, geradezu ungeheuerliche und unerhörte Triumphe gefeiert. Die geistige Absperrung der Mittelmächte und der mit allen Mitteln geführte Suggestionskrieg hat in der ganzen Welt einen Geist erzeugt, der Deutschland schlechthin feindlich war und es, einerlei ob monarchisch oder demokratisch, als moralisch absolut fürchterlich und menschheitsgefährlich hinstellte. Hier haben die Bücher von Avenarius einen Teil der Künste grauenvoll beleuchtet. Bei uns hat man derartige Angriffe einfach mit Gegenbehauptungen zu erledigen geglaubt und im übrigen mit militärischem Befehl und mit Zwang der Autorität gearbeitet. Die Massen haben sich bei uns nicht oder jedenfalls nicht lange mit dieser Art »Aufklärung« behandeln lassen. Eines der Häupter dieses Aufklärungsfeldzuges hat mich einmal nach den Gründen der Wirkungslosigkeit dieser Aufklärung gefragt, und als ich ihm sagte, das trage ja alles der Psychologie der Massen gar keine Rechnung, meinte er, daß es Psychologie für ihn überhaupt nicht gebe; es gebe nur Patriotismus und allenfalls Machtmittel. Die Technik des Journalismus haben die Gegner unvergleichlich besser verstanden. Wir haben ihnen auch, wie niemand vergessen darf, durch Überhebung, Geistlosigkeit, unvorsichtiges und unbesonnenes Ausplaudern aller geheimen Wünsche und Gedanken unerschöpfliches Rohmaterial zum Verwerten gegeben. Wir haben an die Macht des Moralischen auch in der Benützung als Kriegsmittel nicht mehr geglaubt und dadurch ihnen überall in die Hände gearbeitet, ob diese Hände es sauber trieben oder nicht.

Solche Dinge muß man verstehen, wenn man die Friedensbedingungen auch nur begreifen will. Frankreich hat in der Tat ungeheuer, es hat vor aller Augen und es hat unter allgemeinem Hinzeigen auf seine Leiden gelitten. Die Leiden der Blockade dagegen bei uns blieben verborgen, sie wurden zunächst sogar wissentlich verhüllt. Über die wirkliche Schuld, die unsrige und die fremde, will ich in diesem Zusammenhang nicht reden, wo die Gegner im Begriffe sind, gerade das zu tun und noch außerordentlich zu steigern, was auch unsre Schuld gewesen ist. Eine geistige Reinigung muß und wird in der Welt kommen. Dann wird vielleicht auch der Friede anders aussehen, als er jetzt droht. Freilich, das »vielleicht« ist hier zu unterstreichen.

Nach der Entscheidung
26. 6. 1919

Die Entscheidung ist gefallen. Das Ringen von fünf furchtbaren Jahren und, wenn man die Vorgeschichte hinzunimmt, eines Jahrhunderts ist vorläufig und scheinbar zu Ende. Die letzten Tage waren Tage tiefster Seelenqual und schwerster Entscheidungen. Sie waren es auch für diejenigen, welche weder der Friedensdelegation, noch der Weimarer Nationalversammlung angehörten. In Weimar war die Erregung, die Arbeit und die Nervenspannung fast über das Maß menschlicher Leistungsfähigkeit hinausgegangen und dementsprechend auch in der Tat für einige Tage ein Chaos eingetreten. Aber auch außerhalb Weimars haben alle, die überhaupt Interesse und Verstand für die furchtbare Schicksalswende hatten, grenzenlos gelitten und in sich selbst gekämpft.

Der Grund der Qual war nicht sowohl die Härte des Schicksals, die diabolische Politik der Feinde und die Einsicht in anscheinend unüberwindbare Unzulänglichkeiten unser selbst, sondern die furchtbar verantwortungsvolle Entscheidung über Frieden oder neuen Krieg, über Unterwerfung oder Weigerung. Für beides sprach ungefähr gleich viel, und zwischen beiden Auffassungen war insbesondere die Friedensdelegation und das Weimarer Kabinett geteilt. Man hatte zur inneren Schwierigkeit der Sache und zur Unübersehbarkeit der Folgen noch den Gegensatz der beiden Autoritäten, die am besten über innere und äußere Lage unterrichtet waren und die schließlich allein die unbeschreiblich verwickelten Dinge gerade von ihrem Standpunkt aus übersehen konnten, weil sie allein alle Informationen hatten.

Die Friedensdelegation unter der Führung des Grafen Brockdorff-Rantzau, der endlich eine Führerpersönlichkeit von Charakter und von imponierender Intelligenz war, das volle Vertrauen der Delegation genoß und den Gegnern endlich wieder Respekt vor dem erstorben scheinenden deutschen Geist einflößte, war auf Grund unsäglich mühsamer Arbeit und sorgfältiger Erkundigung der festen Überzeugung, daß das »Unannehmbar« die einzige ehrlicher und klarer Weise mögliche Antwort war, daß der deutsche Gegenvorschlag eine die Konsequenzen der Niederlage ehrlich ziehende und mögliche Friedenssicherung bot und daß daher das »Unannehmbar« zwar kurze Zeit schwere Leiden über große Teile Deutschlands verhängen würde, aber zur endgültigen Entzweiung der Entente beim Wiederaufnehmen des Krieges führen müsse. Ein italienischer hier anwesender Staatsmann, der die Vorgänge in Paris genau kannte, hat uns diese Auffassung bestätigt und berichtet, daß Clemenceau in der Tat bedenklich und zögernd wurde. Denn zu der Wünschbarkeit eines neuen Krieges ständen die verschiedenen Teile der Entente sehr verschieden; nur Frankreich wollte eine Aufteilung Deutschlands. Auch standen die Völker selbst, denen man ja weder den Friedensvertrag, noch den deutschen Gegenvorschlag bekannt zu machen wagte, dem neuen Kriege bedenklich gegenüber. Voraussetzung für das Gelingen dieses zweifellos bedeutenden und großgesinnten politischen Gedankens war aber, daß das deutsche Volk die neuen Leiden um des großen Zieles willen zu ertragen willig war, daß es einmütig hinter der Brockdorffschen Politik stand und daß man in Paris an dieser einmütigen Entschlossenheit keinen Zweifel hatte. Die bisherigen Erklärungen der Reichsregierung, der Nationalversammlung und der Einzelkabinette berechtigten den Grafen zu dieser Annahme.

Hier aber setzte nun die gegenteilige Entwicklung in Weimar ein, die sich von der von Versailles innerlich immer weiter entfernte. Und zwar waren hier, während in Versailles Beobachtungen und Erkundungen der außenpolitischen Lage alles beherrschten, die Gründe der *inneren* Politik entscheidend. Je mehr man im Lande, namentlich im Westen, dem Wiederaufleben des Krieges als ernsthafter Konsequenz dieser Politik ins Auge sehen mußte, um so mehr entstand Widerwille vor neuem Kriege. Ein absolutes Friedensbedürfnis erfüllte die Massen, die nicht mehr wollten und nach der Äußerung von kundigen Führern auch nicht mehr konnten. Die Leute sind körperlich und seelisch gebrochen durch all die Leiden und Stürme der letzten Zeit, insbesondere der Waffenstillstandszeit, die von der Entente ja meisterhaft zur geistigen Zermürbung und Verwirrung ausgenützt worden war. Im Osten war nach den Berichten die Stimmung besser, da einerseits die Gegnerschaft der Polen ja nicht so stark ist wie die im Westen aufgestellte Kriegsmaschine der Entente und anderseits im Osten der nationale Bestand viel *offener* gefährdet ist als im Westen. Doch lauteten auch von dort die Berichte der Vertrauensmänner unerfreulich. Viele Gewerbetreibende haben bereits ihren Frieden mit den Polen gemacht und richten sich auf neue Erwerbsverhältnisse ein; viele Gutsbesitzer ziehen Polen einer deutschen Republik unter Ebert und Scheidemann vor und gönnen »der Revolution« *jede* Niederlage. Dazu kam die Tätigkeit der Unabhängigen und ihres Anhangs im ganzen Lande. Ihr Streit mit der Sozialdemokratie, der von ihnen in allen denkbaren Formen ausgehende Widerstand gegen die Festsetzung einer demokratischen, für *sie* mit der Herrschaft des Bürgertums identischen Ordnung, der grimmige Haß der feindlichen Brüder und ihre Rivalität im Kampf um die Massen beherrscht ja in Wahrheit die ganze innere Situation, wobei die Unabhängigen durch die bedingungslose Opposition der Rechten gegen die Regierung der »Knoten und Pazifisten« überall unterstützt werden. Diese unabhängige Agitation hat das Friedensbedürfnis der Massen eingefangen und dadurch der sozialdemokratischen Partei das Wasser vielfach abgegraben. Aus den Parteiorganisationen des Landes liefen überall Warnungen vor bevorstehenden schweren Putschen ein, die für Juni geplant waren, zum Teil ja auch wirklich zum Ausbruch gekommen sind und zum Teil noch dazu kommen werden; auch berichtet man die Gefahr von Massenabfällen. Gleichzeitig kamen Nachrichten über geplante Putsche von Rechts; ob mit Recht oder Unrecht, kann ich nicht entscheiden. Die Haltung der Freiwilligen-Korps schien ebenfalls teils nach links, teils nach rechts nicht ganz zuverlässig. So fand die Reichsregierung nicht den Rückhalt für die Brockdorffsche Politik, den diese nötig hatte; sie mußte mit einem allgemeinen Drang zum Friedensschluß rechnen, sobald der Krieg neu auflohte. Nicht zu vergessen ist, daß zurzeit ganz Deutschland wimmelt von Berichterstattern und Agenten der Entente, daß die Unabhängigen ganz offen mit den Fremden sprachen und verhandelten, daß also Clemenceau orientiert war über die Undurchführbarkeit der Brockdorffschen Politik. Erste Zugeständnisse, unter dem Druck des bevorstehenden »Unannehmbar« in Randbemerkungen gemacht, wurden zurückgezogen, in der Mantelnote das alte diplomatische Universalmittel der Beschuldigung Deutschlands als Kriegsursache und Verbrecher aufs schärfste betont. Die letzte Chance einer vernünftigen und gerechten Gestaltung des Friedens war damit vorbei. Die Unabhängigen in Deutschland selbst verdächtigten die Brockdorffsche Politik und verwiesen die Massen auf ein viel besseres Mittel, auf die »Weltrevolution«, die Deutschland von der reaktionären bürgerlich-demokratischen Ordnung und die Welt vom Kapitalismus zugleich befreien werde. Für den Einwand, daß gerade dieser Friede ja auf die Hemmung des Sozialismus und auf die Sicherung des angelsächsischen ökonomischen und politischen Individualismus berechnet sei und gerade eben die Weltrevolution und eben den Weltsozialismus unmöglich machen sollte, hatten sie nur Hohn und Unverständnis. Sie haben eben den »Glauben« an die Allheilkraft der Revolution an sich, was ihnen von unseren Literaten heute noch als erfreuliche geistige Ideenfülle gegenüber der bürgerlichen Philistrosität der regierenden Sozialisten angerechnet wird. Und so ging das Schicksal seinen Gang.

Aber nicht verschwiegen darf werden, daß es doch auch *zwischen* beiden Gruppen, zwischen Versailles und Weimar, eine Reihe selbständiger Köpfe gab, insbesondere Offiziere, Industrielle und Arbeiterführer, welche das *Risiko* der Brockdorffschen Politik ungeheuer groß fanden und davon die endgültige Auflösung des Reiches als Konsequenz erwarteten. Sie glaubten deshalb trotz allem die Unterwerfung unter die von der Folter erpreßten »Schuldgeständnisse« und die verhüllte Fremdherrschaft vorziehen zu müssen, um so mehr, als man das »Unannehmbar« angesichts der Stimmung der Massen doch nicht lange würde aufrecht erhalten können. Sie forderten nur die Beseitigung der persönlichen Auslieferungen, eine Ansicht, die ja auch in Weimar mitgespielt und die dann zu diplomatisch äußerst ungeschickten Maßnahmen geführt hat. In ähnlicher Richtung hat dort und leider auch schon lange vorher Erzberger gewirkt, seit langem als Gegenspieler gegen Brockdorff-Rantzau und insbesondere in den kritischen Weimarer Tagen tätig. Er vor allem hat die Entzweiung in die Parteien hineingetragen und hat die Wirkungen der Friedensdelegation diplomatisch und parteitaktisch paralysiert. Über das Einzelne erhält man von den von der Friedensdebatte höchst erregten Abgeordneten heute noch kein klares Bild; teilweise eignen sich die Dinge auch noch nicht zur Mitteilung. Vielleicht haben auch wirklich die wenigsten der Mithandelnden selber ein klares Bild von dem, was sie erlebt haben. Auch können die heute ganz verworrenen Parteiverhältnisse noch gar nicht klar gesehen werden, weil die Parteien selbst sich noch nicht verstehen. Vieles von dieser Verwirrung hat zweifellos Erzberger angerichtet. Seine Rolle und die rätselhafte Grundlage seiner anscheinend unerschütterlichen Stellung muß erst klar gestellt werden. Ist es in der Tat Politik von »Knoten und Dilettanten«, die in Deutschland gemacht wird?

Die Entscheidung ist gefallen. Wie die Lage der inneren Politik einmal war, ist sie schwerlich anders möglich gewesen. Welches werden ihre Folgen sein? Noch kann das niemand sagen. Ich teile nur die Ansicht mit, die einer der bedeutendsten und am meisten realistischen Gelehrten und Politiker gestern in engem Kreise aussprach. Die angelsächsische Weltherrschaft ist entschieden. Charles Dilke hat Recht bekommen: *The world is rapidly becoming english.* Frankreich wird der kontinentale Verwalter Englands sein. Der Völkerbund, der wie jeder Völkerbund einer beherrschenden Macht bedarf, ist das angelsächsische Weltregiment, das die beiden großen Nationen trotz scharfer Gegensätze doch durchführen werden. Damit ist das Ende der modernen Geschichte doch ähnlich dem der alten. Auch Rom war ein Völkerbund, und unser Völkerbund wird die englische Weltherrschaft sein. Zugleich ist dieses angelsächsische Imperium der Sieg des angelsächsischen Individualismus. Er wird soziale Einzelreformen, wie schon bisher, von Deutschland auch weiterhin übernehmen, aber den Sozialismus selber dadurch ausschalten. Seine Arbeiter werden die Weltherrschaft mitgenießen und nicht selbst ihre Vorzugs-Stellung durch Weltrevolution zerstören. Die europäischen Völker werden zweisprachig werden, für die Welt englisch reden und schreiben müssen und für ihre Privatzwecke ihre alten Sprachen wie Dialekte weiter benützen. Ihre Dichtung wird sich zur Weltliteratur verhalten, wie bei uns Fritz Reuter und Klaus Groth zur deutschen Nationalliteratur. So wäre unser Schicksal in vieler Hinsicht ähnlich dem der Griechen? Wir gleichen ihnen, scheint es, an Partikularismus und an Zanksucht, unsere besten Köpfe kommen ihnen auch an metaphysischer Tiefe nahe, aber ihre weltbesiegende Klarheit und Anmut der Form fehlt uns. Wird die deutsche Gründlichkeit und vor allem die deutsche *Sachlichkeit* das ersetzen können?

Ich weiß nicht, ob man der Geschichte soweit voraus denken kann und darf, wenn ich auch vieles in diesen Meinungen für richtig halte. Es sind noch manche Wandelungen der Weltlage möglich und es ist eine Wiedererhebung auch des politischen Begriffs »Deutschland« wie nach Jena und Tilsit denkbar. Ich weiß nur, daß jetzt für uns die *Weltmachtpolitik* auf lange Zeit und wohl überhaupt zu Ende ist. Das Traumland der Waffenstillstandsperiode, wo jeder sich ohne die Bedingungen und realen Sachfolgen des bevorstehenden Friedens die Zukunft phantastisch, pessimistisch oder heroisch ausmalen konnte, ist geschlossen. Gibt es eine Hilfe, so liegt sie vorerst in Arbeit und Ordnung, diesen beiden »philiströsen«, aber schlechtweg notwendigen Dingen, und dann in einer sittlichen und geistigen Erneuerung von Grund aus und in allen Klassen, Ständen, Parteien und Gruppen. Die Zukunft der Welt kann man dann ruhig Gott überlassen, dem keine allzu geschäftige Phantasie oder allzu rationale Rechnung vorgreifen kann. Er hat die Niederlage über uns verhängt, ziehen wir daraus die Folgerungen, fügen wir uns in seine Wege und glauben wir nicht, wir könnten uns durch kindische Leugnung seines Regimentes an ihm rächen, oder wir müßten uns zu Ehren seines Weltregiments der strafwürdigsten Sünde zeihen.

Neue Krisen und Möglichkeiten
8. 7. 1919

Jeden Augenblick wandelt sich das Bild der Lage und gehen neue Verhältnisse und neue Ausblicke auf. [...]

Für Juni und Juli war und ist ein großer Kommunistenaufstand im ganzen Reiche geplant. Die Stoßtrupps und die Geiseln waren für die Hauptorte bereits bestimmt, die Verkehrs- und Bankstreike vorbereitet. Das ungarische und Münchner Muster schwebte überall vor. Wie es zu geschehen pflegt, haben verfrühte und vereinzelte Losbrüche die Ausführung des Planes geschwächt und Gegenmaßregeln ermöglicht. Die Kommunisten rechneten mit der Parole des »Unannehmbar« und gedachten die friedensbedürftigen Massen in Siedehitze zu bringen. Der trotzdem erfolgte Friedensschluß hat ihnen vielen Wind aus den Segeln genommen, wie man denn auch annehmen darf, daß Noske die Unterdrückung dieses Aufstandes für militärisch undurchführbar erklärt haben und dadurch die Unterwerfung unter den »Frieden« wesentlich mit herbeigeführt haben wird. Es ist bezeichnend für die ganze Lage, daß man die Hamburger Unruhen zum voraus wußte, aber doch ihnen nicht zu begegnen vermochte, weil man sich nicht in den Ruf des Terrors bringen wollte oder durfte. Es mußte erst weithin sichtbares Unglück geschehen sein, ehe man Truppen sichtbar konzentrierte. Immerhin scheint der große Reichsaufstand gescheitert zu sein und in lokale Einzelwirren sich aufgelöst zu haben, die empfindlich genug sind, die aber das Ganze nicht mehr umwerfen können. So hört man denn auch, daß die Kommunisten ihre Taktik geändert hätten. Sie verzichten von nun ab auf Terror und Gewalttat, um auch Gegenterror und Gegengewalt unmöglich zu machen. Sie haben den Boykott gegen Noskes Söldnerarmee aufgehoben und suchen vielmehr die Soldaten unter Hinweis auf ihre doch baldige Entlassung auf ihre Seite zu ziehen, ihnen gleichen oder höheren Lohn zu versprechen. Das heißt: sie bereiten die Schaffung einer Roten Garde vor, mit der es dann nach Verringerung der Reichsarmee von neuem losgehen soll. »Wir werden die Menschen nicht zur Ruhe kommen lassen und es damit schließlich zwingen«, hörte ich neulich einen auf der Straße erklären. Daß dem auf Terror verzichtenden Kommunismus dann die sog. Idealisten in Massen zufallen werden und daß die Weltrevolution draußen fortschreiten werde, um auch den deutschen Kommunismus neu zu beleben, das ist dabei weiterhin vorausgesetzt. Jedenfalls, wir sind noch nicht über den Berg hinüber. Vor allem ist mit großen Erntestreiks und dem Versuch einer Aushungerung der Städte im Winter zu rechnen.

Solche Umstände waren nicht die einzige, aber eine der wichtigsten Ursachen dafür, daß das ursprünglich völlig ernst gemeinte »Unannehmbar« unmöglich wurde. Die Brockdorffsche groß gedachte Politik war mit einem einigen und entschlossenen Volke durchführbar, aber nicht mit dem von Gärung und Fäulnis durchwühlten Kehrichthaufen eines Volkes, den der Hungerkrieg und die inneren Kämpfe vorerst übrig gelassen hatten. Auch die vorher entschlossensten Sozialdemokraten verloren den Mut, und das über einige ansehnliche Köpfe verfügende Reichsministerium ging, um einem völlig unbedeutenden, der zweiten Garnitur, Platz zu machen. Dazu kam ein äußerst verhängnisvoller Umstand, das Ausscheiden der Demokraten aus der Reichsregierung, das der Partei bei den Patrioten genützt haben mag, das aber dem Reich unermeßlich geschadet hat. Denn die Folge dieses Ausscheidens war nun eine um so engere Zusammenschließung von Sozialdemokratie und Zentrum.

Das Zentrum wurde wieder Trumpf, ja es wurde zum *Herrscher*. Das Reich war nun nicht mehr schwarz-rot-gold, sondern schwarz-rot. So schätzenswerte Eigenschaften das Zentrum hat, die Verbindung der schärfsten Gegensätze ohne vermittelndes Zwischenglied bedroht nunmehr das Reich mit den plötzlichsten Krisen, wenn nicht schließlich in dieser Situation ein einzelner entschlossener Kopf die Führung an sich reißt. Zunächst freilich hat man sich stark angefreundet, was den Kirchen im Verfassungsentwurf eine souveräne Stellung einbrachte. Führende Sozialdemokraten entdeckten nun, daß das Zentrum die besten staatsmännischen Köpfe der Nationalversammlung habe, daß seine Wissenschaft wenigstens universal gerichtet und ansehnlich sei, daß seine demokratischen Grundzüge unerschütterlich feststehen und an seiner Religion selber einen Halt hätten, daß das soziale Verständnis bei ihnen größer und bereitwilliger sei, als bei den Demokraten. Lauter Entdeckungen, die in der Tat nicht bloße Selbstberuhigungen und Selbstbeschönigungen sind, sondern einen gewissen Grund in den Tatsachen, freilich auch eine bekannte recht ernste Kehrseite haben. Diese Kehrseite rückt man sich eben deshalb aus den Augen, um so mehr, als sie mehr für die Einzelstaaten als für das Reich in Betracht kommt. Die Einzelstaaten haben die Suppe auszulöffeln, wodurch freilich wieder neue Gegensätze zwischen Reich und Einzelstaaten gesetzt werden. Das Zentrum seinerseits hat denn auch diese Situation sofort benützt und mit Hilfe des Reichs sowohl in der Verfassung als in einzelnen Gesetzen der radikalen Kirchen- und Schutzpolitik der Einzelstaaten einen Riegel vorgeschoben; mehr als das, es hat täglich sich steigernde Forderungen erhoben, die auf eine völlige Autonomie des Klerikalismus hinauslaufen würden. Noch ist nicht alles perfekt und sind schwere Konflikte zwischen den beiden

Freunden möglich. Vorerst ist, um Vorgänge wie in Sachsen und Braunschweig zu verhüten und jede Art von Adolf Hoffmannscher Politik auszuschließen, beabsichtigt, jede Veränderung der bestehenden Verhältnisse zu untersagen bis zum Erlaß eines Reichs-Schulgesetzes, was lange dauern kann, und den Gemeinden, d.h. den Elternorganisationen jeder Gemeinde dann in diesem Gesetz volle Freiheit in der Behandlung des Konfessionsverhältnisses der Schule zu erteilen. Das ist bis jetzt die Formel des Kompromisses. Dahinter stehen weitergehende, teilweise damit sich schneidende Gedanken, wie die, die katholischen Provinzen zu verselbständigen und ihnen volle und unabhängige Herrschaft über Schul- und Kirchenverhältnisse zu geben, was schließlich bei dem Wegfall der Konkordate eine unmittelbare Mitherrschaft des Papstes bedeuten würde.

Der wichtigste Umstand ist nun aber: hinter allen diesen Aktionen steht Herr Erzberger, der einzige »starke Mann« des schwächlichen oder geschäftsfremden Kabinetts. Worauf seine Stellung fußt, ist nicht zu erfahren: sein bekanntes Büro, seine immer bereite Arbeitskraft, seine Entschlossenheit und Schlauheit, seine volkstümliche Banalität, seine Skrupellosigkeit, seinen Sieg über Brockdorff, seinen Zentrumsanhang, alles das kann man zur Erklärung heranziehen, aber für mein Gefühl reicht es nicht aus. Aber dem sei, wie ihm wolle, Erzberger ist der Herrscher des Kabinetts, und fragt man nach der kommenden Diktatur, so ist vielfach die Antwort: Wir haben sie schon, es ist die Diktatur Erzberger. Er vereinigt in sich das Finanzministerium, den Vorsitz der Waffenstillstandskommission und die Vizepräsidentschaft des Kabinetts, wie einst Augustus den Prinzipat durch Häufung der wichtigsten Ämter auf seine Person bei übrigens fortdauerndem Bestand der Verfassung schuf. Vor allem spielt Erzberger auf dem Instrument des erneuerten Kulturkampfes und steigert dadurch seine Macht. Ob er mit oder ohne Neuwahlen weiter regieren wird, ob er mit oder ohne Parlament seine Diktatur weiterhin ausüben wird: niemand weiß es; wahrscheinlich er selber auch nicht. Das hängt von den Umständen ab.

Und — von Noske. Auch dessen Persönlichkeit ist nicht durchsichtig, man sagt ihm ein Pendeln zwischen Erzberger und den Unabhängigen nach, und jedenfalls hat er am Militär einen größeren Gefallen gefunden, als an und für sich nötig wäre. Die »Noske-Garde« oder die »deutschen Landsknechte« sind der unklare Punkt in jeder Rechnung. Der unklare — denn von hier aus könnte der Diktaturgedanke auch eine ganz unvermutete Wendung nehmen. Es könnte etwa Noske mit den Unabhängigen und den linken Sozialdemokraten das Regiment ergreifen. Es könnte auch sonst noch etwas anderes geschehen, je nachdem bald Neuwahlen stattfinden oder nicht, und je nachdem sie ausfallen. Klar ist jedenfalls für den Augenblick die Sachlage: eine gemeinsame Herrschaft Erzbergers und der Sozialdemokratie, die den ausbrechenden Kulturkampf stoppen will. Vielleicht bringt sie eine starke Herrschaft katholischer Kultur- und Sozialideen: die von so vielen Seiten her sich gleichfalls ankündigende und naheliegende Rückbildung zu mittelalterlichen Verhältnissen, die nun freilich dem Zeitalter der Elektrizität und Kohle, der Eisenbahnen und des Telephons angepaßt werden müßten. Immer vorausgesetzt, daß die Einzelstaaten sich fügen und im Reichsverbande bleiben, oder daß kein allgemeiner Kommunistenaufstand alle Berechnungen über den Haufen wirft und die Unabhängigen rein zur Herrschaft bringt.

Die ganze Wucht dieser Sachlage kehrt sich vorerst gegen Preußen, dessen Ministerium, oder richtiger: dessen sozialdemokratische Fraktion stramm preußisch gesinnt ist und gleichzeitig den Kulturkampf an allen Ecken und Enden entzündet hat. Hier hilft der in Wahrheit völlig interfraktionelle preußische Lehrerverein mit, der eine einheitliche preußische Kultur aller Bürger im Stile des aufgeklärten, von den »Pfaffen« völlig emanzipierten Volksschullehrers will und die Diktatur des Proletariats am liebsten durch die Diktatur des Volksschullehrers ersetzt hätte. Diese Kreise sehen fast die einzige bleibende Errungenschaft der Revolution in der die Kirche zertrümmernden oder völlig beiseite setzenden Bildungspolitik. In dieser Hinsicht setzt die sozialdemokratische

Fraktion den Geist Adolf Hoffmanns fort, und die Minister wünschen, vermögen oder verstehen nicht, ihn zu dämpfen, erkennen jedenfalls nicht die alles zersprengenden Folgen dieses neuen Kulturkampfes, in den sie fröhlich und ahnungslos wie in eine Selbstverständlichkeit hineingezogen sind. So bewegt sich das preußische Ministerium in dem seltsamen Widerspruch, einerseits keinen Fußbreit preußischer Herrschaft preisgeben zu wollen und anderseits durch Entfesselung des Kulturkampfes Preußen fast bis auf den Rest der altbrandenburgischen Lande auseinander zu sprengen. Sie ahnen nichts von diesem inneren Widerspruch, singen »unentwegt« und ehrlich das Preußenlied und entfessen ebenso »unentwegt« den Kulturkampf. Dieser Kulturkampf hat überall die katholischen Landesteile auf das äußerste erregt und zieht nun alle sonstigen zentrifugalen Neigungen an sich. Viele Bestandteile des Hardenbergischen und des Bismarckschen Preußens waren niemals geistig und innerlich mit dem Preußentum verschmolzen, sie genossen nur gern die wirtschaftlichen Vorteile des großen Staates unter gleichzeitigem Murren gegen seine Verwaltung — die bekannte wollene Jacke Bismarcks, die kratzt, aber wärmt. Davon ist heute nur das Kratzen, jedenfalls nur mehr das Gefühl für das Kratzen, übrig, und die Ernennung sozialistischer Sekretäre zu Landräten und Regierungspräsidenten, die zwar der Minister nicht wollte, die aber die Fraktion erzwang, hat das Unbehagen überall ungeheuer gesteigert. Alle wollen sie mindestens Autonomie und die wieder vor allem in Kirchen- und Schulsachen, — wenn das nicht gewährt wird, so drohen sie mit der Verselbständigung zur eigenen Republik. Die preußischen Minister nun verweigern stolz die Loslösung und heizen gleichzeitig die Zentrifugalkräfte durch den von Monisten, radikalen Lehrern und ihrer sozialistischen Gefolgschaft immer leidenschaftlicher geforderten Kulturkampf.

Die Gefahr ist inzwischen brennend geworden durch die Forderungen der Oberschlesier, die Abstimmung für Deutschland zu sichern durch Erklärung Oberschlesiens zum selbständigen Bundesstaat mit völliger kirchlicher Freiheit oder doch mindestens durch vollständige Autonomisierung innerhalb Preußens, wobei die preußische Staatsgewalt durch den Bischof vertreten werden könne! Über diese Frage hat nach den Zeitungsberichten in diesen Tagen das preußische Staatsministerium mit sich selber und mit dem Reiche einig zu werden. Dies Oberschlesien aber ist das Steinchen, das die ganze Lawine der Auflösung des preußischen Staates Hardenbergs und Bismarcks in Bewegung setzen wird. Erzbergers Herrschaft im Reiche und der sozialistische Kulturkampf im Einzelstaate haben das in Wahrheit vorbereitet und herbeigeführt. Welche weitere Lawinen die beiden Gegenkräfte noch ins Rollen bringen werden, wird die Zukunft zeigen. Alles sitzt locker, was bisher fest gewesen war, die Meisterhand des Formers fehlt. Wäre sie da, so würde sie aber auch nur an der Spitze einer Armee ihr Werk tun können, und da eine Armee uns gleichfalls fehlt, so würde uns auch das Genie jetzt nichts helfen können.

Es gilt also immer noch, sein Herz sehr fest zu machen, auf das Verschiedenste gefaßt zu sein und alle Vernunft für die Gewinnung und Erhaltung der Ordnung aufzubieten. Es sei denn, man teile mit gewissen konservativen Politikern die Meinung: es gelte, die Revolution sich ausrasen und durch ihren letzten Trumpf, die Herrschaft der Unabhängigen, sich selbst *ad absurdum* führen zu lassen, worauf erst der Rückschlag und eine gesunde Neubildung folgen könnten. Das gäbe dann freilich eine Roßkur, von der zweifelhaft ist, ob wir sie noch aushalten würden. Auch hat eine solche Berechnung Hintergedanken, die nicht notwendig aus der Sachlage kommen.

Schöner und männlicher wäre es, wenn wir ohne dieses Rezept durchkämen.

Die Aussichten der Weltrevolution und die Zersetzung der Sozialdemokratie
25. 7. 1919

Mit der Unterwerfung Deutschlands unter den »Frieden«, dessen Annahme die noch aufrecht und hoffnungsvoll gebliebenen Patrioten verzweifelt bekämpften, die unsicher gewordenen feindlichen Imperialisten ersehnten, die englischen Liberalen für unwahrscheinlich und ihrem Gewissen beschwerlich hielten, französische Militärs und Kapitalisten als Hindernis weiterer Annexionen und Zerstückelungen fürchteten, und die deutschen Massen sich stumpf und müde gefallen ließen, ist die Lage für die Welt und die Lage für Deutschland insbesondere eine zwar nicht friedliche, aber jedenfalls neue geworden. In Deutschland halten die großen Parteien ihre Parteitage und blicken zurück und vorwärts, suchen vor allem die Fühlung mit den Weimarer Fraktionen, die durch die Abneigung gegen Preußen in dem kleinen Idyll an der Ilm vom bisherigen Mittelpunkt des deutschen Lebens grundsätzlich ferngehalten wurden und dort dreiviertel Jahre lang die Geschicke Deutschlands geleitet haben, soweit es sich dieser Leitung fügte.

Überall zeigt sich, daß die Verhältnisse inzwischen reichlich andere geworden sind, als sie damals beim Zusammentritt der Nationalversammlung gewesen sind. [...]

Welches aber sind nun die Punkte, wo gegenüber den bisherigen Lagen, Auffassungen und Berechnungen sich die Änderung vor allem zeigt? Der erste ist das *Zurücktreten der russischen Gefahr,* von der ich am Anfang sehr viel zu reden hatte und die bei uns und unseren Feinden die Erwartungen beherrschte. Sie ist nicht durch Polen und das Baltikum zu uns vorgedrungen und hat nur das von uns völlig abgesperrte Ungarn erreicht. Auf welchen Gründen das beruht, ist bis heute noch unbekannt. Aber klar ist, daß damit auch andrerseits jede anfangs gehegte Hoffnung wegfiel, unsere Gegner möchten mit uns zusammen den Schutz gegen die Weltrevolution aufrichten. Sie haben diesen Schutz nicht *mit* uns, sondern rein *gegen* uns in dem Versailler »Frieden« aufgerichtet, und auch das nicht bloß als Schutz gegen die Weltrevolution überhaupt, sondern als Sicherstellung der individualistisch-kapitalistischen Wirtschaftsordnung bei den großen Weltvölkern, während sie uns nach Vermögen dem inneren Chaos auszuliefern strebten und sich nur den Genuß jedes trotzdem etwa möglichen Arbeitsproduktes sichern. Damit waren auch die damals immer noch möglichen Hoffnungen auf einen »gerechten Frieden« zu Ende. Und nicht bloß das: es ist überhaupt *Hoffnung und Befürchtung einer Weltrevolution zu Ende.* Dieser Friede, den vor allem gerade die auf die »Weltrevolution« spekulierenden Radikalen und Unabhängigen ermöglicht haben, hat der Weltrevolution allem Anschein nach ein Ende gemacht. Das war der springende Punkt in den teuflischen Künsten dieses Friedensschlusses und der Einschlag politischer Klugheit in einem Werke, das im übrigen die Züge des sadistisch-giftigen Hasses der herrschenden Franzosen und des pharisäisch-kapitalistischen Geistes der herrschenden Engländer nebst denen einer tiefen Gleichgültigkeit der Amerikaner gegen das bankerotte Europa trägt. Wohl wird es allenthalben Streiks, Putsche, Erschütterungen und Krisen geben, aber eine Beseitigung der politischen und militärischen Ordnung wird es vorläufig nirgendwo geben. Nur Belgien ist bis in die Grundlagen erschüttert. In den andern Ländern werden vermutlich die herrschenden Klassen und Institutionen sich behaupten. Der klägliche Verlauf des Weltstreiks am 21. Juli war bereits die deutliche Probe darauf. Die deutsche Politik wird vielleicht auf eine Reaktion gegen die überall dort herrschenden Machtkliquen in absehbarer, wenn auch nicht allzu kurzer Zeit rechnen dürfen. Aber die Weltrevolution scheidet aus allen praktischen Berechnungen aus. Das wird sie freilich nicht hindern, in den Köpfen der deutschen radikalisierten Massen weiter zu spuken und in den Händen der Unabhängigen und Kommunisten als alles verwirrendes Agitationsmittel weiter zu dienen. Die wirkliche außenpolitische Lage wird den Massen aller Parteien erst ganz allmählich sichtbar und erkennbar werden. Aber gerade von ihrer richtigen Benutzung im Sinne der Herstellung nationaler Gerechtigkeit und des Wiedergewinns wirtschaftlicher Bewegungsmöglichkeit wird alles abhängen. Da liegt nun eine der Hauptaufgaben der nächsten Zeit.

Nach innen ist das durch die Revolution erzeugte Chaos durch den feindlichen Druck, die Besetzung des Westens, die Einpfählung eines polnischen und tschechischen Staates in das deutsche Fleisch erhalten und gesteigert worden. Ebendamit ist auch die Wirkungsmöglichkeit der auf das demokratische Majoritätsprinzip aufgebauten Nationalversammlung und ihres noch sehr ungeschickten parlamentarischen Regierungsapparates noch mehr behindert worden, als es bei diesem Regiment der bisherigen kleinen Leute schon an sich zu erwarten war. Die Nationalversammlung und ihr Koalitionskabinett haben den Frieden geschlossen, eine neue Armee und Sicherheitstruppe geschaffen und die Verfassung unter Dach gebracht. Heute steht sie vor dem schwierigsten Punkt ihres Programms, der Ordnung der finanziellen Verhältnisse und der Überleitung zu der Erfüllung der Friedensbedingungen. Alles das sind keine kleinen Leistungen, und die wenigsten ihrer zahlreichen und mundfertigen Kritiker hätten es besser gemacht. Eine Revolution, die nicht aus Ideen geboren war und außer der russischen Räte-Idee auch weiterhin keine Ideen hatte, konnte kein glänzendes Parlament der moralischen und geistigen Neuordnung schaffen.

Viel wichtiger ist, daß die die Nationalversammlung am Anfang tragende Macht und Organisation der sozialdemokratischen Partei tief erschüttert ist, daß die Koalition von Sozialdemokraten, Zentrum und Deutsch-Demokraten an den Problemen des Friedensschlusses zerbrochen ist, und das anfangs stark zur Seite gedrängte Zentrum durch die Angst des Volkes vor einem neuen Kulturkampf, sowie durch die Drohung mit der Sprengung Preußens und allenfalls auch des Reiches eine Ausschlag gebende Stellung wieder erlangt hat. Ihr Schwarz-rot-gold ist vorerst schwarz-rot mit allen Schwierigkeiten dieser Kombination geworden. Das Bürgertum und die Intelligenz stehen noch ohnmächtiger bei Seite als am Anfang. Das Zentrum stellt den energischsten Führer der Reichspolitik und kämpft für geistige Freiheit und höhere Bildung, so wie es sie versteht. Die Sozialdemokratie ist äußerlich und innerlich in der Zersetzung, äußerlich durch den Zustrom der Massen zu Kommunisten, Anarchisten und Unabhängigen, innerlich durch den Mangel jeder über Organisation und Wirtschaft hinausgehenden Idee. Der Marxismus sinkt nach der einen Seite in den vormarxistischen Utopismus und Enthusiasmus zurück, und diese Teile rühmen sich wieder der Idee, aber leider einer völlig unklaren und alles verwirrenden. Nach der anderen Seite wird er durch Verantwortung, nationale Solidarität und Heranziehung von Nicht-Arbeitern verbürgerlicht, ohne aber dadurch bei seiner Lehre von der Abhängigkeit aller Ideen von der wirtschaftlichen und technischen Organisation selbst an Ideen und innerer Werbekraft zu gewinnen. Damit ist die ganze politische Grundlage der bisherigen Neuordnung verändert und die Stellung der Nationalversammlung zu den Wählern verschoben, zugleich das Verhältnis der bisherigen Mehrheitsparteien recht kompliziert und reich an drohenden Zusammenstößen geworden. Auf der Rechten schließlich hat man das ursprüngliche Programm der Unterstützung der Ordnung nicht eingehalten, sondern sich in einen besinnungslosen Haß und Rachedurst gegen die »gottverfluchte« Revolution hineingeredet, den man durch antisemitische Agitation fortwährend noch weiter steigert und für den man die immer wachsende Zahl der von der Revolution Enttäuschten gewinnt. Die ganze Maschinerie der Regierung und der Nationalversammlung ist mit alledem ebenso wie ihr Verhältnis zum Volke gründlich verändert. Daß sie überdies auf einem immer noch dunkel drohenden und beständig geschürten Vulkan aufruht, und vor den unbekannten, aber jedenfalls äußerst schwierigen Verhältnissen der Durchführung des Friedens steht, sei nur noch nebenbei bemerkt; das ist ja nichts Neues und wird unter allen Umständen bleiben, auch wenn eine neue Nationalversammlung gewählt wird, oder wenn man den zentralisierten modernen Staat in eine Konföderation von Kommunen, Räten oder Berufsständen zerschlüge, was übrigens trotz aller Literaten sicher nicht geschehen wird.

Das alles ist wahrlich Veränderung genug. Aber einerseits: alles ist mit Übergängen so unmerklich gekommen, und anderseits: wir sind so wenig mehr gewöhnt, uns über die Tages-Ereignisse und Sorgen zu erheben, daß das Gefühl für die Veränderungen sehr wenig verbreitet ist. Was sie für die nächste Zukunft bedeuten, das wage ich nicht zu konstruieren. Jedenfalls stehen immer noch wichtigste

Ereignisse und Wendungen bevor. Jedenfalls wird es Ruhe für unser grenzenlos ermüdetes Volk, ja wohl auch für die Kulturwelt, so rasch nicht geben. An allen Ecken und Enden droht der gänzliche Verfall, droht der Schmutz und droht die Gleichgültigkeit, wie sie das früher so saubere und fleißige Berlin heute grauenvoll entstellen. Auch für das geistige Leben sind die Aussichten überaus schwierig und ernst. Teils gehen die Mittel dafür erschreckend zurück, teils arbeitet die Revolution an einer grundsätzlichen Nivellierung und der Herabdrückung der höheren Bildung. Es wird aller Kraft bedürfen, um nicht müde zu werden und sich an den Verfall nicht zu gewöhnen. Der Geist muß in seiner tiefsten Tiefe zusammengefaßt werden und mit seinem heiligsten Glauben sich dem Verfall und Wahn entgegenstemmen. Mit bloßer Organisation ist nichts mehr getan.

Der Enthüllungssturm
10. 8. 1919

Seit Herr Erzberger an der Spitze des neuen Reichskabinetts als beherrschender Kopf und treibende Energie hervortritt, hat sich gegen diesen bestgehaßten aller deutschen Politiker, der noch mehr als Bethmann und Czernin den leidenschaftlichen Ingrimm der Weltmachtschwärmer auf sich gezogen hat, ein Sturm rasender Entrüstungen, Enthüllungen und Ehrabschneidereien erhoben. Seine Persönlichkeit ist schwer zu beurteilen, aber der Haß gilt nicht den wirklichen oder vermeintlichen Mängeln seiner Person, sondern in erster Linie dem Urheber der berühmten Reichstagsresolution und dem Phantasten des Notopfers. Wer die Verhältnisse kannte, vermochte bei dem Auftauchen dieser energischesten und robustesten Physiognomie den Sturm vorauszusagen. Alldeutsche und Vaterlandspartei, ihre ehemaligen Führer und Vertrauensmänner, der ganze Zusammenhang von damaliger Heeresleitung und machtpolitischer Ausnützung des Krieges: alles das kocht wieder auf gegen Flaumacher und Verzichtler, gegen schlappe Seelen und sentimentale Kleingläubige oder verräterische Pazifisten und Internationalisten. Es ist wieder wie nach den Tagen der Bethmannkrise und der ihr folgenden ungeheuren Verschärfung der Gegensätze. Nichts gelernt und nichts vergessen. Nur, da man dem Feinde nicht mehr an den Kragen kann, will man wenigstens den andersgläubigen Volksgenossen in die Knie zwingen, Rache an der Revolution und den Flaumachern, Rechtfertigung der alten Machthaber und Vorbereitung der neuen Wahlen. Mit derselben sturen Starrköpfigkeit und derselben unbedenklichen Kurzsichtigkeit, mit der man auf einer von vornherein unmöglichen Kriegspolitik bestand, will man nun die inneren Verhältnisse von Grund aus verwirren und umstürzen, um der Rückkehr des Alten den Weg zu bereiten oder doch mindestens die alten Gegner in den gemeinsamen Untergang hineinzureißen. So ist der Kampf der Vaterlandspartei noch um neue Giftstoffe und neue Haßmotive bereichert, im Grunde aber ganz der gleiche wie ehedem. Daß ihm heute die Zensur nicht mehr zur Verfügung steht, wird durch vermehrte Giftigkeit und Grobheit der moralisierenden Anklage wettgemacht. Es ist ein Feldzug wie der Moralkrieg der Entente gegen uns. Die relative Konsolidierung des Reiches durch Friedensschluß und Verfassungsabschluß wird zur Eröffnung des grimmigsten Kampfes eines besinnungslosen Hasses benützt. Herr Helfferich, der nach dem Urteil zahlreicher Mitarbeiter von ehedem nicht viel besser ist, als Herr Erzberger und nur weniger Energie und Einfälle hat als dieser, eröffnete den Feldzug; in der Nationalversammlung setzte ihn Herr von Graefe fort. Ludendorff griff gleichfalls ein und wurde von Hindenburg in allgemeiner Form gedeckt. Sogar der verschollene Michaelis taucht wieder aus der Versenkung auf, und man erinnert sich der Zeiten, wo sein Rivale und der Kanzlerkandidat der Heeresleitung, Fürst Bülow, das Geschichtchen kolportierte, daß Familie Michaelis die Ernennung zum Kanzler durch Bekränzung ihrer »Borussia« genannten Kuh gefeiert habe; oder man denkt des anderen Geschichtchens, wie beim Aufstehen von der bayerischen, Michaelis zu Ehren gegebenen Hoftafel der witzige Kultusminister sagte: »Den Michaelis, den merk' ich mir gar nicht.« Die patriotische Presse nahm die Hetze auf, zog vor allem auch den Prinzen Max hinein und witterte die Morgenluft der Rache an einer Revolution, die vor allem sie selbst durch ihren Starrsinn herbeigeführt hat.

Das ist das neueste Bild im Wechsel der Ereignisse. Die Deutschnationale Partei glaubt sich wieder als die der alten Konservativen und der alten Vaterlandspartei enthüllen zu dürfen und legt die zurückhaltenden »volksparteilichen« Allüren ab, die sie anfangs der neuen Lage zu schulden glaubte und die sie heute auf einen täglich sich steigernden Antisemitismus beschränkt. Ein Teil der Universitäten wählt die schroffsten Kriegspublizisten zu Rektoren, die Studentenschaften sammeln sich in der Hauptmasse um ihre alten Verbindungen und deren Ideologie. Die protestantische Kirche Preußens bereitet sich darauf, zur konservativen Gegenburg gegen den Staat der Revolution zu werden. Kurz: die teils planmäßig gelegten, teils instinktiv hervorleuchtenden Grundlagen der Gegenrevolution werden sichtbar, einer Gegenrevolution, die nicht die unentbehrlichen Ordnungselemente und die Möglichkeit eines aristokratischen Führertums und einer höheren Bildung retten will, sondern die Rache haben will an Juden und Judengenossen für den verlorenen Krieg und die verlorene Herrenstellung der bisher herrschenden Klassen und die überdies alle Ideologen der heroischen Weltanschauung und des germanischen Aufstieges um sich sammelt.

[...]

Produktivität
20. 8. 1919

Als ich in diesem Frühjahr in Holland war, kam ich mit einem jungen und liebenswürdigen Großindustriellen ins Gespräch. Seine Hauptfrage war: »Wie steht es in Deutschland mit der Produktivität, der Produktionsmöglichkeit und vor allem dem Produktionswillen? Wenn Deutschland nicht zu seinem alten Fleiße zurückkehrt und dementsprechend Güter erzeugt und bedarf, dann ist auch

Holland in übelster Lage. Denn es ist auf sein Hinterland bedingungslos angewiesen.« Ich antwortete ihm, daß das allerdings der schwierigste und dunkelste Punkt der Lage sei; rein objektiv sei trotz der noch fortdauernden, alles erwürgenden Blockade Arbeitsmöglichkeit, Material und Bedürfnis nach geleisteter Arbeit reichlich vorhanden; aber subjektiv hätten Arbeitswille und Arbeitsgesinnung wie so viele andere psychologische Voraussetzungen des bisherigen Lebenssystems ein arges Loch erhalten, von dem niemand wisse, wie es wieder zugestopft werden könne. Mein Unterredner erwiderte, daß das sich nicht auf die kriegführenden Länder beschränke; in Holland seien, wenn auch etwas gemäßigter, die gleichen Konsequenzen eingetreten; man habe sich bequemen müssen, ein neues Wort »Arbeitsscheu« zu bilden, das bisher dem holländischen Sprachschatz gefehlt habe und das nunmehr die sorglichste Erscheinung der Gegenwart bedeute; die gleichen Nachrichten kämen aus England und Frankreich; hier liege allem Anschein nach das ernsteste von den vier Jahren des Kriegswahnsinns hinterlassene Problem.

In der Tat, so ist es. Die inzwischen geschehenen Dinge haben diesen Sachverhalt weiterhin bestätigt und erleuchtet. Die psychologischen Grundvoraussetzungen des bisherigen Systems der ganzen europäisch-amerikanischen Kultur haben eine tiefe Erschütterung erfahren, von der niemand weiß, ob sie vorübergehend oder ob sie endgültig ist, ob sie ein Ende des Systems bedeutet oder wo überhaupt sie enden wird. Welches waren diese Voraussetzungen? Sie bestanden in einem beinahe unbedingten Arbeitswillen, oben und unten, in der Arbeit um der Produktion und um der in den aufgehäuften Gütern und Reichtümern liegenden grenzenlosen Chancen willen. Wirtschaft, Politik, Bevölkerungsmasse, Arbeitswillen und grenzenloser Fortschritts-Optimismus gehörten eng zusammen als sich gegenseitig bedingende und fördernde Grundelemente dieser stürmisch zur Herrschaft über diesen Planeten emporstrebenden Kultur und dieser zahllose Bedürfnisse der Sauberkeit, der Ordnung, des Komforts befriedigenden und erzeugenden Zivilisation. Die Menschenfülle Europas war im 19. Jahrhundert zum Ungeheuerlichen emporgestiegen, und die auf engem Raume zusammengedrängten, unter sich grausam rivalisierenden Staatsindividualitäten des alten Europa betrieben mit Hilfe ihrer ungeheuren Rohstoffverarbeitung, Gütererzeugung und Kapitalausfuhr eine geradezu gigantische Weltpolitik, bei der sich Ansprüche und Leistungen auf Kosten der übrigen Welt ins Unerhörte erhoben. Psychologische Voraussetzung für all das war der Glaube an die Bestimmung Europas zu Weltherrschaft und der Glaube an die Möglichkeit, diese europäische Zivilisation aus immanenten Kräften heraus fortwährend steigern oder doch mindestens immer in der gleichen Produktivität erhalten zu können. Die noch tiefer liegende letzte psychologische Voraussetzung aber war die allgemeine Arbeitsgesinnung, die körperliche und geistige Kraft an einen immer feiner ausgeklügelten Arbeitsprozeß wie an eine alles fordernde Gottheit in blindem Glauben und zweifellosem Hoffen restlos hinzugeben bereit war. Das war und ist Psychologie und Ethos des Unternehmertums aller Arten, der Beamtenschaft, der Militärs und der intellektuellen Welt der Denker, Entdecker, Erfinder und Journalisten. Es war aber, was noch viel wichtiger ist, auch Gesinnung, Gewohnheit und Selbstverständlichkeit der arbeitenden Massen, die trotz aller steigenden Kritik an diesem System hohe Volksziffern, ungeheure Produktivität und modernen Lebensstandard auch ihrerseits für selbstverständlich hielten, und vor allem der Gewohnheit einer alle Kräfte anspannenden Arbeit ohne viel Gedanken folgten und nur etwa höhere Löhne und kürzere Arbeitszeiten forderten, ohne auf den Gedanken zu kommen, daß damit das ganze System der in aller Weltgeschichte bisher unerhörten, märchenhaften Produktivität selbst gefährdet werde. Wie die antike Welt in ihrer Blüte auf dem Sklaventum und auf dem Glauben an die natürliche Bestimmung gewisser Rassen und Menschen zum Sklaventum beruhte, so beruht heute die moderne auf diesem allgemeinen Willen vor allem der Massen zur Produktivität. Und wie freie, am eigenen Ertrag interessierte Arbeit sich von der unfreien, keiner breiten Entwicklung fähigen und vom Interesse wenig befeuerten Sklavenarbeit unterscheidet, so unterscheiden sich auch die Bevölkerungsziffern, der Fortschrittswille und die Güterproduktion der Zeiten. Vor allem ein Punkt kommt noch in Betracht. Das moderne System ist seelenraubend, aber berauschend für Führerarbeit mit ihren großen Gewinnen und Triumphen, mit ihrem Herren- und Fortschrittsgefühl; es ist erträglich für qualifizierte Arbeit mit ihren Löhnen und ihrer geistigen Anregung zum Zusammenschluß der Gewerbegruppen und zum politischen Kampf. Aber es ist sehr viel schwerer erträglich für die gemeine, schmutzige, grobe und völlig geistlose Arbeit, für die *Artes sordidae,* die der antike Mensch vor allem den Sklaven überließ und für die Sklaven zu haben wie eine Art Naturgesetz der aristokratischen Weltordnung erschien. Die heutige Arbeit hat vielfach auch ihrerseits dafür auswärtige, fremde, ärmere und elendere Völker herangezogen, Polen, Russen, Italiener oder japanische und chinesische Kulis. Sie nehmen einen großen Teil der *Artes sordidae* ab, welche auch dem dumpfesten Produktions- und Arbeitswillen der modernen Gütererzeugung nicht mehr erträglich scheinen.

Das ist nun gründlich anders geworden durch vier Jahre Weltkrieg, durch Zerbrechung der Arbeits- und Fabrikdisziplin, durch Verwandlung der Fabrikarbeiter in Abenteurer, Landsknechte, Herrenmenschen, die außer der militärischen Disziplin völlig frei sind; aber auch durch die Zerbrechung des Fortschrittsglaubens und der Lebensbedingungen, an deren Stelle teils finsterster Pessimismus, teils phantastische Hoffnung auf beliebige Abänderbarkeit getreten ist. Die Kriegswirtschaft aller Länder hat die Kontinuität und Selbstverständlichkeit der alten Wirtschaft aufgehoben, und der Wahnsinn, Millionenvölker in Kriegslager zu verwandeln und Kriegspfade gehen zu lassen wie einst Zimbern und Teutonen oder Hussiten und Hunnen, hat alle bisherige Psychologie umgestürzt, äußerste Erschöpfung mit wieder erwachender Primitivität gemischt. Nicht zum mindesten kommt aber auch der Wegfall der Kulis und des Kuli-Ersatzes in Betracht, da jedes Land seine eigenen Leute nötig hat und der Völkerhaß die Völker gegeneinander absperrt. Es kommt den Menschen zu Bewußtsein, daß diese ganze Arbeitshetze ein fürchterlicher Kräfte- und Nervenverbrauch war, daß der Massenarbeiter an seiner entseelten Massenproduktion keine Freude haben kann, daß dieses Leben eine ewige Fron ist und der Gewinn der Zivilisation die Anstrengung der Arbeit nicht lohnt. Die Menschen wollen überall weniger arbeiten, mehr Freiheit für den Selbstgenuß des Lebens, mehr geistigen Gehalt oder doch mehr vegetatives Behagen. Sie hassen die Hetzpeitsche, die rationelle Kräfte-Ausnutzung und die unvermeidlich damit verbundene Unfreiheit; sie setzen die Arbeit einfach aus und lassen sich von den angeblichen Reichen ernähren, deren Reichtum in Wahrheit doch nur in Anlagen besteht, die durch Arbeit ertragreich gemacht werden können; oder sie geben sich Theorien hin, die den praktischen Effekt der bisherigen Arbeitsamkeit auch bei Beseitigung der bisherigen Anspornung festhalten zu können überzeugt sind. Die Psychologie, die Dogmatik und Ethik der Arbeit, die in Wahrheit zusammen mit einem vagen Fortschrittsglauben die moderne Religion war, sind erschüttert; von Grund aus bei den Trägern der Durchschnitts- und Massenarbeit, nicht unerheblich auch bei den Gebildeten und Intellektuellen. Den Lumpen und Verbrechern, deren Zahl und Gewöhnung der Krieg stark vermehrt hat, paßt das auch, und sie fördern, vornehme und geringe, auch an ihrem Teil diese geistige Atmosphäre. Am wenigsten von der Zersetzung der modernen Arbeitspsychologie ergriffen ist natürlich der kleine Landbesitzer, der mit seinem Boden in einem lohnenden und durchsichtigen, seelisch ohne viel Theorie befriedigenden Verhältnis steht. Dahin wenden sich auch die besseren zurück.

Von dieser Zersetzung ist Deutschland stärker ergriffen als die andern Länder, oder sie geht durch die Welt. Der Geist des modernen Europäertums hat einen Knick erhalten. Schon triumphieren die Orientalen, die gerade diesen Geist für den einer unvornehmen Hetze, einer gemeinen Räuberei und einer gottlosen Selbstvergötterung hielten und halten. In Amerika, das die reichsten Früchte des Krieges unter rasender Selbstbewunderung pflückt, scheint der Bruch am geringsten; dort hat man aber auch die europäischen und asiatischen Kulis und wird sie in steigendem Maße haben. Dort regt sich als Folge des Krieges geradezu ein Geist der Überspekulation und triumphiert der Kapitalismus mit seinem Arbeitsprogramm und seinem individualistisch-demokratischen Fortschrittsglauben. Man glaubt dort durch den Versailler Frieden auf den sozialistischen, dem Konkurrenz- und Arbeitssystem entgegengesetzten Glauben ein Siegel zu ewigem Verschluß gelegt zu haben. Überall sonst aber bei Kriegführenden und Neutralen ist »Arbeitsscheu« und »Lohnbewegung« die Konsequenz des Weltkrieges der allgemeinen Wehrpflicht geworden. Er war und ist die Revolution des kapitalistischen Arbeits-Ethos und seiner Psychologie. Das allein ist der tiefere Sinn des Wortes, daß der Weltkrieg die Weltrevolution sei; an eine allgemeine Weltherrschaft des Proletariats ist nicht zu denken. Das besiegte, zertrümmerte, aus allen Hoffnungen herausgeworfene, vor anscheinend unmöglichen Lebensbedingungen stehende Deutschland ist aber freilich am schärfsten getroffen, um so schärfer, als es in seiner Arbeitspsychologie alle anderen Länder noch weit überbot und dadurch ja auch vor allem deren Haß erregt hatte. Hier in Deutschland ist der ganze Geist und die ganze Materie zugleich im Aufruhr.

In den einzelnen Ländern stehen die Dinge verschieden. In Rußland, das die moderne Arbeitspsychologie überhaupt nur ausnahmsweise kannte und das eben damit seine Nichtzugehörigkeit zur abendländischen Welt bezeugt, ist der Untergrund der Bewegungen ein ganz besonderer und hat darum die soziale Erlösungs- und Revolutionstheorie ein anderes rein theoretisches Gesicht angenommen, sind die praktischen Reibungen mit dem wirklichen Gesellschaftsbestand viel geringer und ist das Problem darum überhaupt ein anderes. Aber in der ganzen übrigen »Kulturwelt« ist das seit lange drohende Problem der Begründung unserer Kultur auf übermäßiger und seelisch gleichgültiger Massenarbeit brennend geworden. Die unterirdischen schwelenden Brände sind durch den Weltkrieg zur lodernden Flamme geworden. Das ist es vor allem, was man sich klar machen muß, wenn man die Weltlage und die Lage Deutschlands insbesondere verstehen will. Ein Umschwung in den Grundvoraussetzungen und Selbstverständlichkeiten des Lebens ist im Gange.

Wichtig ist das insbesondere noch für das Verständnis der Lage der Sozialdemokratie. Sie hat dieses Grundgebrechen der modernen Kultur längst erkannt und den Sinn dafür mit allen erdenklichen Mitteln geschärft. Aber ihr ganzer Gedanke war dabei doch der, die ungeheure moderne Produktivität und ihre Menschenzahlen zu erhalten, ja noch zu steigern. Dieses Wunder wollte sie erreichen durch noch viel rationellere Produktion, Arbeitsorganisation und Güterverteilung. In diesem Sinne war die Sozialdemokratie noch eine Überbietung des Produktivitäts- und Organisationsfanatismus, geradezu ein Gipfel der Rationalisierung und Mechanisierung, der alles Irrationale, Individuell-Abenteuerliche, Instinktive und Anarchische beseitigte und den arbeitenden Menschen vollends zum alleinigen Gott, zur Vorsehung und zum Selbsterlöser machte. Nur sollten andere Organisation, Verteilung und egalisierende Erziehung das Wunder gesteigerter Güterfülle bei geringerer Arbeit hervorbringen. Kam die Sozialdemokratie ihren Plänen gemäß durch Erringung der politischen Herrschaft zur Ordnung und Leitung der ganzen Kultur, so wollte sie eine vom Kapitalismus erarbeitete höchste Produktionswirtschaft einfach übernehmen und steigern, zugleich die intensivste und allgemeinste Arbeitsgesinnung bei bloß geringerer Arbeitszeit fortsetzen. Nun hat es das Schicksal gewollt, daß sie eine völlig zusammengebrochene Wirtschaft übernehmen mußte — anders wäre sie freilich wohl überhaupt nicht ans Regiment gelangt —, vor allem aber, daß sie mit den Folgen des Weltkrieges auch die Zerstörung der Arbeitspsychologie und des Produktionswillens überhaupt zu übernehmen hatte. Nicht Organisation und Intensivierung der Arbeit bei gleichzeitiger Verkürzung der Arbeitszeit wollen jetzt die Menschen, sondern Freiheit von jeder Disziplin und rationellen Einschirrung, Minderung der Arbeit überhaupt und vegetative, ausruhende Existenz. Das ist heute das schwerste Problem der herrschenden

Sozialdemokratie in Deutschland. Noch glauben die Massen an die sozialistische Verheißung einer unerhörten, allgemeinen und gleichen Güterfülle, aber sie wollen die Arbeit und die Disziplin nicht leisten, die doch allein allenfalls dazu führen könnte. So kommen wieder die alten utopistischen Theorien der vormarxistischen Sozialdemokratie, die alten kommunistischen Teilungspläne und der Anarchismus des *dolce far niente* in die Höhe. In welchem Verhältnis solche Theorien zur Bevölkerungsziffer stehen und wohin sie schließlich führen müssen, darüber denkt man nicht nach. Noch herrscht der Rausch des Glückes ohne Arbeit und Produktion. Der Katzenjammer wird nicht ausbleiben. Und schon fehlt es nicht an Leuten, welche einsehen, daß der geringeren Produktivität eine geringere Bevölkerungszahl und dem Ekel an der mechanisierten Massenproduktion die Rückkehr zur Landwirtschaft und ständisch-erblichen Beruhigung der Bevölkerungsbewegung überhaupt entsprechen würde.

Es hat heute noch keinen Sinn, die Ergebnisse zu prophezeien. Vielleicht greift die seelische Umwälzung nicht so tief, als es zunächst scheint; vielleicht lassen sich Arbeit und Verzehr in der Tat zweckmäßig verkürzen und in dem verbleibenden Reste von wirklich notwendiger Industrie mit sozialistischer Hilfe und mit Rückkehr zur Vernunft eine erträgliche Ordnung und Produktivität zugleich wieder herstellen. Vielleicht! Das populäre Problem, ob »die Leute wieder arbeiten lernen,« wird irgendwie und irgendwann gelöst werden und gilt ja überhaupt nur für Teile der Bevölkerung. Immerhin wirft doch folgende Tatsache ein bedeutsames Licht auf die Zustände: In einer süddeutschen, völlig protestantischen Stadt wußte der Direktor einer großen Irrenklinik sich gegenüber Disziplinlosigkeit, Unzuverlässigkeit und Lohnforderungen seines Personals nicht zu helfen. Nach langen und mühsamen Verhandlungen kündigte er schließlich rasch entschlossen dem ganzen Personal und übergab die Anstalt einem sehr strengen katholischen Orden. Nun geht die Sache wieder. Das ist ein lokales Ereignis, aber dieses Ereignis deutet einen Weg an, auf dem die Dinge vermutlich nicht bloß in den offiziellen Irrenhäusern sich entwickeln werden.

Wieder in Berlin

20. 10. 1919

Also wieder in Berlin, in der Hölle der Streike, des Vergnügungstaumels, der Arbeitshetze und der gegenseitigen Anflegelei, in dem Berlin der Revolution, wo der alte Schmiß und Stil weggefallen ist, die Reste des alten schönen Berlins wie ratlos melancholisch in die Herbstbläue hineindämmern und die Wilhelminische Pracht einen halb tragisch, halb verlegen anstarrt. Und doch ist dasselbe Berlin naturgemäß der Mittelpunkt, wo man alle Spitzen der Politik, des Geschäftes, der Intelligenz aus dem ganzen Reiche als ständige Besucher trifft, das Sprech- und Geschäftszimmer Deutschlands und das große Büro der Reichsregierung, bei dem alle Nachrichten zusammenströmen. Es ist heute mehr als je der Mittelpunkt, geladen mit allen Nervositäten und Gefahren des ganzen Reiches und durchzittert von dem Nachdenken über die beständig wechselnde, aber nie sich erleichternde Lage. Noch nie bin ich mit solchem Unbehagen und Grausen in diese brodelnde Menschen- und Ideenmasse zurückgekehrt, noch keinem Winter habe ich mit solchem instinktiven Bangen entgegengesehen, auch nicht dem vorigen, wo ich sicher wußte, daß die Katastrophe nur eine Sache von Wochen war und furchtbar sein würde. Eine diesen Gefühlen ganz entsprechende Vorbereitung waren die Reiseerlebnisse, Plackereien mit dem Gepäck, wo die Kontrolle gegen die Schieber sich die Harmlosen zum Opfer wählte, alle möglichen Verspätungen und der Vorschlag, wie in Rußland den Lokomotivführer durch persönliche Spenden zum rascheren Fahren zu veranlassen, ein Vorschlag, der den Teilnehmern aber doch unmöglich schien. Vor allem aber eine politische Reiseunterhaltung, die wahrhaft niederschlagend war. Die Reisegesellschaft war in den Mißgeschicken mitteilsam und behaglich geworden und packte mit ihren Ansichten aus. Es ergab sich Übereinstimmung in dem Gedanken, daß man vier Wochen Bolschewismus erleben und daß dann die Monarchie wieder kommen werde; man sprach von der letzteren, wie man vor einer etwas anstrengenden Jagdpartie sich auf das folgende Jagddiner freut, in größter Behaglichkeit und Sicherheit, als handle es sich um die ausgemachteste und einfachste Sache von der Welt. In Kurland sei schon der neue Yorck am Werke, die Reichsregierung gehe das gar nichts an und die müsse ignoriert oder betrogen werden; vielleicht nehme sie die Sache selbst nicht so ernst; jedenfalls, erklärte ein an der Gesellschaft teilnehmender baltischer Baron, er sei völlig sicher, seine Güter durch die Deutschen alle wieder zu bekommen. Das war einmütige Stimmung, allerdings im Abteil zweiter Klasse, und die Teilnehmer zeigten sich schließlich als Leser der *Täglichen Rundschau*. Entsetzlicher Leichtsinn und rührende Kurzsichtigkeit! Was soll aus einem Volk mit solcher Unfähigkeit, reale Situationen zu sehen und selbständig zu denken, werden! Um den Eindruck voll zu machen, begegnete mir kurz nach der Ankunft ein rheinischer Großindustrieller, der von dem Haß sprach, den die Besetzung erzeuge, und der sich bald auch auf das übrige Deutschland verbreiten werde; der neue Yorck sei schon da und der Weg nach Leipzig nicht mehr weit. So empfing mich sofort die »Gefahr von rechts«, der vollkommene Unverstand und die eigentümliche »Irrealität des deutschen Denkens«, von der neulich ein anderer baltischer Baron sprach und die gleich groß ist bei Idealpolitikern und Realpolitikern. Die Leute wußten von einem Offizier der Reichswehr ganz genau, daß die kommunistische Vier-Wochen-Periode am dritten November in Halle beginnen werde! Berlin ist die Stelle, wo die Strömungen des Reiches sich zum Strudel zusammendrängen, und da ist auch gleich die Szylla, die von der einen Seite her den Kurs des Staatswrackes bedroht. Aber es dauerte nicht lange, so fühlte man von der anderen Seite her die schwülen und dumpfen, schwer faßbaren Dünste aus der Höhle der Charybdis ausströmen. Ein paar Tage Anwesenheit, und überall umgibt einen die Atmosphäre drohender Streiks und giftiger Agitationen, deren Ziel es ist, die »verwässerte« Revolution wieder zu ihrer vollen proletarischen Giftigkeit zurückzuführen und Deutschland zum Schlachtfeld der kapitalistischen Entente und der verbündeten Kommunisten Rußlands und Deutschlands zu machen. Also auch hier der Gedanke an neuen Krieg und zwar auf deutschem Boden, womit die deutsche Bourgeoisie endgültig dem Schicksal der russischen ausgeliefert werden könne! Wir scheinen aus Kopisten und Futuristen zu bestehen, auf 1813 oder auf Bellamys *Jahr 2000* zu starren, nur um ja nicht das Wirkliche und seine einfachen, aber bitteren Forderungen sehen zu müssen. Der historische Oberlehrer und der kommunistische Phantast, das scheinen unsere beiden Pole zu sein. Von beiden Seiten überall geheime Agitationen, Schaffung von Bünden und Jugendorganisationen, rücksichtsloseste Preßpolemik und Schürung allseitigen Mißtrauens. Es wird ein schwerer und entscheidungsreicher Winter werden. Der Wahnsinn von rechts und links drängt mit immer neuen Mitteln zu immer neuen Krisen.

Zurückgekehrt nach Berlin sind aber nicht nur die vielen Erholungsbedürftigen, die Minister und Beamten, sondern vor allem auch der Reichstag oder richtiger das Revolutionsparlament oder die Konstituante, die sich den besonderen Namen der »Verfassunggebenden Nationalversammlung« beigelegt hat und deren Versuch, zum alten Namen zurückzukehren, sofort verhindert worden ist, weil man darin den Versuch einer Selbstverlängerung sah. Rechts und Links drängt auf Neuwahlen, Rechts allerdings mehr als Links; die letzteren setzen auf immer neue Streike größere Hoffnungen als auf Neuwahlen, während das Verhalten der ersteren wohl mehr als Vorbereitung des Wahlfeldzuges aufzufassen ist, wobei man Teile der Reichswehr für alle Fälle auf seine Seite zu ziehen versucht. Die Zersetzung der Reichswehr, bei den einen von Seite der Offiziere, bei den andern von Seite der Mannschaften her, ist die gemeinsame Arbeit beider Oppositionen, die sich auch sonst reichlich in die Hände arbeiten, wie es bei besinnungslosen Oppositionen ja immer der Fall ist. Demgegenüber bedeutet die Rückkehr des Revolutionsparlamentes und die Reduktion der Armee seit dem 1. Oktober allerdings eine Festigung der Reichsregierung. Die Minister brauchen nicht mehr immer, wie die wandernden Handwerksburschen, auf der Walze zu sein. Der Apparat hat in der Verfassung eine feste Rechtsgrundlage, die Regierung ist örtlich konzentriert, die Armee in der Hand Noskes und seiner Offiziere. Das Auftreten ist schon erheblich fester. Die verschiedenen Räte werden zurückgedrängt. Noch im Juli konnte das wie die kreißende Leto einen Ort der Niederkunft suchende Wohlfahrtsministerium im Herrenhause keine Stätte finden, weil der Arbeiterrat das Haus für sich beanspruchte und man nicht wagen durfte, ihn gewaltsam zu entfernen. Jetzt sitzt das neue Ministerium im Herrenhause, und der Rumpf des Arbeiterrates hat sich mit einem Teil des Hauses begnügen müssen. Auch die Kasernen, die man noch im Sommer nicht zu belegen wagte, weil überall ein paar hundert Mann sie als ihr Arbeitslosen-Heim betrachteten, können heute wieder öffentlichen Zwecken zu Verfügung gestellt werden. Das ist ein Symbol der Lage. Die Reichswehr hält sich. Ein Freund, in dessen Hause zahlreiche junge Offiziere verkehren und der genaue Kenntnis hat, sagte mir, die jungen Leute seien in der Gesinnung natürlich keine Republikaner, seien aber fest entschlossen, ihren Ordnungsdienst in der loyalsten Weiste auszuführen. Freilich tobt dagegen der Rest des Rätesystems in wahnsinniger Wut auf und kommen andrerseits Dinge vor wie die Aufforderung jenes Düsseldorfer Reichswehr-Majors an die Schüler, Dienst zu nehmen gegen die das Vaterland zerstörenden Juden und Revolutionäre. Das Revolutionsparlament und seine Regierung sitzen fester, die Arbeiterschaft ist großenteils ernüchtert, der Arbeitswille etwas gewachsen, die Unabhängigen und Kommunisten befinden sich in immer zunehmenden Spaltungen und ihre Hoffnungen sind gesunken. So lauten wenigstens die aus dem Land eingehenden Berichte. Freilich sind dann um so verzweifeltere und ruchlosere Anschläge zu fürchten und ist die Gefahr von rechts gestiegen, die nicht bloß die Revolutionsregierung überall hemmt, sondern vor allem den Teufel durch Beelzebub austreiben will und damit alles bedroht. Die »vier Wochen Kommunismus« würden etwas länger dauern und nicht so lustig sein, wie meine Eisenbahngesellschaft meinte, die schon vier Wochen reichlich hoch gegriffen fand.

Zurückgekehrt sind aber auch — um einen weiteren wichtigen Punkt zu erwähnen, der nun freilich keine örtliche Rückkehr bedeutet — die Deutsch-Demokraten in die Reichsregierung. Ich habe den Austritt unter dem Gesichtspunkt der Reichsinteressen stets für höchst verderblich gehalten. Die regierende Koalition war ja immer nur ein Noterzeugnis und nur sehr bedingt Gesinnungsgemeinschaft, sie war die Solidarität der Verantwortungsbewußten oder, wie es jetzt nach Feststellung der Reichsverfassung Herr Schiffer ausdrückt, ein »Bund der Verfassungstreuen«. Der Austritt der Demokraten, der doch stets naturgemäß mehr ein formeller als ein materieller war, hat die Kirchen- und Schulfragen und die Souveränität der katholischen Kirche zu den entscheidenden Grundfragen gemacht, auch Herrn Erzberger die Diktatorstellung verschafft, die vielleicht in der Tat einmal sich abnützen mußte. Überhaupt mochte es vielleicht gut sein, daß die Demokraten und damit das Bürgertum ihre Unentbehrlichkeit auf diese Weise fühlbar gemacht haben. Aber die Zeit ihres Fernbleibens hat doch auch sehr bedenkliche Gesetzgebungspläne reifen lassen, bei welcher Bemerkung ich mich freilich einer Kritik der Erzbergerschen Finanzpolitik enthalten muß. Jedenfalls sind sie nun wieder eingetreten und Erzberger hat die Stellung des Vizekanzlers niedergelegt; das Betriebsrätegesetz, das wesentlich psychologisch auf die gegenwärtigen Massenstimmungen kalkuliert war, soll unter sachlichen Gesichtspunkten neu überlegt, das Unternehmertum in der Möglichkeit der Initiative und Verantwortung erhalten werden. Vorausgesetzt, daß das alles so gemeint ist, wie es gesagt wird, und daß dabei dem psychologischen Bedürfnis der Arbeiterbeteiligung hinreichend Rechnung getragen wird, wäre das nur gut und nützlich. Freilich liegt hier auch die Möglichkeit zu schweren Konflikten, wenn, wie es scheint, die Abmachungen betreffs dieses Gesetzes vom Zentrum und den Sozialdemokraten nicht festgehalten werden. Im übrigen ist diese Rückkehr, wenigstens in der Öffentlichkeit, fast von selbst gegangen. Überhaupt, wie seltsam unberechenbar sind die parlamentarischen Dinge! Alle Welt hat einen Höllensturm auf Erzberger nach den Sommerenthüllungen erwartet, es ist aber völlig still geblieben. Der Eintritt der Demokraten erschien vor kurzem wie eine Haupt- und Staatsaktion und ist heute eine Selbstverständlichkeit. In der Maßlosigkeit der heutigen politischen Kämpfe und bei dem Wechsel der immer neuen praktischen Nöte nützen sich alle Aufregungen, Enthüllungen, Putsche und Feldzugspläne überaus rasch ab, und stets stellt sich immer wieder das Bild entsetzlicher Not und ratloser Verwicklung her, das man im Grunde mit all den Aufregungen vergessen machen wollte.

Der Reichstag muß die notwendigsten aus der Verfassung, der Finanzlage und den Friedensbedingungen sich ergebenden Gesetze vollenden. Die Einzellandtage müssen die Verfassungen der Länder in Übereinstimmung mit der des Reiches schaffen und zugleich die aus den Reichsgesetzen sich ergebenden Folgegesetze ausarbeiten und beschließen. Das ist eine ungeheure Arbeitsfülle. Eine Auflösung und Neuwahl ist vorher nicht möglich, und das ist ein Glück bei den Verhältnissen dieses Winters. Die Länderverfassungen werden große Schwierigkeiten machen. Namentlich in Preußen wird das Problem des Unitarismus oder Partikularismus sehr scharf hervortreten. Dabei muß überall mit sehr mangelhaften und unreifen Parlamenten gearbeitet werden und müssen populäre Stimmungen und Forderungen berücksichtigt werden, die sachlich lediglich verderblich sind. An Stelle der zwanzig Dynastien sind zwanzig Parlamente und an Stelle fürstlicher Velleitäten die populären getreten: es ist die alte Geschichte, nur auf verschlechtertem Niveau. Dabei kennt noch niemand die Wirkungen des »Friedens« und können nach der Schutzfrist von zwei Jahren die Länder an ihre eigene Neuabgrenzung gehen. Es sind Verfassungswerke, die schwerlich sehr dauerhaften Charakter tragen, die aber dem psychologischen Moment angepaßt werden müssen. Was heute gemacht wird, ist alles bloße Konzeptarbeit.

So scheint es, daß die Sorgen und Arbeiten wesentlich der inneren Politik gelten müssen. In der Tat ist das die Meinung der Durchschnittsmasse. Sie ist gegen alle

Außenpolitik völlig gleichgültig und hoffnungslos, glaubt, daß es mit dieser überhaupt zu Ende sei und daß man Hoffnungen lediglich auf die sozialistischen Parteien der feindlichen Länder setzen dürfe. Mit dem Horizont der kleinen Leute und unter den Nachwirkungen der alles ertötenden Blockade denkt man nur mehr an die inneren Kämpfe, träumt von einem Entscheidungskampf zwischen Bolschewismus und Demokratie oder zwischen Sozialdemokratie und Zentrum oder zwischen Monarchie und Republik. Ernährungssorgen, rasende Preissteigerungen, Lohnbewegungen, Wohnungsmangel, Assignatenwirtschaft, Arbeitsschwierigkeiten tun das übrige, um den Blick beim Allernächsten festzuhalten. Und doch ist naturgemäß die Außenpolitik absolut entscheidend. Den immer neuen Vergewaltigungen und Daumenschrauben der Entente zu begegnen, eine internationale Ordnung des Kohlen-, Ernährungs- und Kreditwesens herbeizuführen, eine Solidarität Europas zu gewinnen, im Osten die Beziehungsmöglichkeiten der Zukunft zu erhalten, Deutsch-Österreich nicht völlig ersterben zu lassen, die Wilsonschen 14 Punkte nicht vergessen zu lassen: alles das sind in Wahrheit die Lebensfragen, von denen alle jene inneren Möglichkeiten schlechterdings entscheidend abhängen, und diese Lebensfragen würden eine kluge und aktive Politik wie die des Grafen Rantzau-Brockdorff fordern, der einzig und allein während des ganzen Krieges wirkliche Politik gemacht hat. Noch haben wir keinen Frieden, und ob die Ratifizierung nicht die Verhältnisse noch verschlechtert statt verbessert, darüber ist schwer klar zu werden. So oder so aber brauchen wir eine Politik der höchsten Klugheit, die alle Rechtsmittel und moralischen Kräfte verwendet, die einer Nation ohne Armee, ohne Geld, ohne Wirtschaft, ohne Schiffe allein übriggeblieben sind. Die moralische Politik, die Politik des Rechtes, ist die einzig mögliche, aber auch dringend notwendige.

[...] So lange hier nicht der »Bund der Verfassungstreuen« die große Mehrheit der Nation bewußt und klar umfaßt und auch die Gegner der herrschenden Regierung in sich einschließt, so lange wird es an den allerersten

Fundamenten einer auswärtigen Politik und damit einer Heilungsmöglichkeit fehlen.

Freilich, Grundlagen einer Politik sind nicht diese Politik selbst. Diese selber muß mit aller Klugheit, Feinheit und Beweglichkeit alle kleinen Möglichkeiten benützen und ein Bild der Existenzmöglichkeit überhaupt besitzen oder erwerben. Was hier möglich ist, weiß freilich nur der Eingeweihte, der die einlaufenden Berichte kennt und mit den fremden Politikern verkehrt. Für alle andern sind hier Urteile unmöglich, und wäre er pensionierter Reichskanzler oder Staatssekretär. Gerade beim Verkehr mit solchen Herren kann man unmittelbar erfahren und hören, wie nur die Teilnahme an den Geschäften selbst hier Urteile ermöglicht. Die Journalistenpolitik der Zeitungen ist mit Vorsicht aufzunehmen, da bei ihr diese Voraussetzungen fehlen. Immerhin haben die Leute von der Presse ihren eigenen Nachrichtendienst, sie sind oft gut unterrichtet und dann zu Urteilen und Ratschlägen wohl befähigt. Aber wer kann hier unterscheiden? Jedenfalls habe ich weder aus der einen noch aus der anderen Quelle mündlich irgend etwas Wesentliches über diese Einzelfragen erfahren können. Am meisten zu finden ist in der *Frankfurter Zeitung* und in der Monatsschrift *Die Deutsche Nation* (Verlag Deutsche Nation, Charlottenburg). Im übrigen muß man überhaupt seine Augen offen halten und gegen die Zeitungen mißtrauisch sein, die in der Hauptsache die Begierden ihres Publikums spiegeln, um sie dann wieder anzustacheln und mit neuem Futter befriedigen zu können. Die Sensationslust der massenhaft vermehrten Zeitungen und Zeitschriften, wie sie zur Tageszeit hier ausgebrüllt werden, ist erschütternd. Vom Ausland und von dem Reflex unserer Zustände in ihm erfährt man nichts. Es ist, als ob man lauter Provinzblätter vor sich hätte. Das deutsche Publikum will eben nur sich selber und seine Wünsche hören. In dieser Hinsicht ist durch den Krieg nichts anders geworden. Auslandskenntnis und Selbsterkenntnis werden nur gefordert, um dem aus dem Wege zu gehen, was man eigentlich wissen müßte. Es ist die Irrealität des deutschen Denkens und das Zurücksinken in das deutsche Spießertum, bald mehr das eine, bald mehr das andere.

Vorherrschaft des Judentums?
20. 10. 1919

Die Ferien haben mich in eine stille Kleinstadt verschlagen und von meinen Nachrichtenquellen getrennt. Eben damit gaben sie mir endlich Gelegenheit, die Aufmerksamkeit auf die allgemeinen Grundlagen zu lenken, die alldem, was wir als Folgen des Krieges und als Folgen der geistigen, politischen und sozialen Entwickelungen der Vorkriegszeit heute erleben, in letzter Linie als Unterlage dienen. In allem vollziehen sich ja nur Möglichkeiten, die längst in der Gesamtlage enthalten waren, und die zu bannen oder durch große neue politische Gedanken aufzulösen und in neue, glücklichere zu verwandeln die europäische Welt weder fähig noch gewillt war. Sie wollte mit schroffstem Eigensinn die einmal eingeschlagenen Wege zu Ende gehen, und jedes Volk hoffte die daraus hervorgehenden furchtbaren Konsequenzen auf die »anderen« abzuwälzen. Diese allgemeinen Grundlagen sind auch in meinem kleinen Ferienorte, wo man vom Lauf der Dinge wenig weiß und sich auch gegen jedes Verständnis nach Kräften sträubt und wo die allgemeine Nervosität und Desorganisation durch eine gewisse Schläfrigkeit und durch größere Leichtigkeit der Ernährung verdeckt ist, recht wohl fühlbar. Den sinkenden Produktivitätswillen, die Disziplinlosigkeit, das Bedürfnis nach möglichster Begrenzung des Horizontes, den damit nahe verwandten Heiratseifer, den Streit um die Revolution und die damit verbundenen gedankenlosesten Schlagworte, den Stammespartikularismus und den Parteistreit, die geistige Ermüdung und den Wahn, daß die alte Zeit irgendwie wiederkommen müsse: das findet man alles auch hier, teils gemildert durch schlaffe Gemütlichkeit, teils verschärft durch die Intimität lokaler Feindschaften und Reibereien. Dazwischen gibt es dann einige Leute, die den wirklichen Sachverhalt gerade in der Besinnlichkeit dieses Idylls überraschend klar und durchdringend sehen, die sich aber hüten, den nationalen oder revolutionären Philistern das zu sagen, weil man »nichts als Unannehmlichkeiten davon hat.« Im allgemeinen wünscht man möglichst wenig von der Veränderung zu merken und an ihre weiteren Auswirkungen nicht denken zu müssen. Aber wer sich auch die Scheuklappen noch so fest angebunden hat, bemerkt doch in der allgemeinen Dienstboten-Not, daß irgend etwas recht anders geworden sein muß: alle haushaltskundigen Mädchen werden geheiratet; die übrigen, die in der Zeit des Hindenburgprogramms in die Munitionsfabriken gegangen sind, sitzen als Erwerbslose mit Arbeitslosen-Unterstützung in ihrer Heimat oder in den Großstädten. Dazu kommt die Wohnungsnot und die Einquartierung der zahllosen Rückgewanderten und Flüchtlinge als Zeichen dafür, daß irgendwo die sonst so behagliche Welt aus dem Leim gegangen sein muß. Von dem Schiebertum und der Gewinnsucht, sowie von dem Vergnügungstaumel gar nicht zu reden, der hier so groß ist wie irgendwo sonst.

Es ist aber unmöglich, von den allgemeinen Grundfragen Abschied zu nehmen, ohne einer der wichtigsten zu gedenken, die freilich auch zu den heikelsten gehört. Es ist die äußerst einflußreiche Rolle, die das Judentum in den neuen Verhältnissen spielt. Der Kampf um sie ist ja auch in solchen kleinen Nestern noch äußerst fühlbar. Hier hat z.B. ein begabter junger Jude sich zum Führer einer sozialdemokratischen Kirchenreform aufgeworfen und den protestantischen Geistlichen des Ortes das Ultimatum gestellt, sich für oder gegen ihn zu erklären. Den Lärm in den Käseblättern und die Diskussionen in den aufgescheuchten Kaffeekränzchen kann man sich denken. Anderswo passiert anderes, aber Kampf und Streit entsteht allenthalben. Solcher Kampf droht zu einem der gefährlichsten Sprengmittel unter den vielen die geistige Einheit der Nation auflösenden Zerstörungskräften zu werden. Und zwar darf man gerade diese Frage nicht bloß nach dem beurteilen, was in der Presse laut wird, sondern nach den vielen stillen und unausgesprochenen oder nur im engsten Kreise besprochenen Empfindungen.

Es kann nun gar kein Zweifel sein, daß das Judentum, bisher in dem amtlichen und offiziellen Deutschland aufs schärfste unterdrückt, mit der Revolution ganz ungeheuer emporgeschnellt ist. Die radikale Revolution ist aufs stärkste von Juden, oft von auswärtigen, getragen worden. Unabhängige und Kommunisten, sowie das zugehörige Literatentum, sind aufs allerstärkste mit Juden durchsetzt. Die Volkswahlen haben eine große Zahl von Juden in die Parlamente entsandt, die Regierungen sind zum Teil mit Juden besetzt. Der preußische Ministerpräsident, der heute in dem Palast des Staatsministeriums haust, ist ein kleiner jüdischer Journalist, der Schöpfer der Reichsverfassung ein jüdischer, übrigens ausgezeichneter Gelehrter. Jüdische Rechtsanwälte sind Landräte geworden und die hohen Verwaltungsstellen stehen ihnen offen, da die Sozialdemokratie fast nur über jüdische Juristen verfügt; aus bekannten Gründen, die im alten Regime lagen. Die große Presse der demokratischen Partei ist — im Unterschiede von den Fraktionen — ganz ausgesprochen jüdisch und behandelt ihre eigene Partei ziemlich von oben herunter. In den Kreisen des reinen Pazifismus, der neuen Internationale und der deutschen Schuldbekenntnisse spielt das Judentum eine sehr große, wenn auch keineswegs ausschließliche Rolle. Die Literatur, vor allem Kritik, Feuilleton- und Zeitschriftenwesen sind, wenn es möglich ist, noch mehr in den Händen der jüdischen Intelligenz als vor dem Kriege. Das Judentum regiert zu einem guten Teile, es macht die öffentliche Meinung und bestimmt dasjenige, was man die ästhetische Kultur Deutschlands nennen kann, ganz überwiegend. Die geschäftliche Rolle des Judentums ist dabei noch gar nicht erwähnt; sie dürfte sich allerdings gerade heute nicht mehr so scharf aus dem allgemeinen Geschäftsleben herausheben wie früher. Doch könnten darüber nur genaue Kenner entscheiden.

Damit geht ein uraltes schweres Problem der europäischen Staaten überhaupt und des deutschen Volkes insbesondere mit gefährlicher Heftigkeit auf. Konservative und Nationale machen den Gegensatz gegen das Judentum zu einem Hauptmittel ihres Kampfes, um ihm populäre Instinkte und Leidenschaften zuzuführen. Der Antisemitismus aller Schattierungen wird in den Kampf grundsätzlich eingespannt und die Schuld an Revolution und Niederlage dem Judentum und der Sozialdemokratie aufgebürdet. Damit wird man alles Nachdenkens über eigene Fehler ledig und kann das ganze Schicksal wie etwas von außen Hereingetragenes betrachten, an dem man sich durch den Sturz der »jüdischen Regierungen« rächen kann. Was man hier im Privatgespräch hören kann, grenzt an das Unglaubliche. Ein Pfarrer vertraute mir als geheimste Wissenschaft an, daß Bethmann von Juden zu seiner defaitistischen Politik bestochen worden sei. Ein in seinem Beruf ausgezeichneter Arzt von größter Stellung erzählte mir von einer Verschwörung der Juden, die Regierung ganz in ihre Hand zu bringen, wogegen es nichts als die Volksaufklärung über die zerstörenden Tendenzen des Judentums gebe; es dürften keine Juden mehr gewählt werden, und das lasse sich nur durch die Preßagitation gegen sie erreichen, so wenig erfreulich eine solche an sich sei. Daß andererseits das Judentum die von der Revolution aufgestoßenen Türen zum politischen Einfluß und zur Teilnahme an der Regierung mit Genugtuung benützt und seinen geistigen Einfluß mit einem gewissen Behagen genießt, ist außer Zweifel und selbstverständlich. Zugleich erkennt es natürlich die damit heraufbeschworenen Gefahren heftigster Massenreaktionen und versetzt sich auch seinerseits zu einem großen Teil in Kampfesstellung. Es pflegt darin meist nichts als gemeinen Neid, religiöse und rassenmäßige Vorurteile zu sehen, die einem deutschen Staatsbürger, der Bürger ist wie jeder andere, durchaus die volle Gleichartigkeit und Gleichberechtigung mit den übrigen Deutschen versagen. Seinen ganz überragenden belletristisch-journalistisch-ästhetischen Einfluß pflegt es dabei für selbstverständlich zu halten, da er ja nur der Ausfluß der allgemeinsten humanitären Anlagen und Ideen sei, die für alle Menschen gleich seien und nur vom Chauvinismus national differenziert werden könnten.

Immer wieder muß man hier an die eigentliche Natur des ganzen Problems erinnern, die von beiden Seiten gerne verkannt wird. Vor allem muß man dabei der gefährlichen Natur solcher Allgemeinbegriffe gedenken, wie sie ja auch im Kriege als Begriffe *des* Engländers, *des* Franzosen, *des* Deutschen usw. eine so entsetzlich vergiftende Wirkung gehabt haben. Das Judentum, besonders das deutsche, von keinem gemeinsamen Typus nationaler Kultur wie in England und Frankreich eingesogene und durch den Zuzug vom Osten immer neu gemischte Judentum, ist durchaus nicht einheitlich. Der Jude der guten Familie mit seiner uralten Tradition hat an sich etwas Konservatives und Aristokratisches; so gehören zahlreiche Juden den nationalen und den heute konservativen Parteien an, wie diese ja auch journalistische Hilfe von ihnen empfangen. Viele Juden sind in der Tat völlig innerlich in die deutsche Geisteswelt eingegangen bei aller Erhaltung spezifisch jüdischer, intellektueller Züge; man muß solche Leute nur über Goethe und Beethoven reden hören. Der in seinem jüdischen Bewußtsein entwurzelte, radikalisierte, sich auf allgemeine Menschheitsideen stützende und bei alledem von alten messianischen Neigungen erfüllte Jude dagegen ist dann freilich der geborene Revolutionsheld, Reformer und Internationalist, zugleich wohl auch nicht frei von dem Gedanken der Rache an den bisherigen Bedrückern. Daneben gibt es dann wieder im vollen Gegensatz den seine nationale Sonderart als Heimatsrecht und Heimatshoffnung pflegenden Juden, der zum Zionismus neigt und dabei echter Idealist ist. Der Unabhängige Cohn hat in die Reichsverfassung jüdisch-konfessionelle Schulen unter dem Titel der Autonomie der nationalen Sonderschulen einführen wollen. Kurz, es gibt hier die verschiedensten, ineinander verfließenden Spielarten, von dem Gegensatze des geschäftlichen und des geistigen Judentums gar nicht zu reden. Der ganze Gedanke einer bewußt herbeigeführten Herrschaft des »Judentums« überhaupt ist ein Märchen, das nur politische Kinder, wie die Deutschen, glauben und mit der ganzen Inbrunst ihrer eigensinnigen und kurzsichtigen Zanksucht pflegen können.

In Wahrheit ist das jüdische Problem kein religiöses. Die Religion hat damit auf beiden Seiten so gut wie gar nichts zu tun. Es ist auch kein überwiegend physiologischrassenmäßiges. Die Vermischungen sind überaus häufig und auch in konservativen Kreisen gar nicht selten; der physiologische Gegensatz wird von verschiedenen Menschen sehr verschieden empfunden und ist nur für die roheste Massenbearbeitung von entscheidender Wichtigkeit; auch weiß man nicht, wie weit er gegenseitig empfunden wird. In Wahrheit ist es ein soziologisches Minoritätenproblem. Man kann es ähnlich bei katholischen oder calvinistischen Minderheiten vorfinden, wo ja auch die Religion zunächst nur das aussondernde und trennende Gemeinschaftsmotiv ist und die Minderheit in gegenseitiger materieller und geistiger Unterstützung, im gemeinsamen Ehrgefühl und überall wirksamer Zusammenarbeit, in Verlegung der Machtmittel auf ökonomische Besonderung und Leistungsfähigkeit sich gegenüber der zersplitterten, frei durcheinanderflutenden und mit ganz anderen Interessen beschäftigten, offiziell herrschenden Majorität immer fester zusammenschließt. Studiert man vor allem die calvinistische Diaspora, so sind die Ähnlichkeiten oft auffallend. Aber auch unser katholischer Volksteil bildet mit seiner politischen, geistigen, literarischen und vereinsmäßigen Aufrichtung eines Volkes im Volke recht reichliche Ähnlichkeiten. Auch die ständigen Klagen der zurückgesetzten Minorität und die Ansprüche auf Machtanteil, Staatsanstellungen, Parität usw. sind recht ähnlich. Bei den Juden kommt nur hinzu, daß die religiöse Sonderorganisation, die vom persönlichen religiösen Glauben gar nicht ohne weiteres bestimmt zu sein pflegt, durch die physiologisch-nationale Sonderart, durch die uralte Abdrängung in das Geschäftsleben und die Züchtung des Händlertypus, durch stark nachwirkende Eigentümlichkeiten der talmudischen Erziehung, durch eine zweifellos sehr hohe durchschnittliche Begabung und durch eine gesunde Familienmoral ganz außerordentlich verstärkt ist. Das deutsche Judentum hat insbesondere — die Zahlenverhältnisse sind mir im Augenblick nicht gegenwärtig — vor dem der Weststaaten die Eigentümlichkeit, daß es stärker von den Ostjuden bestimmt ist und immer neuen Zuzug von dort erhält. Die Ostjuden sind in ihrer Heimat Freunde und Träger deutscher Kultur, ein sehr wichtiger Umstand für unsere Politik; aber sie drängen auch stark nach Deutschland und gehen nicht selten durch das deutsche Klärbassin hindurch, um in Paris, London und New York in die herrschende Gesellschaft aufzusteigen. Sie sind, wie schon gesagt, bei dem Mangel eines dem Gentleman ähnlichen Typus bei uns unter geringerer Einwirkung einer nationalen Kultur; man muß da nur vergleichen, wie die New Yorker jüdischen Vereine die ostjüdischen Einwanderer sorgfältig amerikanisieren. Auch lebten sie bei unseren früheren Zuständen unter einem politischen und gesellschaftlichen Drucke, der sie schwerer zu solcher Einschmelzung kommen ließ. Man lese die Memoiren des Konstantinopeler amerikanischen Botschafters Morgenthau, eines aus Mannheim in früher Jugend ausgewanderten Juden, der zum intimen Deutschenfeinde und völligen Yankee geworden ist, weil die deutschen Zustände »unbehaglich« gewesen seien. Auch die Zahl der Juden in Deutschland ist unter diesen Umständen größer als im Westen. Durch all das ist das jüdische Problem in Deutschland empfindlicher als dort; man würde sich übrigens täuschen, wenn man glaubte, daß England und Amerika, von Frankreich ganz zu schweigen, das jüdische und antisemitische Problem nicht kennen; bei intimerem Verkehr in der »Gesellschaft« kann man auch dort genug davon hören.

Dieses Minoritätsproblem, immer schon schwierig im geschäftlichen und geistigen Leben, immer schon äußerst empfindlich, ist nun mit der Revolution auch in das politische und Verfassungsleben, in die Parteibildungen und in die großen Reformen eingeströmt. Das Judentum hat auch hier seinen Einzug gehalten, sich festgesetzt und seine für Revolutionszeiten äußerst geeigneten Fähigkeiten hemmungslos entfaltet. Der »deutsche Geist« ist heute mehr als je jüdisch gefärbt und nicht bloß von Literatur und Geschäft her jüdisch beeinflußt. Dazu kommt, daß bei der Weltstellung des Judentums dieser Umstand auch für unsere internationale Stellung nicht gleichgültig ist, ein Umstand, der sich vor allem darin äußert, daß eine besinnungslose antisemitische Reaktion zu allen anderen Übeln nur auch noch internationale Schwierigkeiten bringen und den Kulturkrieg der Entente gegen Deutschland noch weiter mit wirksamstem Material und Giftstoff bereichern würde.

Die wirkliche Vorherrschaft des Judentums ist vermutlich nur eine vorübergehende Erscheinung. Sie ist zum Teil mit darin begründet, daß die sog. nationale Intelligenz rein negierend beiseite steht und sich selber ausschaltet. Aber sie enthält natürlich dauernde Probleme. Der starke Einfluß und die Mitwirkung des Judentums in staatlichen Dingen wird zum großen Teile bleiben. Das ist auch einer der Unterschiede gegen 1813, wo die deutsche Literatur noch fast ganz ohne jüdische Beteiligung war, von Staat und Gesellschaft ganz abgesehen. Eine ruhige, umsichtige und sachliche Beurteilung auch des jüdischen Problems wird eine der großen Hauptaufgaben der Zukunft sein, bei der auch die Juden mithelfen und auf Ressentiment und Vorherrschaft bewußt verzichten müssen. Vor allem müssen wir tun, was tausend Gründe auch ohnedies verlangen: wir müssen mit allem Ernst und aller Hingebung eine nationale Kulturform schaffen und ausbauen. Wer jetzt Nietzsches Schriften aus den 70er Jahren liest, der wird gerade über diesen Punkt die tiefsten Aufklärungen erhalten. Er hat wunderbar scharf gesehen. Dieser Aufbau einer nationalen Kultur und feineren Geistigkeit wird unendliche Mühe und Kämpfe kosten, verlangt schärfste Selbstkritik und Verzicht auf lediglich demokratische Oberflächlichkeiten. Er kann aber seinem Wesen nach gar nicht in die Hände der Juden fallen, da diese bei allen außerordentlichen Talenten in *dieser* Hinsicht nach Ausweis der Erfahrung nicht sehr produktiv sind. Sie sind ein belebender Zusatz zu deutscher Schwerfälligkeit und Philisterei, aber sie sind auch heute nicht die geistigen Führer, sondern die eifrigen Kommentatoren und geistreichen Umschreiber deutscher Führer. Es muß nur Recht und Sitte werden, daß man das, was wirklich jüdisch ist, als solches bezeichnen darf in aller Ruhe und Achtung und daß nicht schon die Bezeichnung einer Sache als »jüdisch« für antisemitisch gilt. Das müssen die Juden lernen und zugestehen, wie sie es unter vier Augen ja auch heute schon tun. Im übrigen muß Haß und Rache auch hier nach jeder Möglichkeit abgebaut werden und müssen die Deutschen begreifen, daß es für ihre Rettung ganz und gar auf Güte und Kraft ihrer eigenen positiven Produktion ankommt. Das kann man sich nach allen Seiten hin nicht nachdrücklich genug klar machen.

Die Welle von rechts
19. 12. 1919

Eine der üblichen Zeitungsüberschriften ist heute »Die Welle von rechts«. Sie wird niemand verwundern, der diesen Berichten gefolgt ist oder der selber die verschiedenen Stimmungszeichen genauer beobachtet hat. [. . .]

Wo sind nun aber die eigentlichen Sitze dieser Reaktion? In den Parlamenten sind es die »Deutsch-nationale Volkspartei« und die immer näher an sie herandrängende »Deutsche Volkspartei«, d.h. die Reste der alten Vaterlandspartei. Aber wie diese nicht ohne weiteres reaktionär war, so sind es auch diese beiden Parteien nicht bedingungslos. Auch sprechen sich die führenden Politiker beider Parteien stets für das radikale demokratische Wahlrecht aus, verlangen betreffs des Parlamentarismus nur Verbesserungen (oder eine berufständische Demokratie, wovon ein andermal die Rede sein soll) und ist ihr Bekenntnis zur Monarchie stets durch die Rücksicht auf die praktischen Möglichkeiten eingeschränkt, auch ohne jede Begeisterung für den letzten unglücklichen Träger der Monarchie, also ohne ernstes persönliches Objekt. Zu diesen Parteien gehören als ihr Wirkungsmittel die alten Blätter der Vaterlandspartei, die aber auch ihrerseits unter sich recht verschieden sind und schwerlich einen großen Aufschwung in ihrem Absatz genommen haben. Wo also sind dann die eigentlichen Herde der Reaktion? Teilweise gehören dazu die alten Beamten, die sich zunächst zur Verfügung gestellt hatten und ohne die auch gar nicht zu regieren gewesen wäre, die aber nunmehr sich vielfach zu einer Art Obstruktion oder gar Sabotage der Regierung gewandt haben. Von Ostpreußen hörte man, daß dort der Belagerungszustand gegen die Regierung und ihre Verfügungen verwendet worden sei und daß man von dort aus mit Hilfe der deutschen Truppen des Baltikums die Trennung von der »sozialistischen Republik« und die Aufrichtung eines monarchischen deutschen Staates geplant habe! Jedenfalls ist daraus nichts geworden und konnte daraus nichts werden. Im übrigen ist diese Beamten-Gegnerschaft doch mehr passiver Widerstand und Verstärkung reaktionärer Stimmungen und Gesellschaftszusammenhänge. Die formelle Korrektheit der Beamten wird im allgemeinen schwerlich bestritten werden können, und die freilich unbegreiflich langsam durchgeführte Vereidigung auf die Reichsverfassung sowie der gleichfalls sehr schwierige und langsame Personalersatz werden hier die Bäume nicht in den Himmel wachsen lassen. Man wird weiterhin an das Land denken, das wenigstens im Norden stets der Sitz konservativer Kräfte war. Allein auch hier liegen die Dinge heute nicht mehr einheitlich. Großgrundbesitzer und Pastorentum machen zum größten Teil mit allen Mitteln konservative Politik, denunzieren jeden Sozialismus als Bolschewismus und glauben damit eine bewaffnete Abwehr verbinden zu dürfen; in manchen kleinen Städten herrscht sozial ein vollkommener konservativer Terror und Boykott. Als Minister Haenisch in Greifswald sein großväterliches Haus besuchte, wurden der Besitzerin hinterher Kondolenzbesuche gemacht. Aber alles das hat doch nur begrenzte Bedeutung. Die Bauern sind im allgemeinen mißtrauisch nach allen Seiten und lediglich mit ihrer recht schwierigen Lage beschäftigt. Die Landarbeiter sind großenteils sozialistisch gesinnt und dringen auf Naturallohn. Das Bauerntum in Süddeutschland vollends ist stark demokratisch, und gehört es dem Zentrum an, so macht das keinen großen Unterschied. Wieweit die Begeisterung bayrischer Bauern für den Kronprinzen Rupprecht ernst zu nehmen ist, ist eine schwer zu beantwortende Frage; die Nachrichten lauten recht verschieden. Jedenfalls sieht es — trotz des Frauenstimmrechtes — nicht danach aus, als ob Land und Landarbeiter den Ausgangspunkt großer Verfassungskämpfe bilden würden. Der Gegensatz von Stadt und Land dreht sich mehr um Produktions- und Ernährungspolitik, als um die allgemeine Politik. Hier sind aber auch die Konservativen schwer imstande, Abhilfe zu schaffen. Eine großzügige Agrarpolitik ist unterwegs, aber sie kann ihre Hauptaufgabe, eine bedeutende Produktionssteigerung und die Ablenkung der Massen von den Großstädten, bei der Schwierigkeit des Häuserbaus, dem Mangel an Stickstoff und Kali und den noch fehlenden psychologischen Voraussetzungen in der Bevölkerung nur ganz langsam erfüllen. Hier hängt wieder das meiste an der Kohle.

So bleiben für die »Welle von rechts« ganz wesentlich die Elemente der städtischen und akademischen Bildung; auch die in der Neubildung ihrer Verfassung begriffenen protestantischen Kirchen gehören ganz überwiegend hierher und suchen mit Hilfe der die Überleitung bewirkenden, aus der alten Zeit stammenden Kirchenregierungen und Synoden die Kirchen nicht bloß religiös konservativ zu gestalten. Bedeutung und Tragweite dieses letzteren Umstandes wird man erst später übersehen können; vermutlich werden die politisch nicht konservativen Sekten und Gemeinschaften das Bild des protestantischen Kirchentums auf die Dauer stark verändern. Klar ist dagegen die Stellung der akademischen Schicht und der höheren Schulen. Sie ist immer konservativer, monarchistischer und nationalistischer geworden. Sprach man vor einem Jahre vor Studenten, so mußte man sich auf wilde pazifistische, revolutionäre, ja idealistisch-bolschewistische Widersprüche gefaßt machen; heute muß man auf antisemitische, nationalistische, antirevolutionäre Einsprüche sich einrichten. In manchen juristischen Kollegien wird gescharrt, wenn das Wort »Reichsverfassung« fällt. Die Schülerdemonstrationen und der Kampf um die Kaiserbilder sind in aller Munde. Immerhin muß man auch hier den gar nicht eindeutigen Sinn dieser Opposition sich klar machen. Zum Teil steckt dahinter die patriotische Scham und Empörung über das Schicksal Deutschlands, den Betrug von Versailles und die Schwäche der Regierung, weiterhin die Suggestionen des Vorbildes von 1813, der Geist des an der Weltpolitik und dem Energie-Evangelium immer noch hängenden Professorentums und die Agitation der sog. nationalen Parteien, der heute ein großer Teil der in tiefem Groll aus der alten, glanzvollen

Armee ausgeschiedenen Offiziere als leidenschaftliche Träger zur Verfügung stehen. Aber das ist doch nicht das wichtigste Motiv, sondern gewinnt seine Gewalt erst in Verbindung mit einem anderen. Dies andere ist kurz gesagt der Klassenkampf gegen die drohende Proletarisierung und gegen die drohenden Unterrichtsreformen, die die höhere Bildung vernichten, die Führerstellung der akademischen Stände beseitigen und den Volksschullehrer zum geistigen und politischen Beherrscher Deutschlands machen wollen. Alles organisiert sich zu Gewerkschaften, und der erfolgreiche sozialdemokratische Klassenkampf hat vor allem die Wirkung, alle anderen Bevölkerungsgruppen nun gleichfalls zu Klassenkämpfen zusammenzuschließen. Ganz Deutschland wird in Bälde starren von Klassenkämpfen: das ist der Umschlag des zur Herrschaft gelangten Proletariats in allgemeine Humanität, wie ihn Marx verkündet hat! Man lese die Verhandlungen des Oberlehrertages in Kassel, der den Oberlehrer vor der Aufsaugung in das Volksschullehrertum bewahren will. Man lese im *Kunstwart* das Gespräch über Handarbeiter und Kopfarbeiter, wo der eine der Unterredner als die große Reform der Zukunft fordert, daß dem letzteren jede Vorzugsstellung oder Ausnahme von körperlicher Arbeit für die Zukunft genommen und daß die uralte Scheidung aller Gesellschaft in Arbeiter der elementaren Notdurft und Arbeiter der Muße erfordernden geistigen Bildung aufgehoben werde. Man bedenke, daß die schärfsten Vertreter der akademischen Reaktion gerade die Mediziner sind, die fürchten, in die Stellung öffentlich angestellter Hebammen herabzusinken. Da liegen die tiefsten Gründe der Opposition, und es ist begreiflich, daß sie sich mit allen Motiven eines berechtigten oder unberechtigten aristokratischen Gefühls, allen alten Erinnerungen deutschen Studentenlebens und allen patriotisch-nationalen Gefühlen des alten Staates verbinden. Man nehme dazu die Stimmung der vielen Studenten, die als Offiziere den Krieg mitgemacht haben und die Demütigungen der Revolution als brennende Wunde, die traurige Heimkehr als grenzenlose Enttäuschung empfinden, weiter die Überfüllung der akademischen Berufe, die Aussichtslosigkeiten der Zukunft, die wirtschaftliche Not der Beamtenfamilien, die in keine Lohnbewegung eintreten können, weil sie nicht unmittelbar lebensnotwendig sind, wie Bäcker, Fleischer, Kohlenarbeiter und die berühmten, immer wiederkehrenden Müllkutscher zu 6000 Mark.

Das alles sind Gründe genug, um die Reaktion verständlich zu machen. Auch sind wirklich wertvolle moralische Elemente in diesen Kreisen vertreten, der Sinn für Disziplin, Autorität, Tradition. Es ist kein Wunder, wenn sich um deswillen viele dazu halten, die im übrigen einen neuen Umsturz der Verhältnisse gar nicht wünschen, sondern nur einen Ausbau dieser, der endlich wieder den bloßen Individualismus und Rationalismus, die unorganische Zersetzung und Formlosigkeit der aufgelösten Massen durch ein Gefühl für Autorität, Ordnung, Pflicht und historische Mächte zu überwinden imstande ist. Auch will man sich die trotz aller Fehler und Kurzsichtigkeiten glorreichen Erinnerungen eines heroischen Weltkampfes nicht beschmutzen und ins Gegenteil verkehren lassen. So sind alle die verschiedenen Revolten wohl verständlich, vor allem auch die Revolte, die Helfferich und Ludendorff gegen den ebenso peinlichen als unentbehrlichen Untersuchungsausschuß unternommen haben, um damit sozusagen an der empfindlichsten und schmerzhaftesten Stelle des deutschen Volkes gerade die Leidenschaften neu zu entzünden, die man bisher in dem allgemeinen Irrewerden an der früheren Führung erloschen oder gedämpft hatte glauben dürfen. Zu diesem Zweck haben die beiden früheren Gegner sich gefunden und im Untersuchungsausschuß, dem Bethmann mit so großer Vorsicht und Bedachtsamkeit begegnete, ihre Handgranaten vereint gegen Herrn Erzberger und die gottverfluchte Revolution geschleudert. Die große historische Legende, auf der die ganze Reaktion beruht, daß eine siegreiche Armee meuchlings und rücklings von den vaterlandslosen Gesellen der Heimat erdolcht worden sei, ist damit zum Dogma und zur Fahne der Unzufriedenen geworden, wie das Rätesystem die Fahne der radikalen Staatsgegner geworden ist.

Begreiflich genug ist das alles und überdies in seiner Besinnungslosigkeit und Kurzsichtigkeit echt deutsch.

Man haut auf den relativ nächststehenden Gegner, die Demokraten, am leidenschaftlichsten, weil man ihn noch am ehesten treffen kann. Man will seinen Haß und seine Rache an der Revolution austoben, statt auf diesem Instrument spielen zu lernen, auch wenn man selbst keine positiven Ziele zeigen und den inneren Feind nur wenigstens in das gemeinsame Verderben mit hineinreißen kann. Oder man träumt von Wiederherstellung der Monarchie, vom Rachekrieg und einer Regierung gegen die Massen. Wie das alles möglich sein soll, danach fragt man so wenig, als man einst über die Gefährlichkeit Amerikas sich Gedanken machte oder an den Aussichten eines »Vereins zur Niederwerfung Englands« zweifelte. Es ist schneidig und vornehm, so zu denken, das ist genug. Sie können sich aber vom Alten nicht lösen und neu denken lernen. Sie können den Gedanken gar nicht fassen, daß schon das Bismarcksche Reich eine labile Schöpfung oder, wie Nietzsche, eine große Autorität in diesen Kreisen, immer wieder sagte, »Zwischenaktspolitik« war.

Was sind die Wirkungen von alledem? Wirkliche Auskünfte werden erst die nächsten Wahlen geben können, bis zu denen sich das Bild noch mannigfach verschieben kann. Die Verhältnisse sind ja völlig unfertig. Erst wenn der Friede ratifiziert ist, wenn die neue Finanzhoheit des Reiches ihre Wirkungen gezeigt haben wird, wenn die Friedensbedingungen wirksam geworden und wenn die Länderverfassungen neben die Reichsverfassung so oder so getreten sind, wird man den wirklichen Stand der politischen Dinge übersehen können. Die Gewerkschaften zählen jetzt sieben Millionen Mitglieder. Diese Tatsache ist ein Grund- und Eckstein aller Zukunftsberechnungen. Sie bedeutet, daß auf absehbare Zeit die Sozialdemokratie trotz aller äußeren und inneren Zersetzung mitregierende Partei sein oder durch ihre etwaige Opposition alles zu hemmen imstande sein wird. Eine Regierung von Zentrum und Deutschnationalen ist kaum vorstellbar gegen die Opposition von Sozialdemokraten und Deutschdemokraten. Eine bürgerliche Einheitsfront gegen die Sozialdemokraten andrerseits wird schwerlich zustande kommen und wäre das größte Unglück. Auch eine Diktatur ist bei der Kontrolle der Alliierten und unserer militärischen Schwäche schwer vorstellbar. Deutschnationale Putsche vollends gehören meines Erachtens in das Reich der Legende. Dann aber hat die Heftigkeit der ganzen Opposition keinen Sinn und hindert nur die außerpolitische Einheitsfront und die damit eng zusammenhängende wirtschaftliche Gesundung, die beide einfach eine Lebensfrage sind. Immer noch wird man hoffen dürfen, daß die deutsch-nationalen Führer, unter denen sehr kluge und verantwortungsbewußte Leute sind, das selber einsehen und das Übergewicht über die Heißsporne gewinnen, die vor allem nur Wut und Rache los werden wollen.

Nach außen wirkt die deutsch-nationale Opposition, die das französische Programm »Nicht davon sprechen, aber immer daran denken« sich offenbar nicht aneignen kann, schlechtweg verhängnisvoll. Einer unserer bekanntesten Heerführer sprach nach der Ludendorffschen Explosion mit einem deutschfreundlichen Amerikaner; der letztere meinte, er habe bisher die Besiegung Deutschlands immer bedauert, aber seit den Eröffnungen Ludendorffs halte er sie für moralisch notwendig im Interesse der Welt. Menschen, die Politik nach innen und nach außen wesentlich mit psychologischen Mitteln zu machen gewöhnt sind, halten eben eine solche, alle Zivilpsychologie völlig beiseite setzende, rein technisch-militärische Denkweise für eine geistige und moralische Abnormität, die wie eine moralische Weltpest zu vernichten sei. Auf solches Denken der Fremden, deren Kultur- und Moralkrieg heute noch andauert, während wir apathisch und verzweifelt schweigen, müssen wir uns nun einmal einstellen. Oder ein anderes Beispiel! Sofort hinterher besuchte mich ein Franzose, übrigens ein feiner und vornehm denkender Mann, und fragte mich nach der Bedeutung dieser Dinge, der Ludendorff-Helfferichschen Attacken, der Schülerdemonstrationen, der Universitätsstimmung, der Einwohnerwehren aus. Das Verhältnis von Deutschland und Frankreich werde über diesen Dingen nur immer schlechter und mißtrauischer und es beständen große Gefahren. Ich erwiderte ihm, daß das beste Mittel wäre, unsere bestehende Regierung nicht immer von neuem zu demütigen und vor dem Volke bloßzustellen. Ein Erfolg, den man ihr gönne, werde sie festigen und der alldeutschen Opposition den Boden wegziehen. Man habe bei uns fast den Eindruck, als wolle die französische Militärpartei durch Mißhandlung unserer Regierung den deutschen Stolz verletzen und damit die Alldeutschen stärken, um damit ihre eigene Notwendigkeit darzutun. Mein Unterredner bestritt das und bat mich, vor allem die psychologische Wirkung der Zerstörung Nordfrankreichs zu bedenken, die die Zerstörung der Pfalz durch Ludwig XIV. weit überbiete und die in Frankreich viel mehr als das wesentlich für die Angelsachsen in Betracht kommende allgemeine Schulddogma die Geister bewege. Ich konnte dem gegenüber nur meine erste Bemerkung wiederholen und die Verhältnisse bei uns darstellen, etwa wie ich es in diesem Briefe getan habe. Eine Woche darauf waren die Noten über die Scapa-Flow-Entschädigungen da. Und was wird noch alles kommen?

Noch ist der Zusammenhalt des Deutschen Reiches von innen und außen her nicht unbedingt gesichert. Eine hemmungslose Welle von rechts könnte vieles wegspülen, was gerade den Patrioten teuer ist. Aber Wellen schaukeln, und schon wartet man auf neue Wellen.

Die Aufgaben der Reichsregierung
12. 1. 1920

Zwischen den furchtbaren Extremen von links und rechts bahnt sich die Reichsregierung ihren Weg, so gut es gehen will. Eine andere Regierung ist heute nicht möglich. Ihr Zerfall würde das Wegfallen jeder Regierung und damit den Bürgerkrieg bedeuten. Das bleibt immer eine der Grundtatsachen, die bei allem in Rechnung gezogen werden muß. Freilich, die Regierung — und dabei ist zunächst nur an die Reichsregierung gedacht — ist schwach, erweitert beständig ihren Beamtenapparat, ohne ihn zu beherrschen, und vermag sich bei der herrschenden Disziplinlosigkeit, der Unzuverlässigkeit und Bestechlichkeit eines großen Teiles des Beamtentums, der Plünderungslust und Dieberei von unzähligen Abenteurern und Schiebern, dem mangelnden Vertrauen der Bevölkerung schwer durchzusetzen. Daß sie auch nicht überreich ist an Talenten, hat neulich der ihr verhältnismäßig nahestehende Herr von Payer in Stuttgart offen ausgesprochen. Über Ungeschicklichkeit beklagen sich die auswärtigen Diplomaten. Die Extremen von rechts und links tun alles, um sie verächtlich, lächerlich, verhaßt und ohnmächtig zu machen. Vor allem aber trägt sie in sich selbst die ungeheuren Schwierigkeiten einer Koalition von recht verschiedenen Elementen. Die Sozialdemokraten versuchen, soweit es irgend geht, unter dem Drucke der Genossen sozialistische Experimente zu machen, seien es fiktive, seien es wirkliche, obwohl doch, wie Scheidemann neulich sagte, abgesehen von Kohle und Elektrizität nichts da ist, was sozialisiert werden könnte, außer Hunger und Elend. Wenn auch die im letzten Jahre enorm angewachsenen Gewerkschaften allmählich wieder in die Hände ihrer Führer kommen und wieder etwas Disziplin lernen, so beherrschen die Sozialdemokraten doch in Wahrheit die Massen nicht und müssen sie sich deren vollkommene Unreife eingestehen. Mit diesen Resten der immer neu versuchten Sozialisierungsideale verbindet sich die Hoffnung und der Wunsch, wenigstens auf dem Wege der Schule und der Nivellierung der Bildung die bisher herrschenden Klassen zu beseitigen und den Aufklärungsdogmen einer religionsfeindlichen Flachheit die Bildung zu unterwerfen. Die Radikalen unter den Lehrern strömen der Partei in Masse zu, spornen und hetzen sie und drohen mit dem Übergang zum Spartakismus; und alle möglichen Aufgeregten, Ehrgeizigen, Stellensüchtigen, Projektenmacher und Phantasten schließen sich ihnen mehr oder minder nahe an. Durch das erste kommen die Sozialdemokraten mit dem Bürgertum, den realen Interessen der Lage, den Forderungen des internationalen Geschäftes in heftigsten Konflikt, durch das zweite mit den kirchlichen Leidenschaften und Mächten des Volkslebens, vor allem mit dem Katholizismus. So ist der letztere in Wahrheit in der Koalition nach gewissen Seiten hin ausschlaggebend geworden, während er nach der Seite der

Demokratie und der Sozialisierung in seiner heutigen Parteigestalt mit den Sozialdemokraten weithin übereinstimmt. Die Demokraten schließlich sind in der Koalition das eigentlich bürgerliche Element, Vertreter vor allem des Kleinbürgertums, des Unternehmertums, der Bildung. Aber leider haben sie nicht die gesamte Bildung und Intelligenz und Unternehmerkraft hinter sich, wie das ursprünglich die Idee bei der Gründung dieser Partei gewesen ist. Bürgertum und Intelligenz haben sich zu einem erheblichen Teil den Konservativen und grundsätzlichen Regierungsgegnern zugewendet, und im Lande werden die Versuche unermüdlich gemacht, das Bürgertum immer weiter zu sprengen, es grundsätzlich zum Feinde der Sozialdemokratie, der Republik und der Regierung zu machen, und damit nach alter deutscher Art das Gewicht und die Macht des Bürgertums zu zersplittern und lahmzulegen. Das ganze 19. Jahrhundert ist eine Kette von Selbstzerteilungen und Schwächungen des Bürgertums, und die Geschichte der Revolutionsregierung ist das trübseligste Kapitel in dieser Schmerzensgeschichte des Bürgertums. Ihm fehlt der politische Instinkt am allermeisten. Trotz alledem aber wahrt die demokratische Partei in der Regierung das bürgerliche und Bildungs-Interesse, die Möglichkeit der Differenzierung und der geistigen Lebendigkeit. Was sie erreichen kann, ist freilich meist negativer Natur, Verhinderung der allzu gefährlichen Experimente und Vertagung von später lösbaren Fragen auf geordnetere Zeit. Zur Entfaltung eines eigenen groß gedachten Programmes ist für das schwächste Drittel der Regierung, dem seine eigenen Klassengenossen fortwährend in den Rücken fallen und das zudem die Vielspältigkeiten des Bürgertums in sich selber wiederholt, keine Möglichkeit gewesen. Und nicht zu vergessen ist bei alledem, daß das Kabinett zum guten Teil rein menschlich beherrscht ist durch die umstrittenste Persönlichkeit der deutschen Gegenwart, durch Herrn Erzberger, den seine Gegner neben nur allzu berechtigten Vorwürfen mit den unerhörtesten Verleumdungen überschütten und den seine Freunde, deren er in Zentrum und Sozialdemokratie reichliche und begeisterte hat, für den deutschen Lloyd

George halten. Dem letzteren mag er auch in der Tat in vieler Hinsicht gleichen, wenn man davon absieht, daß Lloyd George zu allem übrigen hinzu ein politisches Genie ist. Der Kampf um die Person Erzbergers insbesondere häuft nun aber weiterhin auf das Kabinett eine Fülle von persönlichem Haß und giftiger Verdächtigung. So ist die Stellung der Regierung, die überdies von den Feinden so schlecht wie möglich behandelt wird und auf die dadurch auch die Feinde noch allen Groll und alle Scham der Patrioten losjagen, ganz ungeheuer schwierig.

So schwierig wie die Stellung, sind die zu lösenden Aufgaben. Nachdem eine Zeitlang die Regierungsbildung selber das eigentliche Problem und sozusagen Selbstzweck gewesen war, traten die inzwischen immer ungeheurer gewordenen Aufgaben gebieterisch zutage. Regierung bedeutet Ordnung und Recht überhaupt. Daß beides wieder gewonnen worden ist, das ist das immerhin nicht zu verachtende Werk des Parlaments und Noskes. Noske, der die Furchtlosigkeit eines nie versagenden Tierbändigers an sich hat, ist der Retter des Deutschen Reiches. Aber nachdem dieses Reich wieder einigermaßen steht, treten die Zwecke in den Vordergrund und in grelle Deutlichkeit, denen es zu dienen hat. Und da zeigt sich nun freilich in der entsetzlichsten Weise die Furchtbarkeit der Lage und die Unzulänglichkeit von Regierung und Parlament, die sich in einem grausamen *circulus vitiosus* fortwährend gegenseitig steigern. Die Neujahrsbotschaft des Präsidenten Ebert ist in ihrer Kürze sehr beredt. Der Kampf um die Herstellung einer Regierung überhaupt hat alles unheilvoll verzögert, und die überreif gewordenen Probleme der Liquidierung des Krieges und der Ordnung des Friedens kommen zu einer allzu späten Lösung.

Die erste und schwierigste Aufgabe ist die Ordnung der Finanzen. Die Inflation, d.h. der Überschuß der fiktiven Zahlungsmittel über die zu ihrer Deckung dienenden realen Güter, die daraus folgende Geldentwertung und Kreditlosigkeit, der rasende Ausverkauf unter diesen Valutabedingungen, die Verschuldung Deutschlands an das Ausland, die Unsicherheit aller Grenzkontrollen und die Verschleuderung von Staatsgut: alles das hat zu einer

Preissteigerung geführt, die nach der ersten Linderung der Not durch amerikanische Zufuhr eine neue faktische Blockade und eine neue Hungersnot bedeutet. Über die Mittel zur Erleichterung dieser Notlage wird endlos hin und her debattiert. Die Massen, die der amerikanische Speck und Reis etwas beruhigt hatte, geraten von neuem in furchtbare Erregung. Das Elend steigt bis hoch hinauf in die bisher besitzende Schicht, insbesondere in die Kreise aller Gehaltsbezieher. Die immer neuen staatlichen Zulagen helfen nichts, sondern haben nur Preissteigerungen zur Folge, und, wenn man vollends die Quellen dieser staatlichen Freigebigkeit bedenkt, dann ist ihr Geschmack ein überaus bitterer. Ob die Erzbergerschen Finanzpläne dem abhelfen können, wage ich nicht zu beurteilen. Aber auch sehr viel Sachkundigere sind völlig ratlos, und jedenfalls liegt auf uns allen die Zukunft, die unter den neuen Steuerverhältnissen eintreten wird, wie ein furchtbarer Alb. Die Preissteigerung ist der verhüllte Staatsbankerott, und die Zukunft der von Gehalt Lebenden scheint eine völlige Proletarisierung. Möglich, daß die neuen Verhältnisse des Friedens hier Besserung bringen, und daß noch einmal eine allgemeine Sanierung durch internationale Abkommen versucht wird. Die Verhältnisse liegen in Frankreich und in Italien nicht viel besser. Auch England klagt über Proletarisierung seines Mittelstandes, der dort sehr hoch hinaufreicht. Die eigentlichste Lösung wäre überall gesteigerte wirschaftliche Produktion. Der steht aber überall der gesunkene Produktionswille gegenüber, von dem ich in einem der Ferienbriefe sprach. Die Gütervernichtung und die Papiergüter-Erzeugung des Krieges ist ein Weltschicksal, das das ganze kunstvolle Präzisionswerk des modernen Lebens so lange in volle Verwirrung stürzt, bis der Gütervorrat wieder zum Leben, einem freilich vermutlich überall sehr viel bescheideneren Leben, wieder ausreicht. Wie wir freilich diese Übergangszeit überstehen sollen, davon vermag ich mir schlechterdings kein Bild zu machen. Es ist vieles besser geworden gegen das Vorjahr, aber die Finanzlage zusammen mit Streikerei und Arbeitsunwilligkeit löscht alles Licht, das scheinen will, wieder aus.

Das führt auf die zweite große Hauptaufgabe, die Ingangsetzung und Förderung der wirtschaftlichen Produktion. Hier sehen die Verhältnisse bereits beträchtlich besser aus als vor einem Jahre. Es wird wieder mehr gearbeitet. Die Bevölkerung im Lande ist ruhiger und einsichtiger geworden. Die wahnsinnige Streikerei begegnet immer größerem Widerwillen. Soweit Rohstoffe im Lande sind, wird wieder produziert, und in einer der wichtigsten Fragen, der Bekleidungsfrage, scheint die uns von Baumwolle und Wolle unabhängig machende Herstellung eines neuen Gewebestoffes große Fortschritte gemacht zu haben. Auch soweit auswärtige Rohstoffe in Betracht kommen, werden solche auf Kredit und gegen Arbeitsleistung geliefert. Die Nachrichten aus dem Lande lauten in dieser Hinsicht allmählich etwas beruhigender. Spricht man mit Ausländern, so begegnet man fast überall der Meinung, daß wir uns leichter erholen würden, als Frankreich und Italien. Ein kluger und weltkundiger Engländer, mit dem ich neulich sprach, sagte mir: »Ja nicht verzweifeln! Ich bin erstaunt, daß es noch so bei Ihnen steht, und erwarte zunehmende Besserung. Nur dürfen Sie keine innerpolitischen Dummheiten machen und Ihr bißchen Regierung nicht stürzen.« Auch die Kohlenförderung nimmt wieder zu, und die hier und dort aufkommende Akkordarbeit steigert die Qualität der Arbeit. Die Schwierigkeiten liegen in erster Linie in den Verkehrsverhältnissen, und innerhalb dieser wieder in dem geradezu verzweifelten Geisteszustand der Eisenbahnarbeiter, ein Zustand, der übrigens schon aus den letzten Jahren der Kriegspolitik und von den damaligen Personaleinstellungen und Lohnverhältnissen herstammt. Hier liegt der wichtigste Grund in dem Versagen der Kohlenversorgung. Die Kohle verliert sich unterwegs von den Eisenbahnen weg, ganze Waggons verschwinden. Der Billethandel ist ganz offenkundig und macht das Reisen fast unmöglich. Gegen all das ist nicht abzuhelfen, mit der Streikdrohung halten diese Leute beständig »die Hand an der Gurgel des Staates«. Auch sonst bilden die Zustände des Beamtentums ein wesentliches Hindernis. Das gefährliche Loch im Westen ist trotz des Zugeständnisses des Goldzolles durch unsere Feinde und trotz des Überwachungsdienstes gegen die Schieber nicht zu stopfen, weil man auf die kontrollierenden Beamten nicht zählen kann. Und so geht es überall. Die Verhältnisse sind den türkischen und russischen ähnlich geworden, ja schlimmer als diese. Das liegt natürlich, wie dort, nicht bloß an der Moral, sondern auch an der ungenügenden Bezahlung, nur daß die genügende Bezahlung bei uns unmöglich ist und angesichts der zu geringen Güter- und Nahrungsmittelmenge auch nichts helfen würde. Dazu kommt das Mißverhältnis zwischen Stadt und Land, der Druck der Zwangswirtschaft und ihrer Unaufheblichkeit wie ihrer beständigen Durchlöcherung. Gegen viele dieser Mängel ist die Regierung vorläufig machtlos. Ihre Ursachen liegen auf psychologischem und finanziellem Gebiet. Einiges wird vielleicht mit dem Frieden besser werden. Die Hauptsache muß die Rückkehr eines Kulturvolkes aus der Kriegsverwilderung zu sich selber tun. Die Wirtschaftspolitik der Regierung selbst schwankt zwischen Konzessionen an die psychologischen Verhältnisse und sachlichen Maßregeln. Ein Lichtblick ist die neulich erreichte eingehende Aussprache zwischen Reichsregierung und Unternehmern, die völlig offen und schonungslos war, aber zu Einvernehmen und Zusammenwirken führte. Von hier aus kann dann vielleicht endlich die »Planwirtschaft« ausgehen, ohne die es nicht geht und die doch zugleich die Initiative des Unternehmertums einschließen muß.

Das dritte große Aufgabengebiet liegt in der Ordnung des Verhältnisses zwischen Reich und Ländern, und da unter den Ländern Preußen immer noch einen Großstaat darstellt und für das Reich immer noch das alte unendlich schwer zu verdauende Problem ist, in der Herstellung eines erträglichen Verhältnisses zwischen Reich und Preußen. Hier geht allerhand vor, was nicht ohne weiteres durchsichtig ist. Der Antrag auf Herstellung des Einheitsstaates, den der preußische Landtag mit so großer und überraschender Majorität annahm, scheint irgendwelche Hinterabsichten zu haben und hat bereits, anstatt zu beruhigen, aufreizend in den anderen Ländern gewirkt.

Entweder haben die Leute sich zu viel oder zu wenig dabei gedacht, wahrscheinlich die Einen so und die Andern so. Es ist offenkundig, daß die preußischen Minister und die preußischen Sozialdemokraten die Einheit Preußens mit aller Leidenschaft verteidigen, teils aus altem Preußengeiste, teils weil die preußische Sozialdemokratie ohne Rheinland, Westfalen und Schlesien auf ein paar Großstädte reduziert und äußerst geschwächt würde. »Ein selbständiges Oberschlesien würde eine klerikale Arbeiter-Republik bedeuten, ebenso ein selbständiges Westfalen. Das machen wir nicht mit« — so soll kürzlich der Staatskommissar für Schlesien erklärt haben. Und das läßt in der Tat tief blicken. Die »Autonomie« der preußischen Provinzen kommt trotz dringender Forderungen nicht vom Fleck, die Ausarbeiter der Gesetzentwürfe dringen mit ihren Gedanken nicht durch. Und doch ist nur entweder ein Aufgehen des Reiches in Preußen oder Preußens im Reiche denkbar, wenn das Deutsche Reich lebensfähig sein soll. Hier und in der nach zwei Jahren einsetzenden neuen Gebietsgestaltung der Länder liegen also weitere Aufgaben von der allerhöchsten Bedeutung und größten Schwierigkeit.

Ein viertes Hauptgebiet stellen die sogenannten Kulturfragen dar. Auch hier liegt, abgesehen von allen inhaltlichen Problemen, vorerst die Hauptschwierigkeit in dem Verhältnis zwischen dem Reich und den Ländern, den Reichsfinanzen und den Länderfinanzen. Das Reich will die Grundlinien festlegen, die Länder sollen die Ausführung gestalten, wobei Interessen und Ideenrichtungen oft recht verschieden sind und die Frage der Finanzierung völlig ungeklärt ist. Doch sind diese Dinge so verwickelt, daß sie eine Darstellung für sich verlangen, und so heikel, daß sie eine gewisse Vorsicht in der Behandlung nötig machen. [. . .]

Über all diesen Aufgaben aber steigt dann doch immer noch wieder die einfache Frage der Existenz und Selbstbehauptung der Regierung selber auf. Es ist die allgemeine Empfindung, daß die Gefahr in dieser Hinsicht heute mehr von rechts kommt als von links. Wenn ich in dem letzten Briefe schrieb, daß Putsche von rechts der

Legende angehören, so kann ich das heute kaum mehr für richtig halten. Für die Absichten der Führer stimmt das sicherlich. Aber auch sie beherrschen ihre erregten und von der Presse rücksichtslos gehetzten Massen sowie einzelne verwegene Gegenrevolutionäre nicht mehr. Die ostpreußischen Pläne sind in Wahrheit nicht zu Ende. Auch bestehen allem Anschein nach — diese Nachricht stammt aus den beteiligten Kreisen selbst — Bestrebungen, die Reichswehr dem Einfluß Noskes zu entziehen und innerhalb ihrer eine Spaltung zwischen Monarchisten und Republikanern herbeizuführen, sie in die Hand der ersteren zu bringen. Das freilich wird niemals voll gelingen. Aber die Folge einer solchen Zerbrechung der Reichswehr wäre der Bürgerkrieg. Die einen Teile würden diese Orte besetzen, die andern jene. Mit der Regierung wäre es zu Ende, und das Signal für den Wiederausbruch des heute eingeschüchterten, der Geldmittel entbehrenden und von den Massen verlassenen Bolschewismus wäre gegeben. Die Folgen wären derart entsetzlich, daß die Hoffnung immer noch berechtigt ist, solche Pläne möchten an der Vernunft des Volkes und schließlich ihrer eigenen Urheber scheitern.

Solcher Hoffnung steht nun aber ein wichtiger Umstand entgegen, die Gefahr, mit der uns nach der Ratifizierung des Friedens die Auslieferungsforderungen der Feinde bedrohen. Die Forderungen werden von unserer Seite mit Gewalt gegen die Geforderten schwer befriedigt werden können, oder vielmehr es würde sich gegen jeden solchen Versuch ein heftiger Widerstand von vielen Seiten her erheben. Schon hat im offiziellen Blatt der Reichswehr ein Unteroffizier die Hilfe der Reichswehr für diese Zwecke rundweg verweigern zu dürfen geglaubt, und wieviel Zugführer wird es geben, die die Züge mit den Auszuliefernden nach Frankreich fahren? Schon vor einem Vierteljahr hat mir ein konservativer Staatsrechtslehrer gesagt, ich könne mich darauf verlassen, daß im Falle der ersten Auslieferung die Kugel schon ausgemacht ist, die Herrn Erzberger zur Strecke bringt. Es ist ein Anlaß zu Entzweiung und Bürgerkrieg, wie er teuflischer und wirksamer gar nicht erfunden werden kann, und stürzt unser aller Seele in die furchtbarste innere Verwirrung und Zwiespältigkeit. Und wenn dann die Entente wegen Unauffindbarkeit der Auszuliefernden unsere Kriegsgefangenen zurückbehält oder die Blockade in Friedensform erneuert, wird ein Sturm der Betroffenen sich erheben, der Rettung und Erlösung durch Befriedigung der Auslieferungsforderung verlangt. Es ist der kritischeste Punkt der Zukunft, an dem das Reich immer noch zerbrechen kann. Die Entente ist von diesen Gefahren vollkommen unterrichtet, und ihre Militärs sind keine Freunde dieser Forderung. Aber die dortigen Massen bestehen darauf und die Politiker hoffen daraus eine neue dramatische Bekräftigung des Schulddogmas zu gewinnen, auf dem der Wahnsinn des Versailler Friedens beruht und ohne welches er vor Einsicht und Gewissen ihrer eigenen Leute nicht behauptet werden könnte. Die Reichsregierung ihrerseits kennt die Gefahr ebenso genau und versucht alles, was irgend möglich ist, um die Prozesse wenigstens vor unser eigenes Gericht zu ziehen und damit die Ehre zu wahren. Die nächsten Wochen werden lehren, was an diesen neuen Sorgen ist. Jedenfalls sind die Sorgen wieder ungeheuer groß.

Neue Eingriffe von Außen
6. 2. 1920

Immer neue Krisen erschüttern das in der Zeit des Waffenstillstandes und des Friedens von den Feinden gefolterte und verhöhnte Reich. Diese Hemmungen und Erschwerungen von außen her sind doch der eigentliche Grund der furchtbar schwierigen Entwicklung und Festigung der deutschen Revolution. Die beständige Fortdauer der Ernährungsnöte, die Versagung der Rohstoffe und die psychologisch teils ermüdenden, teils aufreizenden Demütigungen, die systematische Schwächung und Verhöhnung unserer Regierung: das macht es so unmöglich, Ruhe, Arbeit, Ordnung und Zukunftsglaube in der gepeinigten, verhetzten und demoralisierten Bevölkerung wieder herbeizuführen. Die Verleugnung aller Wilsonschen Versprechungen und Programme setzt die Liberalen ins Unrecht und stachelt die Nationalisten zu immer neuer Wut gegen sie und die Feinde zugleich, die eben das, Feinde, heute trotz allen Friedens noch ebenso sind wie alle die letzten Jahre. Die Agitation der Nationalisten umgekehrt reizt die äußerste Linke ihrerseits zu immer fanatischeren Ausbrüchen und gibt dieser die wirksamsten Mittel des Ansturms auf die verfassungstreue Mitte, die doch schon von sich aus in ihrer eigenen Konstruktion die trübseligsten Hindernisse hat. Die Schwierigkeiten und Schwächen dieser Regierung der Mitte können aber durch keine Agitation und keine Wutausbrüche der Welt beseitigt werden, weil sie in der ganzen Frage, in Einsturz und Umsturz, Parteiverhältnissen und Personalmangel, schließlich in der dauernden Mißhandlung durch die Feinde ihre Gründe haben. Jede erreichte Ordnung wird auf diese Weise wieder vernichtet, jeder aufblitzende Funke der Vernunft wieder ausgelöscht. Die Regierung muß fortwährend Brände löschen und kommt nicht zum Hausbauen oder muß das letztere nebenbei und oberflächlich besorgen. Ohne es zu bemerken, daß wir die Geschäfte der Feinde besorgen und daß deren teuflische Politik indirekt gerade diese Wirren nährt, stürzen wir uns in einen Parteihader, der jeden Tag ekelerregender und gefährlicher wird. So war es, wie mir kürzlich ein gelehrter Herr aus seinen altfranzösischen Studien heraus sagte, in Frankreich vor der Bartholomäusnacht.

Inzwischen haben die Unabhängigen und Kommunisten einen blutigen Putsch gegen den Reichstag versucht, der Parlament und Regierung beseitigen sollte und nur durch die bewunderungswürdigen Leistungen der geringen Sicherheitswehr abgeschlagen worden ist. Die Folge war die Verhängung des Belagerungszustandes, der nur wieder die gefährliche Situation etwas verhüllt, aber schwerlich mit der nötigen Konsequenz und Energie durchgeführt wird. Auf der anderen Seite hat den »kugelrunden, aber nicht kugelsichern« Herrn Erzberger, wie ihn eine Zeitung nannte, die für ihn bestimmte Kugel noch vor dem verheißenen Termin aus der Hand eines Nationalisten getroffen, während Herr Helfferich seine moralischen Kugeln auf diesen rätselhaften Helden der Revolution abschoß und gewiß war, in kürzester Zeit ihn zu Fall zu bringen. Die Folge ist natürlich eine Festigung Erzbergers und die größte Erbitterung zwischen dem Zentrum und der Rechten. Auf der Rechten heißt es allgemein, um die Wirkung abzuschwächen, das Attentat sei nur fingiert gewesen. Andererseits kommt die Übergründlichkeit des Helfferichschen Hasses wieder Erzberger zu gut, indem die Prozeßberichte anfangen langweilig zu werden und bloß eine starke Gewöhnlichkeit des Herrn Erzberger zu enthüllen scheinen.

Das Schlimmste aber kommt wiederum von außen, die erste Wirkung des sogenannten Friedens, während gleichzeitig die Ernährungsrationen herabgesetzt werden müssen. Es ist die neu eingetroffene Auslieferungsliste. Das Ungeheuerliche ist nicht die Forderung an sich. Denn etwaige kriminelle Fälle mochten ja der Untersuchung bedürfen und hier wäre nur ein neutrales oder unser eigenes Gericht zu fordern gewesen. Außerdem war ja die Bestrafung solcher Fälle im Friedensvertrag ausgemacht. Das Ungeheuerliche ist der Inhalt: alle Heer- und Flottenführer, die Führer der Politik, Prinzen, die kaum im Feld gewesen sind, lauter Angriffe auf Ehre und Selbstachtung der Nation und lauter Zündstoff für den Kampf der nationalen und der radikalen Parteien. Man hoffte die feindlichen Regierungen davon zu überzeugen, daß das alles bisher Gewonnene wieder über den Haufen werfen könne, und gab sich auf Grund vereinzelter Preßstimmen und Zusagen der Hoffnung hin, das Schlimmste werde vermieden werden. Man machte Gegenvorschläge, bot die eigenen Gerichte an und hoffte dadurch, den schlechthin zerrüttenden Wirkungen vorzubeugen. Aber wie bis jetzt jede Hoffnung auf Vernunft und Billigkeit der Gegner jedesmal getrogen hat und immer das Allerschlimmste eingetreten ist, so ist es auch jetzt gegangen. Wie die Angelegenheit verlaufen und welche Folgen sie haben wird, das wird deutlicher sein, wenn diese Zeilen vor den Leser kommen. Ich will daher keinerlei Voraussagen versuchen. Ich will nur die Situation kurz bezeichnen, die damit geschaffen ist. Wir stehen wieder genau in derselben Lage, in der wir im Sommer bei der Frage der Unterzeichnung oder Nichtunterzeichnung des Gewaltfriedens standen. Die damals auf Grund innerer Verhältnisse unvermeidlich gewordene Unterzeichnung hat nur ein halbes Jahr Aufschub der wirklichen Probleme bedeutet. Die Auslieferung ist, wenn die Geforderten sich nicht freiwillig stellen, vollkommen unmöglich. Die Generäle und Admiräle haben bereits eine freiwillige Stellung auf Grund gemeinsamer Beratung abgelehnt. Was aber dann? Wird dann Frankreich das linke Rheinufer endgültig besetzen und in eigene Verwaltung nehmen? Wird es die süddeutschen Staaten durch irgendeinen Einmarsch, an dem der »Friede« die Leute nicht hindern wird, vom Reich absprengen? Wird man die Blockade erneuern, woran wiederum der »Friede« nicht hindern wird, und die Deutschen in den Kampf ums nackte Leben hineintreiben bis zur gegenseitigen Selbstvernichtung? Will man das Reich schließlich doch noch sprengen, nachdem seine Erhaltung das Einzige gewesen ist, was Wilson durchzusetzen vermocht hatte? Ist vielleicht das der Zweck der ganzen Maßregel, die in ihren Einzelheiten überaus oberflächlich gehandhabt ist, indem Tote wie Moltke und Kessel gefordert werden oder die Namen falsch angegeben sind? Indische eingeborene Kaufleute, die hier waren, sagten, daß der Kaiserprozeß für England um Indiens willen nötig sei, da in Indien niemand an den Sieg Englands glaube. Sollten ähnliche Prestige-Gründe gegenüber der Welt und den eigenen Völkern den feindlichen Regierungen die Auslieferungsliste ratsam gemacht haben? Soll die innere Unruhe und der alles vergiftende Zwiespalt erhalten und gesteigert werden, um die gefürchtete Erhebung Deutschlands zu verhindern, und sollte die politische Angst vor dem möglichen Gegner das Interesse an der Gesundung des Schuldsklaven überwogen haben?

Man kann fragen und grübeln wie man will, das Ganze bleibt eine Ungeheuerlichkeit. Auch wer stets um Gerechtigkeit und Billigkeit bemüht war und gegen die deutschen Fehler nicht blind war, steht mit Grauen und Entsetzen vor einer derart skrupellosen Politik, der alles Menschliche völlig gleichgültig ist und die nur Rache, Vernichtung und Sicherung will, auch nachdem die deutsche Revolution alles beseitigt hat, was die angebliche moralische Entrüstung herausgefordert hatte und Furcht vor unserer Kraft und letzten Widerstandsfähigkeit hätte einflößen können. Es ist wieder einer der entsetzlichsten Momente in unserer an Qualen und Sorgen überreichen Existenz der letzten Jahre. Und sollte durch irgendein Wunder das Schlimmste in diesem Falle noch vermieden werden, so ist der »Friede« derart beschaffen, daß bei der nächsten Gelegenheit ganz die gleiche Unmöglichkeit der Erfüllung und der »Strafen« für »bösen Willen unserer Regierung« oder für die »Schwäche gegenüber der Reaktion« eintreten kann. Wie recht haben diejenigen gehabt, welche damals die Nichtunterzeichnung verlangten! Aber die Nation hat gefehlt, die damals den Kampf aufzunehmen entschlossen gewesen wäre. Es war unmöglich, und kaum kann man sagen, daß das heute möglicher wäre. Die soziale Struktur des modernen Staates macht ihn so zusammengesetzt und ungleichartig, unterbaut ihm eine derartig mit seiner Existenz verfeindete Arbeitermasse, daß eine einheitliche und zugleich besonnene Gegenwirkung des Nationalgefühls äußerst schwierig ist. Und damit soll die Atmosphäre des Völkerbundes und die Vermeidung kommender Kriege, die neue Zeit in der Welt geschaffen werden! Gewiß empfinden auch in den feindlichen Völkern viele die Verlogenheit und Niedertracht einer solchen Politik und lassen sich durch die Behauptung nicht erschüttern, daß Deutschland im Falle des Sieges es ebenso oder noch schlimmer gemacht hätte. Aber die regierenden Schichten und ihre Politiker sind jedes Fluches würdig. Gewiß hat es auch bei uns jene Petitionen gegeben, die die Aussiedelung der belgischen oberen Klassen und ganzer polnischer Landstriche verlangten, und in der Verblendung des Sicherungs- und Herrschbedürfnisses haben höchst anständige und tüchtige Leute solche Eingaben mit unterschrieben. Aber solche Dinge waren nicht bloß von vorneherein aussichtslos und sind eben nicht geschehen, sondern die Mehrheit des deutschen Volkes hätte sich mit absoluter Sicherheit solchem Wahnsinn leidenschaftlich widersetzt. Solche Torheiten der Phantasie geben kein Recht zu Taten des

Ernstes, wie wir sie von den Feinden erleben. Sie sind ja in Wahrheit auch gar nicht Vergeltungen für derartige Phantasien, sondern roheste Gewalt- und Profitpolitik, das erste für die Franzosen, das zweite für die Engländer. [...]

Kritik am System
29. 2. 1920

Das Wunder, auf das man vielleicht noch hoffen konnte, ist eingetreten. Die Alliierten haben auf ihre Auslieferungsforderung und auf das von ihnen selbst auszuübende Gericht verzichtet. Es ist der erste Erfolg der Reichsregierung. Das Verdienst davon gebührt hauptsächlich dem Reichsjustizminister Schiffer, dem energischen Widerstand der englischen Liberalen und der Neutralen, vor allem aber wohl der das letzte Mal geschilderten Weltlage. Durch den Erfolg ist die Reichsregierung unverkennbar vorläufig gefestigt, wenn ihr auch aus der Durchführung ihres Vorschlages noch manche Schwierigkeiten erwachsen dürften. Aber so günstig die Tatsache im allgemeinen auch für die Festigung von Ordnung und Regierung ist, so wenig wird dadurch die immer weiter um sich greifende Kritik an dem parlamentarischen System der heutigen deutschen Republik gehemmt. Man vergißt nur allzuleicht, daß es ein Revolutionsparlament ist und vor allem die entsetzlich schwierige Aufgabe der Beendigung und Klärung der Revolution hatte, daß seine aus dieser Lage entspringenden Unvollkommenheiten der Preis sind, den wir für die Vermeidung des Bolschewismus zahlen mußten. Je mehr nun aber das Parlament Daueraufgaben einer normalen Staatsordnung zu lösen hat und je mehr man sich es in eine unabsehbare Zukunft als Institution verlängert denken muß, um so mehr tritt sein momentaner Charakter zurück und erscheint es als dauernde Staatsordnung, die man an der Leistungsfähigkeit für eine geordnete Staatsverwaltung und eine weitblickende Politik zu messen ein Recht hat. Derer gar nicht zu denken, die Angst und Sorge vergessen haben, aus der heraus sie einst die Nationalversammlung verlangt und als Erlösung begrüßt haben; sie denken mit Hilfe der so erworbenen Ordnung einfach das alte Leben wieder herzustellen und die Leute, deren Arbeit sie Rettung und Leben vor allem verdanken, möglichst schnell zum Teufel zu jagen. Die letztern hat es freilich in allen Revolutionen gegeben und ihre Restaurationsversuche haben sich niemals dauernd durchgesetzt. Es bleibt schon dabei, daß das deutsche Volk oder die deutschen Stämme, wenn man lieber will, in eine grundsätzlich neue Periode ihres Lebens trotz aller möglichen Restaurationen eingetreten sind.

Aber dieses letztere beweist nun freilich nichts für das gegenwärtige Revolutionsparlament und seinen Parlamentarismus. Die Kritik wächst allenthalben, und auch bei denen, welche sich der Notwendigkeit gründlicher Veränderungen keineswegs entziehen. Man denkt in der Tat mit einem gewissen Schrecken an die unabsehbare Dauer dieser politischen Einrichtungen und Verfahrungsweisen und findet sie unmöglich. Auch innerhalb der Reichsregierung selbst findet diese Kritik statt, wenn man Verbesserungen des bisher angewendeten Proportionalwahlverfahrens erwägt, das im Grunde die kleinen Angestellten der Politik und der Vereinsmeierei wesentlich in die Parlamente beruft, oder wenn man die Art der Wahl des Präsidenten neu durchprüft, um den Gefahren und Aufregungen allgemeiner Volkswahlen zu begegnen. Von der rein parteimäßigen, dogmatischen Kritik der äußersten Linken und Rechten kann dabei ganz abgesehen werden. Die Punkte, auf welche sich die Kritik bezieht, bedeuten auch nicht einzelne, verbesserbare Mängel und Kinderkrankheiten des Parlamentarismus, wie man sich gerne in manchen Kreisen tröstet. Sie betreffen in Wahrheit das System selbst.

Es handelt sich dabei um folgende Dinge.

Erstlich sind es die *Personen* der gegenwärtigen Machthaber, und zwar nicht als zufällig gerade diese Personen, sondern als charakteristisch für das System, das eine wirkliche Führerauslese nicht gestattet, vor allem nicht die Leute mit Geschäftserfahrung, Weitblick und sachlichen Fähigkeiten an die Spitze bringt, sondern Führer der Parteien der kleinen Leute mit rein innerpolitischem

Horizont, mit der beständigen Gebundenheit an die Fraktionen und mit einer stets nur von unten nach oben gerichteten Lebenskenntnis. Es herrschen die Fraktionen und nicht die Minister, wie auch die Fraktionen die Beamtenposten verteilen und nicht die Minister sich die Gehilfen wählen; und die von den Fraktionen bestellten Minister sind die in der Parteiarbeit bewährten Beamten, denen damit ohne weiteres die Eignung für Geschäfte zuerkannt wird, die bisher nur erfahrene Weltmänner und geschulte Beamte und Geschäftsleute mit Erfolg verwalten konnten und die auch in anderen Ländern nur mit solchen Männern besetzt werden. Man darf nun aber nicht übersehen, daß dies ganz wesentlich nur von der sozialdemokratischen Fraktion gilt, die allerdings bei der Lage der Dinge und der ihr allein zukommenden Fähigkeit, die Arbeitermassen zu beruhigen, die herrschende ist. Beim Zentrum gilt das nur, soweit bei ihm ähnlich die Arbeiterinteressen befriedigt werden mußten. Bei den Demokraten ist davon überhaupt keine Rede; aber sie geben dafür auch dem Kabinett kein entscheidendes Gepräge; auch haben ihre Minister sozialdemokratische Unterstaatssekretäre. [. . .]

Tiefer aber dringt man in den symptomatischen Charakter der Personalverhältnisse der gegenwärtigen Regierung ein, wenn man die Beziehungen der beiden herrschenden Parteien, der Sozialdemokratie und des Zentrums, erwägt. Ohne die Zusammenwirkung dieser beiden, allein über ihre Massen ideologisch und organisatorisch sicher verfügenden Parteien, gibt es heute überhaupt keine Ordnung und keine Regierung. Es ist unleugbar ein Verdienst des Zentrums, daß es sich der neuen Regierung angenommen hat und seine verhältnismäßig sehr gesunden, an Jahrtausenden bewährten sozialen Kräfte und Ideen in den Neubildungsprozeß hineinwarf. Aber die beiden Parteien sind doch durch die tiefste Kluft innerlich getrennt. Ihre Überbrückung ist daher nur durch besondere persönliche Verhältnisse und Beziehungen möglich. Glückliche Eigenschaften und zufällige Beziehungen der Person müssen leisten, was der innere Zusammenhang der Sache nicht leisten kann. Von da aus löst sich, wie ich glaube, das Rätsel der bisherigen Herrscherstellung des Herrn *Erzberger*. Er ist die Person, *die das konnte* und die eben dadurch die inneren Schwierigkeiten einer Koalition dieser beiden Hauptparteien durch den sehr persönlichen Charakter seiner Stellung ausglich. Er ist scharfer Demokrat und Vertreter der kleinen Leute und lebt im Horizont der kleinen Leute. Vor allem aber ist er scharf antikapitalistisch, wie seine Steuergesetzgebung zeigt, und harmoniert nach dieser Seite hin völlig mit den Sozialdemokraten. Er ist der große Töter des Kapitalismus, den man braucht und dessen parlamentarische Macht ihm ermöglichte, in das Finanzministerium mit diesen Plänen einzuziehen. Andererseits aber ist er strenger Katholik ohne jeden geistigen und kulturellen Zusatz, der die Forderungen des geistlichen Rechtes in Reich und Schule streng formell-politisch vertritt und den Sozialdemokraten die entsprechenden Zugeständnisse abzuringen versteht. So ist er den Sozialdemokraten der Garant der demokratisch-sozialistischen Zuverlässigkeit des Zentrums und dem Zentrum der der konfessionellen Zugeständnisse von Seite der Sozialdemokraten. Beides kann nicht so leicht ein anderer leisten, wozu dann die ganze Vitalität, parlamentarische Erfahrung und Schlauheit, die Geschäftigkeit und nie versagende Zuversichtlichkeit, das berühmte Erzbergersche Büro und seine tausendfachen Beziehungen hinzukommen. Daß dieser Kapitalistentöter selbst mit allen Wassern des Kapitalismus gewaschen ist und daß dieser treue Katholik ethisch nicht gerade sehr imponiert, daß sein diplomatischer Dilettantismus viel geschadet hat, das nahm man dabei in den Kauf oder wußte man nicht. Wenn der Prozeß gegen Erzberger, an dem offenbar planmäßig Tausende mit Helfferich zusammenarbeiten und der erst nur ein Glied in dem Feldzug der Deutsch-Nationalen gegen die persönliche Seite der Regierung ist, zu seinem Sturze führt, dann entsteht daraus notwendig eine schwere Regierungskrisis, denn eine Person, die diesen Schlüsselpunkt der Vereinigung zwischen Sozialdemokraten und Zentrum so erfolgreich zu besetzen vermöchte, ist nicht so leicht zu finden. Insofern ist die Person Erzbergers eng verbunden mit dem System und ist die leidenschaftliche Kritik gegen Erzberger tatsächlich ein Kampf gegen den Schlüsselpunkt des Systems. Diese Lösung des Rätsels ist mir neulich von der allerfachkundigsten Seite ausdrücklich bestätigt worden. Darin liegt dann aber für diejenigen, die Herrn Erzberger auch ihrerseits für einen Mann des Unheils halten, doch eine sehr ernste Verwickelung der Sachlage, von der aus die Erzberger-Hetze — ganz abgesehen von den der Preßbeeinflussung der Entente abgesehenen Mitteln — als ernste Bedrohung der Regierungsunmöglichkeiten erscheint und nur dem Freunde der völligen Zerrüttung aller Verhältnisse reine Freude bereiten kann. Nur wenn man einer siegreichen Gegenrevolution sicher ist, hat die fieberhafte Arbeit an dem Sturze Erzbergers einen Sinn.

Die Erzberger-Aktion ist also insofern, wie alle gegenwärtigen Personenfragen, keine bloße Personenfrage, sondern eine Frage des Systems. Und daß diese Symptome die Kritik am System nur zu steigern geeignet sind, das ist selbstverständlich. Das Regieren der Fraktionen an Stelle der Minister, die ausschließlich parlamentarische Besetzung auch der sachlich und technisch wichtigen Regierungsposten, die Verengung der Auslese auf die kleinen Leute oder doch wenigstens deren Erwählte und Interessenvertreter: alles das ist ein auf die Dauer unmöglicher Zustand. So wird die Kritik an den Personen mit innerer Notwendigkeit zu einem Zustande, der dem Frankreichs in der Dreyfußaffäre gleicht und eben dadurch zu einer immer bitterer werdenden Kritik des Systems, das nur der Liquidierung der Revolution dienen konnte, das aber auf die Dauer den wirklichen positiven Wiederaufbau unmöglich macht. Wie freilich dem ein Ende bereitet werden kann, ob durch die eigene Einsicht der regierenden Parteien und vor allem der sozialdemokratischen Massen, oder durch eine Diktatur oder durch neue, den Klassensozialismus auswirkende und dadurch *ad absurdum* führende Katastrophen, das ist sehr schwer zu sagen. Das Spiel mit dem Feuer, das die letztere Meinung bedeutet und das eine Lieblingsidee der Konservativen ist, ist von allen Mitteln das kurzsichtigste und gefährlichste. Aber es liegt den Instinkten, die an den starken Mann appellieren und mit der Feigheit der Massen rechnen. Was dann hinterher kommen soll, das erst ist das eigentliche Problem. Außerdem vergesse man nicht, daß wir wieder ansteigende Hungersnot haben.

[. . .]

Der Putsch der Prätorianer und Junker
23. 3. 1920

In den letzten Briefen habe ich begonnen, die stets wachsende Kritik an der Regierung des Revolutionsparlamentes zu schildern, die durch den Erzberger-Prozeß zur Siedehitze gebracht wurde. Auch habe ich in allen früheren Briefen auf die stets wachsende Gefahr der Gegenrevolution hingewiesen. Sie ist inzwischen als Staatsstreich der Prätorianer, Junker und Alldeutschen ausgebrochen und rasch zusammengebrochen, hat aber Milliarden an Volksvermögen gekostet und fast alles bisher Erreichte wieder in Frage gestellt.

Zunächst wieder ein paar Anekdoten, die den Luftdruck des heranziehenden Gewitters veranschaulichen mögen. Eine befreundete adlige Dame erzählte mir aus ihren Verwandtenkreisen, daß eine ganz ernsthafte Verschwörung bestehe, freilich auch, daß ein hoher Reichswehroffizier die Aussichten bei der Reichswehr als nicht groß bezeichnete. Natürlich habe ich die Sache der Reichsregierung gemeldet, und ich habe dabei von einem ihrer Mitglieder eine sehr wenig erfreuliche Schilderung von den Zuständen in der Reichswehr erhalten. Man wisse, daß Verschwörungen bestehen, glaube aber nicht, daß die Mannschaften mittun. Noske sei der direkte Verkehr mit den Truppen außerordentlich erschwert durch die Offiziere, die ihn stets umgeben: auch sei die Stellung der verfassungstreuen Generale eine schwierige; sie würden im Offizierskorps mißtrauisch behandelt. Kurz darauf besuchte mich ein ostpreußischer Baron, der mir erzählte, daß er von seinen Standesgenossen wegen seiner Regierungstreue völlig geschnitten und stets nur mit überlegenem Lächeln als Opfer törichter, moderner, »westlicher«

Theorien behandelt werde. Die Herren sprächen in der Terminologie der Slavophilen, die sozusagen ins Deutsche oder besser ins Preußische übersetzt wird. Wieder etwas später spreche ich einen Kaufmann, der über die völlige Zurückhaltung aller Lebensmittel aus Preußen und Pommern klagt und sich die Sache damit erklärt: die Herren bereiten einen Putsch durch Hungerstimmung vor und wollen dann ihre Herrschaft durch Öffnung der Lebensmittelsperre mit einer Erlösung von der Hungersnot befestigen. Ganz zuletzt traf ich in einer Gesellschaft einen meist sehr gut unterrichteten Groß-Industriellen, der mir mit tiefem Bedauern die Theorie der Gegenrevolution vortrug. Sie rechnen mit der Massenpsychologie als einer Psychologie der Feigheit, die an entschlossenem Machtgebrauch, an dem Erschießen aller Streiker und der Verhaftung aller Regierungsfreunde sofort zusammenbrechen werde und nur einiger Maschinengewehre dazu bedürfe. Ich befragte einen gleichfalls anwesenden, ehemaligen sozialistischen Staatssekretär, den ich als sehr klug und sachkundig kenne, über die mutmaßliche Richtigkeit dieser Berechnung. Er meinte, daß sie für den ersten Anlauf wohl stimmen könne, daß aber dann Generalstreik und Sabotage alle Regierung unmöglich machen werde; man müsse in letzter Linie mit einem absoluten Widerwillen der Massen gegen das alte Regiment rechnen, und Verbesserung der Preise und der Ernährungslage könne eine Gegenrevolution auch nicht bringen. Sie sei also als dauernder Sieg aussichtslos und bedeute nur grenzenlose Zerstörung. Schließlich darf ich als auffallend bezeichnen die offenkundige Besserung der Stimmung in den alldeutschen Kreisen. Die Leute wurden herausfordernd; auf Antisemitismus und Erzberger-Prozeß gestützt, mehrten sie die Angriffe auf die Regierung. Bei einer Beratung über das Volksschullehrerproblem erklärte einer der bekanntesten Alldeutschen, die Sache sei gegenstandslos, da die gegenwärtigen Verhältnisse in Bälde beseitigt sein würden. Dieser paar Erlebnisse genügten, um klar zu machen, daß etwas in der Luft war. Hinterher hört man auch, daß der ganze Plan bereits Noske verraten worden war, daß aber dieser daran nicht glauben wollte, da Lüttwitz kurz zuvor sein Ehrenwort gegeben hatte, daß an allen Gerüchten nichts Wahres sei. Auch zeigen sich jetzt allerhand Spuren der Vorbereitung, geheime Zirkulare des Landbundes und ähnliches. Der eigentliche Losbruch war sehr weithin organisiert, er sollte erst später stattfinden und das ganze Reich umfassen. Die vermeintliche gute Lage, die der Erzberger-Prozeß schuf, hat den verfrühten Losbruch herbeigeführt.

Inzwischen ist der entsetzliche Wahnsinn, der für die innen- und außenpolitische Lage gleich verhängnisvoll war, Wirklichkeit geworden. Es war im wesentlichen ein militärischer Putsch, das Werk des Herrn von Lüttwitz, nicht der Reichswehr, deren Generäle mit wenig Ausnahmen ihrem Eide treu blieben. Vollzogen wurde er mit Hilfe der sogenannten Baltikum-Truppen, den wildesten und gefährlichsten Teilen der Armee, denen eine Solderhöhung um 7 M. für den Tag versprochen wurde und denen gesagt wurde, es gehe gegen die Juden und Spartakisten; sie trugen das antisemitische Hakenkreuz auf ihren Helmen. Im übrigen ergaben die Vernehmungen, daß Leute und Offiziere meist nicht wußten, was geplant war. Die Berliner Bestände der Reichswehr blieben größtenteils treu, auch die Sicherheitswehr, bei der nur der Chef abfiel; aber bei der numerischen und artilleristischen Schwäche verzichtete man auf den Kampf. Es war also eine richtige Prätorianer-Revolution. Die beteiligten »Staatsmänner«, auf deren Hilfe man für das Politische zählte, waren vor allem Herr Kapp, der bekannte Todfeind Bethmanns und Gründer der Vaterlandspartei, und der ehemalige Polizeipräsident v. Jagow. Die Herren Traub und Bredereck und ähnliche kamen dazu, von namhaften Politikern machte niemand mit, wenn auch viele unterrichtet waren. Im übrigen legten die Militärs auf diese Zivilisten offenbar wenig Wert und ließen sie bei den beginnenden Schwierigkeiten ohne weiteres fallen. Auch haben diese »Staatsmänner« nicht sehr weit hinaus gedacht. Gleich nach der Verhaftung des in einer Sitzung befindlichen preußischen Staatsministeriums machte ein Beamter des Eisenbahnministeriums Herrn v. Jagow darauf aufmerksam, daß ohne den Eisenbahnminister der

Fortgang der Eisenbahnen und der Ernährungszufuhr unmöglich sei, was man einleuchtend fand und woraufhin man dann den Eisenbahnminister befreite; dieser stellte die Bedingung der Befreiung auch der übrigen Minister, was man dann auch genehmigte! Oder ein anderes Beispiel: Herr Kapp wurde natürlich von der Ententepresse sofort über seine Pläne ausgefragt; als er lang hin und her redete, erklärte der Franzose, ihn interessiere nur, was für ein Kabinett er bilden werde. Herr Kapp erwiderte darauf, daß er noch keine Zeit gehabt habe, daran zu denken, aber in acht Tagen wohl eines finden werde! Talaat-Bey, der erfahrene Meister der Revolutionen, erklärte dazu, daß eine Revolution ohne fertiges Kabinett in der Tasche eine völlige Kinderei sei. Aber das Zivil und die Zivilpsychologie war hier, wie im ganzen Kriege, Nebensache. Dafür trat als beherrschender Geist in der Reichskanzlei und in den folgenden Verhandlungen der Oberst Bauer hervor, der bekannte Freund und böse Geist Ludendorffs, der die Legende von dem »Dolchstoß der Heimat in den Rücken des siegreichen Heeres« geschaffen hat und der nun offenbar den Dolchstoß der beleidigten Armee gegen die Heimat führen wollte. Ludendorff selbst war während der kritischen Tage in der Reichskanzlei, und als ein mutiger Unterstaatssekretär ihn als den Einzigen, der Lüttwitz zu Verstand bringen könne, darum dringend ersuchte, lehnte er es wegen mangelnder Zuständigkeit ab. Auf weitergehende Beteiligung Ludendorffs dürfen daraus Schlüsse allerdings vorerst nicht gezogen werden. Auch die beiden konservativen Parteien waren als solche nicht beteiligt. Herr Stresemann schwankte eine Zeitlang. Aber die übrigen Führer waren entsetzt über den Wahnsinn und haben ehrlich das ihrige dazu geholfen, Lüttwitz zum Rücktritt zu bewegen.

Militärisch war der Putsch in der Nacht vom 12. zum 13. März gelungen. Die Ministerien des Reichs und Preußens hielten die ganze Nacht Sitzung. Das preußische Ministerium wurde verhaftet, die Reichsregierung floh zum größten Teile, erst nach Dresden, dann nach Stuttgart, um von dort aus die Gegenaktionen vorzubereiten, sobald die Treue des Reiches außerhalb Berlin feststand.

In Berlin blieb nur der Vizekanzler Schiffer, der zunächst mit Familie verhaftet wurde, dann aber als kluger und aufrechter Mann die Erledigung der Angelegenheit erfolgreich in die Hand nahm. Ihm gebührt Dank und höchste Achtung aller Patrioten. Denn er hatte das schwierige Problem zu lösen, eine, wie sich bald erwies, nicht haltbare Militärherrschaft ohne Militär los zu werden. Er war auf Diplomatie notwendig angewiesen und hat sie gegen einen überaus starrköpfigen Militarismus auch siegreich durchgeführt. Daß er dann nachträglich als »Verbändler«, der nicht scharf und energisch genug gewesen sei, von den grenzenlos erregten Massen beseitigt werden würde, wußte er selbst. Er hat sich mit Bewußtsein geopfert.

Woran ist der Prätorianer-Putsch gescheitert? Erstlich daran, daß das Reich und die größten Teile der Reichswehr nicht mitmachten; nur die »Junkerprovinzen« machten mit, wo sogar der sozialdemokratische Oberpräsident Winnig schwach wurde. Somit blieb der Putsch also auf Berlin beschränkt, und Berlin wurde vom Verkehr abgesperrt. Der zweite Grund ist, daß die Beamtenschaft bei ihrem Eide blieb und die Unterstaatssekretäre des Reichs und Preußens unter der Führung von Haniel und Lewald sich weigerten, Befehle von einer gesetzwidrigen Stelle anzunehmen. Ersatz war keiner da, so mußte Jagow nach einem Tag aus dem Ministerium des Innern weichen. Auch gab der Unterstaatssekretär der Finanzen kein Geld her und erklärte, keinen Reichskanzler Kapp zu kennen. Drittens wurde von der alten Regierung unter Unterstützung aller Koalitionsparteien der Generalstreik erklärt, der Berlin bis auf weiteres zur Hölle, aber jede Regierung zugleich unmöglich machte. Zeitungen, Bahnen, Restaurants, Verkehrsmittel hörten auf. Die Massen wurden schwierig, die Erregung stieg unheimlich, fieberhaft von Stunde zu Stunde. Schließlich und vor allem aber zersetzten sich die militärischen Stützen Lüttwitzens selber. Die Reichswehrgenerale machten Kapp eindringende Vorstellungen über Eid und Eidespflicht. Er wies sie zurück und erklärte, die Offiziere erschießen zu wollen im Falle der Weigerung. Sie bestanden aber auf ihrer Weigerung. Dann kam die Gefahr des Fraternisierens eines Teils der

Truppen mit den Bolschewisten, von denen sie stark bearbeitet wurden. Das Erschießen von Streikern wurde befohlen, aber nicht ausgeführt. Die Truppen mußten ausgewechselt werden. Ja, Lüttwitz konnte selber drohen, schlimmsten Falls mit den Bolschewisten gemeinsame Sache zu machen und Arbeiter- und Soldatenräte einzurichten, nur um den verhaßten Parlamentarismus tot zu machen. Er konnte sich nicht halten und verhandelte mit Reichsminister Schiffer, dem schließlich die konservativen Führer auch noch beistanden. Es waren entsetzlich aufregende, wechselreiche, von Lüttwitzens Trotz immer wieder abgebrochene Verhandlungen, die ganze Nächte dauerten und eine Atmosphäre unbeschreiblicher Spannungen um sich verbreiteten. Der Jubel der Begeisterung durch die eleganten konservativen und alldeutschen Kreise hatte überhaupt längst aufgehört, die schwarz-weiß-roten Schleifchen der Damen verschwanden. Kapp und Jagow entfernten sich fast unbemerkt. Es blieb nur der Kampf mit den Prätorianern. Am Mittwoch Abend war er zu Ende. Lüttwitz trat zurück, nachdem er sich angeblich die Zusage des Eintretens für Neuwahlen und Fachministerien hatte geben lassen. Er erließ einen Befehl, daß er alles erreicht habe, was er wollte, und daß die Truppen sich befriedigt zurückziehen könnten, ein Befehl, der natürlich auf die Massen unbeschreiblich aufreizend gewirkt hat, das letzte Meisterstück dieser militärischen Psychologie. Lüttwitz wollte durchaus eine Amnestie für sich erwirken, auch um den Preis, daß die gleiche Amnestie allen Kommunisten seit Beginn der Revolution zuteil werden solle! Die Kunde von dieser Forderung, die meines Wissens nur vorübergehend bewilligt und mit Lüttwitzens Abbruch der Verhandlungen zwischenhinein hinfällig wurde, hat weiter das ihre getan, um die Massen auch gegen Schiffer und die alte Regierung rasend zu machen. Lüttwitz wollte vor seinen Truppen vor allem seine militärische Ehre retten und hat durch die Form seines Abgangs Regierung und Unterhändler unmöglich gemacht. Jede politische Rücksicht und jede Rücksicht auf das Gemeinwohl fehlte. Dafür blieb das Chaos, ganz so wie bei dem Kriege überhaupt.

So war der Spuk vertrieben. Aber welches Trümmerfeld war übrig geblieben! Die Fluten des Generalstreiks ließen sich nicht dämmen. Die Unabhängigen gewannen ein ungeheures Gewicht und forderten eine völlige Linksorientierung der Regierung. Sozialdemokratie und Unabhängige traten in Verbindung, während die letzteren von den Kommunisten sich lösten, die Russen Geld schickten und jüdisch-russische Agenten die Masse bearbeiteten. Solche Putsche konnten rein militärisch gelingen, aber das Problem war und ist, wie ich schon das letzte Mal sagte, das, was *nachher* kommt. Nun begannen neue Verhandlungen, und dieses Mal zwischen den Koalitionsparteien des Zentrums und der Demokraten mit den von ihren Gewerkschaften radikalisierten und eingeschüchterten Sozialdemokraten. Die Gewerkschaften unter Führung von Legien präsentierten ein Programm, das die Bewaffnung der Arbeiter, den Rücktritt der Minister und die verschleierte Räteregierung forderte. Inzwischen sollen in Warschau polnische Bolschewisten und in Riga die russischen zur Herrschaft gekommen sein. Die Entente erklärte offiziell wie in Rußland, daß weder ein monarchistisches noch ein bolschewistisches Deutschland Nahrungsmittel erhalte. Im Reich brach an verschiedenen Stellen die Räteregierung aus. Von vielen Orten wurden blutige Kämpfe gemeldet. Wir standen wieder da, wo wir vor einem Jahr gestanden haben — nur daß die Sozialdemokratie in ihrer demokratisch-parlamentarischen Haltung erschüttert und das Vertrauen auf die Reichswehr gebrochen ist. Die letztere wurde von dem vortrefflichen Seeckt übernommen, von dem Lüttwitz erklärte, daß er wegen seiner Regierungstreue das Vertrauen der Offiziere nicht besitze! Gott sei Dank, scheint das Bluff gewesen zu sein, wie denn Bauer und Lüttwitz mit den Mitteln ungeheuerlichster Lügen gearbeitet haben, ganz wie im Kriege. Die Verhandlungen mit den Gewerkschaften haben andererseits zur Aufrechterhaltung der Koalitionsregierung und erheblichen Zugeständnissen an die Unabhängigen geführt. Deren weitere Folgen müssen abgewartet werden. Die militärische Lage draußen im Reich gegenüber den Kommunisten scheint sich langsam zu bessern, ebenso die der Eisenbahnen. Vielleicht kommen wir um den Bürgerkrieg herum. Der Eindruck im Ausland ist günstig, vielleicht der einzige Gewinn aus dem Unglück. Der Markkurs steigt. Das deutsche Volk will die Reaktion nicht und hat die Feuerprobe bestanden. Vielleicht mußte das einmal sein und hoffentlich ist es das letzte Mal. Aber um welchen Preis? Das wird man erst viel später sehen können. Noch herrscht das größte Wirrsal und bezüglich des Generalstreiks gibt es nur die Hoffnung auf seinen Zusammenbruch in sich selbst, wenn nicht noch ganz unerwartete Feuer aus ihm hervorbrechen.

Klassenkampf und Bürgerkrieg
6. 4. 1920

Die entsetzlichen Folgen des Kapp-Putsches entwickeln sich so, wie ein kühler Beobachter der Verhältnisse das von jedem Rechts-Putsche erwarten konnte. Der Berliner Putsch hat natürlich unter den im Geheimnis Steckenden draußen im Lande allerhand Parallelen gehabt, die durch die triumphierenden Funksprüche der Kappregierung in Bewegung gebracht werden sollten. Leider sind die Dinge in dieser Hinsicht nicht voll zu übersehen. Ich erwähne nur ein Beispiel aus meinem Bekanntenkreise. Ein mecklenburgischer Baron, der längst den Standpunkt verkündet hat, das Deutschland der Ebert und Scheidemann sei kein Vaterland und gegen dies gebe es daher keine Pflichten, hatte sich durch seine Beziehungen zu hohen Offizieren auf sein ganz entlegenes Gut 18 Mann Reichswehr mit einem Offizier, mit Kanonen und mehreren Maschinengewehren legen lassen, angeblich zum Schutz gegen die Bolschewisten. Als die Nachrichten von dem Berliner Gelingen kamen, nahm er den Offizier zum Schein gefangen, um ihn von der Verantwortung zu entlasten, und zog mit den Truppen und Geschützen gegen die nächste Provinzstadt los, um sie zu beschießen und zu erobern. Dabei floß Blut auf beiden Seiten und geschah allerhand Zerstörung. Aber er kam nicht zum Ziel. Die entrüstete Bevölkerung schlug ihn ab, verfolgte ihn auf sein Gut und zwang ihn zur Flucht. Das Gut wurde durch den besonnenen Inspektor gegen Niederbrennung und Plünderung geschützt, der Staatsanwalt eröffnete die Verfolgung. Natürlich mißbilligen die Verwandten den Streich, aber die Leute, die sich dagegen zur Wehr setzten, gelten auch ihnen ohne weiteres und selbstverständlich als Spartakisten. Es müssen mehrfach ähnliche Dinge geschehen sein, die Wut der Bevölkerung ist ungeheuer; der Generalstreik in den kleinen Städten klappte vollkommen und machte die Gegenrevolution unmöglich. Aber auch bei den ruhigsten und besonnensten Beurteilern galten in all diesen Fällen die Widerstrebenden als Spartakisten. Streik und Kommunismus sind identisch, jede Streikbewegung ist Bolschewismus, auch wenn sie zu Gunsten der verfassungsmäßigen Regierung erfolgt, ja die Regierung selbst gilt als bolschewistisch, wenn sie ihre Kommissare zur Lebensmittelrevision schickt, und vollends, wenn sie die Gegenrevolution sich nicht gefallen läßt! So war es schon früher nicht selten, daß die Einwohnerwehren die Regierungskommissäre verhafteten, wenn sie aufs Land kamen. Alles Militär dagegen, einerlei ob gegenrevolutionär oder verfassungstreu, ist legitim und erlösend; die Studenten und Reserveoffiziere der Gegenrevolution sind Träger des Rechts, sobald sie Uniform tragen. Das ist teils ein bewußter Trick der konservativen Presse, die auf diese Weise die Regierungsmittel, Beamte und Soldaten, gegen die Regierung verwendet, teils ist es Naivität und Verwirrung ehrlicher Leute, die mit solchem Kampf gegen den ja auch von der Regierung verpönten Bolschewismus ganz legitim zu handeln glauben. Einheitsfront gegen den Bolschewismus mit Hilfe von Beamten und Militär herstellen und damit faktisch die Regierung und die Mehrheitsparteien durch ihre eigenen Organe lähmen: das ist teils Taktik, teils Instinkt und wird virtuos ausgeübt. Es ist vor allem die Politik der Konservativen auf dem Lande draußen. In aller Unschuld hat mir neulich der Brief eines Pastors, bei dem wir uns nach den Verhältnissen auf dem Familiengut erkundigten, die Dinge so geschildert. Auch dort war einer meiner Verwandten vor den »Bolschewisten« geflohen. Diese Bolschewisten waren aber legitime Vertreter von Arbeiterausschüssen, die lediglich die Güter auf verborgene Waffen und auf versteckte Lebensmittel hin untersuchten, sonst aber keinem Schaden taten. Der Grund zur Revision war, daß auf dem Gute einer der lautesten Führer der Gegenrevolution intim verkehrte. Der Pastor, der im übrigen gar nicht gegen die gegenwärtige Regierung war, pries aber doch diesen Mann als den Trost der ganzen Gegend. So unklar und verworren ist das Bild der Dinge in Köpfen, die noch nicht ahnen, was der Eintritt der Arbeiterschaft in die regierenden Gewalten bedeutet. Begreiflich ist aber auch der wütende Gegendruck und die Klage über Verrat und Gegenrevolution bei diesen letzteren, wozu heute auch die Landarbeiter gehören. Derselbe Brief bezeugt, daß diese und die kleinen Landstädte, also ganz industrielose Orte, mit erstaunlicher Sicherheit dem Versuche, die Regierung zu stürzen, ein Ende bereitet hätten. Ebenso begreiflich ist, daß unter diesen Wirren und in der Not der Zeit allerhand Gesindel zu Raub und Plünderung übergeht. Indem die Presse dieses Gesindel mit der Arbeiterschaft identifiziert, wird dann wieder der Haß gegen die »Bolschewisten«, die schlappe Regierung usw. geschürt. Eine Schraube ohne Ende! So sieht es in Mecklenburg aus, aber die sonstige Lage wird ähnlich zu verstehen sein, wenigstens im Norden und Osten.

Derartige Wahrnehmungen deuten darauf hin, daß der Kapp-Putsch keine bloße Episode, sondern das Aufbrechen eines weit verbreiteten, durch das ganze Volk wuchernden und von den Führern der bisher herrschenden Klassen sorgfältig gepflegten Geschwüres war. Er ist nicht von den beiden konservativen Parteien ausgegangen, die vielmehr dadurch schwer betroffen sind und sicherlich nur durch vereinzelte Personen mit der Sache zusammenhängen. Von Abgeordneten hat ja nur der ewig disziplinlose und erregungsbedürftige Traub sich dem Putsch zur Verfügung gestellt. Was hier durchbrach, war überhaupt nicht der deutsch-nationale Gedanke, sondern der Klassengedanke des Militärs und der mit dem Militär eng zusammenhängenden früher herrschenden Klassen, der Junker, der Studenten und der Akademiker.

Man muß sich von den Siegesfesten erzählen lassen, die am Sonnabend, den 13. März, hier in den Familien gefeiert wurden! Da hieß es: es wird alles wieder, wie es war; die Offiziere werden wieder eingestellt; die Akademiker kommen wieder zu ihrer sicheren Karriere; die Reichsanleihe wird bar ausbezahlt; die Streikenden werden wieder zur Arbeit gezwungen! Und erst ganz zuletzt kam der Gedanke eines Revanchekrieges, der die erlittene Schmach sühnt und zugleich die Stellung des Militärs wieder erneuert. Die früher herrschende Gesellschaftsschicht, die heute aus der Herrschaft entfernt ist und es verschmäht, sie auf dem Wege der unentbehrlichen Mitarbeit und der geistigen Leistung in der heute möglichen Form wieder zu erwerben, ist heute zu einem engen und strengen Verband des Klassenkampfes geworden. Das Weltpolitische und Nationale spielt eine Rolle eigentlich nur als Mittel des Kampfes gegen »Sozialisten und Juden«; nur für wenige Idealisten ist es der Kern. Diese Klasse will mit allen Mitteln die Herrschaft wieder und steigert sich täglich in rasenderen Haß gegen die Proleten hinein, von denen sie verdrängt worden sind. Es ist die alte »militaristische« Gesellschaft, die um ihr Dasein und ihre Wiederherstellung kämpft und die zu diesem Zweck keine neuen Mittel finden kann und will, sondern lediglich die alten militaristischen der Gewalt ausreichend und geeignet glaubt. Nicht daß sie den Druck empfindet, daß sie sich geltend machen will, daß sie das Revolutionsparlament scharf kritisiert, ist ihr Unrecht, sondern, daß sie die neuen Verhältnisse nicht sehen und beachten will und auch auf die Gefahr absoluter Zerstörung hin nur die Mittel der brutalen Gewalt, der Verhetzung und der Schaffung einer explosiven Stimmung kennt. Sie will nicht denken und will nicht sehen, nicht psychologische und politische Rücksichten auf drinnen und draußen nehmen. Sie will schneidig mit Gewalt den Knoten zerhauen und glaubt, daß sich dann alles schon von selbst wieder finden wird. So haben diese Kreise ja auch den Krieg aufgefaßt. Und setzt man den Willen nicht durch, dann verbündet man sich mit den Bolschewisten und Zerstörern, um ein Ganzes in die Luft zu sprengen, an dem man nichts mehr hat als die Möglichkeit der Rachebefriedigung. Auch diese Desperadostimmung hat ja am Schlusse des Krieges nicht gefehlt. All das kehrt nun im inneren Kriege wieder, nur daß jetzt der Klassenstandpunkt ganz anders und bewußter vorherrscht, als während des Krieges. In diesem Punkte ist ein großer Teil der »Nationalen« hellsehend geworden, während freilich die Edleren unter den Mitkämpfenden, vor allem viel prächtige Jugend, mit alledem noch immer wesentlich für nationale Ehre und deutsche Staatsordnung zu kämpfen glaubt. Der Putsch selbst ist zunächst abgeschlagen. Aber seine tiefste Wirkung ist eine wesentlich psychologische auf die Arbeitermassen und überhaupt auf die Träger der Regierungsmehrheit: ein absolutes Mißtrauen gegen Militär und Beamte, die Abneigung gegen die Reichswehr und die Abwendung von den gemäßigten Führern, die die Opfer ihres Vertrauens zu den auf den »Boden der neuen Verhältnisse« sich Stellenden geworden sind. In Wahrheit ist allerdings in Teilen der Reichwehr von den Offizieren geradezu alles gegen die Regierung und gegen das System organisiert worden. In Berlin wurden in den für die Truppen bestimmten Vortragskursen schließlich ganz offiziell die Leute der *Deutschen Tageszeitung* verwendet! Die Reichswehr war tatsächlich in gewissen Teilen die Organisation der Gegenrevolution. Die bürgerlichen Offiziere haben sich großenteils von ihr abgewendet und studierten irgendwelche andere Dinge, es blieben vorwiegend die Junker und ihre Gesinnungsgenossen. Diese haben Offiziers- und Mannschaftsbestand gesiebt und sozusagen gegen die Regierung verpflichtet, indem man auch hier vorgab, in ihr nur die Juden und Bolschewisten zu bekämpfen. Vor allem aber ist unter Leitung des Geheimrates Doyé und unter den Augen des preußischen Ministers des Innern die grüne Sicherheitswehr zu einer Elitetruppe ausgebildet worden, die zugleich jeden Mann vor der Aufnahme einem konservativen Gesinnungsexamen unterwarf. Ähnlich stand es im Lande draußen mit den Beamten, Provinzialschulkollegien usw. Fortwährend kamen die Klagen, daß der konservative Gesinnungsdruck stärker sei als vor der Revolution. Ebenso stand es in den Kreisen der Geistlichkeit, nebenbei bemerkt. Von diesen Dingen munkelte man stets, die *Freiheit* sprach ganz offen davon. Franzosen schilderten den *Noskisme* (berechnet genug) als sozialistisch verhüllte Gegenrevolution und Revanchepolitik. Alle Welt wußte es schließlich, und es geschah nichts dagegen. Man fühlte sich in Wahrheit zu schwach dazu, vertraute auch zu viel auf Ehrenwort und dergleichen; vor allem, man konnte nicht selber regieren, und aus Zentrum und Demokraten mochte man den Beamtenkörper auch nicht vorwiegend zusammenstellen. So kam die Katastrophe, die ich in diesen Briefen stets von der Wiedersammlung der Vaterlandspartei ab angekündigt habe und die durch den Druck der Entente auf unsere immer verzweifelter werdenden Verhältnisse beschleunigt wurde. Eine deutsche Regierung ist unter diesem Druck überhaupt kaum möglich. Sie hatte sich endlich gegen links mit Hilfe des Militärs durchgesetzt, das dabei groß gewordene Militär hat ihr aber dann selbst den tödlichen Stoß versetzt. Es ist das Söldnerheer, zu dem uns die Entente statt einer Miliz gezwungen hat und das unentbehrlich und gefährlich zugleich ist, wie alle Prätorianerheere. Die eigentlichste Folge dieses Stoßes, der als solcher ja pariert worden ist, ist nun aber das Mißtrauen der Massen gegen dies Militär, das wir doch nicht entbehren können, und gegen ein gelerntes Beamtentum, ohne das keine Verwaltung möglich ist. Dieses Mißtrauen äußert sich in der Forderung, die Arbeiterorganisationen selbst als Kontrolle an der Ministerernennung und Regierung direkt zu beteiligen, den Beamtenapparat gesinnungsmäßig zu reinigen und wo irgend möglich durch Arbeiter oder Sozialisten zu ersetzen, vor allem aber die organisierten Arbeiter zu bewaffnen. Das ist dann aber die verschleierte Klassenherrschaft der Handarbeiter, das erste alte Ziel der Revolution, das durch die, wenn auch noch so mangelhafte, parlamentarische Demokratie verhindert worden war. Es ist ein Ruck nach links und eine Erschwerung der Demokratie, d.h. des Gerechtigkeits- und Ausgleichungsmomentes, die ganz außerordentlich empfindlich ist und deren Folgen noch nicht abzusehen sind. Es ist nicht etwa Folge des Generalstreiks, wie man das rechts gerne darstellt, um die Verantwortung auf die Mehrheit abzuwälzen. Es ist die Folge des Mißtrauens und seiner Rechtfertigung durch den Putsch. Der Generalstreik als Folge dieses Mißtrauens und als Mittel, die erwünschten Kontrollrechte zu erzwingen, wäre unter allen Umständen eingetreten. Unabhängige und Mehrheitssozialdemokraten waren darin einig, und der kluge alte Führer der Gewerkschaften, Legien, konnte durch diese Forderungen die Einheit der Gewerkschaften wieder herstellen. Die Mehrheitsparteien ihrerseits mußten sie mit aufnehmen, wenn sie nicht alles Vertrauen verlieren wollten. Freilich ist es nun hinterher das Bestreben der Konservativen, durch Herleitung der Ruhrgreuel von dem »frevelhaften« Generalstreik ihre so arg minierte Wahlparole wieder aufzubessern, wie umgekehrt die Mehrheit die Rechtsparteien für den Kapp-Putsch verantwortlich machen will. Der Parteikampf ist ganz maßlos verbittert und vergiftet worden. Wir werden noch die Proskriptionslisten erleben, wie einst in Rom: alles »Folgen« des Kapp-Putsches und des ungeheuren Vertrauensbruches.

Das Schrecklichste aber ist, daß die Zerbrechung und Verdächtigung der Reichswehr, des letztlich einzigen Mittels der Ordnung, nun die Regierung ohnmächtig machte gegen den sofort ausbrechenden Putsch von links, der in der neutralen Zone des Ruhrgebietes seinen Hauptsitz hatte und dem von dort aus die Aufstellung einer roten Armee gelungen war. Wie das möglich war, ist heute noch völlig dunkel. Das ist auch von langer Hand her geschehen und wurzelt in der entgegengesetzten Klassenkampfstimmung, in dem Kampf gegen die Demokratie zu Gunsten der reinen Arbeiterherrschaft. Man sagt, daß konservative Offiziere zur Organisation und Leitung dieser Armee geholfen haben, wie ja die Berührung der Konservativen mit dem Rätesystem nicht selten ist und die Desperado-Politik der Rache schließlich nach jedem Dynamit greift, den sie findet. So hat ja auch Lüttwitz zuletzt mit den Spartakisten verhandelt. Dieser roten Armee strömten in Massen die Mehrheits-Sozialdemokraten, die Mißtrauischen und Verbitterten zu. Man suchte zu verhandeln, aber die Ergebnisse wurden von den Roten nicht eingehalten. Im Ruhrgebiet entstand, indem die Wilden und Plünderer die Oberhand gewannen, ein furchtbarer Zustand des Terrors, und so lange es dort nicht gelang, Ordnung zu schaffen, erhoben sich im übrigen Deutschland ähnliche Versuche. Der Klassenkampf ist mit dem Kapp-Putsch und dem Auftauchen der roten Ruhrarmee zum Bürgerkrieg geworden. Schon mischt sich Frankreich ein, und in jener Mischung von Furcht und sadistischem Rachedurst, den wir kennen, hindert es die Beilegung der Ruhrkämpfe und will zugleich weiteres deutsches Gebiet besetzen. Es ist Frankreichs Politik, die Junker gegen die Regierung aufzupeitschen und die Kommunisten zu unterstützen, um das Reich doch noch zu zerstören. Rechts und Links geht dabei den Franzosen mit Wonne in das Garn.

Wahrlich, die Gegenrevolution hat einen großen Erfolg gehabt trotz ihres kläglichen Scheiterns. Ich lese soeben eine Geschichte der französischen Revolution von Champion [. . .]. Es ist die These des Buches, daß Gegenrevolution, Abneigung der Monarchie gegen alle wirkliche Reform überhaupt und Einmischungen des Auslandes die Radikalisierung und die Leiden der französischen Revolution verschuldet haben, nicht aber die »westlichen« Theorien. Sollte es bei uns ebenso gehen? Sollten auch wir die parlamentarische Demokratie vernichten, um Konvent und Terror dafür einzutauschen?

Kritik am System: Das Parteiwesen
2. 5. 1920

[. . .] Die Kritik an den neuen Verhältnissen, die in ihren wichtigsten Punkten Kritik nicht an Zufälligkeiten und Menschlichkeiten, sondern Kritik am System war und ist, hatte dem Kapp-Putsch vorgearbeitet und auch viele irre gemacht, die an und für sich jede Gegenrevolution für eine Torheit hielten. Sie ergießt sich nun heute mit einer unerhörten Leidenschaft und Bitterkeit in die Wahlkämpfe. Der jeden Weitblick verfinsternde Haß der Parteien und die lediglich den Gegner karikierende und schlechtmachende Taktik des Partei-Journalismus werden das Ungeheuerlichste leisten und die für bessere Dinge bestimmte Intelligenz und Kraft aufzehren. Das Fieber, das in allen republikanischen Staaten die großen Wahlkämpfe bedeuten, wird bei uns zu einer schweren neuen Krankheit werden, in der alle durch den Kapp-Putsch erregten Leidenschaften des gegenseitigen Mißtrauens und der Konkurrenz um die Macht sich austoben werden.

Ich hatte in einem gewissen Instinkt für die von allen Seiten ansteigende Kritik kurz vor dem Kapp-Putsch begonnen, diese Kritik zu schildern und auf ihre Kernpunkte zurückzuführen. Aber ich war über den ersten Punkt, über die durch den Erzberger-Prozeß in den Vordergrund gerückten Personenfragen, kaum hinausgekommen, als der Ausbruch der Gegenrevolution meine Befürchtungen mehr als bestätigte. Inzwischen ist die Regierung rekonstruiert und dabei unter dem Einfluß der äußerst erregten Gewerkschaften und des sozialdemokratischen Mißtrauens stark radikalisiert worden. In der Reichsregierung hat vor allem der kluge Schiffer weichen müssen und dem sehr viel derberen Herrn Blunk Platz gemacht. In Preußen haben Heine und Südekum, zwei der klügsten und besonnensten Sozialdemokraten, das Feld geräumt. In Sachsen sind die Unabhängigen obenauf gekommen, während umgekehrt in Bayern die Bauern mit ihrer Einwohnerwehr einen Ruck nach rechts erzwungen haben. Das ganze System der zwanzig Parlamentarismen mit ihrer Überwölbung im Reichsparlamentarismus, ein von Hause aus überaus schwieriges, fast wahnsinniges System, ist also in Unstimmigkeiten geraten, und die Reichsregierung ist eine rein provisorische. In der Bevölkerung hat der Kapp-Putsch die Parteiverhältnisse zerfetzt und die Klassengegensätze aufs äußerste zugespitzt und bewußt gemacht, die Solidaritäten aufgelöst oder gefährdet, die sich zu bilden begonnen hatten. Unter diesen Umständen ist die Kritik am System heute natürlich aufs äußerste verschärft und der Gedanke eines Systemwechsels auch solchen nahegerückt, die ihn bisher für völlig unmöglich gehalten hatten. Freilich würde er dann vermutlich wesentlich den Radikalen zugute kommen. Aber das ist ja auch die Rechnung der Konservativen: man müsse durch eine Herrschaft der Unabhängigen hindurch zu einer allgemeinen Umkehr kommen. Umgekehrt rechnen auch die Sozialdemokraten vielfach schon ähnlich: es sei bei dem offen zutage gekommenen Klassencharakter der Gegenrevolution ihr Klasseninteresse doch immer noch besser durch ein Zusammengehen mit Unabhängigen sichergestellt; nur dadurch werde man die Gegenrevolution endgültig besiegen können. Es ist sehr bemerkenswert, was soeben Paul Lensch über die Emanzipation der Gewerkschaften von der Partei sagt: die ersteren wollen die Führung in die Hand nehmen, den Klassencharakter wieder herstellen und sich mit den vernünftigen Unabhängigen einigen. Das Ringen von Unabhängigen und Mehrheitlern in den Gewerkschaften ist heute der Angelpunkt der Situation.

So kann ich also heute den unterbrochenen Bericht über die Kritik am System wieder aufnehmen, und diese Kritik ist heute nicht mehr wesentlich theoretisch, sondern ist ein praktisches Element des Wahlkampfes geworden, seit der Kapp-Putsch zu Neuwahlen geführt und die Gesamtlage für sie so außerordentlich verschärft hat. Und in der Tat hängt der zweite Punkt der Kritik, den ich in Aussicht genommen hatte, gerade mit den jetzt beginnenden Wahlkämpfen aufs engste zusammen; er gewinnt auch seinerseits eine Aktualität, die ich in dieser Weise so rasch nicht erwartet hatte. Es ist die Kritik an unserem *Parteiwesen,* vor allem an der organischen Bedeutung, die das Parteiwesen für das parlamentarische Regierungssystem gewonnen hat. Selbstregierung des Volkes, soweit etwas derartiges in Großstaaten überhaupt möglich ist, ist naturgemäß Parlaments-Regierung, und jede Parlamentsregierung ist ebenso naturgemäß Parteiregierung. [. . .]

Da ist nun hinzuweisen auf den allenthalben sich ausbreitenden Überdruß am Parteiwesen und auf den Ekel an der reinen Parteiregierung, wie sie sich ausgebildet hat und wie sie vor allem in dem Mitregieren der sozialdemokratischen Fraktion und neuerdings der Gewerkschaften in den sozialdemokratischen Ministerien zum Ausdruck kommt. Auch beim Zentrum fehlt diese Sitte nicht ganz, während sie bei den Demokraten am wenigsten entwickelt ist. Das ist z.B. der Grund, weshalb in Preußen Heine seines Ministeriums schon vor dem Kapp-Putsch überdrüssig wurde und weshalb die Haltung des Kultusministeriums so seltsam schwankend ist. Dieses Regiment der Fraktionen wird man nun aber in der Tat als Kinderkrankheit des Parlamentarismus bezeichnen dürfen, als Begleiterscheinung einer noch nicht vollendeten Revolution, die vor allem durch die Angst vor Gegenrevolutionen im Gange erhalten wird. Behauptet sich das System, lernen die Sozialdemokraten in steigender Zahl das wirkliche Regieren und steht ihnen eine starke nichtsozialdemokratische Partei zur Seite, in der sachlicher Verwaltungssinn durch Überlieferung und Können vertreten ist, dann wäre die Überwindung dieser Kinderkrankheiten vielleicht denkbar. Das beste Mittel dagegen wäre, daß die deutsche Intelligenz nicht um jeden Preis Opposition macht, sondern unter Anerkennung der gewordenen Verhältnisse sich an Verwaltung und Regierung ehrlich und sachlich möglichst beteiligt. Tut sie das auf die Dauer nicht, hofft sie durch eine Art Intelligenzstreik das System zu steigern und damit schließlich zu werfen, dann sind allerdings unabsehbare Verwicklungen möglich. Sie muß aus dem Klassenkampf heraus, die Mitherrschaft der neuen Klasse anerkennen, die Republik — einerlei mit welchen Gefühlen, aber ehrlich — anerkennen, und sie muß mitregieren lernen, wenn auch unter Opfern an eigenen Klasseninteressen. Tut sie aber das, dann ist die Beseitigung dieses schlimmsten, aber nicht notwendig organisch dauernden Übels möglich.

Bedenklicher ist der grundsätzliche Parteiüberdruß, wenn er auch erklärlich genug ist. Er herrscht ja auch in anderen Ländern, die sich nach diesem System selbst regieren. Ich sprach in Amerika Intellektuelle und Geschäftsmänner über diese Dinge und hörte oft von ihnen, daß sie sich um diese widerwärtigen Künste nicht kümmern und die Parteibeamten und Bosses die Sache machen lassen. Freilich kam dann der charakteristische Zusatz, daß das alles ja ganz gleichgültig sei, solange die Geschäfte gingen und das Land prosperiere; auch die Korruption sei doch nur als eine Art Geschäftsunkosten zu betrachten, die man für die Freiheit bezahle und die angesichts des allgemeinen Fortschrittes nicht zu hoch seien. Da liegt nun aber für uns heute der Unterschied. Bei uns gibt es keine allgemeine Prosperität, sondern vielmehr lauter Elend und drohende Elendsgefahren. Da muß ein jeder sich beteiligen und die Parteibildung, d.h. die Regierungsbildung mit beeinflussen. Ohne Parteien ist nicht zu regieren, und daher kommt alles auf die Bildung großer, regierungsfähiger Parteien an. Auch die Opposition darf nur unter dem Gesichtspunkt etwaiger eigener Regierungsfähigkeit gemacht werden und müßte bei uns das Unwiderrufliche und Widerrufliche an unseren heutigen Verhältnissen vor allem klar scheiden, um sich auf den Boden des Möglichen und damit der Regierungsfähigkeit, d. h. bei uns der Mitregierungsfähigkeit zu stellen. Würde das geschehen, so könnte neben Zentrum und Sozialdemokraten eine große Partei nicht der Bürgerlichkeit, aber der liberalen Intelligenz gebildet werden, die durch Fähigkeit und Leistung sich eine sehr bedeutende Rolle sichern, aber freilich auch den anderen Hauptgruppen die notwendigen Konzessionen machen müßte. Diesen Aufgaben kann sich nur entziehen, wer laut oder still auf die Diktatur oder auf die Rückkehr einer Beamtenregierung hofft, die im wesentlichen von der eigenen Klasse ausgeübt wird. Daß eine Diktatur, wenigstens eine bürgerlich-konservative, nichts Dauerndes sein kann und unter unseren Verhältnissen doppelt und dreifach unhaltbar ist, könnte man sich aber leicht sagen. Und daß an eine Beamtenregierung alten Stiles nicht zu denken ist, ist vollends selbstverständlich. Wir müssen schon ein jeder selber dran und die Verantwortung für das eigene Schicksal wie das des Ganzen auf uns nehmen. Die Widerwärtigkeiten des Parteilebens müssen dabei ertragen werden, und gegenüber den Zeitungen muß man innerlich unabhängig und gleichgültig werden. Aber die alte Bequemlichkeit und Überlassung der Verantwortung an ein wenigstens erträgliches Beamtenregiment ist für immer dahin. Mit bloßem Schimpfen sind die politischen Tätigkeiten nicht mehr zu erledigen.

Parteien müssen sein. Sie sind das einzige Mittel der Regierungsbildung, ob sie einem gefallen oder nicht. Wer früher über Militär- oder Beamtenhochmut sich ärgerte, kann sich heute über die Parteizwistigkeit und Parteiselbstsucht ärgern. Ohne Dinge, über die man sich ärgert oder an denen man leidet, gibt es überhaupt keine Regierung. Regierung-schaffen und Regierung-ertragen ist leider immerdar ein schwieriges und unangenehmes Geschäft gewesen und wird es in jeder Form bleiben. Und zwischen den verschiedenen Formen dieser Unannehmlichkeiten ist meistens keine Wahl. So kann sich die Kritik mit Fug nur auf das gegenwärtige System der Parteien beziehen und entweder deren Wesen oder deren Machtverhältnisse grundsätzlich geändert sehen wollen.

Da ist es nun aber sehr wichtig, sich klar zu machen, daß man Parteien nicht beliebig schaffen kann und daß die gegebenen Parteien im wesentlichen bestimmten natürlichen Gruppierungen der Gesellschaft entsprechen, also eine gewisse innere Notwendigkeit besitzen. Parteien sind mühsam konstruierte, finanziell und technisch kunstreich aufgebaute Maschinen mit Beamten, Kassen, Organisationen, festem Personalbestand, angehäufter Erfahrung und Verbindung, Geschäft mit fester Firma, Vermögen, Betriebseinrichtung und Kundschaft. Das läßt sich nicht so leicht neu schaffen und ersetzen. Man wird geradezu sagen dürfen, daß neue Parteien, die nicht Abspaltungen oder Umformungen alter und damit Fortsetzungen vorhandener Maschinen sind, geradezu als einflußreiche Parteien unmöglich sind. Man kann nur in den alten von innen heraus auf Wandelungen hinarbeiten, wie sie sich ja in der Tat bisweilen völlig verändern und verschieben und mit ihrem alten Namen oft gar nichts mehr zu tun haben.

Den Neugründungen steht aber auch der Umstand entgegen, daß die alten und bestehenden von den Verhältnissen in Wahrheit gefordert sind. Eine starke Arbeiterpartei, eine konfessionelle Katholikenpartei, eine ständisch-konservative und eine bürgerliche Intelligenzpartei sind die notwendigen Ergebnisse der heutigen deutschen Gesellschaft. Da kann der Einzelne sich nur an diejenige Partei halten, die der eigenen Lebensanschauung, den eigenen Berufsinteressen und dem Wohle des Ganzen oder den Möglichkeiten einer gegebenen Situation am besten zu dienen verspricht. Für dieses Versprechen muß freilich das politische Verständnis des Beurteilers maßgebend sein, die Versprechungen der Parteiprogramme sind völlig gleichgültig. Aber da muß entschieden Anschluß gesucht werden, und, wer kann, mag in seiner Partei, die er gewählt hat, der Vernunft nach Vermögen zur Wirkung verhelfen. Etwas anderes ist nicht möglich, und das hilflose, nur scheinbar überlegene Gezeter über die Greuel des Parteiwesens ist nichts als Schwäche und Urteilslosigkeit oder übel angebrachte und zur Schau getragene Selbständigkeit unfruchtbarer Geister. Im Gegenteil, jede Zersplitterung ist ein Unheil. Die Parteien müssen möglichst groß und möglichst wenig sein, wenn sie ihrem Zweck, der Heraussiebung einer kräftigen Regierung aus den Wählermassen, dienen sollen. Deutschlands Elend ist ein Überfluß an Parteien, und das Bedürfnis wären möglichste Reduktionen. Vor allem ist seit alten Zeiten die Teilung der bürgerlichen Intelligenz ein großes Unglück, bei der sehr partikulare innerbürgerliche Interessengegensätze stets den Einsatz dieser großen Kraft als Ganzes und für das Ganze verhindert haben. Die Verteilung dieser Intelligenzen auf Demokraten, Volkspartei und Deutschnationale ist das große Unglück der Lage, und hier wäre die Umgruppierung in der Tat eine dringende Forderung. Aber eine durchgreifende Umgruppierung, keine neue Partei!

So bleibt im Grunde nur die Kritik an der gegenwärtigen Machtverteilung der Parteien. Die einen beklagen die Hemmung des Handarbeiter-Sozialismus durch die Notwendigkeit einer Rücksicht auf bürgerliche und bäuerliche und konfessionelle Parteien; die anderen verdammen die verheerende Wirkung, die das Übergewicht der Handarbeiterinteressen und ihrer Parteiorganisation über alle anderen Interessen gewonnen habe, und die Zerstörung des Verwaltungsapparates, die die notwendige Folge davon ist. Daß die Kräfteverteilung heute eine ungesunde ist und denjenigen, die die Revolution gemacht haben, einen über ihre Zahl weit hinausgehenden Einfluß einräumt, ist gewiß. Aber das liegt an der revolutionären Situation und ist vorerst nicht zu ändern. Auch muß man sich endgültig an den Eintritt dieser Klasse unter die Herrschenden gewöhnen. Jeder Versuch, sie wieder lediglich in die Opposition zu drängen, wäre Wahnsinn und lebensgefährlich, überdies eine moralische Ungerechtigkeit, die sich bitter am moralischen Gesamtzustande rächen würde. Die eigentliche Ungesundheit, die nicht notwendig in der Situation liegt, ist vielmehr der Mangel einer starken und großen Partei der Intelligenz, die ganz und gar nicht bürgerlich-antisozialistisch im alten Sinn der »staatserhaltenden« Parteien sein darf, die aber doch Erfahrung, Herrschgewohnheit, Bildung, relativ aristokratische Sitte, Technik und Wissen vertritt samt der relativ freien Beweglichkeit der Gesellschaft, in welcher allein diese Fähigkeiten erworben werden können. Die Menschen dieser Art sind durch alle drei »bürgerliche« Parteien verteilt und überall mit solchen untermischt, die eigentlich den ganzen sozialistischen Schwindel gerne wieder los sein möchten. Aber sie sind durch Schlagworte, Mißverständnisse, alte Gewohnheiten, alte sog. Führer, Hetzereien, falsche Auffassungen des Geschehenen, die unseligen Kriegslegenden untereinander zersprengt und verhetzt, so daß sie nicht zusammenkommen können und sich von den anderen, die allein wirklich das alte System als Legitimisten oder Interessenten vertreten, nicht reinlich scheiden können. Diese Umgruppierung, die klare Scheidung der Restaurationsleute und der Optanten für die neue Entwicklung, der Verzicht auf die Verwirrung all dieser Verhältnisse durch das Schlagwort »national«: das wäre das große Bedürfnis der Lage, und auf diese Verwirrung müßte sich vor allem die Kritik werfen. Es bedarf eines konservativen Intelligenzmomentes in der Regierung, das die neuen Verhältnisse ehrlich annimmt, aber innerhalb dieser die jedem Staate unentbehrlichen relativ konservativen Interessen vertritt. Heute ist demokratisch gleich konservativ, und ist ein richtiger, die Planwirtschaft fördernder Sozialismus staatserhaltend. Das muß außer dem konfessionellen Zentrum doch auch die freie Intelligenz mit all ihren Hintersassen lernen können: das Zentrum hat die Situation verstanden, die deutsche Bildung nicht. Sie ist zu sehr an ihrem Klasseninteresse und an alten Schablonen und Vorurteilen hängen geblieben. Es hätte gegolten, die deutsch-demokratische Partei in diesem Sinne zu einer großen nationalen und reformerischen Partei auszubauen. Daß das nur zum Teil gelungen ist, ist auch nur zum Teil ihre Schuld, soweit man in diesen Dingen auf allen beteiligten Seiten von Schuld statt von Schicksal und traditioneller Unfähigkeit des deutschen Bürgertums zu Freiheit und Politik reden will. Ihr schlimmster Fehler ist, daß sie nicht stärker und sicherer in ihrem Anhang ist; daneben, daß sie dem »wirtschaftlichen Individualismus«, d.h. dem Händlertum und dem Kleinbürgertum zu viel Rechnung tragen muß, um die großen und unvermeidlichen Aufgaben einer relativen Gemeinwirtschaft in Angriff nehmen zu können. Alles das würde sie können, wäre sie größer und stärker und würden die entschlossenen Reformer aller bürgerlichen Parteien zu ihr stoßen. Hier liegt meines Erachtens der wundeste Punkt der Parteiverhältnisse, darauf führte ja auch die Kritik des Parteiwesens bereits an allen anderen Punkten. Hier könnten die Wahlen Besserung bringen, aber gerade hier werden sie die notwendige Einsicht nur mit um so giftigerer Polemik zuschütten.

Es ist in der Polemik gegen die Parteien üblich geworden, sie ideenarm zu schelten und besonders die Koalitionsparteien der gedankenlosen Anlehnung an die »westlichen« Theorien zu beschuldigen. Mir schrieb ein konservativer Führer mit der üblichen Liebenswürdigkeit, er könne nicht begreifen, wie ich mich einer so gedankenlosen Partei, wie die deutsch-demokratische, hätte anschließen können. Ich habe ihm darauf geantwortet, Ideen hätte ich für mich allein mehr als genug, dazu brauchte ich keine Partei. Von einer Partei verlangte ich realistische Erkenntnis der Sachlage, Fähigkeit sich zur Regierung zu bringen und das Durchschnittsmaß von gesundem Menschenverstand, mit dem man allein regieren und das man allein von einer Partei günstigenfalls erwarten kann. Ideen können dann bedeutende Politiker haben, die von diesem Instrument emporgetragen sind und die sich hüten werden, wie die Schulmeister-Literaten auf den Beifall der Ideenbewunderung zu spekulieren und vor der Zeit zu verraten, was sie etwa für möglich halten.

Gesunder Menschenverstand, Arbeitswillen und Opferwilligkeit, das brauchten wir überall und vor allem im Parteiwesen und in der Herausarbeitung einer leistungsfähigen Parteiregierung. Ist erst eine solche da, dann könnte man an weitere Verbesserungen des Systems in Ruhe und Ordnung denken. Denn die gegenwärtige Verfassung ist sicherlich nicht das letzte Wort, wenn sie auch das erste und bis jetzt vernünftigste ist. Die Wahlen werden entscheiden, wie weit die Zukunft *mit* der Verfassung und auf ihrem zunächst gelegten Grunde wird herbeigeführt werden können oder wie weit sie *gegen* die Verfassung unter neuen Schrecken und Gefahren gemacht werden soll. Man wird immer noch das erstere hoffen dürfen, sei sich aber nicht allzu sicher.

Die Reichstagswahlen: *Eintritt der Revolution in ein neues Stadium* 1. 7. 1920

Die Wahlen haben also stattgefunden. Das Ergebnis der ersten Revolutionsperiode ist damit klar. Es ist in der Tat, wie ich seit dem Briefe über den *Ansturm gegen die Demokratie* es mit steigender Klarheit kommen sah, die Zertrümmerung der die neue Verfassung tragenden Mitte, der ersten, in der demokratischen Koalition sich ausdrükkenden Gegenwirkung gegen die revolutionäre Anarchie. Der erste Versuch, die Revolution zu bändigen und zu liquidieren, der der Natur der Sache nach ein stets sehr unvollkommener und vielfach schwankender war, ist (mindestens vorerst) gescheitert oder doch wenigstens überaus geschwächt. Zwar hat die Mitte zahlenmäßig sich erträglich gehalten und könnte zur äußersten Not noch eine Regierung tragen. Ich habe in irgend einer Zeitung gelesen, das sei nur das Ergebnis der Verängstigung vor Bürgerkriegen und Putschen, gerade als ob diese Worte für einen feineren und klügeren oder mutigeren und energischeren Kopf schon alle Schrecken verloren hätten. Aber die alten Vertreter der Mitte selbst wollen dieses Experiment nicht wagen. Die Idee einer Selbstordnung aus eigener Kraft und einer Ausgleichung alter und neuer Schichten auf demokratischer Grundlage scheint durch die Volksabstimmung von rechts und links selber verworfen zu sein. Die große Frage ist, ob man nicht doch wieder auf diese Idee wird zurückgreifen müssen, oder ob man neue Mittel zur Liquidierung der Revolution finden wird, oder ob diese selbst neu aufflammen und im radikalsten Klassenkampfe schließlich doch noch dem russischen Vorbild näher kommen soll.

Es werden bei den verschiedensten Gelegenheiten im intimeren Kreise und unter den führenden Politikern und Wahlstrategen die Gründe dieser neuen Katastrophe — denn das ist es in Wahrheit — erörtert und es werden dabei vor allem die Erfahrungen aus dem Wahlkampf besprochen. Dem Zentrum hat natürlich Erzberger, d.h. in Wahrheit sein Kompromiß mit stark demokratischer Richtung und mit sozialistischen Steuergedanken, daneben die Persönlichkeit Erzbergers, geschadet. Betriebsrätegesetz und Steuergesetze haben das Bürgertum ungeheuer verstimmt. Die Landleute stimmten gegen die Zwangswirtschaft, die ihnen die Preise niederhält und die Schieber begünstigt, ohne weitere bewußt-politische Absichten. Eine starke Rolle spielte die Erbitterung über die Desorganisation der Verwaltung, vor allem gegen die Einsetzung der vielen sozialistischen Sekretäre in die Verwaltung, die übrigens erst seit dem Kapp-Putsch und dem durch ihn erregten Mißtrauen so rücksichtslos durchgeführt wird. Daneben der Ärger über die neuen Farben schwarz-rot-gold. Die Hauptwirkung aber tat eine grenzenlos giftige Verhetzung und persönliche Schmähung und Verdächtigung. Den sozialistischen Ministern und ihren Frauen wurden nicht nur alle alten Witze des *Simplizissimus* und der *Fliegenden Blätter* angehängt, sondern jede Gemeinheit und Unsauberkeit nachgesagt. Den andern Koalitionsparteien wurde vor allem ihr Verhältnis zur Sozialdemokratie in allen Tonarten vorgeworfen; sie säßen im Anhängerwagen der Sozialdemokratie;

daneben die alten Anklagen wegen Wilsonismus, Pazifismus, Internationalismus, Defaitismus usw. Von rechts war es im wesentlichen ein Kampf gegen die Sozialdemokratie und ihren bisher naturgemäß ganz überwiegenden Einfluß. Es war der Klassenkampf des Bürgertums, der Landwirtschaft und der Intellektuellen gegen das Regiment der Handarbeiter, ihrer Sekretäre, ihrer Politiker und Ideologen. Von links her wirkten natürlich die alten bekannten Argumente, daß die Revolution um ihren eigentlichen Sinn und Effekt von der Demokratie und Koalition betrogen sei, daß die Demokratie nur durch eine Militärdiktatur in Wahrheit herrsche, die ihr von den Nationalen und Konservativen gestellt werde, die daher im Grunde gegen Revolution und Koalitionsdemokratie zugleich arbeite und alle wirklichen Errungenschaften der Revolution illusorisch mache. Man müsse den Anschluß an Rußland suchen und die wirkliche Herrschaft des Handarbeiters erst aufrichten, die jetzt nur ein Schein und eine Lüge sei. Es sind im allgemeinen überall die längst bekannten Gründe. Hinter ihnen allen stehen in letzter Linie sehr natürliche und einfache Dinge, die die Geschichte aller Revolutionen charakterisieren: auf der einen Seite die Unzufriedenheit des ursprünglichen Radikalismus und seine beständige Verschärfung, auf der andern Seite die überall eintretende starke Rechtsbewegung. Bedenkt man, daß die Revolution in Wahrheit schon mitten im Kriege begonnen hat, dann wird man es nicht zu früh finden, wenn ich den natürlichen Verlauf einer starken Entwickelung nach rechts jetzt schon eingetreten sehe. Das Mitläufertum der Intellektuellen und der literarischen Boheme mit den Radikalen hat längst sehr abgenommen. Alles spitzt sich auf den Klassenkampf zu, und zwar nicht auf den Marxistischen des Proletariats gegen das Bürgertum, sondern umgekehrt des Bürgertums und seiner Genossen gegen das Proletariat. Jedenfalls verlief so der Wahlkampf. Ob diese Gesinnung der notwendig zu wagenden Entscheidungsschlacht nachher gegenüber der Verwickeltheit der wirklichen Dinge, der äußeren und inneren Lage, sich behaupten kann, ist schwer zu sagen. Jedenfalls aber haben die Oppositionsparteien durch eine geradezu furchtbare Demagogie und Verhetzung das Wiederabrücken von dieser Parole und die Schaffung einer regierungsfähigen Gruppierung sehr schwer gemacht. Es liegt dem Deutschen noch nicht, den Lärm des Wahlkampfes für unentbehrlichen Tamtam zu halten, der hinterher dann nicht mehr ernst genommen wird, wenn er nur erst seine Schuldigkeit getan hat. Er liebt bis jetzt den verbohrten Haß und ein bramarbasierendes Schimpfen, das jede politische Zusammenarbeit hinterher unmöglich macht, aber den selbstzufriedenen Dickköpfen eine hohe persönliche Genugtuung bereitet. Und zwar übertreffen darin die Nationalen noch ihre sozialistischen Vorbilder erheblich. Die Meisterschaft in der journalistischen Giftigkeit kann den Deutschen, vor allem den »national« Gesinnten, heute nicht mehr bestritten werden. Sie haben darin die französischen Anti-Dreyfusards übertroffen, eine Tatsache, die dem wirklich innerlich national Gesinnten unendlich peinlich ist. Was würde ein Lagarde zu diesem ganzen Wahnsinn gesagt haben?

Das sind die Gründe, zu denen nur, wie stets, hinzuzufügen ist, daß diese ganze innere Situation zum größten Teil die Folge der Entente-Politik, des Versailler Friedens und vor allem der französischen Zertrümmerungspolitik ist. Was aber sind die Ergebnisse? Die nächsten Ergebnisse liegen bereits vor: die ungeheure Schwierigkeit der Regierungsbildung und das Mißtrauen der Entente, die Geringschätzung unserer Kraft und Intelligenz bei den Leuten draußen, die für die Revision des Friedens eintreten. Die Entente hat sich offenbar in der Behandlung Deutschlands als Kompensationsobjekt geeinigt und beruft unsere auf so schwachen Fundamenten ruhende Regierung jetzt doch sofort auf die so lang verschobene Konferenz von Spa. Die Entwaffnungsnoten in dieser Situation drohenden verschärften Klassenkampfes sind der erste furchtbar schwere Schlag. Aber diese ersten Wirkungen sind nur der Anfang. Die weiteren Folgen sind unabsehbar. [. . .]

Die Wiederherstellung einer Mitte ist jedenfalls das große Problem. Die Herrschaft der Extremen wäre das vollkommene Unheil, wobei übrigens das Ausland einer solchen der Unabhängigen sehr viel wohlwollender gegenüberstehen würde, als einer solchen der Rechten. Die Entente fürchtet überhaupt die Unabhängigen merkwürdig wenig, läßt sich von ihnen instruieren und hält sie für eine der normalen politischen Möglichkeiten Deutschlands. Wenn ausländische Herren uns hier besuchen, sind Unabhängige gewöhnlich ihre Introduktoren, Begleiter und Ratgeber. Vermutlich unterschätzt man dabei ihre Gefährlichkeit, wie die englischen Sozialisten auch die der Bolschewisten bisher zu unterschätzen pflegten. Hier werden die Berichte der eben aus Rußland über hier zurückkehrenden Kommission von großer Bedeutung sein. Auf der andern Seite schätzt man bei ihnen ihre Stellung zum Schulddogma als feste Unterstützung der Entente, während allerdings gerade englische Liberale über dieses Flagellantentum als eigentlichstes Hindernis der Revision bitter geklagt haben. Von unseren eigenen Interessen aus ist eine Regierung der russenfreundlichen Unabhängigen freilich ganz unmöglich. Für uns ist ohne Bürgerkrieg und völlige Zertrümmerung nur eine Herrschaft der Mitte möglich.

Freilich gibt es nun viele Leute, die sich die herrschende Mitte ganz anders denken und konstruieren. In diesen Tagen ist ein Buch des schon mehrfach genannten Eduard Stadtler erschienen: *Die Diktatur der sozialen Revolution*. In diesem Buche ist am Schlusse eine Übersicht der Anhängerkreise und Analogien dieses Gedankens gegeben, am wichtigsten darunter Martin Spahn, der alte Todfeind Erzbergers und — wenigstens allem Anschein nach — der intellektuelle Vertreter der Politik des Herrn Stinnes. Darnach darf diese ganze Gruppe wohl als die journalistische Saite oder eine dieser Saiten auf dem politischen Instrument von Stinnes betrachtet werden. Schon rücken die Schriftsteller des *Gewissens* in die neu gekauften Stinnes-Blätter ein und in diesem selbst wird dieser Mann ganz offen als die Hoffnung des neuen Reichstages bezeichnet. Wir werden es in Bälde mit einer Stinnes-Politik größten Stiles zu tun haben. Das gibt jenen Gedanken eine praktische Bedeutung. Ihr Kern — und das dürfte der Stinnes selbst am meisten am Herzen liegende Punkt sein — ist die Förderung und Organisation der Produktion, die Demokratisierung und Sozialisierung des Betriebes, eine Verständigung von Arbeitern und Unternehmern, wobei die hohen Löhne auf den Konsumenten abgewälzt, das »Brauchbare« des Rätegedankens verwendet und die Arbeiterschaft in eine versöhnliche und unversöhnliche gespaltet werden kann. [...] Für ihre Durchführung verlangt auch Stadtler jetzt offen, wie früher schon Martin Spahn, die Diktatur, zunächst eine bloße Wirtschaftsdiktatur, die dann aber doch militärisch und irgendwie populär gestützt sein muß. Daher der Titel. Auch dieser Gedanke dürfte Herrn Stinnes, der gar kein Reaktionär, wohl aber ein starker Willensmensch und eine Intelligenz im Stil der großen Trust-Magnaten ist, recht wohl liegen. Mehr Literatenwerk wird es sein, wenn mit diesen Gedanken dann die allgemeine, auch auf die anderen Erwerbsarten auszudehnende Theorie eines Gildensozialismus, eines mittelalterlichen Systems von Zünften und Verbänden als Träger des beruflichen, öffentlichen, wirtschaftlichen, politischen und geistigen Lebens verlangt wird. In der Tat ist ja auch die wirkliche Entwicklung in vollem Zuge auf diesen Zustand hin. Nur die poetische Verherrlichung dieser Ertötung aller freien Selbständigkeit als spezifisch deutsche, dem faulen, schematischen und rationalistischen Westlertum entgegengesetzte, der Sehnsucht der deutschen Jugend entsprechende Lebensordnung ist der Zusatz von Literatur und antidemokratischer Agitation zu diesem Zuge der Dinge. Noch stärker literarisch ist dann schließlich das Evangelium von der Rückverwandelung der atomisierten, verwestlichten deutschen Volksmassen in eine feste, ruhige und erbliche ständische Gliederung. Diese Dinge feiert Stadtler fast mit den Worten Adam Müllers und mit aller Begeisterung der Romantiker, mit denen dieser begabte Agitator sonst wenig Ähnlichkeit hat. Das dürfte auch ein besonderes Lieblingsdogma Spahns sein, während anzunehmen ist, daß Herrn Stinnes diese Dinge so gleichgültig sind wie die ganze eigentliche Politik überhaupt. Für die Literaten aber wird durch die Zusammenschweißung dieser vier Gedanken ein leidenschaftlicher, verachtungsvoller Kampf gegen die Demokratie als Idee und Verfassung möglich, in welchem sie sich als Vertreter der irrationalistischen, aktivistischen, originalen und schöpferischen deutschen Jugend darstellen.

Ich weiß nicht, wie viel wirkliche deutsche Jugend hinter diesem Programm steckt. Auch an dieser Jugendtheorie wird viel Theater und Literatur sein. Interessant ist nur der ganze Gedanke der Notwendigkeit einer Politik der Mitte und der Versuch, die alte, auf die demokratische Idee erbaute Mitte durch diese neue, auf Korporativismus und Ständeideal ideell begründete Mitte zu ersetzen. Die mittelalterlich ständische Rückbildung setzt damit ein, ähnlich wie in der Spätantike. Der eigentlich praktische Kern, die Produktionsförderung und die Arbeitsgemeinschaft, scheint mir im Grunde außerhalb dieser Alternative zu liegen und mit allen politischen Systemen verbunden zu werden können. Die demokratische Idee selbst aber finde ich weder in Deutschland noch vor allem in den großen Weltstaaten bereits so geschwächt und tot, wie Stadtler meint. Er kennt offenbar Amerika nicht und hat, wie alle Katholiken und Lutheraner, gar kein Verständnis für die geistigen Wurzeln der angelsächsischen Demokratie. Er scheint nur die französische plutokratische Scheindemokratie und ihren Doktrinarismus zu kennen. In Wahrheit scheint mir die Weltstellung der Demokratie trotz allem Sozialismus immer noch sehr stark. Ich glaube, sie bleibt die Folge so hoher Populationsbestände, so lange diese zusammen mit allgemeiner Volksbildung dauern. Ihre Gefahren verkenne ich gewiß nicht. Aber sie scheint mir für uns Deutsche zunächst das einzige Mittel der auswärtigen Politik und das einzige Mittel der politischen Erziehung zu eigener Einsicht und eigener Verantwortlichkeit. Vielleicht, daß gerade die verhetzte Torheit dieser Wahlen und das Gefühl für ihre gefährlichen Folgen unsere Massen erzieht. Das scheint mir für den Moment notwendiger, als schon gleich wieder alle Verantwortung auf Diktatur und Korporation »spezifisch deutsch« abzuwälzen. Wird der Diktator wirklich unentbehrlich, so kommt er doch und zwar aus der Demokratie, nicht aus dem Militär und der preußischen Offiziersidee. Vorerst aber wäre Erziehung zum Vorausdenken und zur Selbstverantwortung, so bitter sie sein mag und so viele Torheiten sie bei Massen und Intellektuellen mit sich bringen mag, das dringendste Erfordernis. Ich weiß nicht, auf welch anderm Wege unsere politische Kurzsichtigkeit und Bequemlichkeit überwunden werden könnte. Es ist eine harte Schule, aber wir haben sie nötig, wenn wir überhaupt zur Politik fähig werden wollen.

Damit ist ein Teil der Möglichkeiten erörtert, die mit diesem Wahlausgang vor uns liegen. Die Koalition war schon nach dem Kapp-Putsch und dem Sturze Erzbergers recht schwierig geworden. Sie ist es nach dieser friedlichen und legalen Wiederholung des Kapp-Putsches erst recht geworden. Deshalb ist schlechterdings nichts Sicheres zu sagen. Bis zum Herbst wird die neue Regierung halten. Dann kommen mindestens neue Sorgen. Gewiß gibt es noch mehr Möglichkeiten. Das Finanzelend steigt täglich und mit ihm die Preisrevolution. Die neuen Steuern funktionieren noch nicht, der Beamtenapparat ist noch nicht darauf eingearbeitet, die Bevölkerung macht Steuerstreik. Die Folgen davon sind unabsehbar. Auch in der auswärtigen Politik geht der Weltkrieg und die Weltrevolution — unter dieser nicht die Marxistische Weltrevolution, sondern die Auflösung des Krieges in allgemeine Anarchie verstanden — ununterbrochen weiter. Bald wird wieder die Welt in Kriegsflammen stehen, wenn es so weiter geht. Auch von daher sind Überraschungen möglich. Es ist eben ein großes europäisches Weltalter zu Ende, und was die Staats- und Gesellschaftsumwälzungen noch bringen können, ist unberechenbar. Die Konferenz von Spa wird genau so wie die Wahlen einen neuen Abschnitt der Revolution bezeichnen. Daß die neuen Wahlen und Regierungskrisen gerade mit ihr zusammentreffen, das ist das eigentlichste Symbol des politischen Verstandes des deutschen Bürgertums.

Daß die parlamentarische Demokratie nur das erste und nicht das letzte Wort dieser neuen Entwickelungen bei uns ist, war mir nie fraglich. Sie mußte uns über die dünne Eisdecke hinüberbringen. Wie man auf dem festen

Lande sich einmal wieder anbauen kann, darüber wage ich kaum Vermutungen. Eine verständig geleitete Auswanderung, systematische Besiedelung des Landes und eine auf Alimentierung der Landwirtschaft planmäßig eingestellte, im übrigen für den nötigsten Exportaustausch arbeitende Industrie: das scheinen mir die allein sichern Zielpunkte. Aber noch gibt es überhaupt keine sichern Ziele.

Bis hierher habe ich von diesem Standpunkte aus den Gang der Dinge und die Wandelungen von Revolution und Neuordnung alle 14 Tage verfolgt. Nun geht ein neuer Abschnitt auf. Ihm in gleicher Weise zu folgen, bin ich zu beschäftigt. Auch habe ich das Allgemeine, das ich zu den Dingen zu sagen hatte, in diesen Briefen bereits wesentlich gesagt. Ich möchte damit die regelmäßige Berichterstattung einstellen und in Zukunft nur mehr frei nach Bedarf berichten. Der Herr Herausgeber hatte mir gleich nach der Revolution den *Kunstwart* zur Verfügung gestellt, und ich war froh um diesen parteilosen Ort der Äußerung.

Um völlig unabhängig zu sein und auf gar keine Wirkung hinschielen zu müssen, habe ich diese Briefe anonym gehalten. Auch wollte ich weder meiner Partei noch der Regierung, der ich als sehr unabhängiges Mitglied ehrenamtlich angehört habe und anzugehören für Pflicht hielt, keine Schwierigkeiten machen, wozu Übelwollende nicht ganz genau berechnete Wendungen gerne mißbrauchen. Ich habe daher heute am vorläufigen Abschluß keinen Grund mehr, meinen Namen zurückzuhalten.

Das Weltsystem der Entente
10. 10. 1920

Der Bolschewismus in seinem wirklichen russischen Verstand, der sich von den bei uns im Allgemeinen so benannten verschiedenen Radikalismen und Aufgeregtheiten sehr unterscheidet, ist eine Weltmacht, mächtig durch Militär, Diplomatie und Propaganda. Er bedroht militärisch vor allem die asiatischen Positionen Englands, hat seine Helfer in allen Staaten bei gewissen Teilen des Proletariats und seiner Intellektuellen, verfügt über den diplomatischen Trumpf des allgemeinen Begehrens nach russischen Rohstoffen und Handel mit Rußland. Unter diesen Umständen sind seine Diplomaten und Cäsaren sehr wohl befähigt, Weltpolitik zu treiben, um so mehr, als sie über beträchtliche diplomatische Talente und neue verwirrende Methoden der Diplomatie verfügen. In diesem diplomatischen Spiel ist das deutsche Reich ein Objekt neben anderen, besonders wichtig nur insoferne, als es in eine Ausfallspforte des Bolschewismus gegen den westlichen Kapitalismus verwandelt werden kann.

Der weltpolitische Gegenspieler ist die zum Völkerbund erweiterte Entente, die man durchaus in ihrer weltpolitischen und nicht bloß gegen Deutschland gerichteten Bedeutung sehen muß. Es ist ein neues System der Weltgroßmächte, die ganz Mitteleuropa und Rußland aus sich ausgeschieden und Frankreich zu dem von den Angelsachsen wesentlich abhängigen Verwalter der europäischen Konkursmasse gemacht haben. [...] Das System der Weltmächte ist neu. Erstlich ist der Sieg des demokratischen Verfassungsideals in der Welt entschieden. Zweitens sind die beiden eng verbundenen angelsächsischen Mächte die eigentlichen Weltherrscher geworden und steuern auf eine Art Einheitsherrschaft über die Welt los. Drittens hat Europa überhaupt die letzten Reste des mittelalterlichen Kaisertums und der Germanenherrschaft liquidiert; eine französische Kontinental-Hegemonie, ein mit schwierigen Verhältnissen kämpfendes Groß-Italien und ein dunkles russisches Problem sind übrig geblieben; alles übrige ist in Kleinstaaten verwandelt. Das große Weltproblem der Zukunft ist daher nunmehr der Völkerbund, die Frage, wie weit er nur eine Garantie der doch so unfertigen neuen Machtverteilung und Wirtschaftskontrolle sein oder wirklich eine neue Idee der Politik verwirklichen soll, die Frage, wie weit er bei dem etwaigen Eintritt Amerikas eine bloße Fassade der angelsächsischen Weltherrschaft oder eine ehrliche Heranziehung auch der andern Mächte sein soll, die Frage, wie weit er eine Form für ein Weltimperium der immer größer werdenden und notwendig alles verschlingenden Hauptmächte oder eine Anerkennung der Bedeutung der in Widerspruch zu dieser Theorie heute erwachsenen und bedeutend vermehrten Kleinstaaten sein soll. [...] Die Entscheidung gegen eine deutsche Weltpolitik und alle ihre Folgerungen ist endgültig. Die Entente, zumindest in ihren angelsächsischen Führern, stellt die weltherrschende Dyarchie dar, und die Politik dieser Dyarchie ist heute noch in vieler Hinsicht gegen uns gerichtet, wenn auch die eigentlichen Quälereien und Lebensgefahren von Frankreich und seinen Vasallenstaaten herkommen. Heute noch ist diese Politik gegen den deutschen Handel und die deutsche Wirtschaft gerichtet, an der man nur interessiert ist, soweit sie für fremde Produkte aufnahmefähig werden muß, die aber über dieses Maß hinaus ohne Schiffe und Rohstoffe nicht wieder erstarken soll. Der Handelskrieg geht unverändert weiter. Die Weltmächte haben immer noch Besorgnisse vor uns. Die Handelsspionage ist heute im Inlande ähnlich gegen uns gerichtet, wie sie es während des Krieges im Ausland war. Aus Oberschlesien sind erschreckende Beispiele zu berichten. Als ich vor kurzem in der Schweiz war, traf ich einen aus Peru zurückgekehrten Deutschen. Er berichtete, daß dort Überdruß an dem japanischen, stark mit Betrug arbeitenden Geschäfte und Abneigung gegen die nordamerikanische Massenware herrsche, daß man deutsche Techniker und Arbeiter mit allen Mitteln sich zu verschaffen suche, auch ihnen die Reise bezahlen wolle; aber die Amerikaner lassen am Panama-Kanal keinen durch. Oder ein anderes Beispiel: einer der bekanntesten deutschen Dichter wollte einen Sohn in einem Schweizer Geschäft unterbringen; es mußte ihm abgeschlagen werden, da das Geschäft Übersee-Beziehungen habe und die Entente die Einstellung von Deutschen in solchen Geschäften verbiete. Oder ein weiteres: ein indischer Gelehrter wollte den deutschen Naturforschern seines Faches über gewisse Experimente vortragen, aber er erhielt von der englischen Regierung keinen Paß und konnte nur auf dem Umweg über Skandinavien einreisen. Es gäbe noch viele weitere Beispiele.

Die Hauptsache ist: man sieht die Fortsetzung des Krieges, die Handelsvernichtung, den geistigen Boykott. Die siegreiche Entente ist eben neben ihrer neuen Weltverteilung auch ein Handelssyndiktat, das immer noch den deutschen Handel und die deutsche Arbeit ausschalten oder besser rein auf das ihr nützliche Maß reduzieren will. Die deutsche Konkursmasse ist verteilt und an ihrer Stelle soll nichts Neues wieder aufwachsen. Das ist die erste und nächste Bedeutung, die das Weltsystem der Entente für uns hat und deren Wirkungen auf unsere inneren Zustände die ernstesten sein müssen.

Die zweite Bedeutung dieses neuen Weltsystems ist die Einigung aller kapitalistischen Interessen und Mächte zum Kampf gegen die soziale Weltrevolution, gegen die russische zuerst, dann aber auch gegen jede Regung irgendwo sonst. Das kehrt sich wieder gegen Deutschland, das man bald gegen die Bolschewisten benützen, bald ihnen preisgeben, jedenfalls mit ihnen verwickeln und in der Neutralität behindern möchte. Zudem fürchtet man in Deutschland selbst den Herd sozialistischer Theorien und Experimente und möchte ihm dazu die Möglichkeit nehmen, behandelt es zum mindesten überall mit Mißtrauen oder sucht es mit diesen Mitteln zu sprengen, indem man den Antisozialisten Ruhe und Schutz verspricht, wie das Bayern gegenüber der Fall zu sein scheint und auch im Rheinland versucht wird. Die Bedrohung gerade der deutschen Arbeiterschaft und damit des deutschen Daseins überhaupt ist gerade hierdurch eine furchtbar schwere. Der Appell an die internationale Arbeitersolidarität hilft uns in dieser Lage wenig, da das Proletariat der Welt in sich zerspalten ist, die einen nur die russische Gewaltkur für aussichtsvoll halten und in der deutschen Sozialdemokratie gerade die Hemmung einer solchen Gewaltkur sehen, die andern noch vom Kriege her unter der Suggestion einer angeblichen Kriegsschuld und eines nationalistischen Verrates der deutschen Sozialdemokratie stehen, während sie ihren eigenen Nationalismus für selbstverständlich halten und unter der Maske des Grimms gegen die deutsche Kriegsschuld sich und andere verbergen.

Das dritte uns betreffende Merkmal des neuen Weltsystems ist die Überlassung der europäischen Hegemonie an die Franzosen, die durch den amerikanischen Katzenjammer über den großen Weltbetrug und die Zurückziehung Amerikas von Europa, weiterhin durch die Schwierigkeiten der englischen Weltstellung außerhalb Europas nur gefördert wird. Die französische Politik aber ist völlig die Richelieus, Ludwigs XIV. und Napoleons, wobei von der wirtschaftlichen Entschädigung durch deutsche Arbeit und Kohle und von der Angst vor einer Wiedererhebung des gefesselten und verstümmelten deutschen Riesen als weiteren Motiven der französischen Politik gar nicht geredet werden soll. Die Unmöglichkeit der letzteren ist wohl auch den Franzosen bekannt, und die Besorgnisse bilden wohl nur die Maske für die eigentliche Politik. Es ist die alte Reunionspolitik, die eigentlich am liebsten auf Karl den Großen zurückginge und das angeblich rein französische Reich dieses Herrschers wieder herstellte. Es ist das alte Grundgefühl der Franzosen, daß sie die Erben des karolingischen Reiches und zur Hegemonie über Europa berechtigt sind durch moralische und geistige Eigenschaften wie durch historische Rechtsansprüche. [. . .]

Die Rheinbundpolitik geht heute weiter. Die Nachrichten, die aus Bayern kommen, sind auch in der Tat höchst beunruhigend. Am Reiche wirtschaftlich nur durch Kohle und Eisen des Ruhrgebietes festgehalten, im übrigen als dem Donausystem angehörig, weniger eng mit ihm verbunden, spielt Bayern mit dem Gedanken vorübergehender Lockerungen des Reichsverbandes, bis die »rote Wirtschaft in Berlin« vorüber und der neue Unitarismus der Revolutionsregierung zerbrochen sei. Man braucht damit nur eine etwaige Besetzung des Ruhrgebietes durch die Franzosen zu kombinieren, um die ungeheuerlichen Folgen einzusehen. Die Bayern bekämen dann Kohle von den Franzosen; Reich, Nord- und Mitteldeutschland könnten dann sehen, wo sie bleiben. Die Bayern lieben die Franzosen nicht und kennen den Quälgeist ganz gut. Neulich sagte mir einer: den Krieg habe er satt, aber wenn es wieder gegen die Preußen oder die

Franzosen gehe, dann sei es ihm schon auch recht. Man braucht die Franzosen nicht zu lieben, ja kann ihre ganze Grausamkeit und Sophistik mit heißestem Ingrimm empfinden, und man kann ihnen doch in die Hände spielen, was in Deutschland, nicht nur in Bayern geschieht. Alles Liebeswerben um Kontinentalpolitik gegen England und alle Verhöhnung und Sabotierung der demokratischen Institutionen wirkt in der gleichen Richtung. Andererseits ist die polnische Politik in Methoden und Ergebnissen nur eine Spiegelung der französischen. Ähnlich steht es in Tschechien, wo zwar Herr Masaryk ein gerechter und anständiger Mann ist, aber die Hände nicht frei hat. Sein Minister, Herr Benesch, wollte den Deutschen bessere Bedingungen der Autonomie geben, aber Frankreich hat Einspruch erhoben.

Dieser Druck von dem Weltsystem der Entente und dessen uns besonders tief ins Fleisch schneidender französischer Kontinentalspitze her wird erst allmählich in der vollen Macht und Bedeutung empfunden. Er ist nun aber mit Spa und den darauf folgenden Verhandlungen allgemein deutlich und in den Arbeitsüberschichten, der neuen Kohlennot, den Stillegungen, der Arbeitslosigkeit (bei sonst an sich nicht schlechten Aussichten unserer Industrie und unseres Außenhandels) auch dem Blöden, dem Optimisten, dem Egoisten und Gleichgültigen fühlbar geworden. Er vor allem ist es, der die deutsche Revolution zum Stillstand bringt, jeden Fortschritt hemmt und den Glauben an irgend eine moralische Neuordnung in der Welt zerstört. Die Überzeugung, das Opfer eines ungeheuren welthistorischen Betruges mit den 14 Punkten geworden zu sein, wird immer allgemeiner, ein Gefühl, das freilich, wie mir neulich ein Wilsons Pariser Umgebung nah befreundeter Amerikaner bestätigte, auch anderwärts um sich greift. »Wir mögen in Amerika unsern Idealismus bald nicht mehr anrühren« meinte er.

Die beiden gegeneinander kämpfenden Weltsysteme, Bolschewismus und Entente, gegen einander auszuspielen, sind wir viel zu schwach und eigener Initiative viel zu sehr beraubt. Die Verzweiflungspolitik, mit dem Bolschewismus gegen die Entente zu gehen, wäre der Untergang unserer Kultur und begegnet auch im allergrößten Teil des Volkes absoluter Abneigung. So bleibt nichts übrig, als mit den Weststaaten zu gehen und gleichzeitig ihrer grausamen Bedrohungen und Quälereien sich nach Möglichkeit durch Gebrauch der verbliebenen Rechtsmittel, durch Appell an die Weltmoral, durch Loyalität und Klarheit der Wiedergutmachung und durch immer neue Bestreitung des wahnsinnigen und heuchlerischen Dogmas von der alleinigen deutschen Schuld zu erwehren. Gerade diese Frage muß immer von neuem in Gang gebracht und vor allem den flagellantischen Deutschen der Wahnsinn und die sachliche Unbegründetheit ihres Tuns klar gemacht werden. Soeben hat die *Contemporary Review* einen der ernstesten deutschen Politiker zur Äußerung über diesen juristischen und moralischen Grundstein der Entente-Politik und zur Darlegung des deutschen Standpunktes, wie er sich auf Grund der Dokumente gestaltet, aufgefordert. Das ist ein Hoffnungszeichen beginnender Vernunft. In dieser Richtung vor allem muß gearbeitet werden. Nach sechs Jahren allgemein herrschender Lüge drinnen und draußen muß die Wahrheit die Atmosphäre entgiften.

Nach innen aber muß der doppelte Druck zu einem steigenden Zusammenschluß führen. Wenigstens müßte er das, wenn noch irgend etwas von politischem Instinkt und Ehrgefühl in Deutschland vorhanden ist. Die Arbeiterschaft müßte sich aus endlosen Schwankungen, Wirren, Kurzsichtigkeiten und Blendungen heraus teilen in radikale Kommunisten, die mit Moskau und der chimärischen Weltrevolution gehen als dem einzigen Radikalmittel für die kranke Welt, und in solche, die den Staat und die Nation samt ihrer Wirtschaft und Arbeitsmöglichkeit aufrechterhalten wollen, weil Kommunismus und Anarchismus gerade auch dem Arbeiter mit dem Staate den Boden wegziehen und weil sie ihre Heimat und Sprachengemeinschaft, wie gar nicht zu bezweifeln ist, lieben. Die Parteien von Rechts müßten jeden Gedanken an die scheußliche Parole »Die Canaille wieder in den Käfig« aufgeben, und auf jede Politik, die der der Herren nach den Bauernkriegen gegen die Bauern entspricht, verzichten;

nicht aus moralischen Gründen, an die man schon gar nicht mehr zu appellieren wagt, sondern wegen der absoluten Aussichtlosigkeit solchen Beginnens und wegen der Gefahr endlosen Bürgerkrieges. Wer dem Sozialismus und der Demokratisierung schlechthin keine Zugeständnisse machen will, konstituiere sich als ausdrückliche und grundsätzliche Restaurationspartei, damit endlich Klarheit wird; aber man verzichte darauf, solche Absichten hinter Schlagworten nationaler Ehre zu verstecken, und beschränke sich auf ehrlichen Kampf gegen Leute, die das nationale Wohl eben anders verstehen. Dann wäre der Weg frei für eine Zusammenarbeit möglichst weit von links bis möglichst weit nach rechts, damit für die wichtigste Arbeit, die Wiederbelebung der Produktion, zu der der gute Wille beider Seiten nötig ist, und damit wiederum für die Bekämpfung des finstersten und hoffnungslosesten Elends, des Finanzelends mit seinen Valuta-, Preis- und Steuersorgen. Die verbleibenden Gegensätze der äußersten Rechten und Linken könnten aber wenigstens auf das schlimmste Gift der Verdächtigung und Herabsetzung verzichten. Anders gibt es eine Rettung vor den Gefahren der Weltlage nicht; sie müssen der Nation wieder einigermaßen den inneren Zusammenhalt und das Gemeingefühl geben. Dann werden auch die moralischen Kräfte wieder erstarken, die ja nicht verschwunden, sondern von dem obenauf treibenden Gesindel der Kriegs- und Revolutionsgewinnler nur verdeckt sind.

[. . .] In allen Völkern gibt es außerdem verständige Menschen, und neutrale Konferenzen wie die Brüsseler werden theoretisch die Weltmeinung allmählich aufklären und aufrütteln. Aber das Wichtigste, den inneren Zusammenhalt wenigstens einigermaßen wieder zu gewinnen, das müssen wir unter diesem furchtbaren Doppeldruck der beiden auswärtigen Systeme selbst leisten. Und man hat doch den Eindruck, als ob diese Einsicht in weiten Kreisen um sich griffe.

Die innere Entwickelung der deutschen Revolution
12. 11. 1920

Ich habe in dem letzten Briefe der ersten Reihe meine Auffassung von der Sachlage dahin formuliert, daß mit diesem Sommer die deutsche Revolution in ihr zweites Stadium eingetreten sei.* Diesen Satz habe ich mit den beiden ersten Briefen der zweiten Reihe weiter erläutert, und in seiner Erläuterung möchte ich dieses Mal fortfahren. Er wird, wie mir scheint, von den Ereignissen fortwährend weiter bestätigt.

In erster Linie ergab sich dieser Sachverhalt aus der mit diesem Zeitpunkt hervortretenden, alles bestimmenden Macht der auswärtigen Verhältnisse. Ihr Druck war ja stets seit der betrügerischen Verkehrung der Waffenstillstandsbedingungen durch die Entente und seit der Selbstproklamierung des Bolschewismus als Gegenspieler des Ententekapitalismus das eigentliche Geheimnis der Dinge. Aber seit mit der Konferenz von Spa, der Entwaffnung und den offenkundig werdenden Plänen der Franzosen der ganze blutige Ernst des Versailler Friedens praktisch fühlbar, seit die Höhe der Besatzungskosten und die Finanzlage des Reiches in ihrer unabsehbaren finsteren Wirkung allgemein verständlich geworden sind, seit wir die Franzosen die Rheinprovinz auf unsere Kosten als Aufmarschgebiet organisieren und dort gleichfalls auf unsere Kosten französische Gymnasien für die Angehörigen der Besatzung und für deutsche »Hospitanten«, dreiunddreißig Bordelle für die Schwarzen haben einrichten sehen, seitdem haben wir das Gefühl, daß es sich gar nicht mehr in erster Linie um die Neugestaltung des revolutionären und demokratischen Deutschlands, sondern ganz einfach um den Fortbestand des Reiches handelt. Das ergibt eine ganz andere Einstellung des Gefühls auf die Ereignisse, drängt Parteiinteressen und Parteiideale zurück und räumt mit jedem Rest des großen Weltbetruges auf, als hätten die politischen Führer der Entente im

* Vgl. S. 148: Die Reichstagswahlen: Eintritt der Revolution in ein neues Stadium.

Interesse einer sichereren Weltordnung und einer friedlichen Demokratie gearbeitet. Der Glaube an moralische Absichten der Gegner und die Suggestion des Schuldigseins verschwindet und die wahre Lage wird deutlich, wobei nur zu wünschen wäre, daß bei uns nirgends vergessen würde, wodurch wir der Ententepolitik diesen Weltbetrug so sehr erleichtert haben. Anderseits hat die Zersetzung der Sozialdemokratie durch die von Moskau ausgehende dritte Internationale, die eine Diktatur nicht des Proletariats, sondern über das Proletariat und eine Ausrottung des Bürgertums und der Gedankenfreiheit ist, die auf die Sozialdemokratie gesetzten Hoffnungen stark enttäuscht, haben ihre eigene Sterilität und ihre Unfähigkeit zur wirklichen Beherrschung ihrer Massen den Respekt vor ihr gemindert und hat die Weltgefahr des Bolschewismus, seit ihr wirkliches Gesicht kenntlich geworden ist, das Problem der Herrschaft des sog. »Proletariats« in sehr viel bedenklicherem Lichte erscheinen lassen. Auch das verändert die psychologische Einstellung der Massen und Parteien auf die Verhältnisse. [...] Das Unglück ist dabei nur, daß die beiderseitigen Gefahren sich fortwährend steigern. Der Druck der Entente zerstört die Lebensbedingungen und radikalisiert die hungernden Massen, der Erfolg des Bolschewismus in Deutschland ermuntert die Entente zu weiteren Zerstörungshoffnungen, so daß die sonderbarsten Kreuzungen eintreten: ein Teil der Arbeiterschaft wird scharf national und ein Teil des Bürgertums wird bolschewistisch, schärfste Gegner der Entente werden zur Rettung vor dem Bolschewismus an die Seite des Ententekapitalismus gedrängt und radikale Gegner der Arbeiterherrschaft zu einem Verzweiflungs-Bolschewismus. Alles die jetzt deutlich werdenden Folgen des Wahnsinns von Versailles, der sich hinter dem Schulddogma verbarrikadiert und von dieser Position aus die Mitte und den Osten Europas in immer neue Kämpfe wirft, der auch unter den Friedensmächten ernste Gegensätze erzeugt, die diese schließlich immer wieder vorerst auf Kosten Deutschlands ausgleichen, die aber kein Gefühl aufkommen lassen, als sei ein Ruhepunkt nach dem Kriege und ein Boden der Neuordnung erreicht.

Aber die neue Situation stammt nicht bloß von dieser finsteren Klärung der auswärtigen Verhältnisse her, sondern auch aus der inneren Entwickelung der deutschen Revolution selbst. [...]

Die Zerstörung der Mitte bedeutet daher die Gefährdung der Verfassung und des Reiches. Die Mitte hatte gewiß manche Mängel und beging schwere Fehler, ohne daß ich allerdings sagen könnte, was sie an Stelle dessen hätte tun sollen oder, was wichtiger ist, können. Davon war in diesen Briefen viel die Rede. Sie hätte eine Verbreiterung erfordert, sie hätte namentlich die Ideen der wirtschaftlichen Produktionsförderung und Organisation sich aneignen können, die von guten Kennern und Praktikern vertreten wurden. Daß sie verschwand, daß die Sozialdemokraten sich von ihr zurückzogen, daß ein bürgerlicher Block und damit der Bürgerkrieg drohte, das ist eine Gefährdung von allem bisher Errungenen, vor allem der Existenz des Reiches selbst. Rasch emanzipierten sich die Einzelstaaten von der Führung des Reiches teils nach rechts, teils nach links. Die Gesetze des Reiches werden schon jetzt vielfach nicht beachtet. Leichtsinnige Menschen sprechen von einem baldigen Zusammenbruch des ganzen demokratisch-parlamentarischen Schwindels. Das Verhältnis Preußens zu einer konservativen Reichsregierung wird täglich schwieriger, und das ganze alte preußisch-deutsche Problem wird wieder aufgerollt. Die territoriale Neuordnung des Reiches klopft an die Türe, und die Abstimmungsbegehren der Verselbständigung suchenden Landesteile werden schon eifrig bei der hierfür bestimmten Kommission angemeldet. Die viel zu spät erfolgte Autonomisierung Oberschlesiens hat das Rheinland in Flammen gesetzt. Bäuerliche Landesteile wollen von den »roten Affen« in Berlin, andere von der Berliner Bürokratie und Zentralisation los. Alles schimpft auf das in der Tat nicht sehr sympathische Berlin, meint aber damit das Reich in seinem tatsächlichen Bestand und Sinn. Man hat damit, was alle schlechten Zeiten brauchen, einen Sündenbock und kann sich vor tieferem Nachdenken und kritischer Selbstbesinnung dispensieren. Ein auswärtiger Bankier, der von der Bankierversammlung kam, berichtete sein Erstaunen über den auch dort geäußerten maßlosen Haß gegen Berlin. Die theoretischen Diskussionen über Zentralisation und Dezentralisation nehmen einen beängstigenden Umfang an. Demgegenüber setzt Preußen bei der Furcht, das Reich könne sich auflösen, seine Bestrebungen auf Erhaltung wenigstens seiner selbst fort, und in anderen Ländern steht es ähnlich. Alles das ist nur möglich, weil eine politisch starke Reichsregierung fehlt und die gegenwärtige Koalition einer unnatürlichen Mitte eigentlich nur durch den Druck der außenpolitischen Situation in ihrer Stellung erhalten wird. Aber diese ist und bleibt in sich selber schwach und künstlich, so tüchtig viele der Personen sind. Die Welle ist über die Reichsverfassung und die parlamentarische Demokratie bereits hinübergegangen. Alles verzweifelt, ob es bei ihr noch seine Rechnung finden wird. Die Sozialdemokraten, die doch an der deutschen Einheit das denkbar größte Interesse haben, stehen Gewehr bei Fuß. Das Zentrum macht sich seine eigenen Gedanken. Und die Demokraten bezahlen ihre Einsetzung für die Rechtsbewegung, die mit der Demokratie selbst gegeben war, und für ihre Kompromisse mit der Sozialdemokratie, ohne die doch gerade diese Rechtsbewegung selbst nicht möglich gewesen wäre. Die Deutsche Volkspartei schließlich macht tatsächlich die Politik der alten Mitte, aber auf Ruf und Widerruf, und schwächt gerade dadurch die Regierung. Der linke Flügel der Sozialisten spaltet sich immer weiter und hofft alles Heil von der Zertrümmerung alles staatlichen Daseins überhaupt, das unheilbar und irreformabel sei, und die deutschnationalen Antisemiten jubeln über die Selbstauflösung des neuen Regiments, die sie immer vorausgesagt hätten und die sie durch andere Möglichkeiten zu ersetzen nichts getan haben und auch nichts tun können; sie kämpfen angeblich für Kaiser und Reich durch Auflösung der das Reich tragenden Ordnungselemente selbst.

Unter diesen Umständen ist von der Parole einer großen deutschen Schweiz und einer Behauptung und Entfaltung deutscher Würde in einem neuen, vertraglich besser geordneten Völkerrecht nicht mehr die Rede. Sie wird mit

Hohn und Galle überschüttet. Den einen besagt sie viel zu viel. Das Reich muß bis auf Stämme, Gaue, Landschaften wieder — mindestens vorläufig — abgetragen werden, damit die natürlichen Gliederungsprinzipien an Stelle der falschen dynastischen und bürokratischen treten können: so meinen die Einen. Der Leichnam müsse sich völlig dekomponieren, ehe neues Leben kommen werde: lediglich Kantönli-Wirtschaft und, wenn es nicht zu vermeiden ist, Fremdherrschaft. Dann können die bäuerlichen Landschaften Ruhe vor den Sozialdemokraten bekommen, und die Industriezentren und giftigen Großstädte können sehen, wo sie bleiben. Ich las neulich in der — m.W. demokratischen — *Kieler Zeitung* den Aufsatz eines Aristokraten, der diesen Standpunkt als den der todsicher kommenden Entwickelung vertrat. Vermutlich ist solcher Wahnsinn nicht weit verbreitet, aber er hat eine gewisse Logik in sich, die, wenn man die Voraussetzung der Unhaltbarkeit einer das Reich tragenden Mitte zugibt, allerdings sehr einleuchtend ist. So wird in der Tat in *Süd und Nord* nicht selten mit dem gefährlichsten aller Gedanken, dem einer vorläufigen Auflösung des Reiches, gespielt. Ich halte ihn im Grunde freilich doch für phantastisch und auch nicht ernst gemeint. Die absolute Unentbehrlichkeit eines großen und kräftig verwalteten Staatsgebietes für die moderne Kultur und Wirtschaft würde vor jedem wirklichen Entschluß doch zur Selbstbesinnung führen. Bereits hat ja auch Herr Stinnes in den ungeheuren Industriekonzentrationen eine Klammer um das Reich gelegt, die keine politische Agitation und keine Schimpferei so leicht zerbricht. Aber schon das Spielen mit dem Feuer ist gefährlich. In dem Gefühl der Notwendigkeit einer starken Staatsordnung bekämpfen aber dann umgekehrt wieder die Leute des Gegenpols die genannte Parole oder alles, was ohne solches Schlagwort doch auf einen ähnlichen Gedanken hinauskommt. Ihnen ist eine große Schweiz viel zu wenig. Sie meinen, ein solches Ideal sei nur aus Verzagtheit und moralischem Doktrinarismus feiger und kleiner oder törichter und weltunkundiger Menschen heraus geboren. Gerade die Ententepolitik zeige ja die völlige Unmöglichkeit jeder

Moral in der Politik, und die alten Sätze vom Machtstaat seien durch den Weltkrieg doppelt und dreifach betätigt. Wir hätten nicht Hammer sein wollen, und hätten uns zum Amboß machen lassen. Das sei der Sinn des Wilsonismus, der vor aller Welt zur Lächerlichkeit, Gaunerei und Phrase geworden sei. So müsse das Ziel die Wiedererstarkung der Autoritäten, der Führung, der Aristokratie und der machtpolitischen Gesinnung sein. Dem stehe aber jener Gedanke der großen Schweiz als deutscher Wilsonismus gegenüber, und eines solchen Wilsonismus habe sich zugleich mit völliger Schwäche gegen das Lohnarbeitertum das demokratische System und die es bisher tragende Mitte schuldig gemacht. Darum weg mit dem parlamentarischen System und der Koalitionsmitte; auch gar kein Versuch gemacht, mit dem verfluchten undeutschen System eine neue Führerauslese und politische Erziehung zu verbinden. Auch das ist nicht so furchtbar ernst zu nehmen, ist viel Deklamation und schwer, ja unmöglich zu verwirklichen. Aber es ist von der höchsten Gefährlichkeit. Es stachelt fortwährend die Entente und gibt ihr die Begründungen ihrer über Recht und Moral sich hinwegsetzenden Politik. Es ist vor allem die Verkennung des Umstandes, daß jene Parole nicht moralischen Erwägungen, sondern den Konsequenzen der gegen uns gefällten welthistorischen Entscheidung entspringt. Die Leute wollen diese Entscheidung immer noch nicht und jetzt nach dem Frieden erst recht nicht anerkennen und aus ihr keine Konsequenzen ziehen; sie warten auf das Wunder, das die politische Gerechtigkeit wieder herstellt, und unterdessen schimpfen sie aus Leibeskräften und zerstören die psychologische Voraussetzung für die Bildung einer Mitte, deren Existenz doch vor allem die Voraussetzung für eine bessere Anpassung dieser Mitte an ihre politischen Aufgaben ist. Daß die Zerstörung der Mitte die Zerstörung des Reiches ist, das kümmert sie nicht. Sie glauben, irgendwo würde sich schon der Diktator finden, der die Sache wieder herstellt. Und wenn er sich nicht findet, dann ist schließlich auch ihnen gar kein Reich lieber als ein sozialistisches.

Die deutsche Revolution ist in das Stadium eingetreten, wo es sich nicht mehr um demokratische Organisation, sondern um Aufrechterhaltung des Reiches und Staates überhaupt handelt. Das ist die Folge der Zertrümmerung der Mitte, die nicht ein bloßes Zufallsergebnis törichter und verärgerter Wahlen, sondern die tiefe Wirkung einer unerhört giftigen Zerstörung der psychologischen Voraussetzungen für jede Bildung einer Mitte ist. Die alten Hoffnungen und Ideale des deutschen Volkes sind im innersten und letzten Kern bedroht. Aber der Druck von außen und die großen wirtschaftlichen Notwendigkeiten werden es im Verein mit der Einsicht stolzer und kluger, durch nichts, keine Schuldsuggestion und keine darwinistische Machtpolitik, zu erschütternder Patrioten doch dahin bringen, daß dieses letzte Elend uns erspart bleibt. Nur muß man auch der Mittel sich ganz bewußt sein, durch welche allein es verhindert werden kann: entweder Diktatur, die nur als Militärdiktatur etwas ausrichten kann, oder Neubildung einer tragfähigen Mitte, die nur eine Koalition sein kann und aus den Erfahrungen der ersten Koalition Erhebliches gelernt haben müßte. Die Diktatur, die bei vernünftiger Rücksicht auf Arbeitswilligkeit und Produktionsverhältnisse vielleicht ganz gut wirken könnte, ist unmöglich. So bleibt nur der Weg der Bildung einer Mitte, für die vor allem die psychologischen Voraussetzungen bei den Wählermassen, insbesondere auch bei den sozialistischen, wieder geschaffen werden müssen. Der Wahn, daß das Heil in der Zerstörung der Mitte und damit der Regierungsmöglichkeit liege, muß verschwinden und die Mitte selbst einsehen, daß Demokratie nur Mittel und nicht Zweck sein kann, die wirklichen politischen Zwecke daher neu und ernst überlegt werden müssen. Einmal müsse ja doch, meinte neulich ein hervorragender deutsch-nationaler Abgeordneter im Gespräch, das naturgemäße Ergebnis eines Kompromisses alter und neuer Schichtung, alter und neuer Interessen sich ergeben; es komme nur darauf an, wie man am besten dazu gelange. Ganz meine Meinung. Aber dann muß man die Mitte schaffen oder wenigstens erleichtern, die das kann. Logiker und Pathetiker lieben die Mitte nicht, und jede neue Krafterregung geht in der Tat von Radikalismen aus. Aber das Ergebnis sind nach Ausweis aller Historie dann doch stets Mittebildungen. Die Frage ist nur, ob früh genug und verständig und stark genug.

Die Einsicht, daß wir in die Periode der Gefährdung des Reiches von außen und innen her eingetreten sind, kann vielleicht die psychologischen Voraussetzungen für die Neubildung einer Mitte schaffen. Sie muß es, wenn das deutsche Volk sich nicht selber würdelos aufgeben will.

Neue Krisen von außen her
8. 2. 1921

So oft diese Briefe einen Versuch machen, sich der Analyse der inneren Verhältnisse zuzuwenden, werden sie in dieser Absicht durch neue von außen drohende Katastrophen wie durch einen wild hereinfegenden Sturm unterbrochen. Es ist nur die Bestätigung des Satzes, von dem sie stets ausgegangen sind: daß die äußere Politik wesentlich bedingend ist für alle Innenpolitik und alle inneren Zustände. Doppelt und dreifach ist dies der Fall, nachdem wir einen Krieg von diesen ungeheuren Ausmessungen und solch gewaltigen Tiefenwirkungen verloren haben. Alle unsere Zustände dürfen überhaupt nur unter diesem Gesichtspunkt gesehen werden. Was das bedeutet, machen sich immer noch viel zu wenig Leute im vollen Umfange klar. Die einen meinen, daß nun der ersehnten Parteipolitik die Bahn hemmungslos offen sei; die anderen hoffen trotz aller drückenden Armutsfesseln nun doch ihre ideellen Forderungen an den neuen Volksstaat stellen und verwirklichen zu können; die dritten rasseln mit einem Säbel, den wir nicht mehr haben, und hoffen auf Analogien mit der preußischen Entwicklung nach Jena, ohne übrigens auch nur *den* Reformwillen zu haben, den damals die die Erneuerung herbeiführenden Patrioten hatten. Nur diejenigen sehen den wirklichen Ernst der Lage, die mit einer Weltrevolution die ganze Wurzel der Verhältnisse ausreißen zu können meinen; oder diejenigen, welche Innen- und Außenpolitik zugleich auf jede absehbare Zeit in eine neue Bahn der Rechtspolitik und des demokratischen Nationalgefühls leiten und eben damit ein neues Ziel der deutschen Geschichte in dem veränderten Europa und der veränderten Welt aufstellen wollen; oder auch die radikalen Pessimisten, die nur den absoluten Vernichtungswillen der Franzosen als ernst zu nehmende politische Kraft der heutigen Weltlage, soweit sie uns betrifft, ansehen und dem je nach Charakter den heroischen Entschluß eines letzten Widerstandes oder die stumme Ergebung einer finsteren Verzweiflung entgegensetzen. Daß es dabei an Mischungen all dieser Standpunkte nicht fehlt, ist selbstverständlich. Das zwingt dann aber zu immer neuen Klärungen und Überlegungen der Lage.

Die Früchte des undurchführbaren Versailler Friedens reifen, indem immer neue Undurchführbarkeiten aus ihm hervorgehen und die alten Grundlagen von den Gegnern selbst zur Erreichung seines trotz allem festgehaltenen Zieles verändert werden. In beidem, in der Preisgabe gewisser Elemente des Friedensvertrages durch die Alliierten selbst und in der wahnsinnigen neuen Forderung, in die der alte Wahnsinn sich verwandelt, liegt die Bedeutung der neuesten Propositionen, die aus der Tagespresse bekannt sind. Ich kann auf die Einzelheiten und in die täglichen Verschiebungen der Verhältnisse hier nicht eingehen. Das gehört der Tagespresse an und jede Mitteilung wäre rasch veraltet und überholt. Es ist hier nur möglich, die allgemeine Situation zu beleuchten, aus der jene Propositionen hervorgingen und die sie geschaffen haben.

In Frankreich stürzte das Kabinett Leygues, weil es den Franzosen nicht genug Garantien für die Einheimsung der Friedensfrüchte zu bieten schien. Es kam ein Kabinett Briand, hinter dem ein Kabinett Poincaré droht. Lloyd George hat die neuen Forderungen zunächst abgewiesen, dann aber sie ohne weiteres angenommen, ja ihre noch steigende Erhöhung gebilligt. Wie ist das zu verstehen? In der Hauptsache dadurch, daß Briand vermutlich ihm klar gemacht hat, daß er sonst sich nicht würde halten können. Lloyd George darf für etwa bevorstehende

Wahlen nicht als der erscheinen, der die französischen Alliierten preisgegeben hat. Die englische Feindschaft gegen Deutschland ist bei den Massen immer noch sehr groß. Freunde, die in England waren, erzählen, daß der Deutsche immer noch verpönt ist. Sie konnten in befreundeten Häusern nicht deutsch sprechen, solange die Dienstboten anwesend waren; die letzteren hätten sonst den Dienst gekündigt. Auf der Straße deutsch zu sprechen sei unmöglich, die allgemeine Stimmung wegen steigender Arbeitslosigkeit überhaupt schlecht. Leute, die das Berliner Schlemmerleben der Schieber, Kriegs- und Revolutionsgewinnler mit angesehen haben, bezeichnen alle deutschen Klagen mit dem beliebten Wort: »deutsche Camouflage«. Dazu kommen Schwierigkeiten, die England im Orient hat und der Wunsch, vor allem in Konstantinopel völlig freie Hand zu behalten, woraus immer wieder folgt, daß man sich auf unsere Kosten einigt. Schließlich ist auch die militärische Machtstellung Frankreichs von Antwerpen bis Brest, sein Besitz an äußerst tragkräftigen rasch zu vermehrenden Flugzeugen (2000!) und an ausgebildeten Flugzeugführern (20000) sowie an Kanonen von 180 Kilometer Tragweite und die Aufstellung einer Kolonialarmee von 325000 Mann nicht zu vergessen. Eine Beherrschung des Kanals durch Frankreich und eine französische Invasion in England würde nicht in Bereich des Unmöglichen liegen, ein Umstand, über den sich englische Herren hier auch offen ausgesprochen haben. Auch mag ein nicht ganz klares Verhältnis zu Amerika den Anschluß an die Franzosen momentan empfehlen. Gründe genug, um Lloyd George für die augenblickliche Lage alles annehmen zu lassen, was die Franzosen fordern. Es hilft für ein paar Monate oder Jahre durch. Die Frivolität, mit der dieser geniale Willensmensch Politik macht, ist erschütternd. Er ist in weltgeschichtlichem Format das, was an Klugheit, Entschlußkraft, Witterungsvermögen und Oberflächlichkeit unser kleinbürgerlicher Herr Erzberger war. Die Zukunft mag neue Mittel bieten, der Moment ist gerettet, und Deutschland wird sich fügen, wie es in Versailles sich gefügt hat, wo die Lage für es immerhin noch günstiger war für einen Widerstand:

so wird sein Gedankengang sein. Im übrigen hat er ganz andere Sorgen als Deutschland; die Verdauungsbeschwerden des britischen Weltreichs nach dem großen Kriege sind enorm.

Anders sieht die Sache von der französischen Politik aus sich an. Die Franzosen wollen den Ruhm und das Prestige der endlich wieder erreichten kontinentalen Hegemonie voll auskosten und berufen sich mit ihrem Sinn für formales Recht auf den Versailler Vertrag durch dick und dünn. Sie wollen jede Möglichkeit einer politischen Wiedererholung Deutschlands für alle Ewigkeit ausschließen, da ihnen das die alleinige Voraussetzung für die Erhaltung ihrer eigenen politischen Machtstellung zu sein scheint, und sie arbeiten bewußt auf eine Dezimierung der gefürchteten deutschen Bevölkerungsmasse hin. Sie wollen für die verlorenen russischen Milliarden, für die Kriegskosten im denkbar weitesten und auch indirekten Sinne, sowie für die Kosten ihrer jetzigen Prestige-Politik den Ersatz aus deutscher Arbeit und deutschem Kapital und scheuen sich nicht, den deutschen Bedarf auf die Grenze des Lebensminimums herabzusetzen, wie der Engländer den der ägyptischen Fellachen. Sie brauchen die gute Zuversicht ihrer Bevölkerung auf das Gelingen all dieser Macht- und Entschädigungspläne, von deren Schwierigkeit das Volk nichts erfahren darf, damit die regierende Herrenschicht nicht erschüttert werde. Daß diese Absichten sich untereinander widersprechen, ist kein Hindernis. Die einzelnen Interessen werden ja auch von verschiedenen Gruppen vertreten. Die Militärs sind sich sicher klar darüber, daß Vernichtung und Entschädigung, Todesurteil und Versklavung nicht gleichzeitig möglich sind; sie ziehen zweifellos im Falle der Wahl die erstere vor. Die Politiker werden glauben, daß beides sich vereinigen lasse, wenn man sich zu den nötigen Gebietsbesetzungen entschließt. Das Volk im Ganzen denkt dort so wenig wie überall sonst; es hält alles Wünschenswerte gleichzeitig für möglich und kennt für Wünsche keine Widersprüche und keine Unmöglichkeiten. Die moralische Ungeheuerlichkeit derartiger Pläne und Aktionen deckt man mit der heute noch leidenschaftlicher als je betonten Schuld- und

Barbarenlegende, die ja die Deutschen selbst eingestanden und durch die besseren Sozialdemokraten immer neu bekräftigt hätten. Dazu kommen rasch geglaubte Illusionen aller Art. Ein alter Herr, ein Freund Clemenceaus, erklärte einem meiner Bekannten, die Kultur von ganz Süddeutschland sei ja bekanntlich französisch! Was ist bei solchen Voraussetzungen unmöglich?

Selbstverständlich sind, wie immer zu wiederholen, das nicht *die* Franzosen und *die* Engländer, sondern die regierenden Schichten, Politiker und Militärs, die sich freilich in Frankreich sehr weithin mit den Massen decken, aber denen überall geschäftlich-wirtschaftliche Besonnenheit und die kleine Schar geistiger Menschen gegenübersteht. Die ersteren haben leider auch die Organisation des gegen Deutschland so empfindlichen Weltgewissens heute noch in der Hand und lassen sich von den Deutschland durcheilenden Auto-Reisenden ihre Hotelerfahrungen als Zeugnisse deutscher Zahlungsfähigkeit und Armutsheuchelei berichten. Der Kampf gegen deutsche Wissenschaft und Kultur geht heute noch ebenso wie die Propaganda einst gegen die »deutschen Verbrechen« durch die Welt, um zu beweisen, daß gegenüber »Barbaren und Mördern« die sonstigen Begriffe nicht gelten. Die Ergebnisse der deutschen parlamentarischen Untersuchungskommissionen, die ganz unwiderleglich von der Seite des deutschen Militärs jede Absicht auf gewaltsame Herbeifuhrung eines Weltkrieges als Legende erwiesen haben, wirken noch ganz wenig. Man erfährt sie draußen nicht, oder man sagt dann, wie es neulich ein englischer Redakteur hier tat, man interessiere sich heute für diese Frage nicht mehr; durch ihre Beantwortung so oder so werde an der realen Weltsituation ja doch nichts geändert.

Die Forderungen selbst zerfallen in zwei Teile: die Entwaffnung und die Zahlung auf 42 Jahre. Die politische Bedeutung beider ist nicht die gleiche. Die Entwaffnung soll — unter Vorbehalt des inneren Polizeischutzes und der Aufhaltung des Bolschewismus — jede deutsche »Weltpolitik« in alle Ewigkeit unmöglich machen, wobei von der französischen Angst vor irgendeiner Art Krümpersystem und geheimer Volksorganisation ganz abgesehen werden kann. Man kann mit Ausländern aller Art, auch den wohlgesinntesten, sprechen: in der Ablehnung jeder Art deutscher Weltpolitik und der mit diesem Gedanken in ihrer Phantasie schlechthin assoziierten Hohenzollern sind sie alle einig. Sie sehen darin nichts als eine Weltgefahr, die mit dem Geiste Friedrichs des Großen und aller seiner bedeutenderen Nachfolger unzertrennlich verknüpft sei. Die preußische Hausmacht-Politik der Hohenzollern ist ihnen allen ein Schreckgespenst, von dem sie schlechterdings nichts wissen wollen. Das trifft auch bei monarchistisch gesinnten Engländern zu, die uns an sich eine Monarchie wünschen. Gegen Bismarck, dessen Politik wesentlich als die der Bestandserhaltung gilt, habe ich sehr viel weniger Einwände gehört. Darin wird man die Wirkung der Phraseologie Wilhelms II. und der alldeutschen Literatur, auch den Widerspruch gegen vermutete Gesinnungen eines Teiles der deutschen Großindustrie erblicken dürfen. Keinerlei Gegengründe, kein Hinweis auf englische und französische Machtpolitik, keine Beziehung auf den natürlichen Trieb aller großen Völker zur Ausweitung und zum Heroismus helfen dagegen auch nur das mindeste. Teils heißt es, daß das bei den politisch begabteren Völkern etwas anderes sei, teils leitet man aus der geographischen Lage Deutschlands eine unvermeidliche Weltgefährdung durch jede deutsche Weltpolitik ab, teils beruft man sich auf die Reden Wilhelms II., teils gibt man auch die heimische Machtpolitik preis: aber niemals bewilligt man eine deutsche. Das Äußerste, was ich erreichen konnte, war das Zugeständnis, daß einem Volke der Verzicht wohl schwer fallen müsse, das niemals seine Kräfte und Triebe in dieser Richtung habe ausleben können und bei jedem Versuch gescheitert sei. Aber an der absoluten Forderung des Verzichtes änderte das nichts. Und, der so sprach, war einer der wärmsten Freunde Deutschlands. Nur holländische und skandinavische Konservative, die die von ihren Heimatländern verpaßte oder verlorene Gelegenheit zur Machtpolitik beklagen, preisen den deutschen Militarismus und weltpolitischen Gedanken. Aber solcher Leute sind wenige und sie nützen uns auch nicht viel, so ehrenwert und erfreulich ihre Sympathie an sich ist.

Ich sehe in dieser Weltstimmung, die die allertiefsten Wurzeln hat und durch die deutschen Riesenleistungen im Kriege nur verstärkt worden ist, eine der allerwichtigsten *Tatsachen.* Die Formel von der »großen deutschen Schweiz«, die ich früher in diesen Briefen entwickelt und begründet habe, beruht vor allem darauf. Ohne tiefe Resignation kann man sich nicht zu ihr entschließen. Aber die Resignation scheint mir auf jede absehbare Zeit *geboten,* und die deutsche Politik muß sich meines Erachtens grundsätzlich zu einem ähnlichen Gedanken bekennen. Er hat freilich noch tiefere Gründe. Auch die glänzende französische Machtstellung von heute scheint mir hohl und trügerisch. Alle europäischen Staaten werden auf die große Welt- und Militärpolitik verzichten und sich als Sammlungen ihres Nationalbestandes auf Grund internationaler Vertragspolitik einrichten müssen, wobei sie geistige und wirtschaftliche Kräfte in einem für lange Zeit von außereuropäischen Weltmächten festgestellten Rahmen pflegen können. Auch für Frankreich wird noch einmal die Stunde der Resignation kommen. Das Heil Europas hängt davon ab, daß sie bei allen Beteiligten nicht zu spät kommt. Für uns aber ergeben sich heute schon klar politische Folgerungen, die die nationale Würde der Bestandsbehauptung mit weltpolitischer Resignation verbinden. Ich mag die Gedanken drehen und wenden wie ich will; ich kann zu keinem anderen Ergebnis kommen und schreibe es hier nieder auch auf die Gefahr hin, als unheroisch und des echten Preußengeistes entbehrend angegriffen zu werden. Die Stellung zum »echten Preußengeiste« ist in der Tat das internationale Problem unserer gegenwärtigen Stellung und wohl auch der kommenden Existenz. Es ist durch die Entwaffnung gestellt, von deren Umfang, Bedeutung und Wirkung wohl die wenigsten heroisch Begeisterten sich eine richtige Vorstellung machen. Andrerseits aber ist es doch auch schwerlich richtig, die Entwaffnung mit der Politik der Römer gegen das gefallene Karthago zu vergleichen, wie vielfach geschieht. Die historischen Analogien und Suggestionen sind gefährlich. Die Karthager waren eine Kolonistenstadt ohne nationales Hinterland und außerdem für die Römer ökonomisch mehr als entbehrlich. Die Deutschen sind ein großes, dem Boden eng verbundenes Nationalvolk; und ihre ökonomische Leistung ist für Frankreich wie für die Welt nicht zu entbehren, wie die vollgestopften englischen und amerikanischen Häfen zeigen. So ist der Gedanke eines dritten Punischen Krieges und einer heroischen Selbstverbrennung doch unmöglich. Die Lage ist von Grund aus anders, und bietet auch andere Auswege. Freilich, wenn man solche sucht, darf man nicht in München eine große Waffenschau veranstalten und Ludendorff zur Besichtigung einladen!

Anders steht es mit der zweiten Forderung oder Proposition. Sie ist völlig unmöglich und würde vor allem auch den deutschen Arbeiter vernichten, der der Proletarisierung des bisherigen Mittelstandes mit einer gewissen unbedachten Genugtuung zuschaut und über den durch keine Verordnung zu hindernden Triumph der Schieber, Macher und Schlemmer ein nichts begreifendes Haupt schüttelt, der aber, nun ihm selber das Elend auf den Leib rückt, zu erschrecken beginnt. Auch die Unabhängigen sehen jetzt ein, daß mit Bußzerknirschung und Lästerung alles Großen und Mächtigen in unserer Geschichte die französische Politik nicht abgewendet, sondern obendrein gefördert wird. An ihnen und den drohenden Spartakistenaufständen scheiterte [...] vor zwei Jahren die Ablehnung des Versailler Vertrages. Heute denken sie vorsichtiger über den damals erhofften Segen bereitwilliger und bußfertiger Unterwerfung. Sie gewinnt weder die Herzen der Gegner, noch führt sie die Weltrevolution herbei. Sie bringt nur das deutsche Elend, verschärft durch Würdelosigkeit. Natürlich muß Frankreich das jetzt Mögliche angeboten werden und müssen die deutschen Verhältnisse mit voller Ehrlichkeit und Klarheit aufgedeckt werden. Jede »Camouflage« und jeder Verdacht einer solchen muß vermieden werden. Aber den Franzosen darf nicht ein neuer Rechtstitel zu Versklavung in die Hand gegeben werden, den sie mit der Hartnäckigkeit eines Shylock ausnützen würden.

Welche Folgen eine solche Weigerung haben kann, davon will ich hier nicht reden. Ich vermöchte darüber sowieso nicht zu urteilen. Wohl möglich, daß wir uns auf neue Leiden gefaßt machen müssen. Ich will nur von der Rückwirkung auf unser Volk sprechen. Je weniger theatralisch und wortreich, je tiefer, grimmiger, ernster und innerlicher, um so besser. Die Entente wird uns damit schaffen, was wir nie voll besessen haben und durch den Krieg und die Verfassungskämpfe hinterher beinahe ganz verloren haben: ein *Nationalgefühl* innerster und bluthaftester Art. Es wird ein neues Nationalgefühl sein müssen, das vom Arbeiter ausgeht und ihm seine unlösliche Verbindung mit dem Geschick der Nation klar macht. Noch ist es nicht so weit. Noch haben die Linken und die Deutsch-Nationalen ein Konzentrationsministerium, wie es längst nötig gewesen wäre, verweigert; übrigens haben die letzteren auch die Stellung des Volksbegehrens auf Wiederherstellung der schwarzweißroten Flagge verhindert, da sie der Schandrepublik die Ehrenflagge nicht gönnen, d.h. das Agitationsmittel behalten wollen. Auch haben die Kommunisten eine würdige Sitzung und Aussprache des Reichstages durch Adolf Hoffmannsches Hanswurst-Treiben geschändet. Allein, wenn die Ententepolitik so weiter geht, so wird sie den Arbeiter schließlich doch national machen und die Voraussetzung für einen wirklichen deutschen Einheitsbestand damit schaffen.

Das wäre dann freilich ein *neues* Nationalgefühl und müßte auch mit neu durchdachten Zielen der nationalen Einigung verbunden sein. Das Nationalgefühl, das wir bisher hatten, war ein mannigfach gespaltenes. In erster Linie war es die Idee des bismarckischen, großpreußischen Bundesstaates, der das unvergleichliche Künstlertum Heinrichs von Treitschke die historische Anschaulichkeit und die schwungvollen Formeln gegeben hat. Durch die Theatralik Wilhelms II. und verwandter Geister ist es zu einer alle Welt beunruhigenden oder abstoßenden Karikatur in vieler Hinsicht geworden, ein Schaden, der gar nicht wieder gut zu machen ist und zu dem die oben berührten Probleme des »echten Preußengeistes« nach innen und nach außen hinzukommen. Ein zweites Element war das achtundvierziger schwarz-rot-goldene Nationalgefühl, das Bismarck mit dem monarchisch-preußisch-bundesstaatlichen zu verbinden strebte und das doch immer dagegen in einer inneren Spannung blieb. Es ist in der Zeit der Revolution und der Schaffung der neuen Verfassung erfolgreich wieder belebt, aber auch von links und rechts sofort mit allen Mitteln bekämpft, von der Entente jedes politischen Erfolges und Stimmungsrückhaltes beraubt worden, daher heute bereits wieder in der Verdunstung begriffen. Es gemahnte in der Tat ein bißchen an künstlich in der Not zitierte, abgeschiedene Geister. Zum dritten hatten wir das großdeutsch-katholische Nationalgefühl, das heute vor allem nach einer Verlegung des Schwerpunkts des Reiches nach Süden verlangt. Es hängt mit allen Problemen der deutschen Glaubens- und Kulturspaltung und allen Schwierigkeiten des nord-südlichen Verhältnisses zusammen, so daß auch von ihm eine Heilung der Wunden nicht zu erwarten ist. Nur ein vom modernen deutschen Arbeiter herkommendes und die Unterschichten weithin erfassendes Nationalgefühl kann die Grundlage einer wirklichen Einigung und eines wirklichen Widerstandes sein. Die Entente ist im Begriff, es zu schaffen, und die Franzosen scheinen so rasch zugreifen zu wollen, damit wir aufgelöst und vernichtet sind, ehe es erwacht und furchtbar wird.

Die Entstehung eines solchen Nationalgefühles ist die stärkste Hoffnung in solchen trüben Tagen und seine Verbindung mit einem neuen Staatsideal die große geistige Aufgabe. Sie wird freilich nur ganz langsam gelöst werden können, während von außen die Verhältnisse drängen und pressen. Alle übrigen geistigen »Reformen« können warten, umsomehr als die Zeit der Wirren und der Kraftlosigkeit der Regierung ihnen nicht günstig ist. Aber mit der Erkenntnis von der Notwendigkeit des neuen Nationalgefühls hat es Eile.

Der Versuch zur Wiedereröffnung des Krieges und die preußischen Wahlen

16. 3. 1921

Die im letzten Brief angedeuteten Pläne der französischen Politik hat man inzwischen begonnen zu verwirklichen. Auf die Einzelheiten kann ich hier auch dieses Mal nicht eingehen. In den drei Wochen, die zwischen dieser Niederschrift und der Veröffentlichung liegen, wird ja ohnedies noch vieles weiter geschehen sein. Was bis jetzt geschehen ist, entspricht völlig den Andeutungen, die mir ein französischer Herr hier machte. Er wies zugleich auf die äußerst schwierige Lage Frankreichs hin, das von seinen Auslandsschulden und Zinsverlusten erdrückt würde, so daß wir beide vor der Gefahr des Bankerotts stehen. Er hätte auch auf den zweiten Alpdruck Frankreichs hinweisen können, der deutlich wird, wenn wir die Ergebnisse der endlich veröffentlichten Bevölkerungsstatistik beachten: die Geburtenzahl ist von 1915 bis 1919 von 800000 auf weniger als 400000 im Jahre zurückgegangen. Daraus würde an sich die Notwendigkeit einer Verständigung und gegenseitigen Aushilfe, sowie eines soweit wie möglich gehenden deutschen Entgegenkommens folgen, ein Programm, das die — in Paris in *Gazette Foch* übersetzte — *Vossische Zeitung* vertritt. Nur steht dem viel in der französischen Volkspsychologie und bei den französischen Politikern entgegen, wobei übrigens, wie ich aus unverächtlicher Quelle höre, die militärische Leitung der etwas vorsichtigere Teil sei.

Was ist es, was einem solchen, in Wahrheit allein Europa den Frieden und die Kultur zurückgebenden Verfahren entgegensteht? Die deutsche Regierung jedenfalls nicht, denn ihr Verfahren liegt in dieser Linie. Ob es stets mit allem Geschick durchgeführt worden ist und ob die Nation es mit hinreichendem Verständnis unterstützt hat, ist eine Frage für sich. Wäre Frankreich entgegenkommender gewesen, so wäre eine solche Politik bei uns sicherlich restlos durchführbar. Aber Frankreich ist nicht entgegenkommend gewesen, sondern in Form und Sache so schroff wie möglich. Und das hat einen tiefen Grund, der nicht in den deutschen Fehlern liegt, wenn sie überhaupt in dieser Richtung gemacht worden sind: Die führenden französischen Politiker wollen allem Anschein nach die Wilsonschen Elemente, die in den Waffenstillstandsvertrag und auch noch in den Versailler Frieden hineingekommen sind, Schritt um Schritt wieder ausmerzen. Sie haben die in den Waffenstillstands-Verhandlungen fest versprochenen Wilsonschen Grundsätze schon in den Waffenstillstandsbedingungen an der West- und Ostgrenze durchbrochen und Wilson klar gemacht, daß das rein militärische und provisorische Forderungen seien, an denen er sich dann demgemäß »desinteressierte«. In den Versailler Verhandlungen haben sie Wilson vollends endgültig ausgeschieden und übertölpelt, so daß von seinem Völkerfriedensprogramm nur die nackte Existenz des in seinem Nationalbestand arg verkümmerten Reiches und die Karikatur des Völkerbundes als Organ der Zwangsvollstreckungen gegen Mitteleuropa und Rußland übrig blieb. Aber damit nicht zufrieden, haben die französischen Politiker die wirtschaftlichen und finanziellen Friedensbedingungen so gestaltet, daß sie grundsätzlich undurchführbar waren und damit die Möglichkeit zu beständigen neuen Einmärschen und zur schließlichen Herstellung der Rheingrenze, des Rheinbundes und zur Zertrümmerung des Reiches boten. Auf dieser Linie lief in Wahrheit in den letzten zwei Jahren die führende, auch in Frankreich selbst nicht ganz unwidersprochene Politik. Die moralische Deckung vor der Welt verschaffte man sich durch das in Versailles unterschriebene Dokument des Schulddogmas, das für Frankreich so wichtig und entscheidend ist wie für Shylock sein Schuldschein. Das Wesen der neuen Londoner Forderungen ist nun wiederum, grundsätzlich Unmögliches zu fordern, um durch die Strafaktionen die letzten in Versailles Wilson gemachten Zugeständnisse beseitigen zu können. Je schärfer die deutschen Sachverständigen die Unmöglichkeiten der französischen Forderungen nachweisen, um so stärker bestehen die Franzosen darauf. Denn gerade das ist es, was ihre führenden Politiker brauchen. Das Ganze ist mit der höchsten Eile vor dem Zusammentritt des amerikanischen Kongresses durchgepeitscht worden; vermutlich hat man sich mit den amerikanischen Politikern darüber verständigt, um den im April zusammentretenden Kongreß vor ein *fait accompli* zu stellen. Man wollte den Krieg wieder da aufnehmen, wo er durch das Wilson-Programm kupiert war, und glaubt die letzten Reste der Wilson-Politik und der unter ihrem Einfluß gegebenen feierlichen Verpflichtungen beseitigen zu können: alles das unter dem Schutze des Schulddogmas und der Theorie einer prinzipiell nicht ernst zu nehmenden, unausrottbaren deutschen Camouflage.

Man wird fragen, weshalb, wenn die Dinge so liegen, die englischen Politiker auf diese ihnen wirtschaftlich und moralisch nicht wohl angemessene Politik eingehen. Die Antwort dürfte hauptsächlich in der das letzte Mal angedeuteten militärischen Machtstellung Frankreichs liegen. England hat zum ersten Male in seiner ganzen Geschichte den bisher leitenden Grundsatz aufgegeben oder aufgeben müssen, daß die flandrische Küste unter keinen Umständen einer europäischen Großmacht gehören darf. Es ist heute entinselt. Engländer, mit denen man darüber spricht, geben das zu, meinen aber, das sei ungefährlich, da sie ja mit Frankreich durch eine ewige Allianz verbunden seien; man könnte freilich ebensogut sagen, verbunden bleiben müßten unter der Zwangslage der Dinge. Es wäre interessant zu wissen, wie sich Lloyd George den weiteren Gang der Dinge vorstellen mag. Ich habe — freilich durch mehrfache Vermittelungen hindurch und darum nicht absolut zuverlässig — gehört, er habe für die nächsten zehn Jahre eine Art französische Napoleonspolitik für bevorstehend erklärt, die aber schließlich bei der Menschenschwäche Frankreichs und der Unmöglichkeit, all das mit schwarzen Truppen durchzusetzen, scheitern müsse; dann würden sich normale Verhältnisse wieder herstellen; für Deutschland freilich werde das wenig helfen; für dieses sei es dann allerdings zu spät, wie es denn in jeder Hinsicht in der Weltgeschichte zu spät gekommen sei. Daß Lloyd George so denkt, ist jedenfalls nicht unwahrscheinlich. Ich entsinne mich, dieses *to late for Germany* schon vor dem Kriege öfters in englischen Zeitschriften gelesen zu haben.

Freilich wird man an diesem Punkte die Gedanken der führenden französischen Politiker ihrerseits gerade umgekehrt deuten müssen. In diese Politik kommt volle Logik erst hinein, wenn man annimmt, daß diese Menschen den Entscheidungskampf mit England, die Revanche für Waterloo und Faschoda vorbereiten. Sie wollen wie Napoleon die Rückendeckung gegen Deutschland durch Rheingrenze und Rheinbund, die finanzielle Sanierung Frankreichs durch Deutschland, das überdies durch den Unterhalt der Besatzungstruppen das französische Militärbudget entlastet. Vermutlich rechnen sie auf eine Entzweiung Amerikas mit England und gedenken dann mit Hilfe Amerikas wie gegen Deutschland so auch gegen England endgültig zu siegen. Wie es dann weitergehen soll, werden sie dann freilich auch ihrerseits der Zukunft überlassen. Aber der neue Napoleonismus würde wie der alte seine Hauptfront gegen England haben und seine Kontinentalpolitik diesem Ziele dienstbar machen. Er hat ja heute schon erreicht, was Napoleon in Rußland mißlang, die Ausschaltung des ganzen Kontinents aus der Bündnisfähigkeit für England.

Nur so kommt Zusammenhang und Logik in die Sache. Beides darf man den Franzosen — wie groß mag der Kreis der so denkenden Politiker sein? — nicht absprechen. Es wäre eine kühne und verwegene Politik, verbrecherisch vom Standpunkt des friedlichen Völkerwohles, wahnsinnig vom finanziellen und ökonomischen Standpunkt aus und heuchlerisch vom Standpunkt des sogen. Völkerbundes aus, aber völlig im Geiste aller bisherigen imperialistischen Politik, die etwas Raubtierhaftes an sich hat und durch keine Revolution und keine Moral der Welt bisher hat beseitigt werden können, ja für die die moralischen Masken zu finden bisher fast die einzige Beteiligung der Moral an der Sache war. Wie weit solche Pläne durchführbar sind, im Einzelnen und Nächsten wie im Großen und Fernsten, muß die Zukunft zeigen. Ihr wundester Punkt ist, daß sie in Frankreichs Fall jedenfalls nicht einmal das innere Recht derjenigen Völker hat, die steigende Volksmassen ernähren müssen, sondern rein auf dem französischen Sinn für Prestige und Gloire beruht. Macht ist wichtiger als Geld; dieser Ausspruch eines Politikers wird wohl auch das Geheimnis der französischen unmöglichen Geldforderungen sein. Für die Massen dienen die Milliardenforderungen als Berauschungs- oder Beruhigungsmittel, der Welt werden sie als moralisch berechtigte Entscheidungen klargemacht, und viele mögen innerhalb und außerhalb Frankreichs beides glauben. Aber auf diesem finanziellen Instrument spielt noch eine zweite, rein politische Hand, deren Ziele nur aus der Konsequenz des Ganzen zu erraten sind.

Für Deutschland ist diese Politik in diesen ihren letzten Konsequenzen schlechthin tödlich. Ob es aber zu diesen Konsequenzen kommt und wie die ersten, jetzt unternommenen Schritte sich auswirken, das steht dahin. Es ist keineswegs unmöglich, daß die französische Politik sich als undurchführbar erweist und daß auch dort vernünftigere und menschenfreundlichere Ideen sich wieder geltend machen. Doch können wir selber dazu leider wenig tun. In Amerika liegt der gleichfalls unbekannte und noch kaum zu erratende letzte Punkt dieser Politik. Sie ist nur möglich, wenn Amerika sich endgültig an dem Wilsonprogramm »desinteressiert«. Was wir von Amerika in dieser Hinsicht hier hören, klingt freilich bis jetzt nicht tröstlich.

Das einzige, was das deutsche Volk tun kann in solcher die Entscheidung des Krieges wieder hinter das Wilsonprogramm zurückverlegenden Lage, ist Einigkeit und Zusammenhalt im Ausgleich des Arbeitertums und des Bürgertums. Aber seit dem Ausbruch der Revolution ringen diese miteinander, als ob wir unter dem Schutze des, wenn auch abgeschwächten, Wilsonprogramms für immer stünden und innere Kämpfe rücksichtslos ausfechten könnten! Wobei die einen die pazifistischen Anklagen gegen die kriegerische Herrenschicht und die andern die nationalistischen Anklagen gegen würdeloses und antinationales Plebejertum lediglich für den inneren Kampf unbedenklichst verwenden, ohne Gedanken daran, daß sie damit *beide* dem Feinde und seinem wichtigsten Mittel, dem Schulddogma, fortwährend die wirksamsten Hilfen zuteil werden lassen.

Einen weiteren Schritt in der Gestaltung dieser inneren Lage zeigen die Ergebnisse der Preußenwahlen. Sie bekunden auch ihrerseits die Zunahme der Rechtsbewegung, die ich seit langem schon in diesen Briefen als das zweite Stadium der Revolution bezeichnet habe. Nur ist diese Rechtsbewegung keine einheitliche, sondern eine doppelte, und die beiden Richtungen, in denen sie verläuft, sind entgegengesetzte. Einmal zeigt die Arbeiterschaft eine Richtung nach Rechts im Sinne der Sammlung, der Besonnenheit, der Aufrechterhaltung der sozialistischen Partei als Grundlage eines bestimmenden Einflusses auf die Gestaltung von Staat und Gesellschaft. Sie hat sich gegen die Moskauer Agitationen und die Zerflossenheit der Unabhängigen, aber zugleich und vor allem gegen die bürgerlichen Rechtsparteien behauptet. Die Gefahr der bürgerlichen Einheitsfront hat sie zusammengeschmiedet und ihr geholfen, die Radikalismen von links, die ohnedies in der Bevölkerung an Boden verlieren und Angelegenheiten rabiater Doktrinäre und Demagogen werden, zurückzudrängen. Umgekehrt hat die Vermehrung der deutsch-nationalen und volksparteilichen Stimmen die demokratische Partei bestraft für ihre Anteilnahme an einer mit den Sozialdemokraten paktierenden Regierung. Den Sozialdemokraten und dem Zentrum hat die bürgerliche Rechtsbewegung nichts anhaben können, aber den Teil des Bürgertums und der Intellektuellen, der — ob mit oder ohne großes politisches Talent — an dem Ausgleich mitzuarbeiten und den Einfluß des Bürgertums durchzusetzen bereit war, hat sie zertrümmert. Es wird auf lange Zeit das Einzige sein, was sie erreichen kann! Sie macht damit das Zentrum wieder zur ausschlaggebenden Partei und schafft unsäglich schwierige Bedingungen für die Regierungsbildung, zu denen die steigenden Reibungen zwischen Preußen und dem Reich hinzukommen. Je mehr durch diese innere Entgegengesetztheit der beiden Rechtsbewegungen die Regierungsbildung erschwert und bei der Labilität der ganz verworrenen Parteiverhältnisse verschiedene Regierungsbildungen im Reich und in Preußen möglich werden, um so schwieriger wird auch die innere Lage. Der soziale Haß und die Hoffnung, durch

Polemik und Stimmungsmache, moralische und politische Vorwürfe den anderen Teil doch noch aus der starken Stellung werfen zu können, beherrscht die innere Politik. Auch die vielgepriesene und mit großen Hoffnungen begleitete Versöhnungspolitik der großen Wirtschaftsführer hat nicht viel geholfen. Seit Herr Stinnes das erste von ihm gebaute Schiff »Tirpitz« genannt und seine Zeitungen dem ehemaligen Pressestab des Herrn von Tirpitz zum großen Teile übergeben hat, ist auch hier die Situation schwierig geworden. Derartiges ist schneidig, und Ähnliches hat man in Frankreich nach 1870 oft getan. Aber psychologisch wirkt es auf die Linke, wie etwa die Aufstellung eines Marxdenkmals auf dem Schloßplatz auf die Rechte wirken würde. Für unsere Wirtschaftsführer existiert die Psychologie der Massen offenbar ebensowenig, wie sie für die militärischen existierte. Es brechen überall die alten Gegensätze und die alten Wunden wieder auf, seit der erste Schrecken der Revolution überwunden und eine relative Ordnung wieder eingetreten ist.

Wie weit unter dem Einfluß der wohl bald sich immer klarer enthüllenden äußeren Situation sich diese tiefen inneren Gebrechen eines alten Klassen- und Ständestaates, der in die rasende moderne Wirtschaftsbewegung und in den Sturm der Weltpolitik durch seine Einigung hineingeraten ist, sich werden heilen oder zurückdrängen lassen, das muß die Zukunft zeigen. Der Weg selber ist klar durch die Lage gewiesen: Ausgleich von Arbeitertum und Bürgertum. Aber er ist an sich selber schwierig und ihn kreuzen außerdem in der historischen und psychologischen Artung der deutschen Länder und Stämme außerordentliche Hemmungen. »Ein eigensinniges und zänkisches, kraftvolles, aber doch überwiegend lyrisch und musikalisch oder spekulativ beanlagtes Volk« hat uns der sehr deutschfreundliche Däne Karl Larsen genannt. In dem ersten Teil hat er dabei jedenfalls augenblicklich recht.

Noch ein anderer Punkt ist völlig klar: die ungeheure Bedeutung des Schulddogmas und die Notwendigkeit, in diesem Punkte unbedingt zunächst vor allem für unser eigenes Volk Klarheit zu schaffen, damit nicht die deutschen Urteile selbst fortwährend von den Feinden gegeneinander ausgespielt werden können. Die ganzen Akten des deutschen und österreichischen Generalstabs liegen heute genau datiert und lückenlos vor. Von beiden Seiten ist nicht zum Kriege getrieben worden. Von den Politikern bei uns waren der Kaiser, Herr von Bethmann und Herr von Jagow ganz zweifellos bemüht, den Krieg zu verhüten. Ein Teil der Vorgänge bedarf noch der Aufklärung. Aber daß Deutschland den Krieg nicht bewußt und absichtlich herbeigeführt hat, sondern wie die anderen auch — nach Lloyd Georges Wort — in ihn hineingestolpert ist unter dem Zwang von Furcht und Mißtrauen, das dürfte heute schon feststehen. Ich berichtete früher, daß Hans Delbrück von der *Contemporary Review* zur Darlegung der Schuldfrage vom deutschen Standpunkt aus aufgefordert war. Sein Aufsatz ist inzwischen erschienen. Zu dem Aufsatz Delbrücks bemerkt der hochangesehene Professor Headlam, daß in der Tat in England heute kein maßgebender Mensch mehr an eine absichtliche Herbeiführung des Krieges durch Deutschland glaube! Freilich konstruiert er dann eine andre Schuld, die in unserer türkischen Politik liege; aber das ist dann doch offenbar keine absichtliche Herbeiführung des Weltkrieges. Hierüber sehe man den äußerst wichtigen Artikel von Hans Delbrück in der Morgennummer des *Berliner Tageblattes* vom 9. März nach, der freilich mit dem Vermerk »Nachdruck verboten« versehen ist! Nach der Akteneinsicht und den genauesten Mitteilungen hervorragender Generalstäbler bin ich mir heute in diesem Punkte völlig sicher. Es muß auch weiterhin alles, soweit es möglich ist, restlos aufgeklärt und unser Volk über den Stand der Schuldfrage unermüdlich auf dem Laufenden gehalten, das Interesse an ihr geweckt werden. Sie ist das Entscheidende, und es ist wahrhaft entsetzlich, daß dafür in Volk und Presse so wenig Verständnis vorhanden ist und daß die vorhandenen 14 Organisationen zur Behandlung dieser Dinge so wenig einheitliche Leitung haben, die vorhandenen klaren, dokumentarischen Ergebnisse so wenig ins allgemeine Bewußtsein gedrungen sind. Auf strengsten dokumentarischen Beweis und auf allgemeine Kenntnis der Ergebnisse kommt es an. Nur von diesem Punkte aus kann das ursprüngliche Wilsonprogramm wieder belebt und der Versailler Friede revidiert werden. Wenigstens ist es außer unserer Einigkeit und dem Entschluß, die schwersten Leiden um ihretwillen zu ertragen, das einzige Mittel, das wir bei der heutigen Weltlage in der Hand haben. Freilich entscheiden hier nur genau festgestellte Tatsachen und nicht Gefühle oder Theorien. Eben deshalb gilt es vor allem genaue Feststellung zu bewirken und das Ergebnis bekannt zu machen.

Richtiges Verständnis für die Bedeutung der Schuldfrage und richtige Auffassung der uns heute allein übrig gebliebenen Möglichkeiten einer Politik auf der Grundlage des ehemaligen, uns feierlich garantierten Wilson-Programmes hängen freilich eng zusammen. Und wer das eine nicht wahr haben will, wird sich um das andere nicht viel kümmern. Aber der praktische Gang der Dinge wird zeigen, wie notwendig es ist, auf beides die ganze Kraft zu konzentrieren. Nur so kann es gelingen, ein großes und reich kultiviertes Volk ohne wesentliche Bevölkerungsminderung auf seinem Boden in Freiheit und Ehre zu ernähren und ihm wirtschaftlich und geistig eine Existenzmöglichkeit zu geben, die, wie der Versuch gezeigt hat, auf dem Boden der »Weltpolitik« für uns nicht zu erreichen war. Hoffentlich ist es noch Zeit für dieses Programm. Sonst möchte es bald überhaupt kein Programm mehr geben.

Die Reparation und Amerika
8. 4. 1921

Unser Himmel umzieht sich mit immer finstereren Wolken. Auf der einen Seite wird von dem Weltsystem der Entente her das »Reparationsproblem« immer dringender und gefährlicher. Auf der andern wirft sich das Weltsystem des Bolschewismus, der bei sich selbst schwere Krisen und Systemwechsel durchmacht und durch seine Auslandsverträge an der Propaganda im Osten gehindert wird, auf das zerrissene Deutschland, um dort den Rest der Revolutionshoffnungen auf eine grundsätzlich neue Welt wiederzubeleben und kommunistische Putsche oder gar den entscheidenden Bürgerkrieg zu erregen. Inmitten von alledem kämpft die deutsche Staatsordnung um ihren Bestand, der durch die Ermattung des anfänglichen Glaubens an den republikanischen Einheitsstaat, durch den Kampf der Parteien und durch die mangelnde Vorsorge der Verfassung für eine Lösung des preußisch-deutschen Problems sehr gefährdet ist. Die ersten Neuwahlen im Reich und in Preußen haben bereits eine Regierung von wirklicher Autorität beinahe unmöglich gemacht. Die beiderseitigen verschiedenen Regierungsbildungen, die Zugehörigkeit aller Verwaltung und eigentlichen Kraft an die Einzelstaaten, die Beschränkung des Reichs auf Gesamtverantwortung und Gesamtpolitik ohne Möglichkeit direkter und eigentlicher Regierung, der auf alle bisher führenden geistigen Schichten sich schwerer und schwerer legende wirtschaftliche Druck und die seit dem Kapp-Putsch grundsätzlich vorgehende Reinigung der Verwaltung, die politisch nötig geworden sein mag, die aber zugleich eine Verschlechterung ist: all das läßt die Staatsmaschine immer schwerer arbeiten und heißer stöhnen. Die Zertrümmerung der das Reich und die Einzelstaaten tragenden Mitte, die das gemeinsame Werk der Entente, der Linksradikalen und der Konservativen ist und an der sich außerdem noch alle möglichen Gruppen und Grüppchen vom »Christlichen Revolutionär« bis zu den Diktaturhoffnungen des *Gewissens* leidenschaftlich beteiligen, sie ist das eigentlichste Ergebnis der bisherigen Entwickelung. [...]

Wie ich stets in diesen Briefen hervorhob: der Druck von außen ist das Entscheidende. Das Härteste aber an diesem Druck ist die unendlich schwierige Reparationsfrage. Auch wenn man von allen weitergehenden Absichten etwa Englands auf Ausschaltung des deutschen Wettbewerbs und Frankreichs auf Schaffung eines rheinländischen und vasallischen Hinterlandes absieht, so ist diese Frage auch ohne bösen Willen oder Vernichtungsabsichten der Beteiligten schon an sich selbst eine grenzenlos schwierige. Die bis jetzt von Amerika gestundeten Auslandsschulden Englands und Frankreichs betragen m. W. 45 Milliarden Goldmark. Frankreich sind sogar die Zinszahlungen gestundet. Diese Schulden sollen *wir* bezahlen. Tun wir aber das, so hat Frankreich positiv noch keinen Heller gewonnen und seine Wiederaufbaunöte sind nicht entfernt damit befriedigt. Auch Belgien ist damit nicht entschädigt. Die Anrechnung des bereits gelieferten materialen Gutes ist hin und her bestritten und erfolgt nach einem von der Entente angewendeten Schlüssel, wo jeder Teil das Interesse hat, so wenig als möglich empfangen zu haben, um bei der weiteren Zuteilung besser berücksichtigt zu werden. Daß Berechnungen unter diesen Umständen geradezu wahnsinnig schwierig sind, liegt auf der Hand. Unsere Staatsmänner, besonders der deutsche Gesandte in London, haben nicht ganz richtig gehandelt und sich nicht an die Aufstellungen der deutschen Sachverständigen gehalten. Aber es ist hier wirklich ein völlig schwankender Boden, auf dem nichts klar ist, als die dringende finanzielle Not Frankreichs und die allgemeine deutsche Reparationsverpflichtung. Aber die Berechnung entzieht sich jedem Laienverstande und ist ein Spielball in der Hand der Politiker, die dann damit noch teilweise ganz andere Absichten zu verbinden scheinen, von denen ich das letzte Mal gesprochen habe.

Von unsrer Seite ist nun die loyale Anerkennung, nicht bloß der faktischen Zwangslage, sondern auch der moralischen Verpflichtung zur Reparation an Belgien und Frankreich rückhaltlos einzuräumen. Es mögen die Zerstörungen in Belgien und Frankreich aus militärischen Gründen notwendig gewesen sein — darüber hat der Laie kein Urteil und daran war ja auch die Entente selbst beteiligt — aber schon im Falle des Sieges wäre die Hilfe zum Wiederaufbau moralische Pflicht gewesen, wenn man schon eine derartige furchtbare Schädigung des Gegners im Interesse der Selbsterhaltung für nötig oder unvermeidbar hielt. Die Verpflichtung ist noch enorm verstärkt im Falle der Niederlage, wo der Unterlegene dieses Mal nicht bloß die Kriegskosten, sondern vor allem die durch die technische und wirtschaftliche Natur des modernen Massenkrieges verursachten entsetzlichen Zerstörungen zu heilen hat. Die loyale Anerkennung dieser Pflicht ist für die Welt draußen die erste Voraussetzung eines Zutrauens zu Deutschland; das ist eine unleugbare, aber auch verständliche Tatsache. Aber die daraus entstehenden ungeheuerlich schwierigen Berechnungen müssen doch mit den Existenzbedingungen des Verpflichteten selber rechnen und können nicht einfach dem Diktat der Feinde überlassen werden, bei dem noch ganz andere Rücksichten und Erwägungen mitspielen und der jeden Augenblick sein Brennus-Schwert in die Wagschale werfen kann. Darin, daß irgend einmal diese unsagbar schwierige Frage ausgetragen werden muß und daß das innerhalb der Entente beständig an militärischer Machtstellung steigende Frankreich den Knoten mit Gewalt statt mit vernünftigen Berechnungen zu durchhauen Neigung hat, liegt die fürchterliche Gefährlichkeit des Momentes, wo die Parlamente der neuen Wahlen fortwährend in Ferien gehen und keine neue Regierung zustande bringen oder die alte erschüttern!

Begreiflicher Weise schaut die Welt unter diesen Umständen nach dem relativ unbeteiligten Amerika, nach dessen neuer Regierung und nach deren etwa vermittelnder Tätigkeit aus. Welche Hoffnungen darauf gesetzt werden können, vermag ich nicht zu sagen. Ich gebe nur einige Informationen durch einen kundigen Amerikaner wieder. Darnach ist die kleine liberale Partei in Amerika, die mit einer gewissen Scham den Betrug an Deutschland durch die Nichteinhaltung des Präliminarfriedens und die Vergewaltigung durch den Versailler Frieden empfindet, völlig einflußlos. Der Sturz Wilsons führte sich nicht auf dies sein Versagen in Paris zurück, sondern auf seine die Arbeiter begünstigende und die Kriegswirtschaft halbsozialistisch organisierende innere Politik sowie überhaupt auf sein autokratisches Auftreten. Die Völkerbundidee sei seine ganz persönliche Idee gewesen, in der sein Moralismus und sein eigensinniger Ehrgeiz in eins zusammengeflossen seien, sie sei aber nie vom Senat oder den führenden Politikern gebilligt gewesen. Frankreich gelte seit alter Zeit als die zivilisiertere Nation, die nie den autokratischen Militärdespotismus gehabt habe, und die überdies Amerika seinerzeit in seinem Unabhängigkeitskrieg gerettet habe. Eben jetzt habe der General Nivelle, der »Blutsäufer« von Verdun, Amerika durchreist und in seinen Vorträgen die deutsche Gefahr geschildert, die heute noch im Falle des Wiederaufkommens Amerika mit dem berühmten Zimmermannschen Programm und Mexikotelegramm bedrohe! Auch zweifle niemand an der deutschen Schuld, die ja zu dem dort angenommenen Charakter der Militärdespotie so vortrefflich passe, so daß sie beinahe schon *a priori* gewiß sei; sie werde überdies durch die deutschen Atrozitäten bestätigt. Auf den Vorwurf eines Betruges und Vertragsbruches nach den Versprechungen des Präliminarfriedens habe der Senator Lodge erwidert, daß es das Unglück der Deutschen gewesen sei, eine vom Senat und Volk nicht gestützte Erklärung Wilsons ernst zu nehmen. Und was Amerikas Interesse an Europa betrifft, meinte ein andrer Senator, so betrage es nicht den fünften Teil seines Interesses am Karibischen Meer; man könne ermessen, wieviel von jenem Interesse dann noch auf Deutschland insbesondere käme. Auch arbeiten die Franzosen fortwährend diplomatisch und propagandistisch in Amerika und suchen die moralische Weltächtung neu zu beleben, zugleich mit einer starken Betonung, daß die deutsche Gefahr wieder kommen könne. Andrerseits habe natürlich Amerika gewisse geschäftliche Interessen und manche Kreise ein moralisches, Deutschland nicht völlig vernichten zu lassen. Sie würden den Friedensschluß mit Deutschland auch ihrerseits vermutlich in Diktatform machen und in der Reparationsfrage vielleicht mit starker Rücksicht auf Frankreich, die moralisch bessere Nation, vermitteln. Die republikanischen Senatoren seien heute ausschlaggebend, und die seien harte Geschäftsmänner mit wesentlich französischen Sympathien, ohne freilich eigentliche Sympathiepolitik zu machen.

Soweit mein Gewährsmann. Wie weit er richtig gesehen hat, das muß die Zukunft lehren. Die inzwischen erfolgte Botschaft des neuen Präsidenten ist vielleicht um ein kleines günstiger ausgefallen. Allem Anschein nach haben die Franzosen bis jetzt doch nicht mehr ausdrücklich erreicht, als die offizielle Anerkennung der deutschen

»Schuld am Kriege« durch Amerika, d.h. die Anerkennung ihres Schuldscheins. Aber das ist noch nicht die Exekutierung der Forderung, so wie die Franzosen es sich denken mögen, und kein neuer Zwang für die Deutschen, das Schuldbekenntnis zu unterschreiben, wie das vermutlich die Franzosen am liebsten gehabt hätten. Man muß, um diese Situationen und die Grundrichtung Amerikas zu verstehen, ein so ausgezeichnetes Buch wie Luckwalds *Geschichte der Vereinigten Staaten* (1920) lesen, das sich mit der amerikanischen Politik im Weltkriege eingehend beschäftigt. Man kann daraus das grenzenlose Elend ersehen, das oberflächlich moralisierende und sich für moralische Weltrichter und Welterlöser gebende Staatsmänner anrichten können, wenn sie gleichzeitig ein so enormes demagogisches Talent besitzen wie Wilson. Man kann daraus aber auch die fürchterliche Torheit und Kurzsichtigkeit der zwiespältigen deutschen Politik verstehen, die dem Amerikaner als doppelzüngig erscheinen *mußte* und ihn gerade im Moment einer gewissen Beruhigung gegenüber Deutschland völlig aus Rand und Band gebracht hat. Man wird aber vor allem auch die Härte der amerikanischen Geschäfts- und Parteipolitik verstehen lernen, die vor allem jede Art von Sozialismus niederhält und den unzweifelhaften stark humanitären und moralischen Sinn des amerikanischen Volkes bestimmten Interessen-Schlagwörtern jederzeit dienstbar zu machen weiß. Es käme alles darauf an, daß in Amerika die wirkliche Lage des deutschen Volkes und die wirkliche Lage des Schuldproblems bekannt würde und daß man dort daran glauben lernte, es sei bei uns die Vermengung von Nietzscheschem Atheismus mit Treitschkescher Gewaltpolitik — so faßt man dort den deutschen Geist auf — niemals der Geist unseres Volkes gewesen, und soweit diese Vereinigung wirklich stattgefunden und damit aus jedem der beiden vornehmen Geister eine Karikatur geschaffen habe, längst bei den feineren Menschen als rohe Plattheit entlarvt oder bei dem Durchschnitt durch neue, ganz andersartige Konfusionen ersetzt.

Damit stehen wir wieder bei dem Problem des Schulddogmas und der Forderung innerer geistiger Umkehr, den

Dingen, die für alle Nichtpolitiker und Nichtgeschäftsmänner heute die ernstesten Sorgen sind und auch den beiden ersteren nach allen Seiten die Bedingungen ihres Wirkens vorschreiben.

Der Beginn der eigentlichen Schwierigkeiten
10. 5. 1921

Diese Briefe waren niemals optimistisch. Nur in der kurzen Frist im Frühjahr 1919 zwischen der Niederkämpfung des Spartakismus und dem Versailler Frieden habe ich Hoffnungen geäußert, daß die verfassungsmäßige Neuordnung, die Zusammenarbeit von Arbeitertum und Bürgertum und ein etwa möglicher erträglicher Friedensschluß den sogenannten Wiederaufbau ermöglichen könnte. In diesem Sinne habe ich mich auch damals selbst der politischen Arbeit zur Verfügung gestellt. Allein die Hoffnungen waren doch sehr gedämpft. Ich war in jenem Frühjahr in Holland, zum erstenmal heraus aus dem Ring des Verderbens, in der Freiheit und Sorglosigkeit nicht gequälter Menschen, in der Atmosphäre relativ unbefangener Urteilsbildung. Die Auffassung dort im allgemeinen war, wir würden leichter und rascher wieder aufleben als wir selber glaubten, vorausgesetzt, daß wir eine vernünftige Politik, d. h. eine wesentlich bürgerlich-demokratische mit sozialistischem Einschlag trieben. Die besten Kenner, die ich sprach, waren freilich trüb gestimmt. Ein vortrefflicher Nationalökonom sagte mir beim Abschied mit schwer bekümmerter Miene: »Sie scheinen noch hoffen zu können; ich habe nach meinen Nachrichten keine Hoffnung mehr.« Ein paar Tage darauf sagte mir ebendort ein berühmter Ethnograph: »Sie sind Geschichtsphilosoph; diese Wissenschaft wird leicht, wenn man einmal den Entschluß gefaßt hat, die Menschen für Esel und Narren zu halten. Sie werden es ja sehen, drinnen und draußen.« Nach Hause zurückgekehrt, sprach ich einen unserer ersten Geschäftsmänner und berichtete ihm von diesen Eindrücken. Er antwortete mir: »Wir sind erst am Beginn der Schwierigkeiten. Die eigentlichen werden erst kommen, wenn die

Reparationsfrage brennend wird und wenn sie nicht von Geschäftsmännern, sondern von Politikern gelöst wird.«

Heute sind sie da, und ihre Auswirkung ist vorerst unabsehbar. Das bolschewistische Problem ist in den Hintergrund getreten. Innerhalb der Entente steht Frankreich mit seiner wieder aufgenommenen Politik der nationalen Hegemonie gegenüber England im Vordergrund, zugleich als Inhaber aller militärischen Kräfte des Kontinents. Nach und nach scheint es, als ob auch die Vereinigung aller Kohlengebiete des Kontinents in französischer Hand und der Aufbau einer ganz neuartigen französischen schwerindustriellen Hegemonie zu den französischen Plänen gehöre. Damit kam dann auch erst das Reparationsproblem im größten Stil. Gleichzeitig damit trat die amerikanische Politik mit dem neuen Präsidenten aus den Hemmungen heraus, in welchen sie bisher das gegenseitige Veto des Präsidenten Wilson und seiner Parlamente gefangen gehalten hatte. Die deutsche Regierung, die in London allem Anschein nach sehr unglücklich und ohne Rücksicht auf die skeptischeren Sachverständigen operiert hatte und die durch die innere Entwicklung aufs äußerste geschwächt worden war, tat den Verzweiflungsschritt, Amerika bedingungslos um seine Vermittlung zu ersuchen. Er war vergeblich. Die Reichsregierung stürzte in völlig logischer Konsequenz des Versagens dieser letzten Karte. Eine neue Regierung ist schwer zu finden, vor allem ein neuer Minister des Auswärtigen. Alle Berufsdiplomaten älterer Schule, die sich im Kriege oder in Versailles betätigt haben, sind der Entente nicht genehm. Die bisher verborgen Gebliebenen waren dies aus gutem Grunde. Wer aber soll nun den Kampf mit den geriebensten Politikern der Welt aufnehmen? Noch eine solche Regierungskrise und das ganze System ist erledigt. Es bleibt dann nur eine Diktatur, eine einheimische oder eine fremdländische. Einer der Chefs der ausländischen Missionen bat einen unserer klügsten und charaktervollsten (inaktiven) Politiker um eine Aussprache über die Lage und ihre Möglichkeiten. Der Deutsche erklärte, daß er bei gewissenhafter Erwägung nicht sagen könnte, wieviel Geld vorhanden sei. Vorhanden sei welches, aber bei den Arbeitern und bei den

Schiebern; beiden sei es schwer abzunehmen; für eine so schwache Regierung wie die unsrige sei das so gut wie unmöglich. Die Antwort war: »Das ist auch genau unsere Schwierigkeit; aber Sie müssen sehen, wie *Sie* damit fertig werden!«

Ich habe in diesen schweren Tagen viele Leute gesprochen, die gar nicht so unbefriedigt waren von dieser Entwicklung! Man sehe nun doch die ganze Unmöglichkeit des parlamentarisch-demokratischen Systems. Die Deutschen seien nun einmal nur für die Militärmonarchie geeignet. Das System habe sich selbst *ad absurdum* geführt. Alle aristokratischen Schlagworte leben wieder auf und gewinnen steigenden Kurs vom Nietzscheschen Distanzgefühl bis zur mittelalterlich ständischen Idee. Man tadelt die täppische Ängstlichkeit unserer Diplomaten und vergißt, daß die Entente-Spionage von allem unterrichtet ist und jede falsche Angabe sofort entlarven kann. Dazu kam, daß gerade in diesen schweren Tagen die Kaiserin sterben mußte und die so verständlichen Trauer- und Sympathiekundgebungen die der Verfassung entgegenstehenden Elemente stärker erscheinen ließen, als sie in Wahrheit sind. Für Franzosen und Sozialisten sind diese Kundgebungen zu einem der fatalsten Hetzmittel geworden.

Umgekehrt sind aber auch die Sozialdemokraten völlig verbockt und denken nur an die Wiedergewinnung einer möglichst großen Wählerzahl, an Vereinigung mit den Unabhängigen und Revanche an den Nationalen. Die beiden Konkurrenten, Scheidemann und Hermann Müller, überbieten sich in Scharfmacherei. Es ist in der Tat zu fürchten, daß, wenn es ihnen nicht gelingt, sich wieder durchzusetzen, sie dann auch ihrerseits das »System« und die »parlamentarische Verfassung« durch Obstruktionen und Skandale zu sprengen versuchen. Seit dem unseligen Kapp-Putsch, von dem das Wort gilt, daß er mehr als ein Verbrechen, daß er ein Fehler war, ist diese Rückentwicklung der Sozialdemokratie in einem unaufhörlichen Gange. Aber eine einseitige Wiederdurchsetzung der nunmehr viel schärfer gewordenen Sozialdemokratie wäre für die auswärtige Politik ebenso ungünstig wie der Sieg der Rechten. Was man im Auslande als Garantie und Voraussetzung jeder Zurechtfindung ansieht, ist eine mit dem Sozialismus verständigte bürgerlich-demokratische Regierung, und gerade diese scheint immer unmöglicher zu werden, vor allem allerdings gerade durch den Druck der auswärtigen Politik, die alle Sprengkräfte des deutschen Volkstums gegeneinander entzündet hat. Möglich, daß die gegenwärtige Krisis die Sozialdemokraten wieder in die Regierung einwippt, aus der sie sich heraus manövriert haben. Das wird vor allem von der Haltung des Zentrums abhängen. Aber solange Sozialdemokraten und Volkspartei sich nicht an einen Tisch setzen können, ist von einer Stabilität der Regierung nicht die Rede, stehen immer neue Krisen in Aussicht. Dazu aber scheint es der beiderseitige Klassenhaß niemals kommen lassen zu wollen.

Ich wage es hier nicht, von der nächsten Zukunft zu sprechen. Das Schlimmste ist das gleichzeitige Drohen der »Sanktionen«, d. h. des Raubes der Kohlengebiete, im Westen *und* im Osten. Ob wir ein Kabinett des nationalen passiven Widerstandes oder ein solches der Unterwerfung bilden, die Bestimmungen sind so, daß den »Sanktionen« schwer zu entgehen ist, im einen wie im andern Fall. Es bleiben immer soviel Strafbestimmungen und Verfehlungsmöglichkeiten übrig, daß der Wille zu den Sanktionen unter allen Umständen sich durchsetzen kann. Man denkt heute der deutschen Staatsmänner, die von Versailles zurückkamen und sagten: »Die Unterwerfung wird euch nichts nützen. Was ihr durch sie vermeiden wollt, kommt doch; nur später und gründlicher.« Steht es heute ebenso? Ich bin geneigt es anzunehmen. Doch darf ich nicht verschweigen, daß ich unter *allen* Verantwortlichen nicht einen gefunden habe, der für Ablehnung ist. Es muß also starke Gründe für die Annahme geben. Nur war dann, wenn das so ist, unsere Londoner Politik falsch. Auch darf man im Fall der Annahme nicht allzu große Hoffnungen auf die Differenzen der Alliierten setzen. Frankreich wird ihnen, vor allem in Oberschlesien, Konzessionen machen. Aber werden das mehr als Scheinkonzessionen sein? [. . .]

Klar ist nur das eine: wir sind in den zwei Jahren in der internationalen Politik nicht vom Fleck gekommen, in der inneren trotz der Erledigung des Spartakismus in immer schwerere Dauerkrisen hineingerutscht, und die Lage ist so dunkel wie in den hoffnungslosesten Zeiten des Krieges.

Nach der Annahme des Ultimatums
7. 6. 1921

Es kann sich in diesen Briefen immer wieder nur darum handeln, die außen- und innenpolitische Lage klar zu machen, soweit deren Verständnis für Hoffnungen und Möglichkeiten des geistigen Lebens und der inneren Einigung des deutschen Volkes in Betracht kommt. Der *Kunstwart* arbeitet mit vielen anderen ähnlichen Unternehmungen für Gesundung und Einigung des deutschen Geistes, der wie der anderer Völker seit langem durch gewisse Zersetzungen des modernen Geistes bedroht ist. Durch die Zerstörung der politischen und sozialen Ordnung des Reiches sowie durch die furchtbare Erschwerung der Ernährung einer nunmehr für die heutigen Verhältnisse zu groß gewordenen Bevölkerung ist er heute noch weit über dieses allgemeine Maß hinaus gefährdet. Die dauernde Fortsetzung des Krieges durch die Entente, die immer neuen Rechtsbrüche und Mißhandlungen des nationalen Ehrgefühls tun weiter das ihrige dazu, die ungeheure deutsche Tragödie nicht zur Ruhe und Ausheilung ihrer Leiden kommen zu lassen. Was die franz.-poln. Geheimpolitik heute in Oberschlesien dem nationalen Ehrgefühl zumutet, ist — alles unter dem Schutz nie versiegender moralischer Phrasen — schlechthin eine Ungeheuerlichkeit und eine fast übermenschliche Anforderung an die Selbstdisziplin der deutschen Bevölkerung. Sie muß fürchten, alles zu verlieren, sowie sie auch nur von den elementarsten Rechten der Notwehr Gebrauch macht; und englische Gewährsmänner sagen, daß das Günstigste, was für sie zu erreichen sei, die Verlängerung der interalliierten Besetzung noch eine Reihe von Jahren hindurch sein werde!

In der Tat, was mit der Annahme des Ultimatums erreicht ist, das wird höchstens eine Atempause im Kampf mit dem französischen Imperialismus sein, der auf den beiden Strängen, dem des finanziellen Reparationsproblems und dem des politischen Sicherungsproblems, zugleich arbeitet und zwischen diesen beiden Strängen immer neue Verbindungslinien herzustellen bereit ist, je nachdem die allgemeine Situation es den Franzosen gestattet. Hier sind die überraschenden Wendungen und Möglichkeiten unabsehbar.

Die Annahme des finanziellen Ultimatums hat vorläufig eine Zurückdrängung des politischen mit sich gebracht. Das war alles, was England erreichen konnte, um sich gegen die für es selbst höchst gefährlichen Folgen des letzteren zu sichern. Daß der deutschen Regierung und dem deutschen Volke nichts anderes übrig blieb, das wird man heute wohl bei allen, die die Lage verstehen und verstehen wollen, als entschieden ansehen dürfen. Die große Frage ist nur, welches die Folgen sein werden.

Die weltwirtschaftlichen und weltfinanziellen Folgen sind heute noch nicht zu berechnen. Alle derartigen phantastischen Maßnahmen sind ohne Analogie in der bisherigen Geschichte und fallen aus allem bisherigen weltwirtschaftlichen Wissen und Denken heraus. Sie werden sicherlich, wie neulich in einer Gesellschaft von Großindustriellen besprochen wurde, zweischneidige Wirkungen haben und nicht bloß nach unserer Seite schneiden. Was ist überhaupt aus all den Berechnungen geworden? Man prophezeite Weltkohlennot und hat heute Kohlenüberfluß, der sich beständig steigern wird. Man prophezeite drückendsten Mangel an Schiffsraum und weiß heute die Schiffe nicht zu füllen. Man verkündete den alles erstikkenden Reichtum Amerikas und der Neutralen. Aber diese haben zwar Gold im Überfluß, im übrigen Arbeitslosigkeit und Mangel. Die erste deutsche Zahlung hat inzwischen bereits den Dollar, in dem sie als in dem Weltmaß erfolgte, mächtig in die Höhe getrieben, zum Schaden der anderen alliierten Valuten und zur Erschwerung amerikanischer Ausfuhr. Kurz, die eigentliche Hauptwirkung ist noch unabsehbar. Und wer will sich diese Dinge 30 und 40 Jahre fortgesetzt denken!

Die weltpolitischen Folgen bestehen mehr in der Enthüllung und Offenbarung der inzwischen gewordenen

Sachlagen, als in einer wirklichen Klärung der Situation. Ich bitte sich der Briefe aus dem letzten Herbst* über das Weltsystem der Entente und das des Bolschewismus zu erinnern. Welche Änderungen in dieser kurzen Zeit? Das letztere ist inzwischen stark eingeschrumpft. Es hat die Hoffnung auf eine bolschewistische Weltrevolution so gut wie aufgegeben, seine indische und türkische Propaganda aufzugeben wenigstens versprochen, schließt Verträge mit den anderen Staaten und geht zu einem gemischten System über, das schließlich vor allem ein neuer russischer Nationalismus zu werden verspricht. In dem Weltsystem der Entente ist die französische Politik inzwischen scharf verselbständigt und als die der einzigen militärischen Großmacht der augenblicklichen Welt äußerst anspruchsvoll gewordenen, weit über die nie zu verkennenden, ernsten Bedürfnisse und Nöte Frankreichs hinaus. Die Spannung zwischen englischer und französischer Politik ist unverkennbar, seit Lloyd George nicht mehr seine ganze autokratische und persönliche Politik treiben kann, sondern das bisher völlig zurückgedrängte Foreign Office und die City wieder ihr Wort mitreden. Amerika ist aus der Lähmung, in die der Gegensatz Wilsons und seiner Parlamente es versetzte, herausgetreten und sieht immer deutlicher die wirtschaftliche Weltgefahr, die aus den europäischen Zuständen droht, kann sich aber noch nicht entschließen, eine klare Richtung einzuschlagen und zu erklären. Der Friede mit Deutschland, den man als sofortige und natürliche Folge der wiedergewonnenen Aktionsfähigkeit der Parlamente ansah, ist nicht zustande gekommen und heiß umstritten. Das alles sieht nicht nach Weltberuhigung aus und wird uns die innere Sammlung nicht erleichtern. Von den im Orient spielenden Wirren und drohenden Schwierigkeiten ist dabei noch gar nicht die Rede. Indische Herren versichern mir mehrfach, daß Englands Lage in Indien sehr schwierig geworden sei, ähnlich wie die Frankreichs in Syrien. Jedenfalls ist die Welt geladen mit den ungeheuersten macht- und weltpolitischen Spannungen und hat der

* In vorliegender Sammlung nicht berücksichtigt.

Weltkrieg eine Entspannung nicht gebracht. Und da träumen die Menschen von einer inneren Einigung in Deutschland auf Grund von Pazifismus, neuem Geist und Weltversöhnung!

Nein, für uns kann es nur darauf ankommen, die nötige Selbstbegrenzung zu vollziehen, zu der uns die Entscheidung des Schicksals nötigt, damit den Gegnern die Furcht vor einer Wiederaufnahme des alten deutschen Imperialismus genommen werde. Aber Freiheit, Ehre, Selbständigkeit und nationale Zusammenfassung als *unabhängiger Staat* muß das Ziel sein, der bescheidener und begrenzter als der frühere niemand bedroht, aber selbst sein klares Existenzrecht haben will. Die Hauptfrage ist sodann, wie das *Übervölkerungsproblem* unter diesen neuen engeren Umständen gelöst werden kann. Ohne systematische *Siedlungs- und Auswanderungspolitik* wird das nicht möglich scin. Auch die industriellen *Konzentrationen,* die jetzt mächtig im Gange sind, die aber auch auf Ersparung an Verwaltung und Menschen hinauslaufen, werden dabei eine sehr große Rolle spielen müssen. Freilich, an ein mittelalterlich-ständisches Idyll, das manche hoffen, ist nicht zu denken. Es wird ein rationeller, höchst gesteigerter Kapitalismus sein müssen.

Eine deutsche auswärtige Politik und eine ernste Klärung der öffentlichen Meinung über das, was heute in ihr möglich und darum notwendig ist, hat es in den letzten zwei Jahren kaum gegeben. Unsere auswärtige Politik, zum Teil in den wichtigsten Gesandtenposten von völligen Neulingen ohne diplomatische Überlieferung und Konnexion geführt und im Zentrum von den sehr verschieden gerichteten »Sachverständigen« beraten, hat bis jetzt wesentlich die finanziellen Reparationen in erträglichen Grenzen zu halten gesucht. Im Ausland, auch vielfach im neutralen, nannte man das einfach Mogeln und Drücken von der Zahlungspflicht. Angaben der Sachverständigen über deutsche Leistungsmöglichkeiten, die von der Entente sofort zahlenmäßig als unrichtig erwiesen werden konnten, haben zu schweren diplomatischen Niederlagen geführt. Und die immer neuen Berechnungen der Zahlungshöhen und Zahlungsweisen haben — vermutlich nicht mit Recht — den Eindruck der Rabulistik und schlauen Überlistungsversuche erweckt. Der persönlich absolut loyale und vortreffliche Minister Simons hat schließlich zu dem letzten verzweifelten Mittel des vorbehaltlosen Appells an Amerika gegriffen, um damit den Glauben an die deutsche Ehrlichkeit und Sachlichkeit sicher zu stellen. Bei den Aktionen, die seine unverschuldeten Niederlagen waren, hat er begeisterten Beifall und Massenbegrüßung gefunden; bei dem verzweifelten, aber nicht unklugen Ausweg aus der Sackgasse ließ man ihn fallen. Er hat vermutlich auf eine Annahme durch Amerika gar nicht gerechnet, sondern nur das Vertrauen um jeden Preis herstellen und die Fesselung durch die Sachverständigen durchbrechen wollen. Mir scheint, daß er sein Ziel bis zu einem gewissen Grad auch erreicht hat. Es müßte einmal die Geschichte der Sachverständigen-Beratung und der demokratischen Reformen des Auswärtigen Amtes geschrieben werden!

Das neue Kabinett hat außenpolitisch Atempause und hat wieder einen Berufsdiplomaten an die Spitze des Auswärtigen Amtes gestellt. Es hat aber innenpolitisch die Aufgabe, die Zahlung der Reparationen durchzusetzen und zu vertreten. Dieser Umstand wird unsere innere Politik maßlos weiter komplizieren und leidenschaftlich vergiften. Es ist eine Aufgabe, die nur von einer möglichst breiten Mitte und Festigung des bestehenden politischen Systems gelöst werden kann. Sie droht aber in ihrer Durchführung gerade die Mitte vollends zu verschlingen und die Nation neu in Bürgerliche und Arbeiter auseinanderzutreiben, zwischen denen nur mehr das Zentrum, selbst ganz ähnlich gespalten und nach rechts und links Verstärkung werbend, steht. Nach Annahme des Ultimatums hielt die Zentral-Arbeitsgemeinschaft der Industrie die Einberufung einer Sitzung für nötig. Die Arbeitervertreter kamen, ließen aber erklären, sie hätten mit der ganzen Sache gar nichts zu tun; alles betreffe nur die Unternehmer, die ja den Krieg in ihrem Interesse hinausgezogen hätten und die daher auch allein für die Folgen aufkommen müßten. Es ist zu befürchten, daß Herr Robert Schmidt im Reichswirtschaftsministerium nach solchen Grundsätzen zu arbeiten versuchen wird. Umgekehrt haben bekanntlich im Reichstag die Herren von Braun und von Graefe die Arbeiter für die Annahme des »schmachvollen« Ultimatums verantwortlich gemacht und die Unmöglichkeit erklärt, daß der Besitz die Steuern trage. Das ist ein böser Auftakt für die kommenden Entscheidungen. Das Kabinett will die Basis verbreitern, Unabhängige und Volkspartei womöglich mit heranziehen, mindestens Sozialdemokraten und Volkspartei zusammenbringen, was in der Tat der Angelpunkt der Lage ist. Parlamente und Wähler aber haben alle Neigung, die Scheidung in Bürgerliche und Sozialisten reinlich zu vollziehen und mit der Parole »die andern sollen die neuen Steuern tragen«, in den Wahlkampf zu ziehen, wo man dann mit solcher Parole den Gegner zu überrennen hofft.

Insofern verspricht nach innen die Annahme des Ultimatums gesteigerte Kämpfe, tiefste geistige Entzweiungen. Alles, Innenpolitik und Außenpolitik, ist eine Schraube ohne Ende, wo jede der bisherigen scheinbaren Lösungen die Situation nur erschwert hat und wo jeder Fortschritt in Beruhigung und Gesundung gegen die Bedingungen der Gesundung selber gleichgültiger macht.

Ich möchte aber daneben nicht verschweigen, daß ich in den letzten Zeiten sehr verschiedene fremde Beobachter gesprochen habe, die den Fortschritt und die Gesundung Deutschlands für außerordentlich bedeutend hielten und durchweg an unsere Wiedererhebung glaubten — freilich selbstverständlich immer unter gleichzeitiger Forderung eines »neuen Geistes«. Es ist ein Vertrauen, das sogar die alten Gegner selbst teilen. Freilich hat auch dieses Vertrauen seine Kehrseite: es peitscht die französische Auflösungspolitik auf und läßt der Welt die ungeheuerlichsten Zahlungen als ein Kinderspiel für Deutschland erscheinen. Immerhin, Deutschland selbst gesundet, wenigstens auf dem Land und in den kleinen Städten. Was bisher fehlt, ist »nur« eine auch nur relative Klarheit und Einigkeit des Geistes.

In einer Gesellschaft vor ein paar Tagen hörte ich dem Gespräch eines alten Generals und eines jüngeren Großindustriellen zu. Der General erklärte, durchaus kein

Reaktionär und kein Konservativer zu sein; auch von den Deutschnationalen und Antisemiten wolle er nichts wissen. Er sei Humorist und genieße das Schauspiel menschlichen Narrentums. Die Menschen seien nun einmal Egoisten, sowohl die Völker als die einzelnen Staatsbürger. So habe sie unser Herrgott geschaffen und daraus müßten die Folgen gezogen werden. Aber die Deutschen seien nun einmal ein dummes Volk, das an die Völkerversöhnung und die Menschenliebe glaube und dem dadurch alles verloren gehe. Der Parlamentarismus insbesondere sei eine Viecherei und habe nur die Konsequenz, Deutschland in allen möglichen politischen Komplikationen auf die falsche Seite zu führen. Nur ein scharfer nationaler Egoismus könne helfen, aber den gebe es nicht und deswegen werde alles immer schlimmer und närrischer werden. Ihm könne es ganz recht sein. Denn das deutsche Narrenhaus so gut besetzt zu sehen, sei immerhin etwas recht Interessantes, worum uns spätere langweiligere Geschlechter beneiden würden. Ich erzählte diese Äußerungen einem andern General, der meinte, ja, so dächten Tausende; politisch konservativ seien sie darum lange nicht; es sei die Art, ihre alten Gedankengänge in die neue Situation zu übersetzen. Der Großindustrielle umgekehrt, bekannte sich zu einem lebhaften Optimismus, sah überall Produktion und Arbeitswille im Aufsteigen, setzte große Hoffnungen auf die Stinnesschen Konzentrationen und auf weltpolitische Glückszufälle, die sicher eintreten würden. Die Theorie vom absoluten Egoismus der Menschen, von der Notwendigkeit eines unbedenklichen Nationalismus teilte allerdings auch er. Er glaubte aber, daß es gelingen werde, die ganze Nation national zu machen. Als ich ihn dann unter vier Augen fragte, wie er das letztere verstehe, da ja die Rechtsparteien und Mittelparteien schon national seien und die Sozialdemokraten auf ihre Weise es auch seien, da meinte er, die Forderung beziehe sich wesentlich auf die Sozialdemokratie und bedeute den Verzicht auf besondere Klassenideale und Klasseninteressen des Arbeitertums, sowie auf die Arbeiter-Internationale. Als ich darauf bemerkte, daß das schwerlich zu erreichen, weil psychologisch vorerst ganz unmöglich sei, meinte er, daß allerdings die Entscheidung durch Gewalt und Bürgerkrieg herbeigeführt werden müsse. Anders gebe es keine Entspannung, so peinlich ein solcher Ausweg sei. In England werde es zum entscheidenden Kampfe kommen, in Italien arbeiten die Fascisten. Auch in Deutschland werde es nicht rein parlamentarisch abgehen. So glatt arbeite die Weltgeschichte nicht.

Noch ein Gespräch! Diesmal mit Rabindranath Tagore. Er, ein unendlich feiner und liebenswürdiger Mensch, bat mich um eine Analyse der europäischen und besonders deutschen Situation. Ich schilderte ihm dann die Entstehung der großen Wirtschaftsimperien, die Bevölkerungssteigerung, die schwer auf die Dauer ertragbaren Verhältnisse der industriellen Überarbeit und die aus alledem entstehenden außen- und innenpolitischen Kämpfe. Er war bewegt und antwortete schließlich: in Indien gebe es mehrere Rassen, die einen begabt für Handarbeit, die andern für Intellekt und Wissenschaft. Daher hätte man dort in dieser Hinsicht so gesunde Verhältnisse und eine natürliche Arbeitsteilung. So und nicht anders könne es gehen. Ich mochte ihm nicht sagen, daß die Verträglichkeit dieser Rassen nur durch die englische Fremdherrschaft garantiert ist und daß uns diese Botschaft der indischen Wälder nicht sehr viel helfen könne. Ich glaube, er weiß es selbst.

Ideologien und reale Verhältnisse
5. 7 1921

[. . .]

Es ist immer wieder das Mißverhältnis der natürlichen und gegebenen Gliederungen und Kräfteverhältnisse zu den alles verwirrenden und verderbenden, teils beschönigenden, teils vergiftenden Ideologien, das die Leidenschaften weckt, die Klarheit verfinstert und die richtigen Wege, von denen man höchstens Anfänge sehen kann, versperrt und verbaut. Wie sehr das der Fall ist, das zeigte mir neulich der eingehende Bericht eines Russen über Entwicklung und Wesen des Bolschewismus. Seine Hauptthese war, daß der Bolschewismus überhaupt kein Sozialismus und überhaupt kein Erzeugnis der Ideologie, in diesem Falle der Marxistischen, sei, sondern ganz einfach und realistisch das Ergebnis der aus dem Krieg sich ergebenden Anarchie auf dem Boden einer noch schwach entwickelten modernen Wirtschaft und Politik, die Wiederaufhebung der Europäisierung und Verbürgerlichung Rußlands zu Gunsten der alten Naturalwirtschaft und der alten feudalen Gesellschaftsordnung, eine volle Analogie zu der naturalwirtschaftlichen und feudalen Rückbildung des römischen Reiches unter Diokletian. Die Leninsche Ideologie habe um alles das nur den Sternenmantel der sozialistischen Ideologie geschlagen; aber dieser Mantel sei teils ohnmächtige Theorie, teils wohlberechnete Lüge, ähnlich wie die große Weltlüge von der deutschen Barbarei und Verdorbenheit, dem deutschen Kult der Roheit und Gewalt ein ideologisches Mittel für sehr reale Zwecke war und heute noch ist. Lenin selbst sei ehrlich und moralisch völlig intakt, aber er sei mehr das geistliche Prinzip, der Papst, neben der sehr viel stärkeren und sehr weltliche Zwecke verfolgenden weltlichen Macht, die sich seiner und seiner Theorien bedient und die ihn durch die Notwendigkeit der Aufrechterhaltung der bolschewistischen Einheit in ihrer Hand habe. Er sei der *pieux assassin* wie einst Robespierre, neben dem ganz andere Leute die wirkliche Politik bestimmen.

Der Anfang war 1917 — ich fahre nunmehr der Einfachheit halber in direkter Rede fort — die Anarchie als Folge des Rückströmens der aufgelösten und undisziplinierten Truppen und der Zusammenbruch der in Rußland nie wirklich durchführbaren Kriegswirtschaft. Ein nur halbkultiviertes Riesenreich dem Experiment des modernen Krieges und der Zerbrechung der Weltwirtschaft auszusetzen, war von vorneherein bei der Ungeheuerlichkeit der Soldatenmassen etwas völlig Unmögliches, das im Falle der Niederlage nur die Selbstauflösung und die Rückkehr zum Primitivismus bedeuten konnte. Unter allen möglichen Vorwänden, nationalistischen, sozialistischen, revolutionären und antirevolutionären, plünderten und raubten die Banden einer wild und hilflos gewordenen Soldateska. Die nächste Wirkung davon waren die Verelendung des relativ bürgerlichen und industrialistisch kultivierten Westens und Südens und die auswandernden Heuschreckenschwärme der Bevölkerung dieser Gebiete. Das ergab den Bürgerkrieg zwischen beiden Gebieten, der in allen möglichen Weisen von Koltschak, Denikin und andern geführt wurde. Die Bolschewisten waren zunächst machtlos und unbedeutend. Sie gewannen die Führung und Vertretung nach außen, weil sie den Frieden versprachen und das System der Plünderungen als Sozialismus verklärten. Die Bauern bemächtigten sich der Güter, und zwar unter Führung der reicheren und intelligenteren, längst vor dem späteren bolschewistischen Agrardekret, das nur die gewordenen Verhältnisse anerkannte. Ebenso stand es mit der »Beschlagnahme« der Bank-Guthaben. Erst 1918 kam es unter diesen furchtbaren Wirren zu der für die Herrschaft des Bolschewismus entscheidenden Tat, zu der Bildung der roten Armee durch Trotzky. Das war eine entscheidende und gewaltige Tat, in Wahrheit doch aber in dem Hunger der Soldatenbanden begründet, die von Trotzky gewonnen wurden durch die Aussicht auf einen permanenten sie ernährenden Krieg. Für diese Aussicht mußten sie den Preis der Disziplin bezahlen. Einmal gebildet, half dieser Kern der Macht durch entsetzlich grausame Exekutionen den bolschewistischen Führern ein furchtbares Machtinstrument aufzurichten. Die Zeitungen verschwanden, die Opposition verstummte. Die Chinesen dienten als Henker, wenn die roten Truppen in der Disziplin wankend wurden. Die Folge davon war, daß Bolschewismus und Krieg identisch wurden. Denn der Krieg allein konnte die Armee und ihre Angehörigen ernähren. Er wurde in immer neue Gegenden, und möglichst in besitzende und ertragreiche Gegenden getragen. Eine Feldpost der Lebensmittelpakete wurde eingerichtet, die nicht die Armee aus dem Land, sondern das Land aus der Armee ernährt und die vortrefflich funktioniert. Das Wesen der bolschewistischen Politik ist daher der Krieg und nur der Krieg. Sie darf in der ganzen Welt es nicht zum Frieden kommen lassen, muß überall die Einigung der Welt gegen Sowjet-Rußland verhindern und daher überall Zwietracht säen und den Krieg aufrecht erhalten, worin sie von der Entente-Politik bis jetzt ebenso glänzend als unfreiwillig unterstützt wird. Nicht die Weltrevolution, sondern der Weltkrieg ist ihre wahre Absicht, weil sie nur unter diesen Umständen ihr Machtinstrument, die rote Armee, ernähren und aufrecht erhalten kann. Die Kriege selbst werden derart geführt, daß sie für das Zivil viel lebensgefährlicher sind als für das Militär, was wiederum die Lust zu solchem Kriegsdienste steigert. Die Armee kommt durch Aushebung zustande, es gibt ein paar rein kommunistische Regimenter, eine kommunistische Garde. Die Offiziere müssen Kommunisten sein. Unter diesen Umständen kommt die kommunistische Oligarchie zu Macht, Reichtum und Besitz. Sie haust in den Schlössern und hat eigenen Gerichtsstand, eigene Klubs und Restaurants, eigene Reise- und Fahrtberechtigungen, ja sogar Kleidungsvorrechte. Ihre Damen dürfen Automobil fahren, Strümpfe tragen und die sonst verbotenen Diamanten zeigen. Allen anderen ist derartiges verboten. Es ist eine Oligarchie, die heute schon ihren Kreis schließt und Neulinge abwehrt, ja die schon Neigung hat zur Erblichkeit; die Universitätsordnung von Kiew läßt als Studenten nur Kommunisten und Söhne von Kommunisten zu! Auf dem Lande haben Kommunisten, als Häupter örtlicher Sowjets sich einführend, Schlösser erworben, in Festungen verwandelt und die Bauern im öffentlichen Auftrag zur Zwangsarbeit, also zu einer neuen Art Leibeigenschaft, zurückgezwungen. Die kommunistischen Vermögen (!) sind steuerfrei und an sonstige Handelsbeschränkungen vielfach nicht gebunden. Es ist ein neuer Feudalismus, eine neue Aristokratie, die hier im Werden ist, und zu den alten primitiven Instinkten und Gewöhnungen der Russen zurückkehrt.

Diese Oligarchie, etwa 50000 Menschen, und ihr Machtinstrument, die Armee, können leben; die Zäsaren und Prokonsuln sogar im vollsten Luxus. Auch die Bauern können leben, weil sie zur vollen Naturalwirtschaft zurückgekehrt sind und ihre von ihnen selbst nicht zu deckende Bedürfnisse durch Ausraubung und Auskaufung der Städte gedeckt werden. Ein Bauernmädchen läuft etwa im Federhut und Samtmantel herum, hat aber keine Schuhe, weil solche nicht erhältlich waren. Nicht leben können dagegen die Städte. Sie sind zum Tode verurteilt. Petersburg ist von 2000000 auf 400000 Einwohner zurückgegangen. Die Häuser stehen großenteils leer und offen. Die Klasse des Bürgertums, der vom freien Handel und der freien Produktion lebenden Menschen, ist so gut wie ausgerottet, dem Hunger, den Krankheiten und den Proskriptionen erlegen, soweit sie nicht als Emigranten draußen leben. Was erhalten geblieben ist, das ist das kleine Gewerbe und die Kleinfabrik, die die dringendsten Bedürfnisse befriedigen, und der kleine Handel mit fliegenden Märkten an jeder Vorstadtecke. Davon leben die Menschen, soweit sie noch existieren und irgend etwas an Möbeln, Kleidern usw. zu verkaufen haben. Von Zeit zu Zeit fährt die Polizei in diesen Handel wie ein Blitz aus heiterem Himmel hinein. Den nächsten Tag ist er wieder ganz öffentlich da, große Marktflächen bedeckend; nur die Preise sind gestiegen. Die Rationierung der Lebensmittel, die Volkskantinen usw. sind völlig ungenügend. Es werden daher neben ihnen noch Geldlöhne bezahlt und das übrige besorgt der freie Hausierhandel oder der Hunger und der Tod. Unter diesen Umständen drängt alles in die parasitäre Existenz von Beamten, die zwar nichts zu tun haben, aber Rationen und Löhne erhalten, die als Zubuße zu sonstigem Erwerb dienen können. Im übrigen ist die Rationierung auf Großrußland beschränkt, im sonstigen Rußland hilft man sich, wie es geht. Die Regierung hilft durch immer neue Requisitionen bei den Bauern und Plünderungen in den Städten den Verteilungsfonds zu schaffen, den aus lebendiger Produktion zu füllen unmöglich ist. Die Verteilung erfolgt zu Gunsten der Oligarchie, der Soldaten, der Beamten; die übrigen bekommen, was übrig bleibt. Der Welt gegenüber bezeichnet man das System als Kommunismus und Sozialismus. Es ist in Wahrheit das System des Unterhalts einer Oligarchie und ihres Soldaten- und Beamtenstabes. Für den Rest bleibt als Karikatur das von der Kriegswirtschaft des alten Staates schon kopierte deutsche Rationierungs- und Kartensystem; darauf reduziert sich der ganze Kommunismus und Sozialismus. Und wo bleiben die Arbeiter in den bisher industrialisierten Gebieten? Sie sind von Hause aus an Zahl und Einfluß gegenüber dem Ganzen relativ unbedeutend. Doch müssen sie leben und hat man sie nötig. Sie sind »militarisiert« d.h. zu Arbeitshörigen gemacht worden, die die für Armee und Eisenbahnen absolut notwendigen Betriebe einigermaßen aufrecht erhalten. Dafür spannt man auch die übrig gebliebenen Techniker und Unternehmer mit hohen Gehältern ein. Aber die ganze Produktion, die etwa 40% der früheren beträgt, arbeitet mit ungeheuren Schwierigkeiten und ausschließlich für den Machtapparat der bolschewistischen Armee, nicht für die Volkswirtschaft. Alles übrige sind großartige Pläne, die auf dem Papier bleiben, Potemkinsche Dörfer für die Fremden. Nur die wissenschaftlichen und künstlerischen Anstalten, für die man keine Rohstoffe und keine Industriearbeit nötig hat, sind leidlich, teilweise gut, im Gange. Hier sind überdies die Privatsammlungen »sozialisiert«, d.h. ausgeraubt. Das gibt Gelegenheit zum Katalogisieren und Ausstellen und zum Renommieren mit der bolschewistischen Kulturpolitik vor Europa.

Es ist also im ganzen die Rückbildung in Naturalwirtschaft und Feudalismus, gedeckt von der Flagge des wissenschaftlichen Sozialismus. Freilich fehlt es nicht an modernen Elementen. Der roheste Kapitalismus in Gestalt von Monopolen, Privilegien, Steuerpachten regt sich allenthalben, ungeheure Gewinne machend, aber auch Kopf und Kragen riskierend. Außerdem bleibt das moderne Verkehrswesen, das das völlige Gegenteil und Hindernis jeder rein naturalwirtschaftlichen Struktur ist, das aber von dem Machtapparat und dem militärischen Bedürfnis schlechthin gefordert ist. Auch sind Milderungen des Systems in Gestalt von Freigebung des Getreidehandels (wobei aber erst die Staatslieferung vorweg vollzogen und bezeugt sein muß!) und in Gestalt von Konzessionen an das *ausländische* Kapital vorgenommen worden. Die letzteren laufen auf eine Art westindischer Kompagnie hinaus. Was aus all dem werden kann, ist völlig unsicher. Nur das eine ist klar: Sozialismus ist das nie gewesen und wollte das auch gar nicht sein. Man hat die sozialistischen

Schwärmer benutzt, um dem System eine ideale Flagge zu geben, und um die Arbeiterschaft der ganzen Welt gegen ihre Völker und Staatsordnungen aufzuregen, womit der ewige Weltkrieg garantiert ist und die feindlichen Mächte im eigenen Hause gebunden werden. *Mundus vult decipi* kann man sagen. Man kann auch sagen: Schwärmer geraten schließlich immer in die Hände von Realisten oder werden im Kampf um Leben und Dasein selbst zu Realisten. Jedenfalls ist eine neue Aristokratie geschaffen und steht der Thron für einen neuen Zaren bereit, der aber schwerlich Trotzky heißen wird.

So weit mein Gewährsmann. Er schien mir soziologischer Marxist zu sein. Die Darstellung ist die erste logisch und historisch durchgearbeitete, die mir vorgekommen ist. Es ist eine Ironie der Geschichte, daß der Marxismus, der selbst die Abhängigkeit aller Ideologien von gesellschaftlichen Realitäten und Interessen und ihre grundsätzliche Verlogenheit behauptet, bei diesem ersten und gewaltigsten Versuch seiner angeblichen Durchführung diese Theorie an seiner eigenen Ideologie mehr als bestätigt findet. Auch er ist eben nichts als Interessenideologie, die bald mit Wissenschaft, bald mit Schwärmerei verbunden ist und von Interessen benutzt wird, die mit seinem Ideal nichts zu tun haben. Ähnliches kam neulich in einer anderen Gesellschaft zum Ausdruck. Hier erklärte Herr Ed. Bernstein ganz offen, der Bolschewismus sei gar kein Sozialismus und nie ein solcher gewesen; es sei ein rot angestrichener Zarismus. Bei wieder anderer Gelegenheit traf man Herren von der Sowjet-Republik selbst; sie erklärten, sie seien kommerzielle, aber nicht soziologische Bolschewisten, eine dunkle Erklärung, die wohl den gleichen Sinn einer Verleugnung des eigentlichen Sozialismus hatte. Als die Bemerkung von der »westindischen Kompagnie« fiel, bekamen sie rote Köpfe und meinten, historische Analogien hätten hier nichts zu suchen. [...]

Man erinnert sich der Forschungen über die französische Revolution, die ebenso den Wahn zerstörten, als sei diese Revolution durch die Aufklärungsideologie geschaffen worden. Sie war teils die Fortsetzung und Steigerung der Ideen des *ancien regime,* teils die Erhebung eines hinreichend gekräftigten neuen sozialen Elementes und hat durch die Militärdiktatur in den Händen einer Oligarchie sich durchgesetzt, um schließlich von einem Cäsar liquidiert zu werden. Ähnlich ging es mit ihrem dann so erfolgreichen Gegenspieler, der Restauration, bei der nicht die überaus geistreichen und dem Aufklärungsdenken sicher überlegenen Ideologien gesiegt haben, sondern die Rückkehr der überrannten alten Schichten zu ihrem natürlichen Gewicht und ihrem faktischen sozialen Einfluß.

Die Lehren daraus für unsere Lage sind leicht zu ziehen. Sie heißen nicht, daß Ideen an sich nichts wert sind, aber daß man ihnen gegenüber als Werkzeugen der Leidenschaften und Interessen, der Propaganda und der Überredung auf der Hut sein muß, daß man zu allererst die wirklichen Tatsachen und Möglichkeiten sehen muß, um dann auf dieser Grundlage erst *die* Ideen zu bilden, die ihre fürchterlichen Spannungen und Schwierigkeiten, wenn nicht überwinden, doch mildern und überbrücken können. Sie werden in ihrem echten und gesunden Sinne stets Ausgleich und Kompromiß sein müssen, beruhend auf der Einsicht in die von der Lage gegebenen Gegensätze und auf der Liebe zu dem Volkstum, das sie in sich ausgleichen und vereinigen muß, wenn es leben will.

Die Verfassungskrise
12. 9. 1921

Die Ferien haben mich in meine bayrisch-schwäbische Heimat geführt und damit von den Quellen getrennt, aus denen ich im allgemeinen meine Kenntnisse von den Tatsachen und die Mittel zu ihrer Deutung zu empfangen pflege. Ich habe mich wieder überzeugt, wie schwer es ist, außerhalb Berlins in solchen Fragen Kenntnis und Urteil zu gewinnen, nachdem ich in Berlin selbst schon immer von neuem den Eindruck erhalten hatte, wie vorsichtig man bei einer doch immer unvollständigen und das amtliche Material nicht kennenden Orientierung über die jeweilige Lage urteilen muß. Die Dinge vollziehen sich in rasendem Wechsel und sind unendlich kompliziert. Vieles kann und darf man zunächst überhaupt nicht wissen, weil jede öffentliche Erörterung nur schaden würde. Andererseits ist der Überblick schon für die bestunterrichteten amtlichen Stellen und für die verbindungsreichsten Journalisten schwer zu gewinnen; um wie viel mehr für den, der im ganzen doch nur auf zufällige und unvollständige Nachrichten angewiesen ist! Aber im Lande draußen ist von diesen Hemmungen und Grenzen der Erkenntnis und des Verständnisses nicht die Rede. In unzähligen Beratungen habe ich als Zuhörer jetzt staunend erfahren, wie bestimmt und vollständig die Leute alles zu wissen meinen, wie sie Tatsachen und Charakter der Personen bis ins Innerste zu kennen glauben und aus beidem die sichersten und unumstößlichsten Schlüsse und Forderungen ziehen. Natürlich stammt all dies Wissen aus den jeweiligen Zeitungen, die ihrerseits oft geradezu unbegreiflich zuversichtlich in ihrer erschöpfenden Kenntnis sind und die intimsten Dinge wissen; und dieses »Wissen« der Zeitungen wird dann noch von der Phantasie der Leser mit der gleichen Zuversichtlichkeit ausgemalt und vervollständigt. Es ist mit den Leuten meist gar nicht zu streiten, weil sie alle ganz andere Tatsachenbilder haben und Details zu wissen meinen, über die unsereiner nicht das Mindeste weiß, die mitunter ganz klar als Phantasien oder Lügen erkennbar, aber nicht leicht widerlegbar sind, weil die Menschen grundsätzlich alles vergessen und sich mit Inbrunst die ihrer gegenwärtigen Neigung entsprechenden Bilder machen. Ein hervorragender Journalist sagte mir hier vor kurzem, daß der Glaube des Publikums an die Zeitungen in reißendem Schwinden begriffen sei. Ich habe davon auf meinen Ferienreisen leider nichts entdecken können. Bei den wissenden höheren Beamten fand ich dieselbe Kenntnis und Auffassung so ziemlich wie hier, aber in den Zeitungen und in den Diskussionen eine geradezu tragikomische Fülle der Legendenbildung. Vor allem über den wirklichen Gang und Ausgang des Krieges, über Ursprung und Verlauf der Revolution, über die in der heutigen internationalen Lage begründeten Möglichkeiten herrscht dichte und gewollte Finsternis. Man will »unabhängig von Berlin« und den »Berliner Juden« sein; man schafft sich sein Bild der Dinge »unbefangen« und »frei von Berliner Nervosität« auf eigene Faust, und damit malt man sich für Leidenschaften, Gefühle und Interessen, die an sich recht wohl verständlich und teilweise zu billigen sind, Hintergründe, die leider eine vollkommene Illusion sind und die die innere Entzweiung und Zerreißung des deutschen Volkes unheilbar machen. Das ist ja wohl auch die bewußte Absicht der ersten Erfinder dieser Bilder.

Es ist in der Zwischenzeit viel geschehen: Die Aufrollung der großen augenblicklichen Kardinalfrage der deutschen Existenz und Würde, des oberschlesischen Problems, seine Vertagung in London und seine Überweisung an den Völkerbund, der bis heute noch nichts entschieden hat; die Abschließung des Friedens mit Amerika, der heute noch im unklaren Verhältnis zu den Ententegenossen steht und daher noch nicht perfekt ist; das Vordringen der Griechen gegen die Türken im Orient, wo wohl überhaupt der Schlüssel für die Lage, d.h. für das Verhältnis Englands und Frankreichs liegt und die augenblickliche Niederlage der türkisch-französischen Interessen den Engländern freiere Hand in der Politik gegenüber Deutschland gibt; schließlich der Marksturz und die furchtbare Drohungen des Hungers in Aussicht stellende Teuerung in Deutschland, die man als Folge der Reparationen und des Londoner Ultimatums bezeichnen muß und die im günstigen Falle der Preis sind, den wir für Oberschlesien zahlen. Über all das wage ich hier noch nichts Näheres zu sagen, weil ich, wie gesagt, die letzte Zeit von der politischen Zentrale fern war.

Für die innere Politik dagegen ist ein Ereignis entscheidend geworden, über dessen Folgen und Bedeutung ich gerade jetzt in Süddeutschland allerhand Anschauung gewinnen konnte: die Ermordung Erzbergers. Sie hat, kurz gesagt, die drohende Zerreißung Deutschlands in zwei Parteien und den lange schon schleichenden prinzipiellen Kampf gegen die Reichsverfassung akut gemacht. Ihre Wirkung war zunächst, daß die Reichsregierung mit einer Notverordnung und Ausnahmegesetzgebung zum Kampf gegen die Verfassungsgegner endlich herauszurücken wagte und daß dem gegenüber Bayern sich nicht absichtlich, aber tatsächlich zum offiziellen Exponenten der Verfassungsgegner machte. An beide Gruppen haben sich dann sehr verschiedene weitere Interessen angehängt: an die Reichsregierung und den Schutz der Reichsverfassung die sozialistische Hoffnung, die entscheidende Macht wieder zu gewinnen; an den bayerischen Partikularismus die grundsätzliche Sozialistenfeindschaft und die Hoffnung auf Wiedereröffnung einer schneidigen Macht- und Gewaltpolitik.

Weder die Ermordung Erzbergers noch die daran sich knüpfenden Folgen konnten einen illusionslosen Beobachter der Dinge überraschen. Ich darf hier daran erinnern, wie ich gleich von Anfang dieser Briefe an die Wiedererstarkung der von der Revolution überrumpelten und betäubten alten Schichten hervorgehoben und immer weiter verfolgt habe, wie ich im Kapp-Putsch und in den die Mitte zertrümmernden Wahlen diese Tendenz zu ihrem ersten Siege kommen sah und wie ich dann die grundsätzliche Richtung auf die Schaffung eines Zwei-Parteien-Systems hervorhob. Das Wesen dieser Richtung ist, die bisherige Mitte und Regierungskoalition endgültig unmöglich zu machen und auf jeder der beiden Seiten sehr verschiedene Interessen zusammenzubinden, so daß jeder, der an einem der dieser Bindung angehörenden Interessen beteiligt ist, die anderen in den Kauf nehmen oder gar um des Zusammenhalts willen mitvertreten muß. So suchten auf der Linken die Sozialdemokraten die Einigung des Sozialismus, machten der Ideologie der Unabhängigen Zugeständnisse, vertraten die Demokratie, den Unitarismus, die mit dem Ausland verhandlungsfähige Politik, die wirtschaftliche Hebung der Massen, den Kampf gegen die Teuerung. Wer an einem dieser Punkte wesentlich interessiert war, der wurde an diese Seite gedrängt und für das Ganze mitengagiert. In dieser Richtung ging bewußt die Politik der Sozialdemokratie. Umgekehrt suchte die Rechte alle, die an der Mitte interessiert waren und diese nicht zu Gunsten der Rechten aufgeben wollten, in diese Masse hineinzudrängen, um sie dann alle in Bausch und Bogen als doktrinäre Utopisten, Internationalisten und Pazifisten, Antimonarchisten und

Unitarier, Volksschmeichler und Ideenlose, Feiglinge und Vaterlandlose, Juden und Judenfreunde beschimpfen und verächtlich machen zu können. Auf dieser anderen Seite selbst aber sammelte sich alles, was im Klassen- und Steuerkampf gegen die Sozialisten stand; ferner die Partikularisten und Monarchisten, die Antisemiten und Rassenpolitiker, die Nationalen und Protestantisch-Kirchlichen, die um Ehre und Freiheit besorgten Patrioten und die Zyniker der Machtpolitik, die Gegner des Aufklärungsgeistes und Verächter Westeuropas, die Freunde geordneter sachlicher Verwaltung und die den Staatsbankerott fürchtenden Rechner, die Romantiker und die spezifisch Deutschen, die eine neue, rein deutsche Verfassungsidee wollen, die Dezentralisten und Staatsgegner, die wirtschaftliche Gruppierungen an Stelle der (gegenwärtigen) politischen setzen wollen, die Freunde des Revanchekrieges und die grundsätzlichen Militaristen. Und auch hier hat der Gegenpart, die Kirchen- und Schulpolitik der Sozialdemokratie, ihr immer noch behauptetes und beständig neu belebtes Dogma vom Klassenkampf, ihre Personalpolitik mit den verstimmenden Ämterbesetzungen viele in dieses Lager getrieben, die sonst einer Politik der Mitte geneigt gewesen wären. Als wirkliches Zentrum blieb nur das katholische Zentrum übrig, das aber nach links und vor allem nach rechts große und wachsende Schwierigkeiten fand und das bei dem heißen Kampf gegen Erzberger und Wirth vor der Gefahr der Spaltung stand. Von dieser Gefahr ist bis jetzt nur der längst zu erwartende Übertritt Martin Spahns zu den Deutschnationalen Tatsache geworden. Möglich, daß andere ihm folgen. Im übrigen dürfte die Ermordung Erzbergers das Zentrum wieder stärker geeinigt haben. Der Verlauf des Katholikentages scheint das zu beweisen. Vorerst beruht noch auf dem Zentrum wesentlich die Hoffnung einer Mittebildung, während die demokratische Partei in diesen Sonderungen und Verhetzungen fast zerrieben und in sich selber sehr unsicher gemacht worden ist.

Die letzte Absicht dieser Zweiteilung ist ganz offenkundig die Herbeiführung eines Entscheidungskampfes zwischen Sozialisten und Antisozialisten. Dabei ist die Stellung der letzteren bereits die stärkere, und vor allem durch Praxis und Rechtsgefühl der Juristen sowie durch die Taktik vieler Verwaltungsbeamten unterstützt. Ein solcher Entscheidungskampf kann sich eben damit in letzter Linie nur auf den Sturz der Reichsverfassung richten, die den Sozialisten und ihrer Personalpolitik durch den Parlamentarismus zu starke Wirkungsmöglichkeiten gibt und die als Symbol der deutschen Niederlage und Schändung durch die Entente dargestellt wird. Daß dieser Entscheidungskampf nur mit Gewalt gewonnen werden kann, darüber sind sich die Antisozialisten ebenso klar, wie es die Kommunisten gegenüber der korrekten sozialistischen Demokratie waren. Man erinnere sich des früher mitgeteilten Gespräches mit einem Großindustriellen, das ja nur typische Meinungen wiedergab.* Das Blut müsse fließen, das am 9. November nicht geflossen sei, und zwar diesesmal das Blut der Linken, während damals das der Rechten in Gefahr war. Die Industrie werde den Wiederaufbau schaffen, aber vorher müsse der Sozialismus niedergeworfen werden, *mit dem* der Aufstieg unmöglich sei. Ein entscheidender Bürgerkrieg und eine deutsche Faszistenbewegung sei unvermeidlich, um wieder klare Verhältnisse zu schaffen. Der letztere bedeutet eine Ära politischer Morde.

Ich hatte damals jene Zeilen kaum abgeschickt, da wurde die Ermordung des Abgeordneten Gareis gemeldet. Inzwischen ist Erzberger »zur Strecke gebracht«. Weitere werden vermutlich folgen. Die gegenwärtigen Reichsminister und andere Personen erhalten massenhaft anonyme Todesandrohungen, und sie wissen, daß damit nicht zu spaßen ist. Vor Monaten bereits sagte mir einer der Herren, das Minister-Sein sei heute unbehaglich; er wisse wohl, daß es zu einer Affäre von Kopf und Kragen geworden sei, halte es aber für seine Pflicht, auszuharren.

Die Ermordung Erzbergers ist nur ein Symptom der bestehenden Verhetzung und Vergiftung. Die Rechts-Blätter, die ich las, rückten von dem Morde natürlich ab

* Vgl. S. 204 ff.: Nach der Annahme des Ultimatums.

und fanden ihn ihrer Sache sehr abträglich. »Dieser Mortimer starb euch sehr gelegen«, so überschrieb ein bayerisches Blatt seinen Artikel über diesen Fall. Überall beklagte man die Ermordung der Person, erklärte aber, in der Bekämpfung des »Systems Erzberger« unerschüttert fortzufahren. Dieses System Erzberger ist aber im Grunde die Reichsverfassung selbst, die mit dem Sozialismus ihren Kompromiß schließende Demokratie und die Außenpolitik der Erfüllung des Versailler »Friedens«. Die Persönlichkeit Erzbergers war gewiß nicht erfreulich. Ich habe das früher, als er im Amte war, stark hervorgehoben. Immerhin hatte er zugleich gute und bedeutende Eigenschaften. Vor allem aber war er in der Tat der stärkste und energischste Vertreter des soeben nach seinen zwei Seiten hin charakterisierten Systems. In diesem System war nun aber der Gedanke der Alliierung von Zentrum, Sozialdemokraten und Demokratie damals zweifellos das einzige Mittel, um in der damaligen Lage durchzukommen und den Spartakismus zu überwinden. An Erzbergers Außenpolitik, vor allem seinen Waffenstillstandsverhandlungen ist noch vieles dunkel. Daß der Versailler Vertrag angenommen wurde, war sehr viel mehr die Folge der Aufstandsdrohungen der Unabhängigen und der Angst der Süddeutschen als der Politik Erzbergers. Die Erfüllungspolitik und vor allem die Annahme des Ultimatums dieses Sommers hat aber damit nichts zu tun; sie ist durch den drohenden Raub des Ruhrgebietes und Oberschlesiens bedingt und konnte, soweit ich urteilen kann, von keiner irgendwie gearteten Prinzipienstellung aus anders gemacht werden. Der Wahnsinn des Versailler Friedens ist eben durch Protest und Entrüstung und Verhinderung deutscher Regierungsbildung nicht zu beseitigen.

[. . .]

Auf dem Weg zur neuen Mitte
7. 10. 1921

Die schwere drohende Gefahr einer völligen Zerbröckelung der die Regierung tragenden Mitte, der Unmöglichkeit der Regierungsbildung und irgendwie stabiler Regierungspraxis, der beständigen Verschiebung aller dringend notwendigen gesetzgeberischen und Verwaltungsaufgaben, der Zerreißung des Volkes in Sozialisten und Antisozialisten, des Bürgerkrieges und des Eingriffes der Franzosen im Osten und Westen: alles das ist allmählich in ziemliche Breiten des allgemeinen Bewußtseins eingedrungen, soweit dieses nicht vorzieht, alles Elend nur einfach auf die Unterlassung der radikalkommunistischen Umwälzung oder auf die schlechte Berliner Judenregierung zurückzuführen und sich jedes Gedankens an die realen Verhältnisse zu entschlagen. Die Ermordung Erzbergers hat diese Tatsache grell beleuchtet, der Reichsregierung Mittel und Mut zu entscheidenden Eingriffen gegeben und den Parteien die Augen geöffnet.

Die Folge von alledem ist zunächst einmal die Lüftung des bayerischen Schildes, wo sich hinter dem bayerischen Föderalismus ganz andere Elemente, Kappisten, Faszisten und Gegenrevolutionäre gedeckt hatten. Als der Reichskanzler mit dem Sicherheitskommissar zur Beerdigung Erzbergers fuhr, sagte der letztere, die Mörder seien sicherlich nicht in die Schweiz entflohen, sondern säßen bei Herrn von Killinger in München. So war es auch. Aber als der badische Staatsanwalt in München ankam, natürlich nach vorheriger amtlicher Anmeldung, waren diese gerade zwei Stunden vorher entflohen. Diese und andre ähnliche Dinge waren nicht Politik der Bayern und des bayerischen Landtages, sondern bestimmter Personen, vor allem des Münchener Polizeigewaltigen Herrn Pöhner, der ja auch wie ein Monarch sich durch öffentlichen Maueranschlag verabschiedet hat: er könne unter den neuen Verhältnissen die Aufrechterhaltung der Ordnung nicht mehr verbürgen. In Bayern hat sich der Föderalismus von den offenen und versteckten Gegenrevolutionären getrennt und sich begnügt mit der Abänderung der Adresse, an welche die Notverordnung des Reiches gerichtet ist, und mit dem Verzicht des Reiches auf unmittelbare Eingriffe. Sofern in dem letzteren unzweifelhaft ein Rückzug des unitarischen Geistes der Reichsverfassung liegt, mag man dabei über die Möglichkeit einer deutschen Reichs- und Staatsbildung überhaupt sich seine ernsten Gedanken machen. Davon vielleicht ein anderes Mal. Aber die bayerische Regierung des Herrn von Lerchenfeld, eines sehr gewandten und klugen Diplomaten von den angenehmen Umgangsformen der süddeutschen Diplomatie, wird sicherlich stets nur dem Föderalismus und der christlich-bayerischen Politik, aber nie der Gegenrevolution dienen. Auch der inzwischen ernannte Nachfolger Pöhners ist ein sehr kluger, ruhiger und verständiger Mann, der volles Vertrauen verdient. Auch der Wunsch, von Bayern aus auf den Sozialismus im Reich zu drücken, der wohl die Politik des Dr. Heim war und neben der deutschnationalen Strömung selbständig herlief, scheint vorerst vertagt. So ist nach dieser Seite hin für einige Zeit wieder fester Zusammenhalt geschaffen.

Andererseits ist bei dieser Gelegenheit das deutsche Faszistentum, bei uns Hakenkreuzer genannt, aufgedeckt worden. Es deckte sich und seine Organisationen hinter dem bayerischen Schild, ist aber an sich eine völlig selbständige, weit darüber hinausreichende Organisation. Geleitet und begeistert von einem Teil der früheren höheren Offiziere, die in alter Weise nichts als Energie, Gewalt- und Rücksichtslosigkeit als einziges Lösungsmittel für verwirrte Lagen kennen und in die Gegenrevolution hineindrängen, wie einst in den U-Bootkrieg, besteht dieser Bund vor allem aus ehemaligen Reserveoffizieren und Studenten, aus Soldaten, die sich dem Geiste des Friedens und den neuen Verhältnissen nicht wieder anpassen konnten, aus verzweifelten Kämpfern um bedrohte oder verlorene soziale Privilegien, aus allerhand verstiegener und begeisterter Jugend, die in ihrem Geiste Sand, dem Mörder Kotzebues, gleicht. Vor allem spielen sogenannte Siedlungs- und Arbeitsgemeinschaften, d.h. Ansiedlungen früherer Offiziere zu landwirtschaftlichen oder sonstigen Zwecken, eine Rolle. Allerhand Fäden liefen zum oberschlesischen Selbstschutz, wo die gleiche Vermischung ganz heterogener Interessen obwaltet, wie in der bayerischen Politik von Roth, Pöhner und Kahr. Ein Teil der Statuten ist durch den badischen Staatsanwalt aufgedeckt und durch den badischen Staatspräsidenten der Öffentlichkeit mitgeteilt worden. Es ist eine richtige Feme mit scharfen Maßregeln gegen Abtrünnige und Verräter und mit dem erklärten Zwecke der Gegenrevolution durch rücksichtslose Gewalt, eine Fortsetzung und Ausweitung der Ziele des Kapp-Putsches. Weitere Aufdekkungen werden folgen. Auch hier ist die akute Gefahr durch die Maßregeln des Reiches und die Aufdeckung der Geheimverbindung gebrochen. Eine Hauptfrage wäre, woher das Geld für diese Dinge stammt und wo die von einem solchen Geheimbund vorausgesetzten Waffen sind.

Aber alles das sind nur Ausschaltungen oder Milderungen von Gefahren. Die positive Leistung muß die Neubildung einer verbreiterten Mitte sein. Es lohnt sich, bei diesem an sich so selbstverständlichen und einfachen Gedanken einen Augenblick zu verweilen. Alle Hilfe in unserer verzweifelten Lage ist uns von Anfang an nur durch die Bildung einer Mitte gekommen, die sehr verschiedene Formen bis jetzt angenommen hat und die trotz allem Hohn von rechts und links über Feigheit, Ideenlosigkeit und Gemeinheit solcher Mittebildung sich immer wieder als zunächst wichtigste politische Tat behaupten wird. [...] Zu dem, was eine Politik der Mitte wirklich erfordert hätte, zu einer großen liberalen Partei, die mit der Republik ihren Frieden machte und *innerhalb* ihrer, nicht *gegen sie* sich durchsetzte, kam es nicht. Die Folge war der Ansturm gegen die Koalitionspolitik, wobei rechts und links sich bewußt und unbewußt unterstützte, der Kapp-Putsch und die ihn fortsetzenden Neuwahlen, bei denen die demokratische Partei dezimiert wurde. Seitdem regieren sehr künstliche und unsichere Majoritäten. Das Kabinett Wirth hält sich eigentlich nur durch seine Unentbehrlichkeit für die auswärtige Politik und für die Lösung des oberschlesischen Problems, bedarf aber gerade dafür einer stärkeren Stützung und sicheren Dauer. Solche Dinge werden bei uns sehr langsam eingesehen und man freut sich zunächst bloß über die Verlegenheiten der verhaßten Regierung. Kundige sahen die furchtbaren Folgen dieses Zustandes sofort ein. Den breiteren Massen und den Parteien haben erst die Sorgen der oberschlesischen Politik und die Reparationsforderungen, schließlich die Ermordung Erzbergers die Augen geöffnet.

Die erste Folge davon war der Verlauf des sozialdemokratischen Parteitages in Görlitz. Nur Kinder können glauben, daß das von selbst und durch reine Einsicht so gekommen sei. Ihm muß eine stille, äußerst intensive und besonnene Arbeit in der Partei vorangegangen sein. Es ist ja ein völliger und tief begründeter politischer Frontwechsel. Die Sozialdemokratie bejaht nunmehr grundsätzlich den Staat, den sie bisher theoretisch verneinte. Sie empfindet sich als Partei im Staat und nicht gegen den Staat und ist bereit, diejenigen Koalitionen einzugehen, die für seine Erhaltung notwendig sind. Dafür will sie nun freilich eben diesen Staat nach Möglichkeit der Verwirklichung solcher sozialistischer Ideale dienstbar machen, die sie bisher als in seinem Rahmen unverwirklichbar betrachtet und daher einer völlig neuen, rein proletarisch bestimmten Gesellschaftsordnung der Zukunft zugeschrieben hatte. Das hört sich zum Teil freilich sehr verwegen und unrealistisch an, wird aber doch eben immer in dem Rahmen der Staatsmöglichkeiten und der durch die innere Macht der Situation sich durchsetzenden Wirtschaftsorganisation bleiben. Man wird in alle dem vor allem das Werk des Herrn Ebert, dieses klugen, energischen und besonnenen politischen Führers erkennen müssen, der die Vorteile geräuschlosen Arbeitens sehr genau kennt und sehr viel mehr tut, als die Öffentlichkeit weiß. Neulich meinte ein rechts stehender Herr, man könne Herrn Ebert ruhig wieder wählen; er benehme sich anständig und tue so gut wie gar nichts, sei also ungefährlich; man selber habe ja doch keinen Kandidaten. Welche Verkennung! Herr Ebert ist persönlich gar nicht so leicht zu behandeln, ist aber unter allen Umständen ein Staatsmann. Das zeigt sich vor allem an der Vorbereitung und dem Verlauf dieses Parteitages. Wenn die Sozialdemokratie nun jetzt nachträglich die Einbeziehung der Unabhängigen fordert, so ist das vielleicht teils taktische Rücksicht auf die Berliner Stadtverordneten-Wahlen, teils die Opposition der in Görlitz stumm gebliebenen Kreise. Jedenfalls hofft man hier, daß daran die Rettungsaktion nicht scheitert. Es liegt zu sehr in der Folge der seit dem Ministerium Prinz Max verfolgten Politik, als daß man nicht glauben sollte, die Konsequenz werde auch über die gegenwärtige Stockung hinausführen.

Auf der anderen Seite hat auch die Deutsche Volkspartei die Not der Lage und die Notwendigkeit der Mittebildung eingesehen. Mit ihr würde ein wichtiger Bestandteil der wirtschaftlichen und finanziellen Intelligenz und der in ihr vertretenen Kreise an der Regierung teilnehmen und ein Druck auf die Ordnung der allmählich ganz verzweifelten Finanzlage ausgeübt werden können; freilich liegen da auch die Konfliktstoffe gegenüber der Sozialdemokratie. Auch ist sie ihrer Wähler, die sie bisher wesentlich mit einem dem der Deutsch-Nationalen verwandten Wortschatze bei der Stange gehalten hatte, nicht hinreichend sicher und macht deshalb ähnliche taktische Züge mit der Forderung des Sturzes von Wirth wie die Sozialdemokratie mit derjenigen der Einbeziehung der Unabhängigen. In der Hauptsache wird man aber auch hier jetzt überzeugt sein von der Unmöglichkeit, anders als auf dem Boden der Republik innere und vor allem auswärtige Verhältnisse regeln zu können. Nur fehlt hier die starke Führung, die wir dort beobachten, und ist in der Tat die innere Struktur der Partei schwierig. Gerade ihr Vorzug, die Vertretung der industriellen Intelligenz, macht sie, wie Stegerwald neulich hervorhob, unfähig zu starker Popularität. Sie muß also für den letzteren Zweck zu agitatorischen Mitteln greifen, die ihr andrerseits eine Politik der Mitte erschweren. Auch sind manche der Führer geneigt, eine ihnen noch günstigere Situation abzuwarten, wo das sozialistische Regiment noch mehr abgewirtschaftet hätte und das Gewicht der Wirtschaftsführer ein noch stärkeres sein würde. Es ist die bekannte Baissespekulation, daß es uns noch viel schlechter gehen müsse, bis der Umschlag kommt. Dieses Hinausschieben ist freilich für diese Herren leichter zu ertragen, als für den von oben und unten erdrückten Mittelstand und die verarmte Bildungsschicht.

Die neue Koalition wird zustande kommen, wenn nicht die oberschlesische Frage mit einer neuen Katastrophe von außen her endet, worüber die letzten Nachrichten nicht gerade beruhigend lauten. Aber man sieht, wie unsäglich schwer man sich in Deutschland zu absoluten politischen Notwendigkeiten entschließt. Man muß nur das Verhalten von Lloyd George in der nicht minder ernsten irischen Frage und der Frage der englischen Arbeitslosigkeit vergleichen, um zu sehen, wie unendlich viel schwerfälliger der deutsche Apparat der Parlamentsspielerei arbeitet. Wie umständlich und feierlich, wie sorglos um die brennende Not sind die deutschen Verhandlungen über die Regierungsbildung, wo Preußen dem Reich und das Reich Preußen den Vortritt zuschiebt und alle Beteiligten ihre Feierlichkeit und Wichtigkeit, ihre Vorbehalte und Winkelzüge bis auf den letzten Rest ausgenießen. Geht es nicht vorwärts, so vertagt man, genau so wie man Papiergeld druckt, wenn man finanziell nicht weiter weiß.

Mit diesem Letzteren ist ein weiterer Punkt berührt, der mit der Mittebildung eng zusammenhängt, freilich auch weit über sie hinausdeutet. Von der Mittebildung und Regierungsfestigkeit hängt jede Möglichkeit eines deutschen Kredits und damit auch zu einem erheblichen Teil die Milderung des Valuta-Elends zusammen. Ich habe die Finanzfrage stets als den dunkelsten Hintergrund aller Geschehnisse bezeichnet und zugleich stets meine völlige Rat- und Hilflosigkeit bekannt. Ich hätte auch sagen können, daß ich mir nur österreichische Zustände und den Staatsbankerott als Endergebnis von dem allem denken kann. Aber da niemand anders diese Sorgen so zu teilen schien, schob ich meinen Pessimismus auf meine Laienhaftigkeit und vermied solche Formulierungen. Heute wird diese Sorge in allen Kreisen von Sachverständigen ganz offen besprochen. Es sei die Folge der Reparationen und mangelnden Kredits. Die Optimisten sind es nur, weil sie an ein schließliches Eingreifen der Entente in diesen ihr selbst tödlichen *Circulus vitiosus* glauben. [. . .]

Hier gibt es [. . .] noch einen Punkt, der durch die gegenwärtige Krise scharf beleuchtet und in den Vordergrund gerückt ist: die Rolle des Beamtentums und vor allem des Richtertums in der Gefährdung oder doch Erschwerung der Republik. Der ehemalige Minister Haenisch hat in recht elegischen Artikeln im *Berliner Tageblatt* aus eigenen Erfahrungen berichtet, wie sein eigener bisheriger Verwaltungsapparat gegen ihn arbeitet und wie angesehene Richter ihm versicherten, daß durch Revolution und Rechtsbruch emporgekommene Regierungen naturgemäß nicht den gleichen Rechtsschutz genießen können, wie die legitimen. Es ist die alte berühmte Frage, wieviel Zeit nötig ist, bis eine neue Rechtsordnung als legitim empfunden wird. Die Preußen standen seinerzeit bei der Annexion Hannovers vor gleichen Empfindungen zahlreicher hannoverischer Richter und Beamten. Ich habe von niemand erfahren können, wie die Preußen sich in dieser Lage geholfen und wie sie vor allem dem Rechtsgefühl und der Zeit nachgeholfen haben. In Frankreich hat man in den Zeiten des Kampfes zwischen Monarchie und Republik, wo Bismarck bekanntlich entschieden für die Republik Partei genommen hat, einmal auf zwei Jahre die Unabsetzbarkeit der Richter aufgehoben. Mit welchen Folgen, darüber habe ich nichts erfahren können. Es ist kein Zweifel, daß in diesem Punkte eine sehr große Schwierigkeit für uns besteht. Man braucht nur einmal der gerichtlichen Behandlung der Kappisten nachzuforschen. Sie sind meistens mit Hilfe der Amnestie, die nur die »Führer« dem Gericht vorbehalten wollte, durchgeschlüpft. Die Gerichte haben dann eben die Führerschaft der betreffenden Leute verneint, und damit sind sie durchgeschlüpft. So ist der mecklenburgische Baron, von dessen Krieg gegen die Stadt Waren ich früher berichtete*, als Nicht-Führer freigekommen. So ist Gottfried Traub als ein Mann, der in nichts Führereigenschaften gezeigt habe, amnestiert worden und führt heute die *Augsburger Abendzeitung* mit demselben Talent, mit dem er einst den Oberkirchenrat bekämpfte. Und so weiter. Die linke Presse erkennt deshalb im Richter- und Beamtenstand ihren Feind und sucht ihn mit allen Mitteln auszuschalten. Volksgerichte und Absetzbarkeit der Richter sind sicher nicht die Mittel,

* Vgl. S. 132 f.: Klassenkampf und Bürgerkrieg.

die Sachlichkeit des Richtertums zu sichern. Die letztere ist ja auch nur in politischen Prozessen teils von veralteten Gesetzen, teils von unwillkürlichen Gefühlen in der angefochtenen Richtung bestimmt. [...] Das Reichsjustizministerium bereitet einem Gesetzentwurf vor, der hier die schlimmsten Anstöße und Schwierigkeiten beseitigen will, die Hauptsache muß freilich die Zeit tun und der Glaube an die Unaufheblichkeit der wesentlichen Züge der gegenwärtigen Staats- und Gesellschaftsform, wo es keinen Kampf gegen den inneren Feind mehr gibt. Auch die Gefühle der Beamten müssen sich ändern, die sich für unpolitisch halten, wenn sie keine Unterschiede zwischen den bürgerlichen Parteien machen und nur »Sozial- und andere Demokraten« verwerfen. Das wird lange dauern, aber das Problem selbst ist brennend. Eine Revolution, die das bisherige Beamtentum sorgfältig konserviert, ist ein Unikum in der Welt, und ich habe gerade um deswillen unsere Revolution nicht selten etwas zynisch als Talmirevolution gutmütiger Schwachköpfe bezeichnen hören, die es einem leicht mache, sie wieder abzuschaffen. Diese Gutmütigkeit mag allerdings von einem gewissen Standpunkt aus ein Fehler gewesen sein, war andrerseits durch Unentbehrlichkeit des Beamtentums zu sehr realistisch begründet. Aber sie hat uns auch Leiden und Irrungen erspart und gereicht dem deutschen Volke nicht zur Unehre. Seit dem Kapp-Putsch ist das freilich anders geworden, aber gerade diese Änderung hat uns zu bösen inneren Reibungen geführt.

Überall Zank und Streit und die neue Mitte kaum noch sichtbar! Ich sprach neulich einen altpreußischen Junker, der meinte, der Parteistreit sei eigentlich ganz gleichgültig; es gebe in der ganzen Welt heute nur zwei Parteien, die der Wahrheit und der Lüge; und zwar drinnen und draußen; bei uns wollen die einen die Tatsache und die Gründe unserer Niederlage nicht sehen und praktisch anerkennen, und nur wenige versuchen beides illusionslos zu verstehen und daraus die Folgerungen zu ziehen; draußen decken die einen hartnäckig ihr Gewissen bei der Räuberei und Schinderei mit dem Dogma von der deutschen Alleinschuld, damit sie nicht an sich selber irre zu werden brauchen, und nur wenige haben Mut und Kraft, die Allerweltsschuld und den Zwang der modernen Verhältnisse zu sehen und daraus praktische Folgen zu ziehen. Man kann an den Menschen in grimmigem Ekel völlig verzweifeln. Und da fordert Professor Radbruch für die neue nationale und soziale Schule eine Religion »inbrünstiger Diesseitsfreude«! Das ist schwer zu machen. Auch das Gehaben der Sozialdemokraten selber, so sehr ich Verstand und Tüchtigkeit des deutschen Arbeiters in den Dingen, die er versteht, aufrichtig schätze, und vor allem das seiner Literaten und Führer, ist wenig geeignet, inbrünstige Diesseitsfreude zu wecken.

Bei der Korrektur ist die Nachricht von der Entscheidung des Völkerbundes da. Noch ist nicht alles klar. Aber das ist wieder eine Katastrophe, die das bißchen erscheinende Licht mit brutaler Hand zusammenschlägt. Die Finsternis ist groß. Wie viel von dem in diesem Brief Besprochenen läßt sich unter diesen Umständen noch durchführen? Und wie tief wird die Mark stürzen?

Die neue Katastrophe und die Stellung des Bürgertums zur Republik
9. 11. 1921

Es ist gegangen, wie es immer geht, wenn bei uns sich ein schwacher Lichtschein zeigt. Wir schienen auf dem Wege zu einer neuen Mittebildung und durften hoffen, in der oberschlesischen Frage mit der fest versprochenen Hilfe Englands eine dem Abstimmungsergebnis entsprechende Lösung zu erreichen, damit nationale Ehre, wirtschaftliche Möglichkeit und politische Konsolidation zu wahren und zu erreichen. Da hat, wie ich schon im letzten Korrekturzusatz beifügen konnte, die französische Faust das Licht ausgelöscht. [. . .]

Ich war an dem Tage, wo die ersten Nachrichten über die drohende Genfer Entscheidung kamen, mit einigen Reichs- und preußischen Ministern, sowie einigen neutralen Gesandten zusammen. Die Wirkung der Nachrichten war niederschmetternd. Alles verstummte. Nun ist das Reichskabinett und die große Koalition erledigt: das war die allgemeine Stimmung. Dann kamen nähere Nachrichten. Die englischen Herren hatten versichert, Lloyd George habe für Deutschland gekämpft wie ein Deutscher, aber schließlich hätte er doch Frankreich nicht den Krieg erklären können! Wir sollten um Gotteswillen unser Kabinett nicht stürzen, das nun einmal das Vertrauen des Auslands habe. Es sei die Amputation des kleinen Fingers; das sei doch schließlich zu ertragen und man könne bei der Verständigung mit den Polen immer noch eine erträgliche Position retten. Auch die anwesenden Neutralen bekundeten die äußersten Sorgen im Fall eines Sturzes des Kabinetts. Sie fürchteten den Abbruch der eben mit Frankreich trotz allem angeknüpften Verbindungen und den Sturz der Mark, der dem des Kabinetts folgen müsse.

In der Tat ist das Ergebnis so gekommen, wie man es in dieser ersten finsteren Stunde gleich mit dem ersten Blicke sah: Kabinett und Mittebildung waren zerschlagen. Was das Kabinett anbetrifft, so hatte es seine ganze Erfüllungs- und Inflationspolitik auf die Versprechungen der Engländer aufgebaut und gehofft, nach rechtsgemäßer Entscheidung der oberschlesischen Frage in beiden Hinsichten durch eine neue Steuerpolitik Klärung und Festigung zu schaffen. Nachdem die Engländer unser Recht nicht hatten retten können oder wollen, war es vor aller Welt ungeheuerlich desavouiert und konnte nicht bleiben. Alles Zureden der Auswärtigen, daß das eben Unglück und momentane vollkommene Schwäche Deutschlands, aber kein diplomatischer Fehler des Kabinetts gewesen sei und daß man die Situation im ernstesten Moment nicht durch einen Sturz des Kabinetts noch weiter international unsicher machen dürfe, konnte nichts helfen. Das Kabinett selbst war in der Sache nicht einig. Die Sozialdemokraten wollten das Kabinett halten. Aber die Desavouierung war doch zu ungeheuerlich, genau wie nach dem Verrat Wilsons seinerzeit in Paris. Und genau wie damals traten die Demokraten aus dem Kabinett aus.

Nun hätte es gegolten, ein Kabinett der Rechten oder der äußersten Linken oder ein solches der breitesten Koalition zu bilden. Die beiden ersten Fälle waren aus inner- und außenpolitischen Gründen unmöglich. Ein Kabinett der Rechten hätte den Sturz Briands zur unmittelbaren Folge gehabt und die schroffsten französischen Nationalisten ans Ruder gebracht. Ein Kabinett der äußersten Linken hätte mit den durch und durch kapitalistischen Diplomaten der Entente nicht arbeiten können; ein bisher an allen Verhandlungen beteiligter Diplomat erzählte, daß die Ententepolitiker und sozialdemokratischen Verhändler sich überhaupt nie verstanden hätten. Auch gab beides ja keine genügende parlamentarische Unterlage. So blieb die breiteste Koalition als Ausdruck der Einigung in der furchtbarsten Lage, als Protest gegen das Unrecht und als gemeinsame Arbeit an der Verhütung allzu verhängnisvoller Folgen. Der Reichspräsident glaubte schon, ein solches fertig zu haben, und erwartete eines Mittags die endgültige Bildung des schon nach allen Seiten ausbalanzierten Kabinetts.

In ein paar Stunden war es unmöglich geworden. Warum? Die Sozialdemokraten, deren Führer überhaupt nur sehr ungern der Ebertschen Politik folgten und diese, je länger die Koalition zustande zu kommen zögerte, um so unfreundlicher behandelten, verlangten die Wiederbetrauung des Herrn Wirth mit der Kabinettsbildung und erklärten in geheimer Sitzung gemäß ihrem prinzipiellen und absoluten Pazifismus die Unterwerfung unter jedes Diktat der Entente für unverbrüchliche Richtschnur; man könne nur Protest beim Weltgewissen einlegen. Das zeigt, wie stark die Sozialdemokratie sich in außenpolitischer Hinsicht dem Standpunkt der Unabhängigen genähert hat, mit denen sie wenigstens eine Arbeitsgemeinschaft zur Verstärkung ihrer Stellung anstrebt. Dahingegen hielt die Deutsche Volkspartei eine patriotische Geste für geboten und wollte zu diesem Zweck die Entsendung eines Kommissars für Oberschlesien rundweg ablehnen, obwohl *alle* Parteien in Oberschlesien um die schleunige Bestimmung eines solchen baten. Ein Mitglied der Volkspartei brachte diese in geheimer Sitzung besprochene Differenz in eine Zeitung, und, da unseliger Weise der Zeitungsstreik gerade an diesem Tage aufgehört hatte, konnte diese Zeitung mit der interessanten Nachricht ihr Publikum erfreuen. Aller Welt, nicht nur den Deutschen, war damit erklärt, daß eine große deutsche Partei schlechthin alles schlucken werde und daß eine andere die patriotische Geste der verantwortungsvollen Mitarbeit ebenso grundsätzlich vorzog. Damit war alles zu Ende. Die Volkspartei desavouierte ihre Unterhändler. Die Sozialdemokraten bestanden bei Herrn Ebert darauf, daß nun zu ihrer Genugtuung unbedingt Herr Wirth das Kabinett bilden müsse, dem die Volkspartei von vornherein aus bekannten Gründen ablehnend gegenüber trat. Es gab ein paar Stunden zu allem übrigen hinzu eine Präsidentschaftskrise, die nur durch die Bereitwilligkeit des Herrn Wirth, ein Kabinett zu bilden, gelöst werden konnte. Herr Wirth rettete die Situation vor dem Chaos durch Übernahme der Kabinettsbildung. Die demokratische Fraktion trat, wohl aus ähnlichen Gründen wie die Volkspartei, aus der Koalition aus, und wie nach Versailles, so regiert jetzt nach Genf eine kleine Koalition von Sozialdemokraten und Zentrum. An Stelle der großen Koalition ist die denkbar kleinste getreten.

Nun hoffte man wenigstens in Preußen, das von den Konsequenzen der Reichspolitik ja nicht betroffen war, die große Koalition fertig zu bringen, mit der Herr Stegerwald seit langem schwanger ging, ohne sie energisch zu befördern. Da machte die Sozialdemokratie auch hier durch ein Ultimatum ein Ende. Sie verlangte das Ministerium des Innern, um die ihr vor allem am Herzen liegende Beamtenreinigung durchzuführen, alles übrige könne bleiben, wie es ist. Darauf verlangte Herr Stegerwald von den Demokraten die Zurückziehung des von ihnen gestellten Ministers des Innern. Diese empfanden das als schroffe Zumutung und wollten nun auch ihrerseits der Schaukelsituation ein Ende machen, indem sie ihre beiden Minister aus dem preußischen Kabinett zurückzogen und damit das Kabinett selbst zum Rücktritt zwangen. Jetzt konnte es an die Bildung des Koalitionskabinetts gehen, und ein solches kam unter der Präsidentschaft des Demokraten Oeser als Vorschlag fest zustande; es war ja auch ganz logisch, daß die grundsätzliche Vermittlungspartei den Präsidenten stellte. Aber da kam die Rache des Zentrums für den Sturz des Herrn Stegerwald und die Abneigung der Rechten gegen den Sozialdemokraten Braun als Landwirtschaftsminister und vielleicht noch einiges andere. Binnen einer Stunde war das scheinbar fertige Kabinett vernichtet und an seine Stelle trat ein von Herrn Braun als Präsidenten geleitetes Kabinett. Man hielt Herrn Braun als Ministerpräsidenten für ungefährlicher wie als Landwirtschaftsminister. Das neue Kabinett ist allem Anschein nach weniger gut als das alte, aber es ist kein Beamtenkabinett mehr, sondern ein parlamentarisches und die Sozialdemokraten sitzen mit zwei Ministern und dem Präsidenten wieder drinnen. Wie ein solches Kabinett arbeiten kann, das weiß dann Gott.

So gehen solche Dinge. Das ist das Einzige, was davon für den Staatsbürger interessant ist. So arbeiten Republik, Parlamentarismus und Demokratie in Deutschland. Daß sie so arbeiten, ist vor allem das Werk der Entente, die es zu keiner Konsolidation kommen läßt. Nun wird man wieder im Reich versuchen müssen, die Koalition zu erweitern, und dann kann dort in Bälde das Spiel von vorne angehen. Vorerst lief die ganze an sich notwendige Demonstration des Rücktritts des Kabinetts Wirth heraus auf ein neues Kabinett Wirth, das nur eine sehr viel schmälere Parlamentsbasis und eine sehr viel schwierigere innere und äußere Situation hat.

Es ist freilich auch und vor allem das Werk der Stellung des Bürgertums gegenüber der Republik. Man kann von diesem im großen und ganzen sagen: es hat zur Waffe des politischen Streiks gegriffen und führt gegen das herrschende System einen Moralkrieg, wie ihn die Entente so erfolgreich gegen Deutschland geführt hat. Man will das System niederkämpfen um jeden Preis oder es doch so verächtlich machen, daß niemand aus dem Bürgertum es mehr wagt, sich an ihm zu beteiligen. Die demokratische Partei unterliegt bereits sichtlich diesem moralischen und gesellschaftlichen Druck.

Es ist heute wohl nicht mehr viel an dieser Stellung des Bürgertums zu ändern. Notwendig war sie nicht und heilsam war sie auch nicht. Die Sozialdemokraten waren zu Anfang zu großem Entgegenkommen bereit, wenn Demokratie und Republik grundsätzlich anerkannt würden. Daran lag diesen Leuten, die unter dem alten System am meisten gelitten hatten, offenbar alles. Auch die Entente erzwang das System und wird es weiter erzwingen, wie das Schicksal Karls von Ungarn auch dem Blinden zeigt. Was sollte und konnte nun das Bürgertum, das über sehr viel unentbehrliche Intelligenz, Initiative, Tüchtigkeit verfügt und darum unentbehrlich war und ist, in solcher Lage tun? Das Einzige, was der politische Mensch überhaupt wollen kann, ist sich behaupten und sich durchsetzen unter gleichzeitiger möglichster Rettung der Organisation und Leistungsfähigkeit des Ganzen. Die Sozialdemokraten haben sehr wenig hervorragende Talente stellen können und ihre Leute hatten zum großen Teil die Vorbildung und gesellschaftliche Menschenkenntnis nicht, die zum Regieren und Verwalten unbedingt nötig ist. Ihnen gegenüber war nur Anerkennung ihrer Gleichberechtigung erfordert, Einhaltung von Demokratie und Republik und nüchterne Einsicht, daß bei ihnen die Ausnützung der politischen Machtstellung für alle denkbaren Zwecke so verständlich und moralisch oder unmoralisch ist, wie es das bei den bisher herrschenden Ständen auch war. Sentimentalität und humanes Sichversenken in ihren Standpunkt verlangten sie nicht und brauchten sie nicht. Sie waren in der Lage, alles, was sie brauchten oder zu brauchen meinten, sich selber zu nehmen, und bedurften hierbei keines sympathischen Mitgefühls. Aber man konnte mit ihnen ehrlich paktieren, die wichtigen Stellen und Funktionen in die eigene Hand bringen, die höhere Bildung und den Mittelstand schützen, verwegene und gefährliche Sozialisierungsexperimente vernünftig und ohne Aufregung diskutieren und verhindern. Man mußte nur dem Ehrgefühl und Selbständigkeitsstreben Rechnung tragen und den Arbeitern Konzessionen machen, die sie als neue Stellung in Staat und Wirtschaft empfinden konnten. So konnte man alles Wesentliche in seine Hand bringen und offen für sich in Anspruch nehmen, wie es ja auch die Sozialdemokraten in Anspruch nehmen. Man konnte unter Zurückstellung prinzipieller

Anschauungen und Forderungen das praktisch Wichtigste sich sichern und erhalten, wie jene es zu erwerben und zu erobern strebten. Das alles konnte in voller Aufrichtigkeit geschehen, wenn man die doch nun einmal von den Umständen geforderte Demokratie und Republik aufrichtig bejahte. Man hätte beides für sich sehr erfolgreich benützen können. Die Demokratie selbst ist ja wesentlich nur eine politische Maschinerie, die ihre Nachteile hat wie alle solchen Maschinerien, die aber in der gegenwärtigen Welt- und Kulturlage wenigstens den Vorteil hat, bei leidlicher Einigkeit eine enorm wichtige Waffe im internationalen Kampf ums Dasein zu sein und den Gerechtigkeitsansprüchen der in Volksbildung, Militärdienst und Industriearbeit intellektuell geschulten und gehobenen Massen zu entsprechen. Das mystische Dogma von der Volkssouveränität, dem nirgends in der Welt außer etwa ein paar Bauernkantonen eine praktische Wirklichkeit entspricht, konnte man auf sich beruhen lassen, und von der sogenannten demokratischen Weltanschauung konnte man ruhig zugeben, daß sie jedenfalls eine von äußerst partikulärem Gesichtspunkt aus konzipierte Weltanschauung ist. Daß die aristokratischen Elemente jeder Gesellschaft sich wie überall, so auch hier ganz von selbst durchsetzen würden, allerdings unter Eintritt einer Menge von *homines novi,* die bei dem großen *deplacement de pouvoirs et de fortunes* naturgemäß aufkamen, darauf konnte man ebenfalls nach soziologischen Gesetzen mit Sicherheit rechnen. Auch das Gewicht unserer ganzen historischen Vergangenheit mußte nach dem ersten Rausch und Wahn, der so sicher vergehen mußte wie die vermeintliche Revolutionskunst des Expressionismus, sich wieder geltend machen. Es bedurfte nichts als nüchternen, entschlossenen und illusionslosen Eingehens auf die Situation. Man konnte dann nicht alles, aber vieles halten, was gut und brauchbar war für das Ganze und was unentbehrlich war für eine besitzende und intellektuelle Klasse. Zu einigem Verzicht und vor allem dem Ausland gegenüber, das man loswerden mußte um jeden Preis, zu einigem Opferwillen mußte man sich allerdings entschließen. Aber man konnte vielleicht Bildung und Kultur retten und mit den neuen

Machthabern sich in sie teilen, so gut es ging. Das hätte einer ganz großen demokratischen Partei bedurft, deren offene Parole nicht die Ladenhüter des Berliner Kommunalfreisinns, sondern die Erhaltung der berechtigten aristokratischen Elemente mit Hilfe der demokratischen Maschinerie war, von einer solchen aber auch hätte verwirklicht werden können.

Das »gebildete« deutsche Bürgertum, das ja zum kleinsten Teil reine Bourgeoisie ist, ist diesen Weg nicht gegangen, je länger, desto weniger. Als die Angst geringer wurde, ging es in die Opposition um jeden Preis und erfand sich die Juden als Prügelknaben für alles. Der eben erschienene dritte Band Ludendorffs eignet sich die grotesken Vorstellungen einer antisemitischen, längst von Professor Strack entlarvten Denkschrift *Die Weisen von Zion* an, worin die Niederwerfung Deutschlands als das Werk einer internationalen jüdischen Verschwörung bezeichnet wird. Das entspricht sicherlich am besten den Instinkten des heutigen deutschen Bürgertums. Was bei dieser Opposition um jeden Preis anders herauskommen soll als steigende, aber zur Herrschaft nicht genügende Wählerziffern und Alimentierung der Feinde mit neuen deutschen Gewalt- und Barbareilegenden, ist nicht zu ersehen. Aber das liegt ja für den deutschen Bürger ganz fern. Er denkt lediglich an die Analogie mit 1813, und es kümmert ihn gar nichts, daß die heutige Weltlage eine von Amerika beherrschte ist, daß wir kein Agrarstaat mehr sind wie damals, daß wir dieses Mal eine Revolution von unten hinter uns haben, und nicht wie damals eine solche von oben. Er setzt die Ideologien des Weltkrieges einfach fort und hält alles Geschehene für Intermezzo oder sozialistische und jüdische Gemeinheit.

Es ist nicht zu leugnen, daß es mit alledem gelungen ist, den heutigen deutschen Staat sehr kraft- und autoritätslos zu machen, ihn der Lächerlichkeit und Verachtung preiszugeben, die sozialdemokratische Ämterverwüstung zu unterstützen und den Gegnern immer neues Material zu geben. Inzwischen aber hat sich neben und über beiden Parteien eine neue große Macht erhoben, von der beide Teile nicht viel Gutes zu hoffen haben: eine ungeheure

Steigerung des Kapitalismus in neuen Konzentrationsformen und eine entscheidende Bedeutung der Wirtschaftsführer neben dem Staate. Sie beherrschen heute schon im Finanz- und Wirtschaftsministerium einigermaßen den Staat, verhandeln selbständig mit dem Ausland, denken im schlimmsten Falle an eine französisch-deutsche Wirtschaftshegemonie und an eine unerschütterte Selbstbehauptung auch im Falle eines Staatsbankerottes, wo sie dann die einzigen Führer und Helfer sein würden. Es ist wie einst im ständischen Staate der Eintritt privater Großmächte in die Staatsgewalt, die diese von sich und ihren Bewilligungen abhängig machen, oder, moderner gesprochen, die Analogie zu amerikanischen Trustmagnaten, die dort im Senat als eine Art kapitalistischer Landstandschaft sitzen, trotz aller Republik und aller Demokratie. Es ist sicher, daß sich viele Leute das als den einzig möglichen Weg zur Lösung der Erfüllungs- und Inflationskrisis vorstellen. Die geplante Kreditaktion der Industrie und die Pläne einer Erwerbung der zunächst nicht rentierenden, aber eine feste Machtstellung gewährenden Eisenbahnen liegen auf diesem Weg. Möglich, daß dies der einzige Weg der Rettung ist, aber es ist ein gefährlicher Weg. Einigung der Lohnpolitik der Arbeiter und der kapitalistischen Energie der Wirtschaftsführer würde einem freien, geistig lebendigen und unabhängigen Bürgertum nicht förderlich sein. Das Bürgertum hat diese neue Gefahr kaum sehen wollen oder in ihr geradezu seine Hoffnung auf Rettung erblickt. Es könnte zwischen Lohnsozialismus und Unternehmerkapitalismus aber vielleicht erdrückt werden. Nun, es hat es dann selbst nicht anders gewollt. Aber was werden die Feinde dazu sagen?

Diese haben vorerst die Reparationskommission nach Deutschland geschickt. Und diese wird vor allem die Staatsausgaben prüfen und dieser letztgenannten Erscheinung ihre Aufmerksamkeit zuwenden. Das wird dann vermutlich der Anfang der offenen Fremdherrschaft über ein heillos uneiniges Volk sein. Wie unsicher in alledem der Reichszusammenhalt ist, zeigen die neuen bayrischen Nachrichten über die Beerdigung des Königs und die Proklamation des Kronprinzen Rupprecht.

Die Amerikanisierung Deutschlands
12. 12. 1921

Die augenblickliche Lage ist beherrscht durch die Washingtoner Konferenz. Mit ihr ist Amerika wieder öffentlich in die große Weltpolitik eingetreten, nachdem es in Versailles mit Wilsons persönlicher Völkerbundspolitik eine seinem eigenen und wirklichen Willen nicht entsprechende Figur gemacht hatte. Der Wilsonsche Völkerbund war ein professorales, ideologisches Gebilde, das ohne genügende Kenntnis Europas, ohne Rückhalt an den entscheidenden Faktoren der amerikanischen Politik und ohne Charakterstärke Wilsons selbst erdacht worden war, das sein Urheber daher selbst sachlich in Paris verriet, um den Schein zu retten. Der so übrig bleibende Schein wurde dann ganz einfach ein Werkzeug der französischen Hegemoniepolitik und arbeitete in Genf vor den Toren Frankreichs im Interesse der französischen Realität, d.h. einer kolossalen kontinentalen Militärmacht, die finanzielle und politische Ziele unter dem Titel der Sicherung der Kriegsergebnisse betrieb und betreibt. Inzwischen ist in Amerika Wilson von dem Senat und den Wählern rücksichtslos desavouiert worden. Die Truppen sind von einem glorreichen Kreuzzug im Interesse der Tugend und Freiheit mit verschwindend geringen Verlusten — was bedeuten 75000 Mann Tote für Amerika? — und mit dem Skalp des erlegten Menschheitsfeindes am Gürtel zurückgekehrt. Ein neues Regiment trat ins Amt und bereitete langsam und sorgfältig eine große politische Aktion vor, die das für amerikanischen Geschmack Gesunde und Menschenfreundliche an Wilsons Plan behaupten und zugleich das amerikanische reelle Interesse verwirklichen sollte. Die Angelsachsen sind Meister darin, Tugend und Profit, Sentimentalität und nüchternste Berechnung zu vereinigen und dabei obendrein ganz ehrlich an ihre Tugend zu glauben. Und so tritt jetzt ein Plan hervor, der den Wahnsinn des Wettrüstens, die beständige Kriegsgefahr und tödliche Konkurrenz der großen Wirtschaftsimperialismen beseitigt oder mildert und zugleich die amerikanische Weltstellung gegenüber England und Japan für die Zukunft sichert. Das sind heute die drei großen Weltreiche mit den großen Flotten. Nur solche kommen für die Weltpolitik noch in Betracht. Frankreich ist bloße Landmacht, es kommt trotz aller kulturellen Sympathien für die Weltpolitik nicht in Rechnung. Von Italien ist gar nicht mehr die Rede. Die Landabrüstung ist für die Amerikaner mehr eine moralische Forderung. Wenn die Franzosen nicht wollen, so ist den Europäern nicht zu helfen, und man muß warten, bis sie wieder vernünftig werden. Nur allzustarke finanzielle Störungen, die aus dem europäischen Chaos zu entspringen drohen, wird man zu verhindern wissen. Von Deutschland ist nur in der letzteren Hinsicht, nicht in politischer die Rede. Ihm gegenüber fühlt man sich durch das Schulddogma, das immer noch für seine ganze Lage entscheidend ist, moralisch gedeckt und durch den Untergang der deutschen Flotte und Landmacht, von denen die erste nie wieder hergestellt werden kann, politisch desinteressiert. Die Seemächte sind entscheidend, und ihre Konflikte gilt es zu verhindern oder zu verschieben, jedenfalls jedem etwa möglichen neuen Weltkrieg von vornherein zuungunsten Japans zu präjudizieren. [. . .]

Es ist eine angelsächsische Dyarchie, die sich verbreitet, und in ihr ist Amerika die stärkere Macht. Politisch wird es bei der Unangreifbarkeit seiner geographischen Lage die Welt wesentlich beherrschen und kulturell wird es sie durch den davon ausgehenden Einfluß zunehmend amerikanisieren. Der eigentliche Sieger des Krieges ist der amerikanische Kapitalismus, eingehüllt in die demokratische Tugendideologie und in jene sittlichen Vorzüge, die der Besitzende stets für sich zu reklamieren pflegt und die die Welt dem Erfolgreichen zuzugestehen geneigt ist. Die sozialistischen Experimente in Europa dürfen heute schon als gescheitert angesehen werden und auch der pazifistischen Ideologie hat die amerikanische Vereinigung von Tugend und Profit den Wind aus den Segeln genommen. Die Welt ist anders geworden als sie war, aber nicht pazifistisch, sozialistisch, brüderlich, zukunftsenthusiastisch, sondern angelsächsisch, völlig kapitalistisch und gefaßt auf neue imperialistische Weltkämpfe, für welche die moralische Grundlage vor unseren Augen in der den Wilsonschen Völkerbund erledigenden »Konföderation der Nationen« von Washington aus gelegt worden ist. Auf zehn Jahre wird es Frieden in der Welt auf dieser Grundlage geben. Das weitere muß die Zukunft zeigen.

Dieser selbe Sieg des Kapitalismus und Amerikanismus beginnt nun aber gleichzeitig in der inneren Lage Deutschlands selbst sichtbar zu werden. Die Inflations- und Reparationskrise, die stets als dunkelste Gefahr über uns schwebte, beginnt eine Lösung zu erzwingen, die man nicht anders denn als die Amerikanisierung Deutschlands bezeichnen kann.

Die Industrieführer, unter denen man durchaus nicht Stinnes allein verstehen darf, treten heute deutlich hervor als diejenigen, welche mit ihrem Privatkredit, ihrer Organisationskunst, ihrer Führerkraft und ihrer Herrschaftseignung allein die Not lösen können. Neben einer machtlosen demokratischen Scheinregierung wollen sie die tatsächliche Macht und Regierung. Der Staat soll in privatrechtlichen Verhältnissen auf- und untergehen. Es ist der Tendenz nach vergleichbar der Entstehung der Feudalverfassung und der landständischen Einschränkungen des Fürstentums, aber nicht mittelalterlich, sondern übermodern amerikanisch gedacht. Als Sicherung verlangen sie den Übergang der Reichseisenbahnen in ihren privaten Besitz, ähnlich wie in Amerika die großen Truste Bahnen und Werke in ihrer Hand haben und durch diese Vereinigung die eigentlichen Herrscher des Landes geworden sind. Sie haben bewußt und in der Stille auf dieses Ziel hingearbeitet und waren sicher, daß die Inflationskrisis das Staatsschiff auf den Strand treiben würde. Dann konnten sie es demontieren und wieder neu aufbauen. Unter ihrer Flagge allein scheint es wieder flott werden zu können. Das war der Sinn der Baissespekulationen, bei denen schon lange niemand mehr auf einen bolschewistischen Umsturz und eine dem folgende gewaltsame Rehabilitierung des Bürgertums rechnen konnte. Solche Rechnungen bestanden zu Anfang; aber sie sind lange aufgegeben und statt dessen rechnete man auf den finanziellen Zusammenbruch, der den allein berufenen und befähigten

Faktoren das Staatsschiff in die Hand geben müsse. Nicht die Arbeiter wieder zu entrechten oder herabzudrücken ist das Ziel, sondern unter deren mitbeteiligtem Interesse wieder Macht, Autorität und Ordnung zu schaffen, die das Rückgrat jedes Staates, auch des demokratischesten, sind. In diesem Sinne hat man einen immer größeren Teil der Presse angekauft und mittelbar oder unmittelbar sie dem Großkapital untertan gemacht, bis auf die großen belletristischen Zeitschriften, soweit diese nicht schon von selbst diesen Kurs einhielten. Diese Presse durfte alles über alles schreiben; nur zweierlei mußte sie tun: sie mußte das herrschende System und seine wechselnden Personen mit allen Mitteln lächerlich und verächtlich machen, um ihm schließlich jede wirkliche Macht zu nehmen, und sie durfte von den Plänen der Rettung nichts verraten, sofern sie überhaupt selber etwas davon ahnte. Diese Presse ist die einzige Stelle in Deutschland, wo geschwiegen worden ist. Dagegen sollte sie das bestehende System als Formaldemokratie, als Westlertum, als undeutsch und als unfähig zur Führung zermürben, echt deutsches Wesen, ständische Gliederung, Führertum, Sinn für Größe und Persönlichkeit unermüdlich fordern. Ein Artikel gegen Ludendorffs Memoiren konnte in dieser ganzen Presse nicht untergebracht werden und sogar die *Preußischen Jahrbücher* verweigerten ihrem früheren Herausgeber die Aufnahme. Freilich hinter diesem »echt deutschen« und fast mittelalterlich-ständischen Programm verbarg sich das Westlichste des Westlichen, die völlige Amerikanisierung Deutschlands, das rettende Führertum der Großindustrie, das an Stelle des Staates treten sollte. Das Publikum hat das nicht gemerkt und merkt es in seiner Begeisterung für »deutsches Wesen« heute noch nicht. Sozialisten und Parlamente haben die Sache nicht ernst genommen oder lediglich über kapitalistische Reaktion gezetert. In Wahrheit ist es keine Reaktion, sondern etwas ganz Neues, die Auflösung eines Staates und Volkes, das sich nicht selbst regieren kann und dessen Geistesfreiheit immer etwas unverantwortlich Spielend-Paradoxes oder schulmeisterlich Freiwillig-Offiziöses gehabt hat. Es ist in Idee und Konsequenz die materielle, politische und geistige Herrschaft des Kapitals, das allein elastisch genug war, die neuen Verhältnisse zu begreifen, und stark genug, die völlige Auflösung zu verhindern. Etwa vor einem Jahre schrieb mir einer der gewandtesten Vertreter dieser Politik, ich möchte doch in diesen Blättern helfen, eine Atmosphäre des Vertrauens zu diesen allein retten könnenden Führern zu schaffen. Ich erwiderte darauf, daß ich gar kein Vorurteil gegen die Herren hätte, aber für eine solche Aufgabe doch wissen müßte, was sie planen. Die Antwort war, daß die Herren ihre Pläne heute so wenig preisgeben könnten wie Bismarck im Jahre 1863/64 die seinen. Wahrscheinlich kannte sie der Briefschreiber selbst nicht, der wesentlich nur für ständische Gliederung schwärmte. Heute sind diese Pläne offenbar, und man versteht beim Rückblick auf die letzten drei Jahre heute so manche Erscheinung in ihrem Zusammenhang, die man zunächst nicht recht zu deuten wußte. Heute wird man alles, die literarischen Suggestionen, die großen Konzentrationen, die scheinbare Unbekümmertheit um die Inflation, die mit allen Mitteln arbeitende Parteizersetzung, die Verhinderung der Mittebildung, die Untergrabung der Regierung und die Ablehnung aller Rechtsputsche, als eine große Einheit auffassen dürfen und eine in ihrer Weise jedenfalls großartige und zielbewußte Aktion bewundern müssen.

Ist sie zu billigen und zu unterstützen? Die Frage ist schwer zu beantworten. Sie würde sicherlich auch ihrerseits nichts Endgültiges sein. Sie würde mit den Arbeiterorganisationen zum Schluß paktieren müssen, und, wenn wirklich alle Rettung auf Industrie und Kapital gestellt werden müßte, dann würden schließlich Unternehmer und Arbeiter die Herren. Die Konsumenten und der Mittelstand, die sich stets in ihrer Wichtigkeit überschätzenden »Geistigen« und die feinere Kultur würden die Leidtragenden sein. Aber vielleicht können die Dinge in der Tat nicht anders gehen und ist diesem Schicksal nicht auszuweichen. Vielleicht ist gerade diese Aktivität und rasch bereite Schöpfung der Unterschied und Vorzug gegenüber Frankreich, das nicht arbeiten und erfinden, sondern von deutscher Arbeit leben will. Vielleicht ist das

Goethesche Zeitalter, das schon mit Technik, Industrialismus, Militarismus und Nietzschetum endete, für immer vorbei und ein neuer Typus der Deutschen im Wachsen, der auch vom Zeitalter Bismarcks völlig getrennt ist. Vielleicht gibt es in der Tat nur so wieder Ordnung und pünktliche Verwaltung, die dem demokratischen Selbstregiment zu schaffen durch die Ungunst einer im Grunde trotz allem gegenteiligen Anschein äußerst undemokratischen Weltlage nicht vergönnt war. »Die Geistesfreiheit,« meinte neulich ein alter liberaler Führer, »ist sowieso dahin. Wenn wir Ordnung und Sicherheit erhalten, wäre das neue Führertum vorzuziehen. Die Diktatur des Handarbeiters und Volksschullehrers hat nichts Verlockendes. Die Gleichgültigkeit der Industriemagnaten gegen die Wissenschaft läßt dieser immer noch eher etwas von der nötigen Bewegungsfreiheit.«

Eine andere Frage ist die, ob die neue Idee praktisch wirklich durchführbar ist, ob nicht doch immer das staatliche Denken und Bedürfen einen eigenen politischen Ausdruck verlangen wird, ob die Franzosen dann nicht den Kampf geradezu gegen unsere Industrie direkt richten würden, ob die gegenwärtige Scheinblüte der Industrie in eine echte und dauernde verwandelt werden kann. Und mehr noch! Haben die neuen Herren eine genügende Kenntnis der menschlichen Psyche und ihrer unendlichen Vielfältigkeiten und Widersprüche, sind sie nicht wie die Militärs geneigt, alle außerhalb ihres Horizontes und Zweckes liegenden psychologischen Kräfte für unbedeutend und nebensächlich zu halten? Manche ihrer Handlungen und Pläne im Kriege machen da doch sehr irre. Verstehen sie ferner außenpolitische Dinge und politische Völkerpsychologie richtig einzuschätzen oder bauen sie nicht vielleicht gigantische Kartenhäuser? Sie unterschätzen und verkennen den Staat, wie es scheint. Die amerikanische Oligarchie sitzt doch wenigstens im Senat und hat hier gewohnheitsrechtlich eine verfassungsmäßige Stellung. Kann bei uns der Reichswirtschaftsrat etwa ähnlich ausgebaut oder sonstwie etwas Senat-Ähnliches geschaffen werden? Ohne solche Legitimierung und Einstellung in die Verfassung ist die Sache doch wohl auf die Dauer nicht möglich. Dann aber wird der Kampf gegen Regierung und Verfassung, die Untergrabung der Staatsautorität ein schwerer Fehler, der die unentbehrliche Ausgleichung zwischen politischer und ökonomischer Macht unmöglich oder unendlich schwierig macht. Der Gedanke, den ich hier stets vertreten habe, der einer möglichst breiten Mittebildung, würde daher auch so im Zentrum bleiben. Denn ohne solche wäre eine Auseinandersetzung und Vereinigung der neuen Führer mit den politischen Kräften des deutschen Volkes und damit ein wirklicher und dauernder Erfolg nicht möglich, wenn man nicht etwa an eine Diktatur oder eine Art *Directoire* denkt, wie es die französische Revolution beendete. Aber das letztere ist unter der Herrschaft der Entente und bei dem Mangel einer erfolggekrönten großen deutschen Armee nicht möglich. Auch dieses neueste System steht vor dem Dilemma: Diktatur und Gewalt oder Verständigung und Mittebildung. Es wird ohne die letztere nicht gehen. Gewisse Reden des Herrn Stresemann, der diese Dinge kennt, aber nicht sehr deutlich ausspricht, werden jetzt verständlich. Er sucht die »Führer« für die zweite Seite des Dilemmas zu stimmen. Und er wird seine guten Gründe dafür haben, darunter auch sehr sachliche. Die demokratische politische Maschinerie wird sich bei uns so wenig beseitigen lassen als irgendwo sonst in der Welt. Es kommt nur darauf an, sie richtig zu bedienen. Und das ist etwas weniger einfach und wohl auch schwerer praktisch durchzuführen, als die neuen Führer meinen.

Es ist ohne Zweifel eine große neue Wendung der deutschen Revolution, die hiermit sichtbar wird. Aber sie wird sich nicht gradlinig und eindeutig durchsetzen, sondern auch ihrerseits zu jenen Kompromissen gezwungen sein, die das Wesen aller Politik sind. Die geistig-moralische Bedeutung der ganzen Wendung ist dagegen heute schon unverkennbar. Wir leben im Zustand der Unfreiheit der Presse und der beständigen Suggestionen, wie in Amerika. Sogar der Wille zu einer selbständigen Kritik gegenüber diesen Suggestionen ist entschwunden, von der Fähigkeit gar nicht zu reden. Die Allgewalt der Ökonomischen und der Geist einer geschäftsmäßigen Rationalität beherrscht alles, wo nicht abenteuerndes Spekulantentum der im Chaos frei sich bewegenden Schlauen das Geschäft ohne Vernunft betreibt. Die »Geistigen« glauben ihren Zeitungen und kämpfen um Ideen, Schlagworte, Personen und Tatsachen von gestern und vorgestern. Aber eines darf man nicht vergessen: diese deutsche Amerikanisierung ist im Unterschied vom wirklichen Amerika rein ökonomisch, geschäftlich, technisch. Die humanitären und christlichen Anschauungen, der Geist einer konservativen Demokratie, der als Erbe des Puritanismus heute noch trotz allem Amerika bestimmt, die Anarchie bändigt und die Gewissen beruhigt: all das fehlt bei uns und hat keine Tradition. Unser geistiges Leben stammt aus Luthertum und Katholizismus, aus Klassizismus und Romantik und hat keinen rechten Zugang zu dem neuen realistischen Lebensstil, entbehrt der Synthese von Geist, Moral, Geschäft und Politik, die die Amerikaner haben. Dort herrscht noch die Verbindung von Aufklärung, Christentum und materiellem Fortschritt, die überhaupt die moderne Kulturleistung der Angelsachsen ist. Bei uns fehlt dieser geistige Untergrund und besteht statt dessen ein ganz anderer, viel schwerer definierbarer. Unsere Jugendbewegung insbesondere begibt sich heute in eben dem Moment, wo Politik und Geschäft sich unwiderruflich amerikanisieren, an den Gegenpol des äußersten Anti-Amerikanismus, der phantastischsten Romantik und der Gemütsphilosophie. Die Kulturpolitik des Sozialismus wirbt für Atheismus und Gleichmachung der Bildung und Begabung. Alles das ist dem amerikanischen Geist schlechthin entgegengesetzt. Wie werden politisch-soziale Machtbildung und Geist sich vertragen?

Bis jetzt hat das Literatentum der Industrieführung in der Tat den neuen Amerikanismus eingewickelt in romantische, ständische, mittelalterliche Ideologien, in Nietzsches und Fichtes Führerideen, in einen grundsätzlichen Germanismus und hat damit die Verbindung zu der neuen Staats- und Gesellschaftsidee gesucht, nachdem man anfangs diese Romantik als echten Kern des wahren Sozialismus und als bleibendes Ergebnis der Revolution gefeiert hatte. Diese Synthese von Amerikanismus, ständischer

Romantik und Nietzsches Führerkultus wird nicht lange dauern. Was aber dann? Die deutsche Geistesgeschichte kennt keine gradlinigen Entwicklungen, und daher stammt der widerspruchsvolle Charakter des Deutschen, den alle Ausländer fast einstimmig als eigentliches »deutsches Wesen« bezeichnen. Heute werden wir wieder zwischen den verschiedensten Geistesmächten hin und her geworfen. »Charakter (im kulturellen Sinne) haben und deutsch sein« war ohne Zweifel immer schwierig. Es ist heut schwieriger als je, wenn man darunter nicht hemmungsloses Poltern versteht.

Die deutsche Uneinigkeit
6. 1. 1922

Das System der Amerikanisierung Deutschlands, wie ich es das letzte Mal schilderte, hat seine ersten großen Widerstände gefunden. Die Forderung der Übergabe der Reichseisenbahnen aus der Hand des Staates an einen Trust der Industrieführer hat den heftigen Widerstand der politischen Vertretung und Regierung sowie der Eisenbahner selbst hervorgerufen. Betriebstechnisch mochte der Vorschlag manches für sich haben, politisch hat er die Augen geöffnet und den Widerstand des staatlichen Gedankens, freilich auch der ihn für sich in Anspruch nehmenden Interessen, geweckt. Die Reichsregierung hat denn auch ihrerseits sich genötigt gesehen, die ungesunden Verhältnisse in Post und Eisenbahn, die ihr natürlich längst bekannt waren, offen anzuerkennen, die Finanzen beider Betriebe durch enorme Erhöhung der Tarife zu sanieren und die durch die schematische Handhabung des Achtstundentages ganz verschobenen und überbelasteten Beamtenverhältnisse in einer großen Reform zu ordnen. [. . .] Aber freilich, indem die Reichsregierung die Reformbedürftigkeit anerkennt, hat sie das Mißtrauen der Beamten und Angestellten geweckt, die überdies unter den neuen Preissteigerungen naturgemäß leiden. Sofort gab es einen Eisenbahnerstreik, der vorläufig überwunden ist. »Wenn entlassen werden soll,« hörte ich einen sagen, »dann sollen sie oben damit anfangen, nicht unten.« Das weist auf die ganze Schwierigkeit der Situation hin, wo alles, was nicht selbst produzieren kann oder will, in Beamtenstellungen drängt. Auch eine Privatverwaltung stünde hier vor ungeheuren Schwierigkeiten. Staat und Massen sind eben doch stärker als das mächtigste Privatkapital.

Einen anderen Widerstand, den das System der Ersetzung der Staatsgewalt durch Privatleistung gefunden hat, zeigt der Verlauf der Londoner Verhandlungen von Stinnes, die sich vor allem auf die Erschließung Rußlands bezogen. Die Ratschläge von Stinnes sollen Eindruck gemacht haben. Als dann aber Rathenau, der mit dem Reichskanzler eng verbunden ist und seine außerordentlichen geschäftlichen, geistigen und gesellschaftlichen Fähigkeiten in den Dienst einer entschlossenen Staatspolitik und der Vorbeugung gegen kommende Arbeitslosigkeit gestellt hat, in London auftauchte, da hat man es dort vorgezogen, mit einem Vertreter des Staates zu verhandeln statt mit einem noch so mächtigen Privatmann. Seitdem ist Rathenau immer mehr in den Vordergrund der Verhandlungen getreten. Seine Pläne werden verschieden beurteilt und ich bin nicht imstande, meinerseits dazu Stellung zu nehmen. Noch ist alles Wesentliche geheim und außerdem ist die Materie für den Laien äußerst schwierig. Ich wage also hierüber nicht zu urteilen und möchte nur sagen, daß Rathenau, gegen den eine vielfach ganz törichte Hetze betrieben wird, jedenfalls ein ganz ungewöhnlich begabter Mann und ein leidenschaftlicher Patriot ist. Aber das ist in diesem Zusammenhange gar nicht die Hauptsache. Die für die Lage symptomatische Hauptsache ist vielmehr auch hier der Gegensatz der Staatsmacht gegen Privatmacht und die sehr begreifliche Neigung der fremden Staaten, sich nur an die erstere zu halten. In der französischen Presse wird ausdrücklich vor der Privatmacht, die einen »Staat im Staate« zu begründen strebe, gewarnt. Dagegen erregt Rathenau zugleich menschliches und wissenschaftliches Interesse. Seine Werke werden ins Französische übersetzt und vielfach achtungsvoll kommentiert. Er ist eine der wenigen vom heutigen Deutschland verwertbaren Persönlichkeiten, die auch gesellschaftlich und menschlich imponieren und die die dem Diplomaten unentbehrlichen Unterlagen breiter persönlicher Verbindungen haben. Aus ähnlichen Gründen ist auch sein Einfluß nach innen, d.h. auf den Reichskanzler, ganz außerordentlich. Dabei ist er heute immer noch nicht wieder Minister. Es hängt doch auch bei ihm ein bißchen mit dem Wesen der Industriemagnaten zusammen, daß sie die Subalternitäten des Ministerdaseins nicht lieben.

Die Verhandlungen, die Rathenau führt oder an denen er Beteiligung erstrebt oder auch vielleicht bei den deutschen Zahlungsverhältnissen erstreben muß, haben einen vielleicht zu starken Anschein der Aktivität Deutschlands in diesen Dingen erweckt. In Wahrheit sind sie Ausläufer der Washingtoner Konferenz, deren Konsequenz für die europäische wirtschaftliche Lage. In Wahrheit beherrscht diese und ihr Ergebnis, die Spannung zwischen Frankreich und England, die Weltlage. In dieser Spannung spielt neben dem Angora-Vertrag und der U-Bootdifferenz die Stellung zu dem deutschen finanziellen und wirtschaftlichen Problem erst die dritte Rolle. Bei dem stark demagogischen Charakter, den alle modernen Regierungen tragen und tragen müssen, ist eine von dauernden und sachlichen Interessen geforderte Lösung keineswegs selbstverständlich und insofern ist hier auch nichts zu berechnen. Insbesondere muß man bei Lloyd George, wie alle Sachkenner sagen, immer wieder mit Augenblickslösungen und einem Umfallen zugunsten Frankreichs rechnen. So rasch die Ereignisse wechseln, so langsam ist der Fortschritt der Vernunft. Immerhin ist in letzterer Hinsicht *ein* Erfolg bereits sichtbar; die Demaskierung der französischen Gewalt- und Hegemoniepolitik, die das amerikanische Weltversöhnungswerk Hardings ebenso zu sabotieren droht wie einst das viel schlechter fundierte Wilsons, die England durch U-Boot, Flugschiffe und Landmacht bedroht und die Europa in ein Chaos zu verwandeln kein Bedenken trägt. Das fühlt und sieht man heute überall. Es wird in Amerika abkühlend wirken und hat in den osteuropäischen Vasallenstaaten Frankreichs, je mehr ihre Regierungen Frankreich nachgeben müssen und weiter nachgeben werden, die öffentliche Meinung erbittert. Auch ihre politischen Vertreter machen allmählich schon kein Hehl mehr aus ihrer Zwangslage.

Diese Demaskierung Frankreichs, mit der ein großer Teil der Phrasen der Kriegspropaganda in sich zusammenfällt, hat nun aber weiterhin die wichtige Wirkung, das unselige Dogma von der deutschen Alleinkriegsschuld langsam zu erschüttern. Eine Macht, deren leitende Politiker so sehr auf das alte Programm Richelieus und Napoleons sich verpflichtet zeigen, erweckt den Anschein, auch bei der Herbeiführung des Krieges nicht ganz harmlos gewesen zu sein. In der Tat häufen sich innerhalb und außerhalb Frankreichs die Anschuldigungen gegen Poincaré. Die bevorstehende Veröffentlichung des Briefwechsels Iswolskys, des russischen Gesandten in Paris und bekannten Todfeindes Österreichs und Deutschlands, wird darüber weiteres Licht verbreiten. Der Briefwechsel ist in Rußland gefunden worden und wird von russischer Seite veröffentlicht werden. Ein paar gewichtige Briefe hat die Silvesternummer des *Berliner Tageblatts* schon veröffentlicht. Man wird das Weitere abwarten müssen. Deutsche Publikationen müssen in der Sache vorsichtig und rein aktenmäßig-sachlich sein, da bei der noch herrschenden Weltstimmung jeder andersartige Kampf gegen das Schulddogma monarchistischer Propaganda verdächtig ist und nur die feindliche Front der öffentlichen Meinung befestigt. Daß mit dieser äußerst vorsichtig umgegangen werden muß, da wir zwar darüber klagen und schelten, aber sie nicht beeinflussen können, das müßte jeder wissen, der die Bedingungen und Richtungen der Bildung der öffentlichen Meinung in den Weststaaten und Amerika kennt. Daß Wilhelm II. zu diesen Kennern nicht gehört, hat die Veröffentlichung seines Briefes an Hindenburg gezeigt, freilich auch schon früher sein ganzes Auftreten. Wird von dieser Seite in die Erörterung des Schulddogmas eingegriffen — der Kaiser wollte schon in der ersten Zeit seines Exils mit Hilfe eines Neutralen in die Diskussion eingreifen, was dieser aber dann doch zu gefährlich fand —, so mag das innen- und parteipolitisch gewissen Gruppen sehr erwünscht sein, außenpolitisch ist es so verhängnisvoll wie die einstigen Kaiserreden. Aber freilich, das kümmert die Klassenkämpfer von rechts wenig. Kommunisten, Unabhängige und Konservative wollen ihre sozialen und innenpolitischen Gegner niederrennen. Was aus dem Ganzen wird, ist dabei gleichgültig. Jeder Klassengenosse, der da nicht mittut, wird als Streikbrecher boykottiert, wie das eben die Familie von Oheimb getan hat, als eines ihrer Glieder die Unzweckmäßigkeit des Kaiserbriefes zu behaupten wagte.

Diese Dinge führen immer wieder auf den wundesten Punkt der deutschen Situation, auf die furchtbare Uneinigkeit und Parteizerrissenheit, in der es begründet ist, daß solche außenpolitisch absolut schädlichen Dinge überhaupt gar nicht in ihrer außenpolitischen Bedeutung bedacht, sondern sofort in dem tödlichen inneren Kampf verwertet werden. Es ist heute noch wie in der zweiten Hälfte des Krieges: der Kampf zwischen Ludendorff und Bethmann entzweit in etwas anderen Formen heute noch das deutsche Volk, nur daß dabei neben Bethmanns vermittelnder Stellung seit dem Ausbruch der russischen Revolution eine radikale sozialistische Politik mit ins Spiel getreten ist, deren Radikalismus im absoluten Pazifismus und in dem Vertrauen auf die Internationalität des Proletariats sich äußert. Um diese Dinge wird heute noch gestritten, als ob die Situation der Eröffnung des U-Bootkrieges heute noch alles beherrschte und schneidige Energiepolitiker und schlappe Defaitisten sich gegenüberstünden. Man sollte meinen, die ungeheuren Fehler der ersteren lägen heute nach dem Schiedsspruch des Schicksals klar zutage und der Kappistenprozeß habe die Kurzsichtigkeit und den Leichtsinn, auch die umgebende Interessenzone jener Energiepolitiker, abschreckend offenbart. Ebenso wie man freilich umgekehrt meinen sollte, der Verlauf der Dinge seit dem Versailler Frieden und der Umbildung der russischen Revolution zu einer Kastenherrschaft hätte den doktrinaren Pazifismus und das Vertrauen auf die unbegrenzten Fähigkeiten der sog. Proletarier erschüttern müssen. Aber nichts von alledem geschieht. Nach einer kurzen Ernüchterung unter dem unmittelbaren Eindruck der Niederlage ist die alte Frontstellung wieder eingetreten, als ob nichts passiert wäre, und als ob annexionistische Energie und pazifistische Weltpolitik heute noch über irgendeine selbständige Politik zu verfügen und zu streiten hätten. Es ist der Streit um des Kaisers Bart und um das weggeschwommene Fell.

Ob diese Uneinigkeit wirklich sozusagen anthropologisch in dem Charakter der Germanen seit Urzeiten begründet ist oder ob sie eine Folge unseres schweren Schicksals erst mittelalterlich internationaler Orientierung und dann territorialstaatlicher Zerbrochenheit oder ob sie aus der überschnellen Verwandlung eines bureaukratisch-militärischen Klassenstaates in einen fast amerikanischen Industriestaat herstammt, das ist schwer zu sagen. Klar ist nur das Unheil und der Mangel eines politisch-soziologischen Denkens, das die alten und gefestigten Einheitsnationen aus sich hervorgebracht haben. [. . .]

Man müßte sich schon auf etwas wirklich Neues einstellen, das Unwiderrufliche der Veränderung anerkennen, das Widerrufliche sich klar machen und dann dieses zugleich mit der Festigung der Staatsautorität des Ganzen mit loyalen Mitteln betreiben. Dann könnten die schlimmsten Gifte und Uneinigkeiten ausgeschieden werden, überhaupt wieder von einem Staate die Rede sein, an dem wir alle Teil haben, dessen Ersetzung durch private Machtverhältnisse doch recht wenig wahrscheinlich ist. Aber gerade das will man in dem verbissenen Ressentiment gegen den inneren Feind nicht, der angeblich den Sieg verhindert und dann die Herrenschicht gestürzt habe. Die letztere sitzt noch fest genug und könnte noch mehr sich erringen. Die bloße Opposition kann, wie in der französischen Revolution, schließlich doch noch ein Jakobinerregiment erzwingen oder liefert den Staat in die Hände des Auslandes, der das in seinem und nur in seinem Interesse verhindert.

Die intimen Seiten der deutschen Lage
4. 3. 1922

Das deutsche Schicksal drängt sich vorerst immer mehr in der Finanzfrage zusammen. Die Reparationen und die

Aufrechterhaltung des eigenen Bestandes durch immer neues Papiergeld, d.h. bloße Kreditanweisungen bewirken in engster Wechselwirkung den fortlaufenden weiteren Sturz der Mark und damit die fortwährende Steigerung der Preise. Wenn auch Wucher und Spekulation an der Preissteigerung massenhaft beteiligt sind, es wäre doch eine völlige Illusion, darin das Hauptübel zu sehen. Wenn auch einzelne Menschen enorm »verdienen«, so wäre es doch nicht geringere Täuschung, die steigende Verarmung des Ganzen nicht sehen wollen. Was erarbeitet wird, geht an die Entente, teils in Aufkauf von Devisen, teils in rollenden Zügen voll Materials. Die eigene Wirtschaft im Hause wird mit den künstlichen Mitteln des Papiergeldes aufrecht erhalten. Es ist ein Wunder, was alles damit noch zu schaffen ist. Aber einmal muß die Seifenblase platzen, wenn sie auch eine Zeitlang schöne und schillernde Farben zeigt.

Die Rückwirkungen dieses Zustandes, der in den sämtlichen östlichen Ländern noch trostloser ist, und der gleichzeitigen Ausschaltung Rußlands aus dem Weltverkehr erstrecken sich — für uns glücklicher Weise — auf die ganze Weltwirtschaft, auf die Neutralen und die Siegerstaaten, und wirken auch dort immer verhängnisvoller. Das ist in Washington neben der Erledigung der großen Gegensätze der Seemächte der zweite geheime oder stillschweigende Verhandlungsgegenstand gewesen und hat nach Cannes geführt. Aber die Einsicht der Völker und Massen steht hinter der der Führer, soweit sie diese Sachlage erkannt haben oder erkennen wollen, noch weit zurück, und es ist insbesondere in Frankreich fast unmöglich, ihr Geltung zu verschaffen, weil dort Kammer und Führer gerade diese Dinge nicht sehen wollen, sondern nur Frankreichs Gewinn aus dem entsetzlichen Kriege und Frankreichs Sicherung in seiner heutigen Position. So hat Washington und Cannes zum Sturze Briands und zur Ministerpräsidentschaft Poincarés geführt. Das nun folgende Duell mit Lloyd George, der die Lage eingesehen hat und zur Einsicht durch die englische Wirtschaftslage gezwungen wird, hat neben anderen aus Innenpolitik und Reichspolitik folgenden Schwierigkeiten die Stellung von

Lloyd George selbst erschüttert. Der Kampf um die Fortsetzung von Cannes in Genua und um das ganze System dauernder und sich wiederholender Konferenzen hat zu den schwersten englisch-französischen Konflikten geführt. Wie er ausgeht, ist nicht zu sagen. In Wahrheit wird das Konferenz-System sich doch auf irgendeine Weise durchsetzen müssen. [...]

Was bei dem Konferenzsystem für uns herauskommt, ist freilich dunkel und mag uns mit vielen schweren Sorgen erfüllen. Es hat für uns nur den einen Vorteil, daß es zu persönlichen Berührungen und Aussprachen der beteiligten Regierungen führt. In Wahrheit lastet ja auf uns heute noch die durch das Schulddogma und die Hunnenpropaganda geschaffene Isolierung. Dieses teuflische Kriegsmittel demagogischer Zeitalter wirkt bis in den Frieden hinein vor allem zu unserer moralischen und geistigen Blockierung. Alle Geschäfte konnten bislang nur durch die Botschafter schleppend und hochformell erledigt werden. Persönliche Verhandlungen waren unmöglich. Auch Spa und London brachten keine solche, sondern hielten an der Fiktion der Verhandlungsunfähigkeit der Deutschen und an dem bloßen Diktatcharakter fest. Dagegen konnten alle Staatsmänner der neuen Oststaaten und der Neutralen mit den Ententeregierungen verhandeln, nach Belieben Paris oder London aufsuchen, ihre Interessen auf diesem Wege fördern und Völkerbundsentscheidungen wie Konferenzen vorbereiten. Das war und ist ein ungeheurer Nachteil für unsere Diplomatie. Das System der Konferenzen würde den Bann brechen und den direkten Austausch der Regierungen in vermutlich steigendem Umfang ermöglichen. Wie weit der Bann heute schon hier oder dort gebrochen ist, das ist schwer zu sagen. Es scheint Rathenaus Bestreben zu sein, gerade in diesem Punkt Breschen in die Blockade zu schlagen. Dabei mögen die Führer mancher Ententestaaten persönlich dazu geneigt sein. Sie müssen aber ihren Massen gegenüber immer noch sehr vorsichtig sein. Die Berührung mit den Deutschen, anders als durch Kontrolle und mittelbare Erkundigung, scheint ihnen zu verunreinigen. Wer die neueste Publikation von Avenarius über die

Mache im Weltwahn mit ihrer Vorführung und Prüfung eines Teils der ententistischen Bilderpropaganda aufmerksam angesehen hat, wird das begreifen. Der moderne Krieg ist ein Krieg der Technik und der moralischen Offensive durch rücksichtslose Demagogie. Das ehrliche Heldentum alten Stiles, das eigentlich militärische Pathos, spielt in ihm eine Nebenrolle. Insoferne hat nicht der Krieg, aber der Militarismus ausgespielt und insoferne ist ein lediglich militärischer Kampfabbruch kein Friede, sondern eine unblutige Fortsetzung des Krieges. Frankreich und seine Vasallenstaaten — die letzteren nicht immer freiwillig — führen den Krieg gegen uns weiter. Und hierin bleiben sie unterstützt durch jene geistige und diplomatische Isolierung und Blockade. Deshalb ist es auch so schwer, sie zu durchbrechen. Alle diplomatische Geschicklichkeit muß heute noch auf eine solche Durchbrechung gerichtet sein.

Die Franzosen verkleiden die Fortsetzung ihrer Kriegspolitik mit Forderungen der Entschädigung für die angerichteten Zerstörungen, wozu auch die Zahlung aller Pensionen gehört, und durch Sicherheitsforderungen. Inzwischen erhalten sie einen großen Teil ihres Heeres auf deutsche Kosten und versorgen unzählige Leute in allerhand Kommissionen und Anstellungen bei uns und den Vasallen. Zugleich wollen sie die Sanierung der eigenen höchst schwierigen Finanzlage durch deutsche Tribute. Wir sind in ihren Augen ein Tributärstaat, der Armut und Zahlungsunfähigkeit heuchelt und dem man nötigenfalls mit Gewalt die Taschen untersuchen und leeren muß. Das edle französische Volk kann auf Grund seiner entsetzlichen Opfer für die Menschheit, die es in dem Kriege gebracht hat, vor dem Weltgewissen diese Forderungen vertreten. Ohne solche humanitäre Verbrämungen wagen auch sie nicht ihre Gewaltpolitik zu machen und ist in der Tat heute keine Politik zu machen. Es ist aber merkwürdig, wie sehr sie aus diesem Sachverhalt die Berechtigung zu schroffem und geringschätzigem Auftreten auch in vielen ganz persönlichen Angelegenheiten herleiten. Der literarische Nachlaß eines verstorbenen jungen deutschen Dichters sollte z. B. gedruckt werden. Darunter befanden sich

Übersetzungen von Gedichten eines sehr bekannten französischen Poeten, der heute im fernen Osten Botschafter ist. Um dazu die Erlaubnis zu erlangen, wandte sich der Verleger an einen als vermittelnd und versöhnlich bekannten französischen Schriftsteller von hohem Rang. Dieser erwirkte die Erlaubnis zum Druck der Übersetzungen und hielt es für unbedenklich, den die Erlaubnis erteilenden Brief einfach im Original zu übersenden, trotzdem darin auch Stellen enthalten waren wie die: »In Deutschland taugen überhaupt nur die Junker und Juden etwas. Alles übrige ist faules Fleisch und taugt nur dazu, zu Wurst zerhackt zu werden«! Dem Unreinen gegenüber ist auch das einfachste Taktgefühl nicht mehr nötig. Und das waren nicht beliebige Privatleute, sondern geistige Franzosen ersten Ranges, um die es sich hierbei handelte.

Natürlich kann man auch anderes erleben. Ich sprach neulich mit einem sehr feinen und taktvollen Franzosen, der Deutschland bereiste, um eine Anschauung davon zu gewinnen, ob es den Deutschen wirklich so gut oder so schlecht gehe, wie die einen oder die anderen sagen. Er erkannte an, daß es den Franzosen zwar schlecht gehe, aber doch immerhin um einiges besser als den Deutschen. Im allgemeinen herrsche kein eigentlicher Deutschenhaß mehr und sei die Wirkung der Propaganda zu Ende, Beobachtungen, die mir auch von in Frankreich reisenden Deutschen bestätigt wurden. Es komme vor allem darauf an, wieder geistige und wissenschaftliche Berührungen zu gewinnen. Da zeigte sich dann aber sofort wieder die Schwierigkeit. Französische Bücher kommen wenig zu uns, dagegen nach dem Ausweis der Literatureingänge in den französischen Zeitschriften schicken die deutschen Verleger massenhaft Rezensionsexemplare nach Frankreich! Der persönliche literarische Austausch ist durch unsere Bücherausfuhrbestimmungen dagegen sehr erschwert und erfolgt von Frankreich aus sehr spärlich. Immerhin habe ich selbst verschiedene wertvolle Bücher und auch Briefe in wissenschaftlichen Angelegenheiten aus Frankreich erhalten. Ob und wie die deutschen Bücher dort angezeigt werden, kann ich bei der Unmöglichkeit, französische Zeitschriften zu lesen, nicht feststellen.

Es soll wenig geschehen, meist werde nur der Eingang verzeichnet. Da fehlt es also sehr an Berührungs- und Austauschmöglichkeiten. Solche müßten zwischen den Bibliotheken und den Redaktionen der Zeitschriften sowie den wissenschaftlichen Vereinigungen planmäßig vorgenommen werden. Einiges derart ist geschehen. Es fehlt aber noch ganz und gar an jeder wirksamen Breite und Vollständigkeit. Dabei müßte dann allerdings das Rezensionswesen sehr taktvoll und vorsichtig gehandhabt werden ohne politische und völkerpsychologische Exkurse, sonst tut es mehr Schaden als Nutzen.

Der Umstand, daß wir Deutschen uns ausländische Bücher so schwer kaufen können, führte dann auf die Hauptfrage, wie es den Deutschen eigentlich gehe. Die Franzosen sehen im allgemeinen nur die Luxushotels und Vergnügungsstätten, die sie mit deutschem Geld oder mit besserer Valuta bezahlen. Sie sehen die Läden der Großstädte und den Taumel der Genußsucht. Es sei sehr wichtig, von vertrauenswürdigen Personen zu erfahren, wie es wirklich stehe. Da ist nun aber sehr schwer, bestimmt zu antworten. Dem Privatmann stehen wenig statistische Zahlen zu Gebote und den amtlichen glaubt man nicht. Wissen wir im Grunde doch selbst darüber nur durch zufällige Einzelbeobachtungen und können wir selbst unsern eigenen Zustand schwer abschätzen. Klar ist das geradezu verzweifelte Elend der Kleinrentner und Pensionisten. Die ersteren zehren vielfach an ihrem Vermögen mit der Hoffnung oder der Absicht, nach dessen Verbrauch zu sterben. Sehr schwierig sind die Verhältnisse in Arbeiterfamilien mit Kindern. Die Notwendigkeit, zur freien Wirtschaft zurückzukehren und die Staatszuschüsse einzustellen, bedeutet hier mit den steigenden Preisen steigende Not. Fast so verzweifelt wie für die Kleinrentner ist die Lage für Künstler, Schriftsteller und allerhand Bohème. Höchst empfindlich ist die Herabdrückung der Lebenshaltung in dem ganzen sogenannten Mittelstande und dem Beamtentum. Es sind die neuen Armen, die den neuen Reichen gegenüberstehen. Alles Einkommen geht für Wohnung, Beheizung und Ernährung auf; in den übrigen Dingen lebt man so gut es geht von alten Sachen und nützt seine alten Kleider aufs äußerste aus. Neueinrichtungen für Ärzte und Geschäfte sind kaum erschwinglich. Man hilft sich auch hier möglichst mit alten Sachen, d.h. durch Assoziationen mit solchen, die das Nötige noch aus der Vorkriegszeit haben. Aber die alten Sachen werden verbraucht werden und dann wird die Not bitter sein, von der unendlich schwierigen Wohnungslage gar nicht zu reden. Die Dienstbotenverhältnisse sind grauenvoll, was übrigens ähnlich aus Frankreich und England berichtet wird. Die Hausfrauen sind es, die den Krieg verloren haben, sagte neulich sehr treffend eine Dame. Aller Luxus an Kunst und Wissenschaft, alles Reisen ist in diesen Kreisen zu Ende. Die Ernährung ist überall auf einen sehr viel bescheideneren Fuß gesetzt.

Reiche Leute, für die Geld überhaupt keine Rolle spielt, gibt es in der gegenwärtigen wirtschaftlichen Scheinblüte oder bei der Beteiligung von ausländischen Geschäften selbstverständlich viele; namentlich in den Großstädten. Noch viel mehr gibt es Leichtsinnige, die nichts ersparen mögen, weil es doch nichts hilft, und lieber ihr Geld verjubeln und vertrinken, statt für Kleider und Schuhe zu sorgen, von denen man doch nicht weiß, ob man im nächsten Vierteljahr sie noch bezahlen kann. Ein junger Mann setzte mir das neulich sehr ruhig auseinander. Das sei reine Selbstbetäubung, die man nötig habe, da man an die Zukunft doch nicht denken könne und möge. Der Karneval war hier verboten. Dafür gab es aber allerhand Umgehungen, und da war stets Überfülle und tolle Verschwendung. Dafür konnte man dann am Sonntag im illustrierten Blatt auf der ersten Seite die Leichenberge verhungerter russischer Kinder und auf der nächsten die Vergnügungsszenen des Alpenballs sehen! Solchen Leuten geht es gut, aber sie leben von der Hand in den Mund.

Neben den Arbeiterbudgets geben den Maßstab des Wohlstands eines Landes doch immer die Verhältnisse seiner gebildeten Mittelklasse und für diese wiederum ist charakteristisch die Lage eines großen Teils ihrer Jugend, der Studenten. Hier ist die Lage grell und weithin sichtbar beleuchtet durch die große Gründung der »Wirtschaftshilfe der deutschen Studentenschaft«, ein Unternehmen, das nach einer andern Seite freilich auch wieder eine tröstliche Erscheinung von Mut und Lebenskraft ist. Man findet öffentliche Auskunft darüber in dem Beiheft zur vierten deutschen Studententagung vom Juli 1921 über *Die Wirtschaftshilfe der deutschen Studentenschaft.* Hier heißt es: »80000 Studenten leben unter dem Existenzminimum, 30000 weit unter seiner Hälfte, ein großer Teil derselben alle Erscheinungen der untersten Elendsschicht jetzt am eigenen Leib erlebend: Hunger, Kälte, Armut, schwerste Not. Ihre Existenz ist ermöglicht ausschließlich durch die entschlossene, kühne Tat einiger Studenten, meist Kriegsteilnehmer, die mit Dozenten und Freunden billigste Studentenküchen, genossenschaftliche Verkaufsstellen gründeten und sie zu festen Rechtskörpern der studentischen Wirtschaftsselbsthilfe ausbauen; von hier aus vor allem auch Nebenverdienst in Handberufen, Fabriken, Bergwerken, Landwirtschaft vermittelnd und weiterschreitend zu den Anfängen eigener studentischer Werkstätten und Gärtnereien. Eine neue, große, lebendig wachsende Idee: gegenüber der Vernichtungstendenz der Weltkriegskatastrophe der Gedanke der Wirtschaft als Werkgemeinschaft aller produktiv Arbeitenden, gegenüber dem Knechtungswillen freiwillige Aufopferung und restlose Hingabe Einzelner für die Not Aller, ein neuer Studententypus, den nicht Vorteile, sondern Begeisterung zur Wirtschaft trieb, ein Entschluß, vielfach gerade von den besten der Korporationsstudenten verwirklicht, neben dem Typus »Altheidelberg« ein »Neuheidelberg« der Tat, — 30000 deutsche Studenten leben davon.« »Fürsorge ist zu beschränken 1. auf die Kranken, 2. auf die Kriegsteilnehmer, die Prüfungs- und die Gelehrtenkandidaten. Allen anderen Kommilitonen sollen Zuwendungen, Unterstützungen und Vorteile nur zugewandt werden, wenn sie alle Mittel, sich selbst zu helfen, erschöpft haben und durch lebendige Mitarbeit in den Wirtschaftskörpern oder durch Nebenerwerb bewiesen haben, daß sie die Not Deutschlands verstehen und bereit sind, an seiner Rettung innerlich und äußerlich mitzuarbeiten.« Die Organisation im einzelnen kann hier nicht geschildert werden. Sie zerfällt natürlich in lokale Organisationen, die alle bisher schon vorhandenen Hilfen organisieren und zentralisieren, möglichst um ein Studentenheim gruppieren, und Studentenspeisung, Bücherwesen, Materialversorgung, Wohnungsfrage, Arbeitsvermittlung leiten sollen, und eine Zentralorganisation, die mit einer großen Darlehensbank verbunden werden soll. Für die letztere haben die Wirtschaftsführer sehr hohe Mittel versprochen, erfreulicherweise ohne jeden politischen Gesinnungszwang. Sie zu schaffen sei »Ehrensache der deutschen Wirtschaft nicht aus Mitleid, sondern aus Achtung vor dem von der deutschen Studentenschaft selbst Geleisteten«. »Voraussetzungen von alledem sind: starker Aufbau der örtlichen Wirtschaftskörper, Verbannung jedes Almosencharakters, Entwicklung des Werkstudenten.« Wie weit die Organisation heute schon durchgeführt ist, vermag ich nicht sicher zu sagen, von 50 deutschen Hochschulen sollen 36 sie eingeführt haben. Jedenfalls sind alle bereits vorhandenen Hilfsverbände mit der Wirtschaftshilfe in engen Zusammenhang getreten und sind die Meldungen zum Werkdienst so zahlreich, daß ihnen nicht allen entsprochen werden konnte, trotz dem Entgegenkommen von Unternehmern und Gewerkschaften. Nähere Nachrichten gibt das Nachrichtenblatt der deutschen Studentenschaft vom 29. Dezember 1921, eine *Wirtschaftssondernummer*. Darnach sind an den technischen Hochschulen etwa 4000, an den Universitäten etwa 5000 im Sommer 1921 bei praktischer, körperlicher Arbeit gewesen, diejenigen, die Nebeneinkommen aus Arbeit anderer geistiger oder schreibender Art haben, nicht mitgerechnet. Hier findet man auch die Berichte, wie weit an den einzelnen Hochschulen die Einrichtungen fortgeschritten sind.

Das ist eine große Leistung und kann uns — trotz mannigfach erhobenen Protestes — stolz auf unsere akademische Jugend machen, die auf der anderen Seite freilich die totale Veränderung der Verhältnisse vielfach so gar nicht begreifen will und sich in bloße Opposition verbissen hat. Aber das ist in diesem Zusammenhange Nebensache. Die Hauptsache ist, daß diese Lage und Arbeit der Studentenschaft die wahren Verhältnisse scharf beleuchtet und die ganze Gefährdung des geistigen Mittelstandes und damit der geistigen Kultur überhaupt deutlich zur Anschauung bringt.

Überall aber auch sonst ist das Leben grenzenlos schwierig, bei der Unsicherheit aller finanziellen Berechnungen ein tägliches Würfelspiel. Wer etwas zu verkaufen oder etwas zu produzieren hat, rechnet auf Preiserhöhung, der Beamte und Angestellte auf Gehaltserhöhung und beides steigert sich fortwährend gegenseitig. Noch kann man dabei leben, freilich nur mit vieler Entsagung und eiserner Sparsamkeit sowie mit Hilfe der aus der Vorkriegszeit angesammelten materiellen Besitztümer. Aber jeder fürchtet, daß all das irgendwann ein Ende finden könne. Wer keine angesammelten Besitztümer hat und nicht zu den neuen Reichen gehört, der hält den Diebstahl oder die Aneignung für sein gutes und selbstverständliches Recht oder doch wenigstens für den normalen Ausweg. Dabei ist von den Verbrecherbanden, die goldene Zeit in dem Chaos haben und denen viele heute zuströmen, gar nicht die Rede. Der Diebstahl ist allgemeine Regel der Nichtbesitzenden und wird dann oft auf alles Wünschbare ausgedehnt. In einem mir genau bekannten Hause verkehrte der Sohn mit einem einfachen Jungen aus der Nachbarschaft, und dieser stahl ihm nach und nach einen großen Teil seiner Spielsachen. Seine Eltern fanden nichts dabei und nur die großen Stücke konnten zurückerlangt werden. Dabei ging es dem Jungen und seinen Eltern ganz gut; er konnte sich täglich Bonbons kaufen, aber nicht größere Spielsachen. Die holte er dann eben anderweitig. Gleichzeitig zeigte sich, daß die Köchin Körbe voll von allerhand Gegenständen, Wäsche, Kleider, Wein, Zigarren, Spitzen, silberne Löffel, Nahrungsmittel, sogar einige Rollen Klosettpapier gestohlen hatte. Zur Rede gestellt, berief sie sich darauf, daß das alle so machten, und, als man sich solche spartakistische Manieren verbat, erklärte sie entrüstet das für eine schwere Beleidigung; sie und die ihren seien alle königstreu. Um das Bild vollständig zu machen, muß erzählt werden, daß im gleichen Hause zur gleichen Zeit ein Mieterausschuß für die Verwaltung und Reduktion der Sammelheizung gesetzmäßig gebildet werden sollte. Der reichste Mieter aber erklärte, er wolle die Beheizungs- und Wasserversorgung genau wie im Frieden und sei bereit, alles zu bezahlen, was der Hauswirt verlange. Diejenigen, die das nicht könnten, möchten eben die Konsequenzen ziehen und ausziehen. Bolschewistische Einrichtungen wie der Mieterausschuß erkenne er nicht an. Dabei stand an der Spitze der bolschewistischen Einrichtung ein alter adliger General und Exzellenz!

Ähnliche Geschichten kommen tausendfach vor. Sie beleuchten besser als große Rechnungen und Statistiken die ungeheuer schwierige Lage in den intimsten und täglichen Lebensbeziehungen, zugleich die Gefahr ihrer zunehmenden Verschlechterung. Die Welt starrt nur auf die großen Reparationsrechnungen, das deutsche Budget, die deutsche »Wirtschaftsblüte« und auf die Gefahr ihrer Erhaltung durch Fortdauer der niedrigen deutschen Valuta. Die Finanzfrage ist von Poincaré in Genua ausgeschieden worden. Die Amerikaner, die übrigens den mit dem Frieden versprochenen deutschen Handelsvertrag plötzlich für nicht mehr nötig halten und sich mit den betreffenden Versailler Bestimmungen befriedigt erklären, nehmen in Genua nicht teil, weil die Hauptsache nicht verhandelt werde. Man sieht: es geht, wenn überhaupt, sehr, sehr langsam vorwärts. Der französische Imperialismus ist der große Block, der im Wege liegt und der jede Sanierung unmöglich macht. Was wird sein Schicksal sein? Er muß irgendwann einmal zusammenbrechen. Aber was werden wir vorher noch alles zu ertragen haben an Schmach und Demütigung wie an Not und Sorge? Es ist nicht wahrscheinlich, daß auch die genaueste Kenntnis der Franzosen von der deutschen Lage sie von ihren Hoffnungen und ihrem Imperialismus abbringt, der die ganze alte Welt der skrupellosesten Machtpolitik mit all ihren Ideologien wieder heraufbringt und vor allem uns äußerlich und innerlich hindert, die trotz allem neuen Weltverhältnisse zu sehen, zu empfinden und zu bejahen und zu benützen.

Die heutige Welt ist trotz aller großen Programme absolut zwiespältig und verlogen. Daher ist es auch so schwer für unsere Nation, geistig und gefühlsmäßig einen klaren Weg durch das Wirrsal zu finden. Sie ist zu schwach, um vorangehen zu können, und die Welt draußen ist zu verworren und zu verlogen, als daß man irgendetwas in ihr bejahen und einem ihrer Programme folgen könnte.

Die neue Weltlage
11. 5. 1922

Alle Welt spricht von Genua. Seit Wochen sind die Zeitungen voll und übervoll davon. Die Redakteure der großen Zeitungen sitzen dort in Person und schicken ihre Berichte, die zumeist wenig Tatsachen, sondern viel Stimmungsberichte und Zukunftsprophezeiungen enthalten oder auch die entsprechenden Gedanken und Erwartungen anderer großer Zeitungen und Redakteure hierher telegraphieren. Die Kenntnis der eigentlichen und wirklichen Tatsachen ist gering, und, da die wichtigsten Dinge in Sonderbesprechungen der Alliierten unter sich oder in Sonderverhandlungen der verschiedenen Mächte ausgemacht werden, ist auch das Wissen der amtlichen Personen beschränkt. Dazu kommen die Verhandlungen der beteiligten Mächte mit ihren heimischen Regierungen und deren Abhängigkeiten von der heimischen inneren Politik, alles Dinge, von denen man wiederum nichts Genaues weiß und nur die Stimmungsberichte der verschiedenen Presseorgane erfährt. Das wirkliche Wissen um die Vorgänge ist also gering. Der Durchschnittleser wird bei dem Umfang der täglichen Berichte der Meinung sein, so ziemlich alles zu wissen. In Wahrheit weiß er nichts oder sehr wenig, und der kritische Leser weiß erst recht nichts mit den Berichten anzufangen. Auch die Mitteilungen beteiligter Personen machen ihn nicht klüger. Vielmehr empfindet er bei solchen mündlichen Berichten erst recht, wie sehr man bei solchen großen diplomatischen Veranstaltungen trotz aller künstlich grellen Beleuchtungseffekte im Dunkeln tappt. Kommt man der Sache näher, so löst sich alles in tausendfachen Klatsch, in Spuren geheimer Intrigen und Künste und schließlich in allgemeine Ratlosigkeit auf. Der Kern der internen amtlichen Verhandlungen ist nur ungefähr zu erraten und die hier Beteiligten schweigen oder färben ihre Aussagen diplomatisch.

Aber nicht nur die Zeitungen sind es, die voll von Genua sind. Auch die alltäglichen Unterhaltungen in Haus, Straße und Läden drehen sich immer wieder um Genua. Die gequälten Menschen hoffen Wunder von Genua, vor allem ein Sinken der Preise und eine wirtschaftliche Atempause. Andere tragen sich mit schweren Befürchtungen, obwohl im allgemeinen der Optimismus groß ist. Wieder andere knüpfen große politische Kombinationen an Genua, neue politische Weltordnungen und Bündnisse, neue Kämpfe und Kriege. Alle Welt lebt im Provisorium und hofft von Genua irgendeine Wirkung in der Richtung auf Definitives. Man erträgt das Schwanken und die Unsicherheiten vor allem der wirtschaftlichen Zustände nur schwer. Die Kreise des großen Geschäftes sind bei der steigenden Unsicherheit der Kalkulationsmöglichkeiten in wachsender Unruhe und hoffen auch ihrerseits. Im Grunde ist das wirtschaftliche Interesse heute überall weit über das politische hinausgewachsen.

In der Tat ist der Instinkt wohl nicht unberechtigt, daß Genua die erste größere Veränderung in der Nachkriegszeit für Europa bedeutet. Man darf dann nur nicht vergessen, daß Washington ihm vorausgegangen ist und daß Genua die europäisch-kontinentale Ergänzung für die Weltabmachungen von Washington bedeutet. Die Amerikaner halten sich dementsprechend zurück und behandeln das Ganze als Angelegenheit eines engeren Kreises, deren Erledigung sie abwarten, ehe allgemeine und weltpolitische Folgerungen aus ihr gezogen werden können. Ob das überhaupt möglich ist, steht für sie dahin und hängt vom Ausgang und Fortgang ab.

Insofern läßt sich vielleicht wenigstens eine ganz allgemeine Linie finden, in der die Ereignisse verlaufen und die den Fortgang bestimmt. Im übrigen muß auch dieses Mal alles Aktuelle und im engeren Sinne der täglichen Handlungen Politische den Tageszeitungen überlassen bleiben.

Der allgemeine Sinn der ganzen Veranstaltung ist wohl folgender, wie er neulich in den Unterhaltungen mit einer nach Deutschland entsandten privaten Studienkommission von Engländern formuliert wurde. Die Forderungen der Weltwirtschaft fangen allmählich an, die Festsetzungen der Politik zu untergraben, zu umgehen und zu erschüttern. Der Versailler Friede mag politisch-militärisch möglich sein als eine durch das französische Riesenheer und die französische Politik aufrecht zu erhaltende Kontinentalhegemonie der Franzosen, wobei die Franzosen die Kosten dieser Politik und die Kriegskosten, zugleich aber damit die verzweifelte französische Finanzlage durch deutsches Vermögen und deutsche Arbeit zu bestreiten hoffen. Aber die Weltwirtschaft hat ihre eigene Weise auf solche Dämmebauten der Politik zu reagieren. Aus tausend einzelnen Energien bestehend und tausend unkontrollierbare Zusammenhänge besitzend und suchend geht sie ihren eigenen, durch bloße Militärmacht nicht zu regulierenden Weg. Sie umgeht die Dämme, durchsickert, übersteigt, unterwühlt sie und erzeugt dabei ihre eigenen Wirkungen. Der Ausfall Rußlands und Zentraleuropas als Abnehmer erzeugte eine ungeheure Arbeitslosigkeit in der ganzen Welt, wovon nur die Franzosen ausgenommen sind, die als menschenschwaches und mäßig industrialisiertes Land von vornherein nicht stark darunter leiden und im übrigen ihre Arbeitslosen in der Armee unterbringen, d.h. von Deutschland und den Vasallenstaaten entschädigen lassen. Die Folge der daraus erwachsenden Reparationslasten für Deutschland ist die Aufkaufung ausländischer Devisen durch die deutsche Regierung zum Zweck der Reparationszahlung und damit ein unaufhaltsamer Sturz der Mark. Die Folge davon ist die Unterbietung aller Preise durch Deutschland und das vielbesprochene unfreiwillige Dumping, das Deutschland keinen Vorteil bringt, aber den beständig steigenden Vermögensverlust verdeckt und die Situation einige Zeit hinhalten läßt. Dagegen suchen die fremden Staaten zunächst sich von Standpunkt der autarkischen Nationalwirtschaften durch Zölle zu decken. Aber damit fällt die Mark nur weiter und die deutschen Industrieprodukte überbranden mit steigenden Wellen die steigenden Zollmauern. Auch steckt sich deutsches Geschäft in ausländische Unternehmungen und gibt damit vielen deutschen Großindustriellen die Rückendeckung gegen die Wirkung der deutschen Inflation und inneren Steuer- und Nivellierungspolitik. Professor Keynes, der einer der klarsten Beobachter und Beurteiler ist, hatte das schon in Versailles vorausgesehen und vorausgesagt, und, als die Politiker sich damals noch nichts darum bekümmerten, seine Stellung als beratender Sachverständiger niedergelegt. Heute ist auch den englischen und amerikanischen Politikern und vielen Italienern und Neutralen klar, daß er recht gehabt hat. In England hat sich ein starker Umschwung in der Richtung seiner Ideen angebahnt und durchgesetzt. Lloyd George ist für sie gewonnen, und, nach den Berichten eines eben aus England zurückkehrenden guten deutschen Kenners, will er diese Politik zur Grundlage seiner bevorstehenden Wahlprogramme machen, seine Partei auf dieser Grundlage sammeln. Dazu braucht er einen Erfolg in Genua. So ist denn Genua im wesentlichen das Ergebnis der Ideen von Professor Keynes, d.h. der doppelten Einsicht, daß die Weltwirtschaft nicht durch Machtpolitik, sondern nur durch gegenseitige Verständigung und Solidarität aus schwersten Erschütterungen und Lähmungen befreit werden kann, und daß die autarkische Zoll- und Schutzpolitik gegen den russischen Handelsausfall und gegen die von der Verzweiflung emporgetriebenen Wogen des deutschen Dumping nichts helfen kann. Die Weltwirtschaft verlangt Weltversicherung, Verständigung, gegenseitige Rücksicht, Überwindung der politischen Anarchie, Verzicht auf reine Machtpolitik und auf die Schutzmittel reiner Autarkie. Nicht die Methode der Diktate und Strafexpeditionen (wie man statt »Sanktionen« immer sagen sollte), sondern nur die der Verhandlungen und Ausgleiche kann helfen. Jeder Kundige weiß, daß das alte englisch-liberale Ideen sind und daß das mit dem angelsächsisch-politischen Denken eng zusammenhängt. Wirtschaft und Wirtschaftssicherung sind ihnen das eigentliche Zentrum der Politik. Das verlangt eine die See beherrschende und befriedende Zentralmacht, im übrigen Verständigung und Solidarität, Freiheit und Autonomie der schaffenden Völker, eine bis zu einem gewissen Grad freihändlerische und pazifistische Überwindung der politischen und wirtschaftlichen Anarchie. Sofern eine solche Anarchie (trotz dem sog. Völkerbund) das Hauptergebnis des Versailler Friedens und des notwendig ihm folgenden Zerfalls der Kriegsentente ist, gilt es jetzt eine Rekonstruktion der Welt im Sinne des Wirtschaftsfriedens. Deshalb mußte zu einer Konferenz geschritten werden, wo alle Teilnehmer, auch Deutsche und Russen, als Gleichberechtigte und verhandelnd teilnehmen und der Anfang zur Beseitigung der Kriegspsychosen und Diktatverfahren gemacht wird. Dieses Prinzip als solches ist schon der Fortschritt, und dahinter wird man nicht wieder zurückgehen können. Die Propaganda und die Schulddogmen müssen jetzt zurückgestellt, wenn nicht beseitigt werden, und ein neuer Geist der Verständigung und Solidarität kann einziehen, nachdem die Welt von Deutschland und wirklichen oder vermeintlichen deutschen Störungen der englischen Seepolizei nichts mehr zu fürchten, von seiner Arbeit und Gesundung dagegen alles zu hoffen hat. Auch die Russen müssen trotz ihrer von aller sonstigen Verfassung schroff abweichenden und weltbedrohenden Verfassung zugezogen werden, da ohne russische Produkte und russischen Absatz die Welt wirtschaft zerstört bleibt. Inzwischen hat diese ja selbst die gleiche weltwirtschaftliche Notwendigkeit zu Ermäßigungen ihres Systems und zum Verzicht auf die autarkische, bei ihrer kommunistisch konstruierten Wirtschaft damit zum Verzicht auf das Programm der Weltrevolution und zur Verhandlungswilligkeit gezwungen. Man kann ihre Verfassung daher als interne Angelegenheit behandeln und mit ihnen sowohl die aus der Vorkriegszeit herstammenden als die neu aus den Verhältnissen erzeugten wirtschaftlichen Probleme und Interessen ordnen.

Das ist der Sinn von Genua, und insofern bedeutet es in der Tat die erste große Wendung der Nachkriegspolitik. Die Franzosen fühlten sich freilich durch diese Wendung bedroht und führten infolgedessen mit allen Mitteln den diplomatischen Kleinkrieg gegen sie. Sie haben die Erörterung des deutschen Reparationsproblems vorher in den Boulogner Verhandlungen ausgeschaltet und dadurch die Diskussion der eigentlichen Ursache der ganzen Lage verhindert. Sie haben weiterhin das Prinzip der Gleichberechtigung zu durchbrechen versucht, wollten die Anerkennung von Deutschland und Rußland als Großmächte verhindern und dadurch so oder so deren Teilnahme an den Kommissionen ausschließen. Sie führten in schwierigen Lagen »private« Sonderbesprechungen der Alliierten herbei, deren eine drei Tage dauerte, und suchten so inmitten des Gleichberechtigungssystems doch wieder das der Sonderherrschaft der diktierenden Alliierten aufrecht zu erhalten. Sie hatten mit alledem bei der Klugheit und Korrektheit des italienischen Präsidenten Facta und bei der alle Künste spielen lassenden Beweglichkeit Lloyd Georges nur mäßigen Erfolg. Die angelsächsische Idee der Rekonstruktion der Welt schreitet voran, und die Franzosen gerieten allmählich in die Stellung, die man früher Deutschland — übrigens fälschlich — zuschrieb. Das Problem ist augenblicklich, ob die Franzosen die Konferenz und die Entente sprengen werden oder nicht und was dann die Folgen sein werden. Es scheint, sie arbeiten auf eine Wahlniederlage Lloyd Georges hin, hoffen auf ein konservatives englisches Kabinett und erwarten von diesem, daß sie es von vielen gemeinsamen Interessen gegenüber Deutschland auch heute noch überzeugen und gegen Gewinnbeteiligung ihre Politik der Rheingrenze bei ihm durchsetzen können. Die französische Politik ist eben keine weltwirtschaftliche und keine Seemachtspolitik, sondern kontinentale Macht- und Militärpolitik, die die Ohnmacht der europäischen Mitte voraussetzt und ihre riesigen Kosten eben von dieser Mitte gedeckt sehen will. Auch will sie die zum Zwecke dieser Hegemoniepolitik an das Rußland der Vorkriegszeit gemachten Darlehen der französischen Volkswirtschaft zurückholen. Können die Russen das nicht bezahlen, so soll diese Pflicht dann eben auch noch den Deutschen aufgeladen werden, die in dieser Form ihre Rußland geschuldete Kriegsentschädigung an Frankreich bezahlen mögen.

Daraus wird auch in großen Zügen der bisherige Gang der Konferenz verständlich.

Von dem eigentlichen Hauptproblem, der deutschen Reparationspflicht, deren Unerfüllbarkeit aller Welt klar ist, und von den Strafexpeditionen, durch die Frankreich seine Rheinpolitik schließlich doch noch durchsetzen will, durfte nicht gesprochen werden. Unverbindliche Verhandlungen von Finanzmännern durften sich akademisch damit beschäftigen. Sobald das eigentliche Geheimnis, wie unvermeidlich, sich auf die Lippen der amtlich Verhandelnden drängte, entstanden »Krisen« und französische Drohungen. Unter diesen Umständen verlegte sich das Schwergewicht auf die Verhandlungen mit den Russen. Da hatte man es nun aber wieder indirekt mit der Reparationspflicht zu tun, indem die Franzosen ein Abkommen mit den Russen erstrebten, das die Bezahlung der russischen Schulden auf Deutschland überbürden und dazu den Paragraphen 116 des Versailler Vertrages benutzen wollte. Dem mußte die deutsche Regierung durch ihren Sondervertrag mit den Russen zuvorkommen, der gleichzeitig sicherstellen mußte, daß die deutschen industriellen Anlagen der Vorkriegszeit in Rußland nicht schlechter gestellt würden als die der übrigen. Auch das glaubten die Franzosen mit juristischen Mitteln erreichen zu können, indem sie für die Liquidation des Privatbesitzes in Rußland 1917, also ein Jahr, wo der deutsche Besitz unter Kriegsrecht sequestiert war, als Normaljahr ansetzen wollten. Dem mußte die deutsche Regierung durch Schaffung einer selbständigen Rechtsbasis zuvorkommen, die ja nichts präjudizierte, sondern nur verhindern wollte und mußte, daß die Deutschen schlechter gestellt würden im neuen Rußland als die Alliierten. Hätten wir doch in Brest-Litowsk seinerzeit einen solchen Vertrag geschlossen! Wieviel günstiger wäre unsere Position die ganze Zeit durch gewesen! Die Russen arbeiteten schon lange an einem solchen Vertrag mit uns. Jetzt erzwang die juristische Lage von uns seinen Abschluß, der früher wohl aus Furcht vor einer russischen Propaganda bei uns nicht geschlossen werden konnte. Die meisten bei uns wissen von diesen juristischen Hintergründen nichts, und doch sind diese für so viele Dinge maßgebend. Die juristischen Elemente des Versailler Vertrages arbeiten wie ein Räderwerk von eigener Triebkraft neben dem Räderwerk der politischen Gewaltkünste und neben dem der wirtschaftlichen Interessen. Der deutsch-russische Vertrag hat zunächst viel Staub aufgewirbelt. Nun scheint man ihn in seiner einfachen juristischen Notwendigkeit begriffen zu haben. Das Interesse der Konferenz war aber damit endgültig auf das einzige offen aussprechbare Problem gerichtet: das russische. Die Nicht-Franzosen haben ein brennendes Interesse an der Eröffnung des Handels mit Rußland und möchten einen allgemeinen Gesamtvertrag mit Rußland, in den der deutsche eingearbeitet werden kann. Die Franzosen wollen dagegen umgekehrt die russischen Beziehungen im Sinne weiterer Belastungen Deutschlands und möglicher weiterer Strafexpeditionen sowie im Sinne der Rettung des französischen Besitzes vor der russischen Sozialisierung behandeln. So spitzt sich heute alles auf das Verhältnis Frankreichs und Rußlands und der etwaigen Ausgleichstendenzen der Engländer und Italiener zu. Die Ostfragen und Ostgrenzen sind überhaupt noch ungeklärt, die kleine Entente seufzt unter der französischen Ausbeutung und fürchtet zugleich den russischen Nationalismus, der sich bei dem gegenwärtigen Stand der Grenzen sicher nicht beruhigen wird. So ist die Situation überaus verworren und das weltwirtschaftliche Programm der Seemächte und der von diesen abhängigen Neutralen vor großen Schwierigkeiten; abgesehen davon, daß der innere Aufbau Rußlands, auf den alle Welt spekuliert, in der Tat ein beinahe unlösbares Problem ist. Darüber sehe man das vortreffliche Russenheft der *Deutschen Nation* vom Mai dieses Jahres. Alle Mächte sind zugleich von ihrer inneren Politik und den noch nicht ganz erloschenen Leidenschaften, die die Demagogie der Kriegspropaganda gezüchtet hat, abhängig. Ich wage daher über die weitere Zukunft nichts zu sagen. Schon spitzt sich alles auf den 31. Mai, der Termin der nächsten deutschen Zahlungen. Die Franzosen hoffen offenbar von da aus die Konferenz aus den Angeln zu heben. Man wird wohl zu Vertagungen und Fortsetzungen greifen.

Nur über eines ist vielleicht ein Wort zu sagen möglich, über die deutsch-russischen Beziehungen. Die Russen arbeiten seit langem an einem deutsch-russischen Bündnis, freilich in dem Sinne, damit die ersehnte Weltrevolution endlich doch noch herbeizuführen. Und zwar wollen sie zu diesem Zweck die deutschen Kommunisten und die extremen deutschen Nationalisten vereinigen, ganz ähnlich wie sie bei sich in ihrer roten Armee extreme russische Nationalisten und Kommunisten vereinigt haben und selbst — wenigstens jetzt — völlig bewußt eine nationalistisch-kommunistische Politik betreiben. Damit hoffen sie die beiden Hauptleidenschaften des gegenwärtigen gebildeten Russentums, soweit es nicht emigriert und zaristisch ist, auf einen Punkt zu vereinigen. Ich sprach neulich in einer Gesellschaft Herrn Radek, der hier auf der Zwischenstation zwischen Genua und Moskau weilt gegen das Versprechen, auf Propaganda zu verzichten. Er hat die oben erwähnten Gesichtspunkte aufs schärfste hervorgehoben, sowohl den Nationalismus der Sowjets, die das sogenannte Testament Peters des Großen für logisch vollberechtigt halten, als die Notwendigkeit in Deutschland Kommunisten und Rechtsbolschewisten zum endgültigen Kampf gegen den westeuropäischen Kapitalismus zu vereinigen. Er sprach völlig offen und mit den Allüren eines Staatsmannes, der sich solche Offenheit leisten und neue, etwas grobe Manieren in die Politik einführen kann. Er habe den besten kontre-revolutionären Schriftsteller Deutschlands zu sich gebeten und mit ihm dieses Problem besprochen, freilich kein ganz entschlossenes Entgegenkommen gefunden. Er habe mit Hauptleuten von der Schupo gesprochen, deren Klagen über die ekelhaften Schieber gehört, bei denen sie als einquartierte Abmieter in einem Kämmerchen wohnen, und ihnen den Widersinn klar gemacht: »Und gerade diese Bande bewachen und sichern Sie«! Ein deutsch-nationaler Professor, den ich mit ihm sprechen hörte, stimmte ihm völlig zu. Beide fanden darin den Weg der Zukunft. Über die gegenwärtige deutsche Sozialdemokratie höhnten sie lediglich, sie sei klein-bourgeoise und pazifistisch um jeden Preis, verstehe außerdem nichts vom Regieren. Das deutsche Bürgertum gleiche — ein etwas russisches Gleichnis — dem Delinquenten, der sich selbst hinlege, um sich ausprügeln zu lassen. Nur Kommunismus und Nationalismus vereint können die Weltkrisis lösen und die neue regulierte Wirtschaft herbeiführen, die gewisse Konzessionen an Handel und Kleinindustrie machen könne, aber die Großindustrie binden müsse. Radek erwartete von dem letzteren Umstande auch die berühmte Steigerung der Produktion und Güterfülle, ein Punkt, bei dem der deutsche nationalökonomische Professor leider nicht zustimmen zu können erklärte und die anwesenden Großindustriellen in Gelächter ausbrachen. Im übrigen wolle man die Bauern intellektualisieren, Kredit-, Einkaufs- und Absatzorganisationen im Raiffeisenstil schaffen und den auf dem Land nicht verwertbaren Rest in die freie Kleinindustrie und die regulierte Großindustrie treiben. es ist das alte vorkommunistische Programm Lenins, von dem man nur nicht sieht, wie es durchführbar sein soll. Man sieht aber jedenfalls deutlich die russische Linie. Bereits hat Trotzky in Moskau vor versammeltem Kriegsvolk den deutsch-russischen Vertrag als ein auch politisch bedeutsames Ereignis gefeiert, und bereits erheben sich hier in Berlin amtliche Klagen, daß Herr Radek sein Versprechen der Enthaltung von Propaganda nicht eingehalten habe. Dazu muß man das frühere Verhalten der Russen bedenken. Sie haben dereinst mit dem bekannten Oberst Bauer in Lettland verhandelt. Vigdor Kopp hat vor dem Kapp-Putsch mit Kapp eingehende Rücksprachen gehabt. Nach dem Scheitern des Kapp-Putsches bestand eine Zeitlang die Gefahr des Übergangs der Kappistischen Truppen zu den Kommunisten, was an dem Kapitän Ehrhardt scheiterte, der sein Seeckt gegebenes Versprechen einhielt, und außerdem an dem Umstand, daß die damals viel beredete rote Armee zwischen Berlin und Stettin in Wahrheit gar nicht existierte. In all diesen Fällen wollte jeder den andern nur als Mittel benützen für eigene Zwecke und deshalb ist nichts daraus geworden. Gerade, daß der Kapp-Putsch, soweit seine ideellen Motive in Betracht kommen, teils einen Schutz gegen die vermeintlich drohende Bolschewisierung Deutschlands schaffen, teils umgekehrt mit Hilfe der Bolschewisten den Versailler Frieden und die Bürgerdemokratie wegfegen wollte, bewirkte seine hoffnungslose Zerfahrenheit. Aber viele, wenn auch bereits bedeutend weniger, Leute sehen die Dinge noch heute so. Die Russen haben jedenfalls immer weiter daran gearbeitet und gehetzt. Ein aufgefangener Funkspruch — alle Funksprüche werden heute aufgefangen — an die deutschen Kommunisten lautete: »Ihr Deutschen habt eure Milchkühe an die Franzosen abgeliefert. Dagegen alle eure Esel habt ihr im Auswärtigen Amt konzentriert. Sie können den Weg zur Lösung der Weltknechtschaft nicht sehen.« Man begreift, daß die Regierung zögerte und heute noch zögert und daß nur die dringende Notwendigkeit zu dem Vertrag von Rapallo führen konnte, der von unserer Seite als ein rein wirtschaftlicher und prohibitiver gemeint ist. Aber man sieht aus alledem, welche Ideen, Möglichkeiten und Gefahren in der Welt umgehn. Meinerseits will ich kein Hehl daraus machen, daß ich nur in dem angelsächsischen System die Rettung erblicken kann. Auch dieses wird schließlich zu einer regulierten Wirtschaft führen, wie denn der heutige Kapitalismus schon lange nicht mehr der alte ist und nur die Nutznießer des gegenwärtigen Chaos die teuflischen Eigenschaften eines unregulierten Kapitalismus zur Schau tragen. Das angelsächsische System setzt die angelsächsische Seeherrschaft und Seepolizei voraus, die heute von Amerika und England zusammen ausgeübt wird, und macht insofern eine deutsche »Weltpolitik« und Mitbeteiligung an der Seeherrschaft unmöglich. Das hat der Krieg gelehrt und verlangt von uns eine schmerzliche Resignation. Aber innerhalb dieser Lage könnten wir doch wieder zu einer kräftigen nationalen Politik gelangen, die sich ihren Anteil an der wirtschaftlichen Weltsolidarität sichert und den nationalen Bestand wieder vereinigt, der uns heute geraubt ist. An das Evangelium des Ostens dagegen vermag ich nicht zu glauben, und die Persönlichkeit des Herrn Radek zum mindesten wirkt nicht sehr überzeugend. Der »Westen«, gegen den er und verwandte Geister kämpfen wollen, ist keine Einheit. Das französische und das angelsächsische System sind total verschieden. Den Kampf gegen beide zugleich zu führen, hat keinen Sinn. Mit dem englischen System kann man leben, mit dem französischen nicht. Daraus ergibt sich meines Ermessens für uns die grundsätzliche Stellungnahme. Wie freilich die französische Last Europa wieder vom Halse geschafft werden kann, ist eine Frage für sich. Durch die heutigen russischen Ideen wird es schwerlich geschehen können. Denn da ist ein politisches und ein wirtschaftlich-sozial-theoretisches Problem verkoppelt, die ganz unmöglich beide zusammen und eines durch das andere gelöst werden können. Die Wege einer Lösung, wenn es überhaupt eine solche gibt, werden andere sein. Welche?, das ist meiner Meinung nach heute überhaupt noch nicht zu sagen. Schließlich wird es ja wohl auch in Frankreich selbst innere Entwicklungen geben, die gegen die auch auf Frankreich drückende Last seines Imperiums sich wenden. Aber alles das wird vermutlich überaus langsam gehen.

Wieder bei der Reparationskommission
11. 6. 1922

Von dem vor kurzem so viel beredeten Genua spricht heute kein Mensch mehr. Alles Interesse hat sich nach Paris auf die Verhandlungen der Reparationskommission verschoben, und statt der Hoffnungen auf den europäischen Areopag und seinen Führer Lloyd George hat sich das Hoffnungsbedürfnis auf die amerikanische Anleihe geworfen. Was bedeutet diese Verschiebung?

Sie ist zweifellos eine neue Wendung in den wirren Schicksalen, die der Versailler Friede heraufbeschworen hat. In Genua herrschte die neue amerikanisch-englische Idee, die seit Washington die Politik der einstigen Khaki-Wahlen von Lloyd George mit ihrem Programm »der deutsche Kaiser wird gehängt und der Deutsche wird alles bezahlen« abgelöst hatte. Das Programm von Washington wird man als kommerziellen Internationalismus und Wiederaufnahme der Weltwirtschaft unter Friedensgarantie der beiden angelsächsischen Vormächte bezeichnen dürfen. Das erfordert eine Wiederherstellung und Stabilisierung der deutschen Wirtschaft und ein irgendwie geartetes positives Verhältnis zu Rußland, sowie eine Dämpfung des Deutschland von allen Seiten umstellenden und seinen teils herbeiführenden, teils erstrebenden Napoleonismus. Dementsprechend wurde die moralische Weltpropaganda umgestellt auf die Parole des kommerziellen Friedens, auf die Anerkennung der endgültigen Unschädlichkeit Deutschlands und auf die Notwendigkeit einer zunächst europäischen und dann weltwirtschaftlichen Solidarität. Die Umstellung ist nach der jahrelangen Hetzpropaganda gegen die deutschen Hunnen, Barbaren und alleinigen Kriegsverbrecher nur mäßig gelungen, und die französische Propaganda arbeitet dem geradezu entgegen durch beständige Wiederholung und Verschärfung des Schulddogmas, das den in Frankreichs Händen befindlichen Shylock-Schein bedeutet. Zwiegeteilt wie diese Weltpropaganda war auch die Vorbereitung für Genua. Lloyd George kam mit seinem kommerziellen Weltfriedensprogramm und den zugehörigen moralischen und weltanschaulichen Unterlagen, mit der Ersetzung der Kriegsphraseologie durch eine neue Idee der Völkersolidarität auf der Grundlage der heute gegebenen territorialen Verteilung, die nur in dem völlig unklaren Osten einer Ergänzung und Festigung zu bedürfen scheint. Aber er kam auch mit den Fesseln von Cannes und Boulogne, die ihm die Rücksicht auf Frankreich auferlegte und die die Erörterung des französischen Rechtes auf die Reparation und die zugehörigen Strafexpeditionen ausschloß. Die Amerikaner, die Partner von Washington, schlossen sich angesichts dieser wenig hoffnungsvollen Voraussetzungen aus und bezogen nur einen Beobachtungsposten. Dank dem Übergewicht von Lloyd George und der geschickten und taktvollen Leitung durch die Italiener kam dann in der Tat ein Kongreß in den äußeren Formen der Solidarität und Gleichberechtigung aller Mächte zustande, unzweifelhaft der erste große Fortschritt seit Versailles. Aber auch dieser Fortschritt war zwiespältig wie die ganze Situation und ihre Vorbereitung. In schwierigen Fällen trat die alte Situation der diktierenden Herrschaft der alliierten Kriegsmächte wieder ein, jetzt in Gestalt angeblicher privater Vorbesprechungen, die freilich mitunter ganze drei Tage dauerten und im

Grunde den Gang bestimmten. Der Kampf zwischen Lloyd George und Poincaré war offensichtlich, wenn auch in den Einzelheiten bis heute noch nicht durchsichtig. Die Reparation, die die weltwirtschaftliche Lähmung und Aufpeitschung Deutschlands zugleich bedeutet und die den Angelpunkt des wirtschaftlichen Weltfriedens bildet, durfte nicht erwähnt werden. Es ist anzunehmen, daß es Lloyd Georges Programm und Hoffnung war, sie trotz allem zur Diskussion zu bringen und der Reparationskommission zu entwinden. Statt von dieser sollte sie vor dem Areopag der europäischen Solidarität und formellen Gleichberechtigung behandelt werden. Die Franzosen dagegegen wollten sie der Reparationskommission vorbehalten, die bis jetzt sehr formalistisch-juristisch auf dem Standpunkt des Versailler Vertrags gestanden hatte und bei ihrer jetzigen Zusammensetzung vorwiegend unter französisch-belgischem Einfluß steht. Sie wurden darin unterstützt durch die Nähe des bevorstehenden 31. Mai, d.h. des Fälligkeitstermins der nächsten deutschen Zahlungen. Damit gelang es ihnen in der Tat, die ganze Sache dem Völkerareopag und dem Solidaritätsprinzip wieder zu entziehen und sie wieder vor die Reparationskommission und das heißt: nach Paris zu verlegen. Das ist gegenüber dem Programm von Washington und Genua ein entschiedener Rückschritt. Welches seine Folgen sein werden und wie weit er über das Formelle hinaus ins Materielle hineinführt, das ist die Frage der Zukunft. Der Stand der Mark ist das Schicksalszeichen.

Für uns Deutsche knüpft sich daran die Frage: wie weit hat der viel beredete Rapallo-Vertrag mit den Russen diese Wendung etwa mit beeinflußt? Der Vertrag hat eine rein juristische Bedeutung, wie ich wiederhole, er soll nur ausschließen, daß wir in unserm Verhältnis zu Rußland durch den Zwang, den Sonderverhandlungen andrer mit Rußland auf dieses ausüben könnten, schlechter als die andern gestellt, insbesondere nach dem berüchtigten § 116 des Versailler Vertrags mit den Verpflichtungen der Russen zur Entschädigung an die Alliierten belastet werden. Er ist insbesondere veranlaßt durch jenen Umstand der langen Privatverhandlungen der Alliierten inmitten der angeblich gleichberechtigten Konferenz; man fürchtete von ihnen die Schaffung eines *fait accompli* in Bezug auf das Verhältnis mit den Russen, wo wir dann beim Wiedereintritt der Alliierten in die öffentlichen und offiziellen Verhandlungen gerade vor den gefürchteten Abrechnungen mit den Russen stehen würden. Heute kann man von den zurückgekehrten Delegations-Mitgliedern die Einzelheiten erfahren. Die Meinungen über die Zweckmäßigkeit des Vertrages sind jedenfalls geteilt, und jedenfalls ist er nicht das Werk Rathenaus und seiner etwaigen doktrinären Sympathien für den Sozialismus, wofür man die Sache oft angesehen hat. Rathenau selbst scheint vielmehr nicht ohne Bedenken gewesen zu sein. Der Vertrag ist das Werk der Ostabteilung des Auswärtigen Amtes und des Reichskanzlers in erster Linie, die damit einer drohenden Präjudizierung der Situation zu unsern Ungunsten zuvorkommen zu müssen glaubten.

Insofern ist er auch wohl verständlich und berechtigt. Allein es kann nicht geleugnet werden, daß er sehr ungünstige Nebenwirkungen hatte. Er hat Lloyd George sehr verschnupft, wobei es auf sich beruhen mag, wie weit die Engländer sich für orientiert oder nichtorientiert ansehen durften und wollten; auch ob es Lloyd George ohne ihn gelungen wäre, die Reparation doch noch vor den Solidaritäts-Areopag zu ziehen, wie die Gegner des Vertrags meinen. Noch viel wichtiger aber war die Verschnupfung des amerikanischen und des internationalen Kapitals überhaupt, von dem wir ja eine Anleihe erhofften und mit Hilfe dessen wir über die gefährliche Klippe des 31. Mai hinwegkommen mußten. Es gehört zur Psychologie des internationalen, vor allem des amerikanischen und holländischen Kapitals, daß sie jede Annäherung an die Russen und ihr jede moderne Wirtschaft vernichtendes Rechtssystem für eine Zerstörung der Grundlagen von Geschäft und Produktion, für die Leugnung der dem Geschäft unentbehrlichen Rechts- und Moralgrundlagen halten. Leuten, die mit dem Bolschewismus in irgend einer Form fraternisieren, geben sie kein Geld, und damit Punktum. Sah man unsre politische Lage als wesentlich durch das Reparations- und Finanzproblem bedingt an, dann war der Vertrag eine böse Erschwerung. Glaubte man dagegen, daß die Politik außer diesem Schwerpunkt noch andre Schwerpunkte hatte, dann war der Vertrag allerdings eine Äußerung immerhin nach möglicher selbständiger Politik Deutschlands. Aber der Lösung des Finanzproblems war er eben dadurch schädlich. Er hat die Möglichkeit von Kombinationen beleuchtet, die eine selbständige deutsche Politik wenigstens bis zu einem gewissen Grade wieder denkbar machen; aber er hat zugleich in dem augenblicklich und noch auf lange hinaus brennendsten Punkte unsrer Politik, der Finanzfrage, unsre Stellung geschwächt und es den Franzosen erleichtert, an die Stelle des internationalen Solidaritäts-Areopags wieder die Reparationskommission in den Vordergrund zu schieben. Erleichtert wurde dies durch die Behandlung des Vertrags durch die Russen und durch einen Teil unsrer Presse. Die ersteren, deren Vertrauenswürdigkeit durch die neulich mitgeteilten Äußerungen des Herrn Radek genügend beleuchtet wird, haben den rein juristisch-wirtschaftlichen Vertrag sofort politisch ausgeschlachtet und ihr Programm eines Bündnisses von Kommunisten und National- oder Rechtsbolschewisten als Lösung des politischen Weltproblems proklamiert. Der Westen sieht nun in seiner Phantasie schon russische Heere, von und in Deutschland ausgerüstet, sich gegen Frankreich und den französischen Ostgürtel der kleinen Entente wälzen. Anderseits hat ein Teil der unbelehrbaren und verantwortungslosen deutschen Presse den Vertrag behandelt, als habe der Panther von Agadir ein Junges geworfen, wobei man vergißt, wie unheilvoll schon der Panther selbst war und welche Greuel in dem kriegsmüden Europa vollends ein junger Panther anrichten würde. Vermutlich hat man hier die Sachen überhaupt nicht zu Ende gedacht und nur das deutsche Selbstgefühl mit irgend etwas kitzeln wollen, was dem Publikum angenehm ist. Die ausschweifenden wirtschaftlichen Hoffnungen, die die Menschen in ihrem Elend und unruhigen Optimismus-Bedürfnis daran geknüpft haben, sind vollends gegenstandslos. Die genauesten Kenner Rußlands, deren jetzt verschiedene hier waren, versichern einstimmig, daß dort nichts zu holen ist, daß auch der Menschenexport bei den bestehenden Rechtsverhältnissen ein ungeheures Risiko ist.

Diese Zwiespältigkeit der Situation äußerte sich denn auch sofort in einer Zwiespältigkeit der deutschen Regierung, in dem Konflikt zwischen Herrn Wirth und Herrn Hermes. Herr Wirth, der nach allgemeinem — auch ausländischem — Zeugnis sich in Genua Vertrauen und Achtung erworben hat, hoffte auf Grund seiner Genueser Beziehungen auch in der Reparationsfrage mit Hilfe des europäischen Areopags gewisse Erfolge zu erzielen. Herr Hermes, dem man hoffnungslose Gelüste nach der Reichskanzlerschaft zuschreibt, folgte dagegen dem Zuge der Rückverlegung der Probleme in die Reparationskommission und dem finanziellen Interesse an der Anleihe. Er machte demgemäß in Paris offenbar eine etwas eigenmächtige Politik, die die von Wirth angesponnenen Fäden kreuzte und überdies die feierlichen Erklärungen des Reichskanzlers über deutsche Steuermöglichkeiten desavouierte. Daraus entstand — wieder im kritischen Moment — eine deutsche Regierungskrise, die vorerst verkleistert wurde. Es ist ein Konflikt von zwei Zentrums-Größen, was man wohl beachten muß. Es erscheint aber völlig ausgeschlossen, daß das Zentrum von Wirth zu Hermes übergeht, auch ist inzwischen eingetreten, was gleich zu Anfang gute Sachkenner als Lösung dieses Konfliktes vorausgesagt haben, die Unabschließbarkeit einer Anleihe, da auch die von Hermes angebotenen Bedingungen bei ihrer Undurchführbarkeit dem sehr genau über Deutschland unterrichteten Privatkapital nicht das für eine Anleihe nötige Vertrauen einflößten. Das aber ist eine Katastrophe.

Insofern hat Herr Wirth recht behalten. Aber was nun? Auch der Rapallo-Vertrag ist fast schon wieder vergessen. Die zum Zweck der Anleihe tagende Bankier-Kommission, die aus von der Entente ausgewählten Personen bestand, was man wohl beachten möge, hat den richtigen, nüchternen Aspekt der Dinge wiederhergestellt: unter den Bedingungen der Reparationen und Strafexpeditionen, wie sie bisher galten, ist kein Kredit und keine Anleihe weder an Sieger noch Besiegte möglich. Damit ist von privater Seite wieder das eigentliche und wirkliche Problem aufgerollt. Auch Frankreichs Lage ist im Grunde trotz aller großartigen äußeren Aufmachung ein schweres Finanzproblem. Wie werden sich die Politiker zu den wirtschaftlichen Tatsachen stellen? Das ist seit langem das eigentliche Problem. Wird von da aus die ganze Lage doch noch endlich einmal aufgerollt werden können? Die Massen halten uns dort für faule Schuldner, die begreiflicherweise nicht zahlen wollen und ihr Lebensniveau nicht diesen Schulden entsprechend zugunsten der Franzosen herabsetzen wollen, wie sie doch als die Besiegten und die eigentlichen moralischen Kriegsverbrecher müßten. Daß die bisherige gebildete Mittelschicht ihr Lebensniveau in der Tat sehr bedeutend herabgesetzt hat, wissen sie. Aber das nützt ihnen nichts. Sie verlangen es auch von Arbeitern, Landwirten, Industriellen, Kaufleuten, Bäckern, Schlächtern, Gemüsehändlern usw. und klagen die deutsche Regierung an, daß es ihr nicht gelänge, deren Lebensniveau herabzusetzen. Das sei schließlich doch nur durch Strafexpeditionen und Besetzungen möglich. Allein sie fühlen zugleich tief den Gegensatz gegen England und die großen Seemächte, und man kann wohl hören, daß, wenn die Deutschen nur zahlen wollten, dann eine *alliance franco-allemande* nichts Unmögliches sei. So wirr liegen die Dinge in der Welt und vor allem in den Köpfen.

Gleichzeitig ging an der zweitwundesten Stelle Deutschlands, an der polnischen Grenze, eine große Aktion vor sich, das Ende der oberschlesischen Tragödie und der Abschluß des für fünfzehn Jahre berechneten deutsch-polnischen Vertrags. Der Vertrag ist ein ganzes großes und dickes Buch und nur von einer Kommission von Sachkennern ganz zu verstehen. Die Entscheidung des sogenannten Völkerbundes über Oberschlesien war der Ausgangspunkt des letzten großen Valuta-Sturzes und der seitdem sich immer steigernden Verösterreicherung. Sie war eine Katastrophe und eine Preisgebung unserer ernstesten Interessen durch England. Der Vertrag, der dadurch nötig wurde, mußte die kulturelle Autonomie der an Polen übergehenden Volksbestandteile und die Interessen des unter polnische Herrschaft übergehenden deutschen Besitzes, auch dessen Beziehungen zu Deutschland und deutscher Valuta, regeln. Die Kommission hat, soviel ich es beurteilen kann und soweit es die unseligen Verhältnisse zuließen, ausgezeichnet gearbeitet. Sie war dabei von einem Teil der an Polen übergehenden Großindustrie, lauter früheren begeisterten Patrioten und Kriegs-Enthusiasten, alles andere eher als unterstützt; man fand sich dort mit den Verhältnissen ab und arbeitete, wenn es nötig war, mit Polen und Franzosen, für das eigene Interesse, Dinge, die so wohl nur in Deutschland möglich sind. Trotzdem hat die deutsche Kommission ein großes Werk aufgebaut, das erste internationale Dokument, das ganz auf den Gedanken des Minoritätenschutzes abgestellt ist und daher in erster Linie die kulturelle und geistige, religiös-kirchliche und schulpolitische Autonomie sichert. Auch die evangelische Kirche ist hier zum ersten Male als eine Größe des internationalen Rechtes anerkannt und behandelt, die erste wichtige und internationale Konsequenz der Entstaatlichung, die vielleicht von nicht ganz geringer Tragweite auch für andere Dinge sein wird, wenn die evangelischen Kirchen davon Notiz nehmen und daraus Folgerungen ziehen wollen, statt nur den Nutzen einer gewaltsamen Restauration der Orthodoxie daraus ziehen zu wollen und im übrigen sich nach den Fleischtöpfen der ägyptischen Knechtschaft zurückzusehnen. Auch nach der wirtschaftlichen und finanziellen Seite hat der Vertrag manchen Erfolg zu verzeichnen, wie das so ziemlich allgemein in den sachkundigen Kreisen anerkannt wird. Nicht ohne Würde und ohne eine gewisse Kühnheit hat der Führer der deutschen Verhandlungskommission in Genf, Herr Schiffer, das Ganze als das Ende einer Tragödie bezeichnet. Das Ansehen, das die Kommission durch ihre Arbeit sich erworben hat, machte eine derartige Kundgebung deutschen Würdegefühls im Unglück möglich. Die Deutschen hatten der Welt das Muster eines internationalen Vertrags zum Minoritätenschutz gezeigt und bis zu einem gewissen Grade Glück im Unglück gehabt.

Aber wie war nun die Behandlung des Vertrags in Deutschland selbst? Da zeigt sich wieder das ganze Elend der demagogischen Verhetzung und Vergiftung und die ganze, heute gegen früher noch enorm gesteigerte Disharmonie der Ämter und Bürokratien. Obwohl man den relativ günstigen Erfolg des Vertrags anerkannte und obwohl sich der Reichstag der Rechtsverwahrung des Herrn Schiffer anschloß, stimmten Deutsche Volkspartei und Deutsch-Nationale gegen den Vertrag! Als in der Kommissionssitzung die Regierung der deutschen Delegation für ihre Arbeit dankte, da rief einer der Unterkommissare dazwischen: »Es ist auch das Werk der alten Beamten!« Der Vertrag macht die Einrichtung von etwa 20 bis 25 neuen Behörden notwendig, die das Auswärtige Amt ernennen muß. Als man an dieses Amt mit der Aufforderung zur Einrichtung herantrat, erklärte der zunächst davon betroffene Beamte, er kenne den Vertrag noch nicht und könne daher nichts verfügen; man habe aus kleinlicher Sparsamkcit niemand von dem Amt nach Genf mitgenommen und da sei das Auswärtige Amt ohne Kenntnis der Sachlage, obwohl es täglich genau unterrichtet wurde und die Druckbogen des Vertrags längst erhalten hatte! Als die Beschlußfassung des Reichstags in Gestalt einer feierlichen Trauerkundgebung erfolgen und alle Teilnehmer in Schwarz erscheinen sollten, erschien der schon genannte Unterkommissar in heller Sommerkleidung, um gegen »dieses System« zu protestieren. So kindisch werden die wichtigsten Angelegenheiten bei uns von den zu den wichtigsten Entscheidungen Berufenen und vom Volke Bezahlten behandelt. Die ganze Maschine ist krank und arbeitet nur mit den furchtbarsten Reibungen, die sich von oben bis in jeden kleinsten Kreis, Verein und sogar in die Familie hinein fortsetzen. Deutschvölkische und jüdische, heroische und kommerzielle, nationale und internationale, militärische und ideologische, sozialistische und bürgerliche Weltanschauung nennt man dabei die Gegensätze und donnert sie mit allem möglichen moralischen Journalismus auf, obwohl im Grunde und zumeist Hüben und Drüben Klassen- und Standesinteressen, Machtkampf und Interessenwut das eigentlich Entscheidende sind. Die nüchterne Sachlage und die in der grauenvollen Situation überhaupt noch liegenden Möglichkeiten will niemand sehen und Rücksicht auf böse Vorteile, die wir dem Ausland in die Hand spielen, will niemand nehmen, wenn er damit seinen verhaßten Nachbar materiell oder moralisch treffen kann. Man hetzt und hetzt auf allen Seiten, und wenn dann Dinge wie das Blausäure-Attentat auf Herrn Scheidemann herauskommen, bedauert man es, erklärt es aber für naturgemäße Folge eines allzustarken Hervortretens der Sozialdemokratie. Da könne man die ursprünglich gesunden und jetzt nur verirrten Volksinstinkte nicht mehr bändigen, ganz so wie es gegenüber den Juden gehe.

[...]

Bei der Korrektur kommt die Nachricht von Rathenaus Ermordung. Vor ein paar Tagen sagte er zu mir, er gehe nie ohne Waffen aus und rechne stets mit der Möglichkeit einer Ermordung! Wer wird der nächste sein? und wie wird die Mark darauf reagieren?

Gefährlichste Zeiten
7. 7. 1922

Die amerikanische Anleihe ist abgelehnt, d.h. durch die Franzosen unmöglich gemacht, die die Bedingungen nicht annehmen wollten, welche die — wohlgemerkt, von unseren Feinden selbst ausgewählten — Bankiers als für das Zustandekommen und die Durchführbarkeit unentbehrlich bezeichnet hatten. Neulich besuchten mich zwei Reporter einer christlichen amerikanischen Zeitschrift und legten mit ganz kühl die Frage vor, ob ich nicht glaubte, daß die Folge dieser Ablehnung ein Millionensterben in Deutschland sein werde ähnlich wie in Rußland. Man beruhige sich in Amerika über diesen in Europa bald normalen Zustand mit dem Gedanken, daß die Deutschen durch ihre Kriegsschuld sich dieses Unglück selbst zugezogen hätten. Die Mark fiel auch sofort.

Dann kam das Furchtbarste, die Ermordung Rathenaus, offenbar als Teilstück eines größeren geplanten Rechtsputsches und als Werk der großen und reich mit Geld unterstützten Organisationen, die mit Gewalt gegen die Republik arbeiten wollen. Die Zeitungen fehlen infolge des hiesigen Zeitungsstreiks. Regierungsnachrichten besagen, daß im Reich mehrfach blutige Putsche stattgefunden haben, daß in Mannheim das Gewerkschaftshaus gesprengt worden sei. Hier hat auf Maximilian Harden ein Attentat stattgefunden. Die Erregung ist ungeheuer wie nach dem Kapp-Putsch. Die Arbeiter wollen ein Staatsgesetz gegen die Rechte, die Entfernung der antirepublikanischen Beamten, die Bestrafung des Gebrauchs der alten Fahne, eine Diktatur der Gewerkschaften. Die Regierung denkt schon daran, daß sie — von rechts stets nur bekämpft und im Stich gelassen — die Errichtung einer Arbeiter-Regierung als Konsequenz der Lage ansehen und abdanken muß. Die Unabhängigen sollen in die Regierung eingetreten sein oder eintreten wollen. Die anderen Parteien sind darnach nicht gefragt worden. Der Dollar steht um 500 herum und kann noch weitersteigen!

Wie stets in solchen Fällen erhebt Bayern ernsten Einspruch, und zwar — wie man zugeben muß — aus sehr begreiflichen Gründen. Als Verordnung wolle man sich in der furchtbaren Lage jede Anordnung zum Schutze der Republik gefallen lassen. Ein gegen die Rechte gerichtetes Staatsgesetz sei logisch und juristisch unmöglich; jedenfalls werde sich Bayern, das mühsam genug Ordnung geschaffen habe, einer Berliner Arbeiterregierung niemals beugen, sondern lieber sein Verhältnis zum Reiche lösen. Es könne mit Österreich zusammen ein Staatswesen bilden wie die Schweiz, wobei offenbar eine Art Neutralisation oder ein ähnlicher französischer Schutz vorgesehen ist. Die bayerische Mark werde dann sofort auf die Höhe der tschechischen Krone steigen. So sprach sich neulich ein sehr maßgebender bayerischer Vertreter in der Erregung über den Starrsinn der Linken aus. Als ich antwortete, daß das »Staatsgesetz« allerdings ein Widersinn sei, aber durch die schweren Fehler und Reizungen von seiten der Rechten provoziert worden sei, daß man sich darunter beugen und das naturnotwendige Ablaufen der Revolutionsstimmung abwarten müsse und könne, antwortete er, daß er alles das nicht bestreite; aber Bayern sei nun einmal seit 800 Jahren eine Sondermacht und beuge sich unter keinen Umständen mehr unter Berlin, am wenigsten unter ein Arbeiterregiment. Ein deutsches Reich sei eine schwierige Sache. Im siebzehnten Jahrhundert sei es an den Religionskämpfen gescheitert, im neunzehnten am Klassenkampf. Den Träumen und Hoffnungen der Patrioten sei eben nur eine kurze Zeit der Verwirklichung beschieden gewesen. Inzwischen hat der Reichsrat das »Schutzgesetz« mit Majorität angenommen. Die Entscheidung des Reichstags ist kaum fraglich. Das Wetter steht am Himmel. Eine Sezession Bayerns würde die einiger preußischer Provinzen nach sich ziehen. Das Reich wäre zu Ende.

Mit tiefster Sorge sieht das Zentrum diese Entwicklungen. Es hat in einer Parteiversammlung, wo die Vertrauensleute des ganzen Reichs beisammen waren, beschlossen, grundsätzlich den konfessionellen Charakter aufzugeben, sichere Sitze auch Nichtkatholiken anzubieten und alle für eine konservative und die Religion erhaltende Demokratie Geneigten zu sammeln. Es will in zwölfter Stunde die Aufgabe übernehmen, die durchzuführen der demokratischen Partei nicht gelungen ist. Es sind die Ideen Stegerwalds, aber, wie es scheint, nicht unter dem Einfluß Stegerwalds, sondern unter dem Druck einer verzweifelten Situation angenommen. In der Republik, nicht gegen die Republik die Ordnungskräfte sammeln, in letzter Stunde die Einigung um die Lebensinteressen von Staat und Regierung zu bewirken: das ist der Gedanke. Nur der Zeitungsstreik hat das Bekanntwerden dieser Beschlüsse verhindert, die keine geheimen sind.

Die Sozialdemokraten machen ihre alte Politik. Sie verstehen nicht zu regieren und wollen nicht regieren, weil sie die Bedingungen staatlicher Macht und Ordnung viel weniger verstehen als die parteipolitischer und gewerkschaftlicher Organisation. Sie lassen andere regieren, und wenn ihnen das nicht gefällt, verlangen sie andere Beamte und Anstellung von Sozialdemokraten, Gesetze gegen die Rechte und machen zur Erzwingung dessen allerhand Streike, die alle quälen und schließlich in Verzweiflung bringen, die die Preise steigern und die Wirtschaft schwer schädigen, und die schließlich nur eine Radikalisierung der Regierung herbeiführen, wodurch die Ängstlichen nach rechts getrieben und die Bayern zur Separation veranlaßt werden. Ihre Beschwerden sind begreiflich. Trotz aller Revolution regieren im Grunde die alten Beamten, urteilen die Gerichte im Sinn des alten Systems, werden die Vertreter der Linken ermordet, wird denen der Rechten kein Haar gekrümmt. Die Mörder können mit Hilfe der breiten und reichen Organisationen stets verschwinden, die Helfershelfer finden die Gunst des Gesetzes und werden freigesprochen. Insbesondere ist die Linke erbittert gegen die Universitäten, die ihnen — und dem gesamten Ausland — als Herd des Kampfes gegen die Republik gelten. Neulich trat mir ein Reichsminister ganz einfach mit den Worten entgegen: »Nun werden wir die Universitäten auflösen. Wir werden doch immer betrogen.« Aber bei alledem ist doch mehr im Spiel. Auch die Mehrheitssozialdemokraten werden gegen eine Politik der Mitte und der Schonung der wirtschaftlichen Möglichkeiten mißtrauisch und um ihrer Massen willen dem Radikalismus geneigter.

Die ausländischen Legationen sind in großer Aufregung. Sie fürchten Bürgerkrieg und Chaos, sehen bei dem rasenden Fallen der Mark keine Möglichkeit, die Reparationen zu bezahlen, befürchten internationale Verwicklungen und haben eine Ahnung davon, daß einmal alle Rettungsaktion zu spät kommen könne. Sie sehen klar die Entwertung jeder Regierung durch die verhüllte Fremdherrschaft, durch die Verzögerung jedes Erfolges, die Wirkungen des Versailler Friedens. Aber jeder ernsthafte Erfolg, etwa eine Milderung der Besetzung, wird gleichzeitig von ihnen als unmöglich bezeichnet. Man weiß uns nur den Eintritt in den Völkerbund vorzuschlagen, was ja auch Lloyd George in England in öffentlicher Rede als Auskunftsmittel bezeichnet hat! Daß eine deutsche Regierung durch Eintritt in das Vollstreckungsorgan des Versailler Friedens und durch beständiges Überstimmtwerden nicht an Ansehen und Kraft gewinnen wird, sehen auch sie ein. Allein sie wissen nichts anderes und können nichts anderes. Über die Haltung der Franzosen ist nichts zu erfahren.

Alles das ist die trübselige Ausbeute eines trübseligen Festabends, den ich mit den Spitzen der Regierung und der Gesellschaft zu Ehren eines auswärtigen Gastes zugebracht habe! In vier Wochen wird man mehr wissen. Ich begnüge mich, alles das ganz trocken zu verzeichnen. Die Dinge sprechen für sich selbst: es ist die Gefahr des Bürgerkrieges, des Chaos und der Reichsauflösung. Nur der Export verzeichnet infolge des Marksturzes wieder eine Hebung, dagegen beginnt die inländische Preissteigerung katastrophal zu werden. Sie ist doch die letzte Ursache der furchtbaren allgemeinen Erregung. Die Politik wird immer mehr eine Frage des Lebens und der Lebensmittel!

Im Mittelpunkt all dieser Schrecken steht, selbst eine der Ursachen des Marksturzes, das furchtbare Ereignis der Ermordung Rathenaus. Er war der glänzendste Mann der Regierung, ein Vertreter der höchsten geistigen und finanziellen Aristokratie, im höchsten Grade sozial-fortschrittlich gesinnt, ein weltberühmter Schriftsteller, ein glühender Patriot, ein bis zu einem gewissen Grade erfolgreicher Minister. Unterstützt allerdings von den Ergebnissen der weltwirtschaftlichen Entwicklung und der seit dem Frieden verlaufenen Zeit hat er endlich den Bruch mit den Diktatmethoden und das System gleichberechtigter Verhandlungen erreicht. Er war mit seinem Ansehen und seinen Weltverbindungen im Moment der einzige für den Posten geeignete Mann, kannte die Spielregeln der vornehmen und diplomatischen Welt und war ein furchtloser, aufrechter Mann, der den Gegnern aus den wirklichen letzten Gründen der furchtbaren Lage in Deutschland und in der Welt kein Geheimnis gemacht hat. Gerade diesen Mann, der ein letzter Pfeiler des Kredites war, mußte die Mörderorganisation der deutschen Faszisten zu Fall bringen! Kein Wunder, daß der Eindruck erschütternd ist. Hinter diesem Morde drohen Bürgerkrieg und Chaos. Jetzt eine Reichstagsauflösung, und jede Wahlversammlung wird ein Schlachtfeld mit Handgranaten und Maschinengewehren.

Ich war mit Rathenau nahe befreundet und habe an anderem Orte, in der *Neuen Rundschau,* ihm Worte des Gedenkens gewidmet, die man niederschreiben kann, aber die zu sprechen ein heißes Würgen in der Kehle mir fast unmöglich machte. Ich will das hier nicht wiederholen. Die Hauptsache ist: er war ein glänzend begabter Mensch, ein feuriger und entschlossener Patriot und vermochte als anerkannter Schriftsteller und als Jude in diesem Moment Eigenschaften für die deutsche Sache einzusetzen, die ihr so nützlich waren, als in dem furchtbaren Zustande überhaupt etwas nützlich sein kann. Ich habe die Kriegsjahre und die stets wachsende Klarheit über die Unmöglichkeit eines Sieges und über die Abneigung der leitenden Militärspitzen gegen einen unter diesen Verhältnissen möglichen Frieden mit ihm durchlebt. Ich war mit ihm zusammen, als er mit allen Mitteln den von Ludendorff binnen vierundzwanzig Stunden geforderten Waffenstillstand zu verhindern suchte, weil er in ihm eine Ergebung auf Gnade und Ungnade sah und über die Ungnade sich keine Illusionen machte. Er sah in dem übereilten Waffenstillstande den politischen und wirtschaftlichen Tod. Ich habe dann weiterhin mit ihm die politische Lage immer von neuem durchgesprochen, bis er — zögernd genug — Minister wurde und ich ihn dann nur mehr selten sah. Aber diese Ministerstellung und die ganze amtliche Politik war unter diesen hoffnungslosen Verhältnissen für ihn nur eine Pflichterfüllung. Seine eigentliche Lebensidee war die einer geistigen Führung der Nation, bei der er Geschäft und Finanz mit Geist und Sittlichkeit, Geist und Denken mit realer Einstellung auf die sozialen Verhältnisse und Probleme erfüllen wollte. Er war oder wollte sein die Synthese des ökonomischen Realismus mit einem idealen sittlichen Schwung. Er war in letzter Linie Sozialidealist und Moralist. Ein Ministerium unter den Bedingungen der Fremdherrschaft zu führen war nicht sein Ehrgeiz.

So hielt er die grundsätzliche Moralinfreiheit, das vergröberte Nietzschetum, den brutalen Zynismus einer scheinbar heroischen Schneidigkeit, den überheblichen und kurzsichtigen Kastengeist und Egoismus der zu keiner

Konzession zu bewegenden Herrenschicht, die uns von den Engländern so sehr unterscheidende Unelastizität unserer Herrenschicht, die Verantwortungslosigkeit unserer alle Welt in schwieriger Situation aufreizenden Intellektuellen, die einseitig geschäftliche, politisch und geistig gleichgültige Haltung unserer Großindustriellen für unser schwerstes Unglück. Die Herrenklasse und die Intellektuellen hätten aus dem Kriege und der gegen uns gerichteten Weltpropaganda nichts gelernt und wollten heute noch nichts lernen. Dies werde zu ihrem völligen und endgültigen Sturze führen trotz vieler glänzender Eigenschaften. Eine neue Gesellschaftsschicht müsse kommen, aber woher? Er hoffe auf die Nachkommen der heutigen Arbeiterschaft, die die Tüchtigkeit dieser Klasse zu Staats- und Nationalgefühl und zu Ehrfurcht vor der geistigen Kultur und Religion reifen lassen werde. [...]

Rathenau ist auf der Schanze und mit dem Bewußtsein um die Gefahr, in der er schwebte, gefallen, allen Freunden ein grauenvoller Schmerz, für das Vaterland eine Katastrophe, für das Ausland eine Unbegreiflichkeit und ein neuer Beweis der Barbarei der deutschen Herrenschicht, womit das Dogma von der Kriegsschuld neu belebt werden kann.

Aber was nun? Die am Anfang erwähnten Dinge geben die erste Antwort, soweit sie jetzt schon möglich ist. Im übrigen ist die Tragweite heute noch nicht abzuschätzen. Entschlossener Zynismus kann wohl etwas ausrichten. Aber im Endergebnis kann er nur jede Mittebildung und damit das Reich vernichten. Schon sind die Sozialisten dabei, unter der Firma des »Schutzes der Republik« Bürgertum und Intellektuelle zu knebeln, da sie ja doch nur Gegenrevolutionäre seien und eine Politik der Mitte ihrer niemals Herr werden könne. Französische Politik, Rechtsradikalismus und Linksradikalismus haben in gegenseitiger Unterstützung in der Tat die Politik der Mitte gestürzt.

Nur eine vielleicht etwas tröstliche Folge ist hervorzuheben. Die Dinge müssen auf der Rechten doch zu einiger Besinnung führen und haben auch dazu geführt. Die weitere Schürung dieses Geistes ist unmöglich. Die Monarchie ist ja durch die Ereignisse ferner gerückt als je. Die Fremdherrschaft und die neuen Verhältnisse erscheinen dauernder als sie ein ungeduldiger Patriotismus zu ertragen, und die soziale Umschichtung gründlicher, als sie Wut und Ingrimm der entthronten oder doch zurückgeschobenen Klasse hinzunehmen geneigt ist. Die Analogien mit 1813 erscheinen täuschender und gefährlicher als je. Es kommt vor allem auf Ordnung, Behauptung der wirtschaftlichen und geistigen Kultur, Überführung der Revolution in geordnete und regierungsfähige Zustände an. Den Arbeitern kann alles bleiben und werden, was die Lage vernünftiger Weise gestattet, aber eine Arbeiterdiktatur wäre die Ausrottung des Mittelstandes und der geistigen Kräfte, zugleich ein wildes Luxurieren des schlechten und abenteuerlichen Kapitalismus an Stelle des rettenden und produzierenden. Nur auf dem Boden der Republik, nicht gegen die Republik ist Ordnung möglich. Nur unter ihrer Voraussetzung ist gegen eine reine Arbeiterregierung aufzukommen, nicht bei ihrer Leugnung, Bestreitung oder nur äußerlichen Erduldung. Das wird und muß man in immer weiteren Kreisen einsehen. Erst dann kann es wieder einen deutschen Staat und ein deutsches Volk geben und damit die Hoffnung auf Wendung der Fremdherrschaft zu irgendeiner wohl nicht allzu nahen Zeit.

Die Verösterreicherung
11. 9. 1922

Aus dem Sommernachtstraum meiner Ferien, die ich wieder in meiner bayrischen Heimat zugebracht habe, finde ich mich zunächst nur schwer in die Verworrenheiten, Furchtbarkeiten und Zukunftssorgen der Lage zurück. Noch habe ich nicht genug erfahren, um einen Überblick geben zu können. Es muß bei einigen mehr oder minder zufälligen Streiflichtern bleiben. Wieder in die Reparationskommission und infolgedessen in die Verösterreicherung immer weiter hinein: das ist ohnedies deutlich genug.

Die Hauptsache ist die finanzielle Katastrophe, der Zusammenbruch der deutschen Währung. Das empfand man auch in dem kleinen Dorfe des Ferienaufenthaltes. Die Preise gingen auch dort sprunghaft von Tag zu Tag mit dem Dollar, und die anwesenden paar Geschäftsleute ließen sich täglich den Kursstand telefonieren, um völlig verzweifelte Kommentare daran zu knüpfen: das war ja das Gespenst, das immer im Hintergrunde stand und das jetzt in die gemeine Wirklichkeit eingetreten ist. Das Scheitern der Sanierungskonferenzen, die Ablehnung des Spruches der Bankierkommission durch Frankreich und die Erschütterung des Vertrauens in die innere Sicherheit Deutschlands durch die Ermordung Rathenaus: das alles zusammen hat das Gespenst in Realität verwandelt. Die Illusionen und Hoffnungen, auch der Ausländer, sind zu Ende. Die Furchtbarkeit und Hoffnungslosigkeit der Weltlage und der deutschen und mitteleuropäischen insbesondere, ist heute handgreiflich. Es ist eine sehr trübselige Genugtuung, daß ich heute sagen kann, ich hätte stets auf diesen Punkt als den entscheidenden hingewiesen. Die Assignaten-Wirtschaft der französischen Revolution ist durch die Weltkriege Napoleons und deren Gewinne an Gut und Prestige liquidiert worden. Wir dagegen haben unsere Ersparnisse und unsere Substanz aufgebraucht und brauchen sie noch auf. Es ist unausdenkbar, was werden soll, wenn sie erst einmal vollständig verbraucht sind: Kleider, Möbel, Geräte, Häuser, Wohnungen, Maschinen. Dazu brauchen unsere inneren Verhältnisse, die Angst vor Sozialismus und Kommunismus, die Uneinigkeit und die mörderischen Verschwörungen, die Ohnmacht des Regierungsapparates, der Kampf Bayerns gegen das Reich, den Kredit, soweit ihn die Reparationspflichten übrig lassen, vollends auf. Über die erschütternde Wirkung der politischen Morde und des Antisemitismus im Auslande haben mich zahlreiche Gespräche mit Ausländern, die ich in dem großen Hotel eines Nachbarortes traf, erschütternd belehrt.

Dabei ist es recht unterrichtend, die verschiedenen Auffassungen der Lage, die man draußen hat — und von draußen kommt augenblicklich das Schicksal —, wahrzunehmen. Viele sind, wie wir, der Meinung, daß das Valutaelend an den unerfüllbaren Reparationspflichten, den Devisenkäufen der Reichsregierung und den spekulativen Deckungen in ausländischer Währung liege, wodurch viele der unserigen der Katastrophe sich zu entziehen suchten. Der Kampf der französischen Politik gegen Keynes und seine täglich wachsende Anhängerschaft, die Voranstellung politischer und wirtschaftlicher Zertrümmerungsabsichten vor die eigene finanzielle Rettung, wie sie als Wesen der französischen Politik erscheint, ist dann der eigentliche und letzte Grund des Elends. Ein schwedischer Herr meinte, Poincaré verdiene eine eigene und neue, allerfürchterlichste Hölle, da er inmitten einer geistigen und materiellen Hochkultur eine Zerstörung bewirke, wie sie mit gleicher Frivolität und Ungeheuerlichkeit noch niemals irgend jemand betrieben habe. Bei anderen aber findet man daneben oder davor auch noch andere Auffassungen. Ein sehr kluger und geistreicher dänischer Nationalökonom fand den Schlüssel der Situation in Deutschland selbst, in der Flucht vor der Mark, in den deutschen Auslandsguthaben, die die Steuerpolitik, ein geordnetes Budget und eine kalkulierte Verwaltung unmöglich machen. Die Deutschen gäben auf diese Weise selber ihre Währung auf. In der Tat hat z. B. ein bekannter Antiquariatsverlag jüngst seine Kataloge mit Preisnotierungen in Franken verschickt; ein Russe, der in Potsdam ein Haus kaufen wollte, sollte den Preis in Dollars erlegen. Solche Vorgänge wird es mehr geben. Es steckt in alledem nicht bloß der Kampf gegen das ständig sich mehr entwertende Geld, sondern — bei den Auslandsguthaben — die Angst vor der Sozialisierung und der Steuer, die Festigung der Position der Großindustrie in den inneren Kämpfen usw. Diese Flucht vor der Mark und vor der eigenen Politik sei der eigentliche Grund der Katastrophe und des Scheiterns aller Konferenzen und des sinkenden Kredits. Von da aus sind dann nur noch ein paar Schritte zu der französischen Behauptung, wir ruinierten selbst unsere Valuta, um uns als zahlungsunfähig zu erweisen, eine Behauptung, die in der jetzigen Weltpropaganda gegen uns eine große Rolle spielt und die beginnende moralische Isolierung der Franzosen lösen soll. Es wird eine der wichtigsten Aufgaben sein, hier Klarheit für die Welt zu schaffen und die richtigen Tatsachen festzustellen. Es ist dagegen zunächst das eine zu sagen, daß von diesen Dingen die Grundtatsache unberührt bleibt, daß nämlich die Reparationen über Leistung und Vermögen weit hinausgehen und daß dem Ausland mehrfach Maßregeln gegen unsere Kapitalflucht vorgeschlagen, aber von diesem stets im Interesse seiner Banken abgelehnt worden sind. Vor allem aber fehlt jede klare Einsicht in die Höhe der geflüchteten Beträge. Sie werden meist ungeheuerlich übertrieben. Mein dänischer Gewährsmann berechnete sie für Dänemark auf drei Milliarden Goldmark und nahm für die größeren Länder entsprechend höhere Summen an. Hier fehlt aber jede Genauigkeit und Sicherheit. Überdies ist die Anlegung solcher Reserven doch wohl der einzige Schutz gegen die durch innere und äußere Wirren bedrohte völlige Verelendung.

Wie das internationale Kampfspiel um die deutschen Reparationen steht, ist im Augenblick schwer zu sagen, wo die belgischen Sonderverhandlungen so verschieden gedeutet und ihr Scheitern so entgegengesetzt erklärt werden, das wechselt alles von Tag zu Tage. Klar ist nur, daß die Stellung der Engländer in diesem Kampfspiel nicht sehr stark ist und durch die griechische Niederlage im vordern Orient weiter geschwächt worden ist, daß eine wirkliche Hilfe für Europa nur von Amerika kommen könnte, daß aber die Amerikaner wenig Lust und vielleicht auch wenig Einblick haben. Sie können und wollen die wirklichen Situationen in Deutschland nicht begreifen und decken ihr Gewissen hinter das Schulddogma. Das verspricht böse Folgen und kann zuletzt zur Unmöglichkeit jeder Regierung in Deutschland führen. Von der Hoffnung, durch Belehnung Rußlands mit Hilfe einer Anleihe die Welt wieder zu beschäftigen und zu ernähren, ist es ganz still geworden. [. . .]

Unter dem furchtbaren Druck der Finanzlage und der Preissteigerung treten die inneren Kämpfe etwas zurück. Gerade an diesem Problem und seiner internationalen Verflechtung könnten die einen sich klar machen, wie wenig von einer Analogie mit 1806 und 1813 die Rede sein kann; die anderen, wie wenig die Zeit für ökonomische Betriebsrevolutionen und sozialen Messianismus geeignet ist. Die Welt erlebt ungeheure soziale Umschichtungen und wirtschaftliche Veränderungen, bietet aber nicht die mindeste Hoffnung auf einen dadurch herbeizuführenden sozial-idealen Zustand. Für Deutschland insbesondere wird immer klarer, daß die französische Politik zuletzt auch der Grund aller inneren Wirren und Verzweiflungen ist; aber ebenso auch, daß ein Allianzenkrieg gegen Frankreich wie 1813 auf lange Zeit hinaus außerhalb jeder Möglichkeit liegt. Auch haben die Greuel der Ermordung Rathenaus, der ganzen Mordpropaganda und des sinnlos wütenden Antisemitismus, allem Anschein nach viele Leute zur Besinnung gebracht und den Willen zur Einheitsfront gestärkt. Freilich hat dann die Haltung der Regierung mit ihrer Parole »Der Feind steht rechts« wieder diese günstige Wirkung beeinträchtigt, und die wenigsten haben dabei bedacht, daß diese Erklärungen Ventile für Massenstimmungen öffneten und öffnen mußten, von denen der in den Westvierteln und Kleinstädten wohnende Bürger nichts weiß oder keine Notiz nehmen zu brauchen glaubt. Im ganzen wird das steigende wirtschaftliche Elend die Hoffnungen und Zukunftspläne mildern und zum Zusammenschluß für unmittelbare Gegenwartsaufgaben nötigen. Das kann vielleicht Entspannungen geben. Freilich entfalten dafür umgekehrt die Kommunisten eine gesteigerte Propaganda und hoffen das Elend doch noch für eine wirkliche Vernichtung der Besitzenden und die Weltrevolution ausnützen zu können. Es wird einen schweren Winter geben.

Immerhin ziehen sich für die innere Politik die Linien etwas deutlicher. Es sind im Grunde nur zwei große Hauptlinien möglich: entweder die Spaltung der Nation in eine sozialistisch-proletarische und eine bürgerlich-bäuerliche Hälfte und ein Kampf zwischen beiden auf Tod und Leben, wie es die Bayern in ihrer wesentlich agrarisch-konservativen Situation wollen und darum von den »Patrioten« und »Schneidigen« allerorts gepriesen werden, oder die Aufteilung in eine republikanische und eine restaurative Partei, wobei dann das sozialistische Ideal des unseligen Klassenkampfes in den Winkel gestellt werden und eine Einheitsfront gegen die französische Aussaugungs- und Zertrümmerungspolitik wie gegen Links- und Rechtsbolschewismus und gegen die Restauration gebildet werden müßte. Bei der Zerrissenheit unseres Parteilebens ist es schwer, diese Alternative klar ins Bewußtsein zu heben und durchzusetzen. Bei dem geringen Sinn für Tatsachen und für Kenntnisnahme von Plänen und Ideen der »Anderen« ist es nicht minder schwer, die auf diese Alternative hinführenden Tatsachen deutlich und wirksam zu machen. Immerhin sprach ich neulich einen Sozialdemokraten, dem diese Sachlage völlig klar war und der den Kampf gegen das Dogma vom Klassenkampf in diesem Interesse zu führen bereit war; freilich sofort darauf einen Oberlehrer, der den Verlust des Krieges und die Zustände der gegenwärtigen Regierung lediglich auf Schlafmützigkeit des Bürgertums zurückführte und bei größerer Energieentfaltung das Ausland niederzuwerfen und die Sozialdemokraten zum Nationalismus zu erziehen für möglich hielt; ich überzeugte mich dann, daß er auch seine Schüler nachhaltig in diesem Sinne beeinflußt; nationale Erziehung der Sozialdemokraten und Vorbereitung des Revanchekrieges: das sei der Weg des wahren Liberalismus. Andere halten an ihrem Faszistenprogramm fest. In der Pfalz meinte bei einer Gesellschaft nach der Ermordung Rathenaus ein Industrieller mit jener Selbstverständlichkeit, die sicher ist, in »anständiger« Gesellschaft keinen Widerspruch zu finden, daß der Hund, Gott sei dank, tot sei und nun die anderen an die Reihe kommen könnten; sei die Bande erst ohne Führer, dann habe man sie wie eine Hammelherde in der Hand. Das Gleiche berichtete mir eine Dame von einer Hochzeitsgesellschaft in Pommern, wo die anwesenden 120 Personen dem Sinn nach sich in derselben Idee zusammenfanden und nur ein einziger, übrigens Deutschnationaler, vergeblichen Einspruch erhob. Es wird also nicht leicht sein, jenes Entweder-Oder herauszuarbeiten, und noch schwerer, der allein möglichen Seite der Alternative das Übergewicht zu verschaffen. Es bleibt dabei, daß die

Republik das allein mögliche und innerhalb ihrer eine Konzentration zum Widerstand gegen Frankreich und zur Festigung der inneren Verhältnisse das Geforderte ist.

Die steigende Desillusionierung aller Phantasten und die zunehmende Not werden bewirken, was Einsicht und guter Wille nicht bewirken können. Aber die Preise, die wir für alle Einsichten in nüchtern-reale Tatsachen und Möglichkeiten zu zahlen hatten, waren im letzten Dezennium fürchterlich. Sie werden auch weiterhin entsetzlich sein. Die historisch-soziologisch-politische Einsicht in unsere wirkliche Lage und ihre Möglichkeiten ist erst im allerersten Anfang, sich umzustellen und neue Wege zu suchen. Und es ist ein geringer Trost, daß die Menschen draußen größtenteils — von einigen mutigen Engländern und Neutralen abgesehen — nicht ein bißchen mehr bereit sind, Neues zu denken und zu wollen. Überall sind es die alten Schlagwörter und Interessen, die alten Themen und Praktiken, die an der kranken Welt herumarbeiten und mindestens einen partiellen Profit für einzelne zu sichern suchen, ehe die Sündflut kommt.

Und doch wäre es Zeit, die ganze historisch-politisch-ethische Gedankenwelt der bisherigen imperialistischen, schrankenlos kapitalistischen und nationalistischen Periode umzudenken. Sie hat anderen Zeiten entsprochen und die Gegenwart fordert neue Gedanken vor allem. Sie müssen freilich erst gefunden und wirksam formuliert werden. Vor dieser geistigen Arbeit aber herrscht ein großer Abscheu bei Sozialisten und Antisozialisten, bei Militaristen und Pazifisten, draußen und drinnen. Mutige und klare Köpfe wie Keynes und Nitti mögen dabei vorerst die beste Führung geben. Die Haupthoffnung bei uns ist eine neue Jugend, an die man trotz aller Oberlehrer und Provinzialschulkollegien zu glauben nicht aufhören kann.

Die Republik
7. 10. 1922

Von den beiden das letztemal erwähnten Hauptaktionen ist die das deutsche Moratorium betreffende glücklicher verlaufen, als ich damals angenommen habe. Hier scheint endlich ein bescheidener deutscher Erfolg vorzuliegen. Freilich hat er auf den Stand des Dollars kaum einen Einfluß ausgeübt und die fortwährende Preissteigerung nicht gehemmt. Das kann niemand wundern, der die Hoffnungslosigkeit der durch den Versailler Frieden geschaffenen Situation kennt. Sie macht eine Stabilisierung der Mark unmöglich und zwingt den Privaten zur Selbsthilfe, d. h. zur Flucht vor der deutschen Währung und zur Anschaffung fremder Devisen, den Staat zu einer allmählich ins Phantastische gehenden Inflation, mit der allein er seine Beamten einigermaßen über dem Niveau des Verhungerns und der Proletarisierung halten kann. So helfen derartige Atempausen wenig, sie geben nur Frist zur Ausdenkung und Propagierung neuer Rettungsaktionen. In solchen Fristen muß die Klarheit entstehen, daß der Versailler Vertrag die Wurzel des Übels ist und daß nur eine durchgreifende Aktion Amerikas, die die interalliierten Schulden und die deutschen Reparationen zugleich betrifft, einige Ordnung schaffen kann, wenn das heute überhaupt noch möglich ist. [. . .]

Daß mit dieser Unklarheit der politischen Situation die schlimmste und furchtbarste Preissteigerung und Währungsverderbnis zusammentrifft, macht den Moment nur noch um vieles gefährlicher. Die Angst vor dem kommenden Winter, die alles erfüllt, ist mehr als verständlich. Das Millionensterben und die Abwehr dagegen durch Verzweiflungstaten liegen jetzt in greifbarer Nähe. Das empfindet auch die Welt draußen, die in Österreich der »Verösterreicherung« verhältnismäßig ruhig zusehen kann und nur hier und da ihr philanthropisches Gewissen beruhigt, die aber das Gleiche bei Deutschland nicht mit solcher Ruhe ertragen und durch Philanthropie hier so gut wie gar nichts bessern kann. Aus der Erkenntnis dieser Gefahren stammt das wichtigste Ereignis der letzten Tage, die amerikanische Bankierkonferenz und die dabei gehaltene Rede von MacKenna, dem frühern englischen Schatzminister und jetzigen Vorstand des größten englischen Bankunternehmens. Es sind die alten Erkenntnisse von Keynes und verwandten Köpfen. Das Wichtige ist nur, daß damit in Amerika beginnt, was in England nach der großen Attacke Frankreichs auf das Ruhrgebiet begonnen hatte: die Abwendung der Geschäftsleute von den Politikern und die Aufklärung des Publikums über den wahren Charakter des Versailler Vertrages und seinen die Welt zerstörenden Wahnsinn. Von hier aus müßte und könnte in der durch das gegenwärtige Moratorium geschaffenen Atempause die Aufklärung und die Vorbereitung neuer Konferenz-Aktionen ausgehen. Produktionsminderung durch die sozialen Revolutionen, Güterzerstörung durch den Krieg, Waren- und Gütermangel überhaupt, Währungszerrüttung, Absatzstockung, erzwungenes Dumping, Arbeitslosigkeit, all das verwickelt in machiavellistische politische Pläne und private Einzelversuche zur Bereicherung, dauernde Kriegsgefahr und Verzweiflungsrevolutionen: das ist die Weltlage. Aus ihr würde nur eine Weltplanwirtschaft und Stabilisierung der erschütterten Währungen und Rückkehr zu gesteigerter Arbeitsleistung bei vermindertem Konsum aller herausführen können. Die Frage ist, ob die führenden Schichten der Kulturvölker, darunter auch ihre Arbeiterorganisationen, so viel Einsicht, Gewissenhaftigkeit und Entsagung aufbringen, um dieses Problem international zu lösen. Das ist der wahre und einzige Internationalismus, dessen wir bedürfen, der aber freilich auch neben der praktischen Einsicht und Klugheit ethische Kräfte voraussetzt, die die heutige Welt nur in der Phrase ausposaunt und in der Praxis jedesmal verleugnet, wenn sie nicht gar aus dem Zynismus eine pathetische Ideologie macht. Die Jonglierkünste auf dem Gebiet des Moralischen gehören zu dieser ganzen modernsten Sorte von Politik, wie sie der industrialisierte Imperialismus der Demagogen, Politiker und Interessenten macht.

Es muß den erfahrenen Kennern dieser Dinge überlassen bleiben, hier Wege und Mittel auszudenken, auf denen diese Ziele erreicht werden können, und den Praktikern der deutschen Politik, wie weit Deutschland in diesem Klärungs- und Ordnungsprozeß eine aktive Rolle spielen kann. Ich muß mich bescheiden, die Wege und Mittel nicht zu kennen, und enthalte mich daher auch jedes Kannegießerns darüber. Deutlich ist nur das Ziel, die Wege sind Sache der Techniker.

Nur eines kann auch der in diesen technischen Dingen nicht Erfahrene und Bewanderte klar erkennen als unentbehrliches Mittel: das ist bei uns die möglichst allgemeine Einigung in Anerkennung und Vertretung unserer heutigen republikanischen Verfassung und die Bildung einer möglichsten Einheitsfront gegen die französische Zertrümmerungs- und Aussaugungspolitik. Beides ist nur in engem Zusammenhange miteinander möglich. Die Republik, die an sich ein Ergebnis des Zusammenbruches und der Demütigung ist, kann sich populär nur festigen, wenn sie eine starke nationale Stellung gegen den außenpolitischen Druck einnimmt, und umgekehrt ist eine solche nur auf Grund der durch die Weltlage geforderten und von den Arbeitermassen gefühlsmäßig ersehnten Republik möglich. Diese Einsicht ist auch in der Tat bis weit nach links und rechts verbreitet. Auf ihr beruht die in der Bildung begriffene sogenannte republikanische Arbeitsgemeinschaft, die von den Demokraten bis zur deutschen Volkspartei reichen und gegen die die Sozialdemokratie neutral sein soll wie sie gegen diese. Ob sie durchführbar ist und ob sie damit den ersehnten Block der Mitte herstellt oder ob umgekehrt unter ihrer Maske gerade die Mittebildung endgültig zerstört und die Aufteilung der Nation in sozialistische und bürgerliche Gruppen bewirkt werden soll, das ist die große innerpolitische Frage des Augenblickes, die neben den schweren finanziellen und ökonomischen Nöten auf uns lastet. Man wird zu dieser Notwendigkeit der Republik und der republikanischen Einheitsfront nur das eine sagen müssen, daß es hier mit einem bloßen kühlen Opportunismus nicht getan ist. Die Älteren, die in der Überlieferung des kaiserlichen Großstaates wurzeln, werden zum größten Teil nicht mehr aufbringen können und von ihnen ist auch nichts anderes zu verlangen. Aber die Jüngeren und die Träger der Zukunft stehen vor der Aufgabe einer auch gefühlsmäßigen Entscheidung und Einsetzung für die Republik. Ohne das wird sie immer nur eine leidenschaftliche und mißtrauische Forderung der Arbeiterschaft sein, von der man sich nicht verbergen darf, daß sie mit innerer Hingebung darauf gerichtet ist. Soll sie ein Mittel der Abwehr und Konsolidation werden — und an eine Monarchie ist jetzt überhaupt nicht, für später höchstens an eine demokratisch begründete Monarchie zu denken —, dann muß sie von Gefühl, Glaube und Hingebung auch der andern oder doch einer großen Mehrheit der andern getragen sein. Anders ist an nationale Kraft und Einigung heute nicht zu denken, und wer nicht theoretisch für die Republik ist, der könnte und müßte aus diesen praktischen Gründen sie mit innerer Wärme vertreten. Hat sie doch auch in der Tat große nationale und ethische Kräfte und Möglichkeiten in sich. Diese gilt es hervorzuholen. Die heute so übliche Gewohnheit anzudeuten, daß man ja eigentlich von der Republik nicht viel halte und die Demokratie gering schätze, aber formell dem bestehenden Recht loyal sich fügen wolle, ist das Gegenteil jeder Festigung und jeder nationalen Stoßkraft der Republik. Vor allem schwierig und wichtig ist das Problem für die Beamten und für die Leiter der Reichswehr, die jenen Standpunkt der »Korrektheit« einnehmen, aber bereit sind, die gleiche Korrektheit lieber einer anderen Verfassung zu leisten. Mit dieser Kälte und Lauheit wird nichts geschafft, ja werden zuletzt immer nur die Feinde und Zerstörer der Republik gedeckt oder doch ermuntert. Die Ermordung Rathenaus hat zu dem Gefühl einer ernsten Bedrohung der Republik geführt, zur Beruhigung der Massen die sogenannten Schutzgesetze erzwungen und die Einigung der beiden sozialistischen Parteien herbeigeführt. Auf der anderen Seite hat sie zu der Obstruktion Bayerns gegen das Reich und zu entrüsteten Klagen über eine Regierung geführt, die den »Feind rechts stehen« zu sehen erklärte, womit dann wieder der zur Besinnung treibende Eindruck des Mordes auf der Rechten abgeschwächt wurde. Aus diesen seelischen Schwankungen — und um diese handelt es sich bei dem Problem mehr als um die Interessengegensätze und das Ressentiment der gestürzten Schichten gegen die Republik, das durch Selbstbesinnung doch nie überwunden wird, sondern mit der Zeit und Gewöhnung an die neuen Gesetz- und Machtverhältnisse abflauen wird —

müssen wir heraus und die Republik innerlich bejahen. Nicht die gegenwärtige Verfassung in ihren Einzelheiten, aber die demokratische Republik im Grundsatz. Erst wenn man sie ehrlich und vorbehaltlos bejaht, kann man daran denken, ihr die Mitwirkung und das Gegengewicht der in keiner Gesellschaft entbehrlichen aristokratischen und konservativen Gewichte zu geben, ohne daß man in den Verdacht der Auflösung des Systems selber kommt, das doch den Bestand des Reiches gerettet hat und an dem dieser Bestand weiterhin hängt. Das Wesen der großen demokratischen Verfassungsbildungen der Neuzeit und die Technik ihrer Arbeitsweise müßte zu diesem Zweck von uns viel tiefer studiert und gekannt werden, als das bisher zu geschehen pflegt, wo man auf der rechten Seite sich im allgemeinen nur über den Gleichheitswahn zu entrüsten und auf der Linken an Gleichheitstheorien sich zu begeistern pflegt, d.h. wo man an den elementarsten rein theoretischen und gefühlsmäßigen Aufmachungen hängt. [. . .]

Nicht minder wichtig aber ist zu beobachten, wie sich überall das Denken den [. . .] Problemen der ökonomischen Störungen des geordneten Verfassungslebens zuwendet. Keynes und H. G. Wells, ebenso Nitti, MacKenna und Rathenau reden von der Notwendigkeit einer Welt-Planwirtschaft, die nicht ein politischer Völkerbund, sondern eine ökonomische Verständigung der Fachmänner und Unternehmungsleiter ist, zur Verteilung von Produkten, Absatz- und Rohstoffgebieten, nach wirtschaftlichen Gründen der Ernährungsmöglichkeiten der Völker und nicht nach politischen Macht- und Prestigebedürfnissen. Hand in Hand müsse das gehen mit gewaltigen Fortschritten der Technik, der Mehrung der Produktion und Gütererzeugung, der Steigerung der Arbeitsleistung und dem Ersatz von Menschenarbeit durch Maschinenarbeit. Weder Kolonisation und Ausbeutung exotischer Länder, noch sozialistische Regulierung von Produktion und Verteilung können das Problem lösen, nur Steigerung der Leistung, der Gütermengen und geordnete Kooperation der verschiedenen Erzeugungs- und Absatzgebiete. Das sei die Weltforderung der Stunde, die aber von demokratischen Staaten gelöst werden müsse. [. . .]

Damit sind wir wieder bei den großen Problemen des Verhältnisses von Politik und Wirtschaft. Hier liegt für die prinzipielle Besinnung in der Tat einer der Knotenpunkte, und ohne eine Klärung hierin wird auch das Problem der Republik in Deutschland nicht gelöst werden können.

DOSSIER

Nachwort

I.

Dienstag, 23. März 1920. Der sechste Tag nach dem Putsch. Der Staatsstreich ist gescheitert. Kapp und seine Komplizen sind geflohen oder verhaftet. Die Gewerkschaften beenden den Generalstreik. Endlich gibt es wieder Wasser und Strom. Während im Ruhrgebiet noch Linke und Rechte gegeneinander kämpfen, kehrt in Berlin der Alltag zurück. Die Geschäfte haben geöffnet, die Trambahn fährt wieder.

Ernst Troeltsch, Philosophieprofessor und Unterstaatssekretär im preußischen Kultusministerium, geht zur Arbeit. Im Ministerium herrscht wieder Ruhe, nachdem die Putschisten zu Beginn der Revolte Minister Haenisch und einen Mitarbeiter festgesetzt hatten. Troeltsch war wie viele andere während des Staatsstreiches zu Hause geblieben.

An diesem Dienstag morgen hat Troeltsch nur wenig Interesse an den Akten. Statt dessen ruft er seine Sekretärin zum Diktat. Überschrift: *Der Putsch der Prätorianer und Junker.* In seinem Situationsbericht kommt er zu dem Schluß: »Das deutsche Volk will die Reaktion nicht und hat die Feuerprobe bestanden. Vielleicht mußte das einmal sein und hoffentlich ist es das letzte Mal.«

Die Kollegen im Ministerium kennen den politischen Essayisten Troeltsch, der alle zwei Wochen unter dem Pseudonym »Spektator« für die Kulturzeitschrift *Kunstwart* schreibt. »Wir sind eben aus der Schlacht gekommen«, mokiert sich ein Mitarbeiter, »und nun wird uns der parlamentarische Staatssekretär die Zeit deuten.« Doch Ernst Troeltsch ist kein unbeteiligter Beobachter. Der liberale Theologe und Philosoph ist einer der wenigen deutschen Gelehrten, die sich in diesen aufgewühlten Zeiten für die junge Republik einsetzen. Gemeinsam mit seinen politischen Freunden Friedrich Naumann, Max Weber und Walther Rathenau kämpft er in der linksliberalen Deutschen Demokratischen Partei (DDP) für den Aufbau einer sozialen Demokratie in Deutschland.

Aber Troeltsch stürmt keine Barrikaden, er schreibt. Seine *Spektatorbriefe* sind Reportage, politisches Tagebuch, Analyse und liberale Programmschrift zugleich. Mit diesen Essays will Troeltsch die konservative und demokratiefeindliche Bourgeoisie für den neuen Staat gewinnen. Das ist nach dem Kapp-Putsch so nötig wie nie zuvor. Die Gefahr eines Umsturzes von rechts ist nach dem diesmaligen Scheitern der Gegenrevolutionäre noch nicht gebannt.

Das Bürgertum hatte für die linksliberalen Ideen Troeltschs wenig Sympathien — zu sehr hing es der »guten, alten Zeit« nach. Die Monarchie aber war seltsam undramatisch und fast beiläufig zusammengebrochen. Für die Bourgeoisie schlug nach dem Waffenstillstand von 1918 keine Stunde Null. Wie ein Schock traf die Niederlage das Bürgertum. Aus den Träumen eines Sieg-Friedens war es in das Elend der Nachkriegszeit gestoßen, wirtschaftlich ruiniert und der alten Stellung beraubt. Die neue Republik erlebte es als Zeit der Verarmung und des Niedergangs, und der Friedensvertrag von Versailles bestärkte das konservative Bildungsbürgertum in der Ablehnung der neuen politischen Ordnung. Wofür haben wir im Krieg gekämpft? Welchen Sinn hatten unsere Opfer? Und wer ist verantwortlich für die Niederlage und unsere gegenwärtige Not? Schuldige wurden gesucht und Feinde gefunden. Dolchstoßlegende und Antisemitismus, offene Freude über politische Morde, Verleumdungen und Haßtiraden gegen die Repräsentanten von Weimar — aus Bürgern wurden Radikale. Die traditionell staatstragende Schicht sabotierte die junge Republik, und daran sollte diese schließlich zugrunde gehen.

Ernst Troeltsch sah von Beginn an die Gefahren für eine Demokratie, die sich auf keine breite Mitte stützen konnte. Das Bürgertum driftete nach rechts ab, die Arbeiter nach links. Angesichts der Radikalisierung warb Troeltsch für einen Ausgleich. Gab es anfangs noch Chancen für besonnene demokratische Akteure, engte sich deren Spielraum im Lauf der Zeit zunehmend ein. Aus einem Mann der Mitte wurde ein Außenseiter. Troeltsch dachte quer zur eigenen sozialen Schicht, dem Bürgertum, und seinen Studenten erschien sein Liberalismus als ein Relikt aus fernen Zeiten. Aber Troeltsch resignierte nicht, sondern stritt als Publizist und als Abgeordneter in der preußischen Landesversammlung offensiv für seinen kämpferischen Liberalismus.

Siebzig Jahre nach dem Tod von Ernst Troeltsch 1923 erlebt der demokratische Rechtsstaat die größte Krise seit Gründung der Bundesrepublik. Die Probleme der Wiedervereinigung und neue politische Gewalt gefährden den liberalen Staat. In den tagespolitischen Auseinandersetzungen geraten aber die Prinzipien der modernen Demokratie zuweilen in Vergessenheit. Ohne vorschnell Parallelen zu ziehen zwischen Weimar und der erweiterten Bundesrepublik, läßt sich Troeltschs liberaler Gedanke auf die gegenwärtige Situation übertragen. Was Troeltsch in seinen *Spektatorbriefen* über Pluralismus, Rechtsstaatlichkeit und Demokratie geschrieben hat, gilt noch immer.

II.

Ernst Troeltsch wurde am 17. Februar 1865 in Haunstetten bei Augsburg geboren und wuchs in einem bildungsbürgerlichen, nationalliberalen Milieu auf. Er studierte evangelische Theologie in Erlangen, Göttingen und Berlin. Schon 1890 reichte er seine Dissertation ein, und 1894 erhielt der erst 29jährige Troeltsch in Heidelberg einen Lehrstuhl für systematische Theologie. Zwanzig Jahre blieb er in der ruhigen badischen Universitätsstadt und führte eine arbeitsreiche, aber ereignisarme Gelehrtenexistenz.

Troeltsch markiert in der Geschichte der protestantischen Theologie einen entschlossenen Schritt zur Modernisierung. Er protestierte gegen seine theologische Vätergeneration, die sich nach seiner Einschätzung nur halbherzig auf die Fragen des neuzeitlichen Denkens einließ. Die Theologie seiner Zeit erschien ihm angesichts der Krise des Christentums als »ein harmloses Konventikelvergnügen, ein Kinderzank im brennenden Hause«. 1896 verursachte der junge Troeltsch auf einer Versammlung liberaler Theologen einen Eklat. Nach einem konventionellen Vortrag eines prominenten Kollegen stand er auf, ging zum Katheder und rief: »Meine Herren, es wackelt alles!« Dann legte er los und entwarf sein eigenes Programm. Als einer der älteren Theologen schockiert von einer »schofelen« Theologie sprach, verließ Troeltsch den Saal und warf knallend die Tür hinter sich zu.

Troeltsch forderte eine bedingungslose Öffnung der Theologie gegenüber der modernen Geschichtswissenschaft. »Das Christentum«, schrieb er, »ist [. . .] als eine rein historische Erscheinung mit allen Bedingtheiten einer individuellen historischen Erscheinung zu betrachten und daher ausschließlich mit den allgemeinen historischen Methoden zu erforschen.« Das Christentum ist eine Religion neben anderen. Es kann nicht mehr wie in der traditionellen, dogmatischen Theologie als die allein wahre Religion bezeichnet werden, der gegenüber alle anderen Religionen dunkles Heidentum sind. Ist das Christentum aber eine geschichtlich bedingte Größe, wie kann dann noch von der Wahrheit des Christentums gesprochen werden? Hinter dieser Frage steht das grundsätzliche geschichtsphilosophische Problem, wie es im Raum des historisch Relativen überhaupt noch Normen geben kann. Troeltsch diskutierte dieses Thema in seiner Schrift *Die Absolutheit des Christentums und die Religionsgeschichte* von 1901. Hier führt er das Christentum in einen offenen Dialog mit den übrigen Weltreligionen. Aber Troeltsch will nicht stehenbleiben bei der bloßen Feststellung einer Pluralität von religiösen Wahrheitsansprüchen. Seine Leitvorstellung ist nicht ein »zielloser Relativismus«. Vielmehr soll der religionsgeschichtliche Vergleich helfen, die Wahrheitsfrage zu klären. Einen festen Maßstab jedoch gibt es nicht. Der religiöse Pluralismus läßt sich nicht theoretisch auflösen. Man kann zwar allgemein verständliche Argumente für eine bestimmte Religion formulieren, aber die religiöse Überzeugung bleibt letztlich immer eine subjektive Tat ohne objektive Geltung.

Intensiv bearbeitete Troeltsch Themen der empirischen Geschichte. In einer Reihe von Schriften versuchte er, die ambivalente Rolle des Protestantismus bei der Entstehung der Neuzeit zu bestimmen. Hier ergab sich ein fruchtbarer Austausch mit Max Weber, der die Funktion des Protestantismus für die Genese des Kapitalismus untersuchte. In Heidelberg hatte sich Troeltsch innerhalb der theologischen Fakultät schnell isoliert gefühlt und Anschluß an Vertreter anderer Fachrichtungen gesucht. Er machte die Bekanntschaft von Weber, mit dem ihn bald eine enge, wenn auch wenig herzliche »Fachmenschenfreundschaft« verband. In seinen letzten Heidelberger Jahren bewohnten Webers und Troeltschs sogar dasselbe Haus.

Weber führte Troeltsch zur jungen Wissenschaft der Soziologie und zur Beschäftigung mit den sozialen Fragen der Gegenwart. Troeltsch setzte sich auch mit Marx und anderen Sozialtheoretikern auseinander und engagierte sich im Evangelisch-Sozialen Kongreß, einer Vereinigung liberaler Theologen, die sich mit gegenwärtigen sozialen Problemen befaßte. So kam er relativ spät — mit etwa vierzig Jahren — in seine »politische Pubertät«. Der liberale Theologe wurde zum liberalen Politiktheoretiker. Er erweiterte sein theologisches Programm zum Projekt einer politisch relevanten Kulturtheorie.

Aus dieser Phase erwuchsen *Die Soziallehren der christlichen Kirchen und Gruppen* (1912), durch die er zum Mitbegründer der Religionssoziologie wurde. Das tausendseitige Opus erzählt die verschlungene Geschichte der christlichen Ethik. Troeltsch verfolgt in diesem Buch jedoch kein bloß historisches Interesse. Er sucht nach Wegen zu einer zeitgemäßen Neugestaltung der christlichen Ethik. Aus der Geschichte hat er gelernt, daß es keine einheitliche, christliche Ethik gibt, sondern nur eine Vielzahl von religiösen, politischen, wirtschaftlichen und kulturellen Wertanschauungen. Diese Ethiken konkurrieren miteinander und müssen durch Kompromisse ausgeglichen werden.

Wie aber könnte ein moderner Wert-Kompromiß aussehen? Die mittelalterliche Papstkirche konnte noch alle Lebensbereiche unter sich vereinigen. Seit der Aufklärung aber ist eine kirchlich geleitete Einheitskultur unmöglich geworden. Diese Auflösung traditioneller Einheitsstiftungen führt zu einer tiefgreifenden Kulturkrise. Gegen die Chaosvision einer »Anarchie der Werte« entwickelt Troeltsch die Idee einer Kultursynthese, die im Besitz allgemeingültiger Wertideen das Zerbrechen von Gesellschaft und Kultur verhindert, ohne doch auf neue Weise totalitär zu werden. Dabei soll ein undogmatisches Christentum ein wichtiger, aber nicht der einzige bestimmende Faktor sein. Troeltschs Überlegungen sind von der Intention getragen, die positiven Elemente des neuzeitlichen Pluralismus aufzunehmen und ihn zugleich in seinen zerstörerischen Tendenzen zu entschärfen. Doch die moderne Gesellschaft bereitet einer neuen ethischen Kultur fast unüberwindliche Schwierigkeiten. Troeltsch analysiert in den *Soziallehren* scharfsinnig die Dialektik der Aufklärung. Auf der einen Seite erkennt er in der Moderne das Ergebnis einer legitimen Befreiung von der Bevormundung durch Kirche und Tradition. Doch auf der anderen Seite sieht er, daß die neue Superstruktur aus Kapitalismus, moderner Technik und den »militärisch-bureaukratischen Riesenstaaten« die erworbene Freiheit zu vernichten droht. Denn das stählerne Gehäuse der modernen Gesellschaft scheint es unmöglich zu machen, daß persönliche Wertvorstellungen das alltägliche Handeln bestimmen. Für die christliche Ethik stellt sich die Frage, wie der Gedanke der Liebesmoral noch für Wirtschaft und Politik relevant werden soll. »Der radikale Individualismus«, befürchtet Troeltsch, »wird vermutlich bald ein Zwischenakt sein zwischen einer alten und einer neuen Kultur der Gebundenheit.«

1915 erhielt Troeltsch endlich einen Ruf nach Berlin. Der Widerstand der preußischen Landeskirche hatte es verhindert, daß der inzwischen weit über Landes- und Fachgrenzen hinaus bekannte Gelehrte eine Professur an der theologischen Fakultät bekam. Darum wurde für ihn eigens ein philosophischer Lehrstuhl für »Kultur-, Geschichts-, Gesellschafts- und Religionsphilosophie und christliche Religionsgeschichte« umgewidmet. Die umständliche Lehrstuhlbezeichnung beschreibt sehr gut das ausgeweitete Arbeitsgebiet Troeltschs. Er wollte in Berlin sein Programm einer Geschichtsphilosophie in praktischer Absicht vollenden. 1922 veröffentlichte er das Buch *Der Historismus und seine Probleme.* Dies war der erste Teil eines zweibändig angelegten Werkes und noch keine Entfaltung der eigenen Position, sondern die vorbereitende Auseinandersetzung mit anderen geschichtsphilosophischen Modellen. Zum zweiten Band kam es nicht mehr. Am 1. Februar 1923 starb Ernst Troeltsch mit 57 Jahren an einer durch Lungenembolie verursachten Herzschwäche.

»Ich habe kein eigentliches System, und dadurch unterscheide ich mich von den meisten anderen deutschen Philosophen«, schreibt Troeltsch. »Zwar schwebt mir natürlich ein solches als Präkonzeption vor, allein doch nur, um es aus der Einzelforschung heraus fortwährend zu berichtigen.« Troeltsch war kein einsamer Theoretiker, der isoliert dem Zwang der eigenen Gedanken folgte. Kam ihm eine interessante Neuerscheinung auf den Tisch, war er sofort bereit, sein bisheriges Konzept zu revidieren. Der Bau eines eigenen Systems interessierte ihn viel weniger als die Analyse der Probleme und die Diskussion neuer Fragestellungen. Troeltschs hervorstechendster Charakterzug war diese Beweglichkeit und kreative Unruhe des Denkens, das sich nie mit vermeintlich gesicherten Erkenntnissen begnügte.

In Troeltschs Lebenswerk laufen unzählige geistesgeschichtliche Linien zusammen: die beiden Väter der modernen Theologie Friedrich Schleiermacher und Albrecht Ritschl, die deutsche historische Schule, Kant und Hegel, philosophische Spätidealisten wie Rudolf Eucken, Hermann Lotze, Gustav Claß oder Wilhelm Dilthey, der Neukantianismus Wilhelm Windelbands und Heinrich Rickerts, der amerikanische Pragmatismus von William James, Husserls Phänomenologie und die Anfänge der Lebensphilosophie bei Henri Bergson und Georg Simmel, schließlich Max Weber.

Troeltschs schriftstellerisches Werk ist ein ständiger Neuaufbruch, der nur zusammengehalten wird von der Grundfrage nach dem Recht und der Funktion religiöser Überzeugung in der Moderne. Troeltschs Bedeutung besteht darin, daß er diese Frage als ein Problem der Ethik und des weltanschaulichen Pluralismus auffaßte. Er betrieb Religionsphilosophie immer im Horizont der eigenen gesellschaftlichen Wirklichkeit. Theologie war für ihn nicht ein klerikales Minderheitengeschäft und Geschichtsphilosophie kein akademisches Spezialproblem. Vielmehr ging es Troeltsch darum, in prinzipiellen Reflexionen die eigene Gegenwart in ihren Möglichkeiten und Krisen auszuloten.

III.

Der Ausbruch des Ersten Weltkrieges und der Wechsel nach Berlin veränderten Troeltschs Haltung zur Politik grundlegend. Marianne Weber charakterisiert Troeltsch in seiner frühen Heidelberger Zeit noch als unpolitischen Akademiker: »Troeltsch gehört [. . .] zur älteren ›national-liberalen‹ Generation; seinen stark bürgerlichen Instinkten waren die sozialen und demokratischen Ideale fremd. Er glaubt an so manches nicht, was Webers erstreben: weder an die geistige und politische Entwicklung der Arbeiterklasse noch an die geistige Entwicklung des weiblichen Geschlechts.«

Zwar hatte sich Troeltsch in der folgenden Zeit linksliberalen Positionen genähert und als Vertreter der Heidelberger Universität in der I. Kammer der Badischen Ständeversammlung einen Einstieg ins politische Tagesgeschäft gewonnen. Aber die Wende in seiner politischen Biographie fand 1914 statt. Jetzt wurde Troeltsch zu einem wachen Beobachter und Mitgestalter des politischen Geschehens.

Bei Kriegsausbruch teilte Troeltsch die allgemeine nationale Begeisterung. In drei Reden, die ihm eine große Popularität verschafften, stimmte er vergleichsweise moderat in das Lied von der soldatischen Erhebung der

Nation ein. Doch in Berlin wandelten sich seine Ansichten und seine politische Rhetorik schnell. Hier standen ihm neue Informationsquellen zur Verfügung. Dem angesehenen Theologen und Philosophen wurden in der Hauptstadt viele Türen aufgetan. Die liberale Gelehrtenwelt nahm ihn in ihren Kreis auf, und Troeltsch war begierig, die große Welt der Hauptstadt mit ihren politischen Mechanismen kennenzulernen.

So schloß er sich der »Deutschen Gesellschaft 1914« an. Diese Vereinigung versuchte das Erlebnis nationaler Einigkeit vom August 1914 in den Kriegsalltag hinüberzuretten. Sie propagierte innen- wie außenpolitisch eine Politik der Mäßigung. In einem luxuriösen Klubhaus versammelte sich ein breites Spektrum der gehobenen Berliner Gesellschaft zu Vorträgen und Gesprächen. Der Zulauf war groß. Gegen Kriegsende hatte die Gesellschaft etwa 2500 Mitglieder.

Konzentrierter und in einem bescheideneren Rahmen wurde in Hans Delbrücks »Mittwochabend« debattiert. Delbrück, Historiker und Führer der liberalen Intellektuellen Berlins, versammelte zuerst in einer Weinstube am Kurfürstendamm, dann in einem Klublokal einer deutsch-südamerikanischen Gesellschaft einen engen Kreis von Gelehrten, hohen Beamten und Politikern um sich. Es waren konservative Reformer, die gegen die mächtige Kriegspartei der alldeutschen Annexionisten kämpften und sich für die Demokratisierung des Reiches und die Verständigung mit der Sozialdemokratie einsetzten. Aus diesem Kreis gingen mehrere Denkschriften und Eingaben hervor. Direkt griff der »Mittwochabend« aber erst während der letzten beiden Kriegsmonate in das politische Geschehen ein, als Prinz Max von Baden Reichskanzler war. Max hatte schon lange dieser Runde angehört, die nun eine Art privater Staatsrat des Prinzen wurde. Nach 1918 versuchte der »Mittwochabend«, die Fragen der Kriegsschuld und der Ursachen der Niederlage historisch aufzuarbeiten. Für Troeltsch war der »Mittwochabend« der wichtigste Ort politischer Auseinandersetzung und die entscheidende Informationsquelle für seine *Spektatorbriefe*.

Enge Freunde fand Troeltsch in den Historikern Friedrich Meinecke und Otto Hintze sowie in dem Ökonomen Heinrich Herkner. Mit ihnen unternahm Troeltsch an jedem zweiten Sonntagnachmittag den »Dahlemer Spaziergang«. Man traf sich zu langen, alle wichtigen politischen Themen abschreitenden Unterhaltungen im Freien. Hier begegnete Troeltsch auch Walther Rathenau, der der Gruppe gelegentlich auflauerte und sich ihr unaufgefordert anschloß. Rathenau wurde für Troeltsch zu einem großen Anreger und guten Freund.

Troeltsch vertrat während des Krieges — von kurzzeitigen Schwankungen abgesehen — eine klare Linie. Nüchtern begriff er den Krieg als einen wirtschaftlichen Verteilungskampf, als Wettstreit um Anteile am Welthandel. Alle Überhöhungen zum Kultur- oder Weltanschauungskrieg betrachtete er als Propaganda. Nur ein Vertrags- und Verständigungsfrieden konnte Deutschland dauerhafte Sicherheit bringen. Darum lehnte Troeltsch Annexionen ab. Innenpolitisch hielt er es für unerläßlich, die Arbeiterschaft fest in das politische Leben zu integrieren. Dies war nur möglich durch eine schnelle Demokratisierung und Parlamentarisierung. Die Einführung eines allgemeinen, geheimen und gleichen Wahlrechts in Preußen war für Troeltsch ein Gebot der Stunde.

Höhepunkt seines politischen Engagements zwischen 1914 und 1918 bildete für Troeltsch die Arbeit im Volksbund für Freiheit und Vaterland. Der Volksbund war eine Gegenorganisation zur alldeutschen Vaterlandspartei, die Admiral Alfred von Tirpitz und der spätere Putschist Wolfgang Kapp 1917 gegründet hatten. Gemeinsam mit anderen Politikern, Gelehrten und Gewerkschaftsführern brachte Troeltsch im Dezember 1917 ein Bündnis der gemäßigten Kräfte zustande. Das Spektrum der Mitglieder des Volksbundes reichte von Vertretern des linken Zentrumsflügels wie Adam Stegerwald, rechten Sozialdemokraten wie Carl Legien über Liberale und Vertreter der Wirtschaft bis zu hohen Beamten des Auswärtigen Amtes. Troeltsch sah im Volksbund »einen agitatorischen Verein mit einer moralisch-politischen Plattform« zum Zweck einer »Moralisierung der Politik, die sich gegen die abstrakte Gewaltlehre wendet, teils aus Rücksicht auf den moralischen Schaden, den das Volk nimmt, teils aus Rücksicht auf das Ausland«. In seiner Einführungsrede auf der ersten Mitgliederversammlung des Volksbundes forderte Troeltsch eine Wahlrechtsreform und die Festschreibung des Verständigungsfriedens als Kriegsziel. Er klagte die Wiederherstellung des Primats der Politik über das Militär ein. Für dieses Programm prägte Troeltsch die Parole von der »Demobilisierung der Geister«. Durch den Beitritt verschiedener Gewerkschaftsverbände hatte der Volksbund schon bald vier Millionen Mitglieder. Großen politischen Einfluß gewann er allerdings nicht. Seine Vorstellung einer Revolution von oben konnte er nicht durchsetzen. Troeltsch trug sein Engagement im Volksbund den Vorwurf des Defätismus ein und isolierte ihn noch stärker innerhalb seiner nationalistischen Kollegenschaft. Als er Ulrich von Wilamowitz-Moellendorf, dem Nestor der Berliner Gelehrtenwelt, 1918 zum 70. Geburtstag gratulieren wollte, beschied ihm dieser, von »Vaterlandsverrätern« nehme er keine Glückwünsche entgegen.

Die liberalen Intellektuellen konnten sich nicht durchsetzen. Sie waren eine zahlenmäßig kleine Gruppe ohne Hebel zur Macht und Zugang zur breiten Bevölkerung. Sie mußten zudem gleichzeitig an drei verschiedenen Fronten kämpfen. Gegen die Kriegspropaganda der Entente wollten sie den Vorwurf der alleinigen Kriegsschuld und der moralisch-kulturellen Minderwertigkeit Deutschlands, der »deutschen Barbarei«, abwehren. Im Kampf mit den Alldeutschen vertraten sie eine Politik der Mäßigung, und gegenüber den Pazifisten und revolutionären Sozialisten verteidigten sie die Notwendigkeit allmählicher Reformen. Auch wenn diese dreifache Strategie scheiterte, war die politische Arbeit der Linksliberalen eine wichtige Voraussetzung für die entstehende Weimarer Republik.

Erst nach der Niederlage und dem Umsturz vom November 1918 bot sich den Liberalen die Gelegenheit, lang aufgestaute politische Ideen zu verwirklichen. Sie gründeten im November 1918 die DDP. Troeltsch wurde schnell für diese Partei des liberalen Bürgertums aktiv. Er beteiligte sich an der kulturpolitischen Programmarbeit und erarbeitete Informationsmaterial für die Ausbildung der Parteifunktionäre, die der junge Theodor Heuss organisierte.

Troeltsch war sich nicht zu fein, auf die Ebene der parteipolitischen Agitation herabzusteigen. In Brauereien und Festzelten rührte er die Werbetrommel für die Partei. Die DDP stellte ihn als ihren Berliner Spitzenkandidaten zur Wahl der Verfassungsgebenden Preußischen Landesversammlung auf. Aus diesen Wahlen ging die DDP nach SPD und Zentrum als drittgrößte Partei hervor. Mitte März 1919 zog Troeltsch in das preußische Parlament ein und übernahm das Amt des parlamentarischen Unterstaatssekretärs im preußischen Kultusministerium. In dieser Funktion wurde er zum Vater der neuen preußischen Kirchengesetze. Das Kultusministerium stand vor der historischen und heiklen Aufgabe, die Trennung von Kirche und Staat zu vollziehen und das jahrhundertealte landesherrliche Kirchenregiment zu beenden, ohne einen Kulturkampf zu provozieren. Die Stimmung war erregt. Es war noch nicht lange her, daß der preußische Kultusminister Adolf Hoffmann (USPD) mit seiner radikal laizistischen Politik die Kirchen auf die Barrikaden getrieben hatte. Nun war es notwendig, mit größerem taktischen Geschick und unter Berücksichtigung der finanziellen Interessen der Kirche die Entkoppelung der beiden Bereiche weiterzuführen.

Troeltsch beschrieb seine damalige Tätigkeit folgendermaßen: »Ich bin Abgeordneter des Parlaments, Unterstaatssekretär im Kultusministerium, muß unendlich viel reden, schreiben und lesen. Kurz, ich kämpfe für Vernunft, Besonnenheit, Ordnung, Arbeit und unvermeidliche Zugeständnisse an die Massen, so tapfer und eifrig als ich kann. Stunden völliger Erschöpfung sind mir nicht erspart, aber innerlich bin ich ruhig und bis zu einem gewissen Grade heiter geblieben.«

Auf dem verminten Gebiet der Kirchenpolitik konnte Troeltsch den Widerstand des konservativen Beamtentums gegen die neuen Machthaber am eigenen Leib spüren. Sein stürmisches Temperament und seine prononciert liberale Einstellung verschafften ihm Feinde, so daß immer wieder hohe Beamte gegen ihn agierten.

Am 8. 7. 1920 wurden die neuen Kirchengesetze im preußischen Parlament mit Mehrheit angenommen. Troeltschs Hoffnung aber, die Trennung vom Staat würde die evangelische Kirche zu einer freien und offenen Volkskirche werden lassen, zerschlugen sich schnell. Die preußische Landeskirche blieb eine feste Burg der Reaktion.

Nach dem Ende der Legislaturperiode verabschiedete sich Troeltsch aus der direkten parteipolitischen Arbeit. Er wollte sich wieder auf seine eigentlichen Verpflichtungen in Wissenschaft, Wissenschaftspolitik und Publizistik konzentrieren.

IV.

Schon während des Krieges hatte sich Troeltsch als politischer Schriftsteller einen Namen gemacht. Im Winter 1918 schlug Ferdinand Avenarius, der Herausgeber des *Kunstwarts,* Troeltsch vor, er solle in dieser Zeitschrift Essays über die politische Lage veröffentlichen. Der *Kunstwart und Kulturwart. Halbmonatsschrift für Ausdruckskultur auf allen Lebensgebieten* — wie das Blatt mit vollem Titel hieß — richtete sich an eine breite, kulturell aufgeschlossene Leserschaft. Avenarius verstand sich selbst als ästhetischen Volkserzieher und wollte einem großen Publikum aktuelle Kunst vermitteln. Seine Zeitschrift brachte neben politischen Artikeln und Feuilletons Textproben von zeitgenössischen Autoren. Außerdem wurden dem Leser einfache Kunstdrucke und sogar Noten für die Hausmusik geliefert. In diesem kulturellen Sammelsurium erschienen Troeltschs *Spektatorbriefe,* die sehr schnell zu einem der wichtigsten Bestandteile des *Kunstwarts* wurden.

Troeltschs Essays sind »Briefe über die Demokratie an die Gebildeten unter ihren Verächtern«. Die Arbeiterschaft und die Situation der Linken treten demgegenüber in den *Spektatorbriefen* in den Hintergrund.

Troeltsch setzt argumentativ ein mit der Aufforderung an seine Leser, sich bedingungslos auf die gegenwärtigen politischen Gegebenheiten einzustellen. Alle Versuche, die nostalgisch verklärte Monarchie zu restaurieren, sind zum Scheitern verurteilt. Nüchterne Ausrichtung auf die Anforderungen des Tages — so lautet die Maxime, die Troeltsch in jedem Brief von neuem ausgibt. Mit dem Pathos der Sachlichkeit wendet er sich ideologiekritisch gegen rechte wie linke Utopisten, die meinen, den politischen Alltag überfliegen zu können. Troeltsch nimmt seine ganze Überzeugungskraft aus dem Hinweis auf die anstehenden praktischen Notwendigkeiten und nicht aus Idealvorstellungen einer »besten« Politik. Im Gegensatz zu allen restaurativen und revolutionären Utopisten verbleibt er in seinem Plädoyer für die Demokratie bei einem zurückhaltenden Pragmatismus.

Die Entscheidung für die Demokratie ist für Troeltsch keine weltanschauliche Überzeugungstat, sondern die Konsequenz seiner Einschätzung der konkreten Bedürfnisse Deutschlands. Die Demokratie ist eine Folge der allgemeinen Modernisierung: Sie ist »das naturnotwendige Ergebnis der Großstaatsbildung und des ungeheuren Bevölkerungswachstums, wodurch jeder einzelne am Gedeihen und an der Wirtschaft des Ganzen interessiert wird, die intellektuell und moralisch verselbständigte Kraft jedes einzelnen für das Ganze in Anspruch genommen wird und eben darum ein Mitspracherecht des einzelnen am Ganzen eingeräumt werden muß«. Die Industrialisierung hat das alte politische und soziale Gleichgewicht zerstört, neue Klassen und damit neue Konflikte geschaffen, die im Rahmen der patriarchalischen Monarchie nicht mehr aufgefangen werden können. Die parlamentarische Demokratie stellt diejenige politische Ordnung dar, in der Bürgertum und Proletariat ihre Interessenkämpfe friedlich austragen können. Troeltsch bezeichnet sie deshalb als einen mittleren »Rettungsweg« zwischen Reaktion und Revolution.

Gegen die Einführung der Demokratie in Deutschland ist von konservativer Seite eingewandt worden, daß damit fremde, »westliche« Ideen aufgepfropft würden. Troeltsch wendet gegen diese Ideologen eines »deutschen Sonderweges« ein, daß ihr Begriff eines spezifisch deutschen

Staates, nämlich einer organisch aufgebauten Ständegesellschaft, eine bloße Projektion ist. Er bestreitet, daß es »wesensmäßige« Unterschiede zwischen Deutschland und Westeuropa gibt. Nach seinem Verständnis lebte gerade im Zentrum der deutschen Kultur, in der Weimarer Klassik, ein humanistischer und kosmopolitischer Geist, der von nationalem Autismus frei war. Die kulturellen Unterschiede zwischen den europäischen Nationen sind lediglich historisch bedingt und schließen die Übertragung von politischen Modellen von einem Land auf ein anderes nicht aus. Troeltsch will jedoch keinen unreflektierten Demokratie-Import. Als deutsche Besonderheiten möchte er die von Bismarck eingeführte Sozialgesetzgebung und -fürsorge sowie konservative Momente im Bildungsbereich bewahren. Die Idee einer sozialen und zugleich konservativen Demokratie ist seine politische Leitvorstellung. Um sie zu verwirklichen, bedarf es aber einer breiten Mitte. Darum wird der unermüdliche Aufruf zur Sammlung aller republikanischen Kräfte zum *ceterum censeo* der *Spektatorbriefe*.

Im Hintergrund der Ausrichtung auf den Gedanken des politischen Kompromisses steht ein pluralistisches Politikverständnis. Troeltsch will weltanschauliche Differenzen und Interessengegensätze nicht unterdrücken. Im Gegenteil, er möchte mit der Demokratie einen Ordnungsrahmen zur Verfügung stellen, innerhalb dessen die politischen Konflikte sinnvoll ausgetragen werden können. Er fordert, daß alle Positionen sich auf ihren praktischen Wert überprüfen und in ein konstruktives Verhältnis zueinander bringen lassen müssen. Ausgeschlossen werden lediglich doktrinäre Zuspitzungen, die sich dem Kompromiß grundsätzlich verweigern. Gegenüber dem politisch relevanten Fundamentalismus wird der Liberalismus strikt anti-fundamentalistisch. Gegen politische Gewalt wird das rechtlich kontrollierte Machtmonopol des Staates eingesetzt. Troeltschs emphatische Rede vom Kompromiß ist kein Zeichen für schwächliche Unausgeglichenheit oder biedermeierliche Harmoniesucht. Sie zielt auf eine höhere Politikfähigkeit, die darum weiß, daß nur durch Mechanismen der Verständigung die harten gesellschaftlichen Gegensätze ausgekämpft werden können, ohne zerstörerisch zu werden.

Troeltsch verzichtet darauf, die Demokratie aus einer absoluten Theorie abzuleiten: »Die Regierungsformen und die Wahlrechte sind nicht ein Ausfluß ewiger Wahrheiten und allgemeiner moralischer Forderungen, sondern eine logisch und praktisch notwendige Folge des jeweiligen Zustandes der Gesellschaft.« Troeltsch vertritt einen pragmatischen Republikanismus. Trotzdem paßt das Etikett »Vernunftrepublikaner« nicht zu ihm. Während Vernunftrepublikaner wie Gustav Stresemann und weite Teile des Bürgertums die neue Ordnung nur gezwungenermaßen akzeptieren und gleichzeitig Herzensmonarchisten bleiben, kennt Troeltsch keine nur zeitweilig zurückgestellten Vorbehalte gegen die Republik. Auch wenn er seine Position keiner Letztbegründung unterzieht, ist sie darum nicht weniger entschieden. Sie gewinnt sogar an argumentativer Kraft. Denn angesichts dogmatischer Verhärtungen links wie rechts erreicht Troeltsch eine Abkühlung der überhitzten Ideologiedebatten. Er lenkt die Diskussion über die richtige Staatsform auf eine niedrigere und entschärfte Ebene zurück. Wo andere Absolutismen ins Feld führen, verweist Troeltsch auf praktische Zweckmäßigkeiten. Er führt keinen Glaubenskrieg. Er versucht nicht, seine konservativen Gegner weltanschaulich auf liberalen Kurs zu bringen. Mit nachprüfbaren Argumenten will er sie davon überzeugen, daß die Demokratie die einzig angemessene und legitime Staatsform für Deutschland sei.

Doch leugnet Troeltsch keineswegs die offensichtlichen Schwächen der modernen Massendemokratie. Am Beispiel der Parteienfrage zeigt sich, was Troeltsch unter einer internen Demokratie-Kritik versteht. Die Kritik am Parteienwesen bildet für die Feinde der Republik das Einfallstor für eine grundsätzliche Denunziation der Demokratie. Troeltsch dagegen hält Parteien als rational gelenkte »Maschinen« für eine unabdingbare Notwendigkeit. Zum Problem werden sie aber dann, wenn sie den Weg aller Großinstitutionen zu Ende gehen und sich als Selbstzweck begreifen. Sie beginnen dann nur für die

Sicherung der eigenen Macht zu kämpfen und vergessen ihren ursprünglichen Auftrag. Die vollständige Bürokratisierung der Parteien führt dazu, daß ausschließlich gesichtslose Beamtentypen und Apparatschiks zu hohen politischen Ämtern aufsteigen.

In seiner Parteien-Kritik begeht Troeltsch nicht den Fehler, »Verdrossenheiten« zu mobilisieren oder dem Ressentiment Vorschub zu leisten, Politik sei nur ein Geschäft für zweifelhafte Charaktere. Nie wendet er sich gegen »die« Parteien oder »die« Politiker. Er will die Schwachstellen genau lokalisieren. Darum unterzieht er sich der Mühe, konkret zu bleiben, Namen zu nennen und zu differenzieren. Troeltschs Kritik bleibt auch da, wo sie ätzend scharf wird, konstruktiv. Schließlich protestiert er nicht nur gegen Fehlentwicklungen in der Parteiendemokratie, sondern versucht, als politischer Quereinsteiger dagegen anzugehen.

Die Grundsatzdiskussion über das Verhältnis von Moral und Politik ist lange von dem Gegensatz »Utopie oder Realpolitik« bestimmt worden. Troeltsch versucht diese leidige Alternative zu überwinden und einen ethischen Pragmatismus an ihre Stelle zu setzen. Sein Insistieren auf den realen Verhältnissen ist kein Plädoyer für eine Politik des bloß Machbaren ohne Vision, Phantasie oder ethische Impulse. Dem spätwilhelminischen Konzept einer Realpolitik ohne Moralität weist er eine besondere Form der Blindheit nach. Im Zeitalter der öffentlichen Meinung kann sich eine amoralische Kabinettspolitik auf lange Sicht nicht halten. Denn sie verkennt, daß innerer Friede sich in entwickelten Gesellschaften nur dann herstellen läßt, wenn die verschiedensten Ansprüche auf Gerechtigkeit berücksichtigt werden. Nationaler Konsens ist immer auch ethischer Konsens. Für Troeltsch ist darum eine verantwortungsvolle Politik »realpolitisch und moralisch zugleich«.

In der Auseinandersetzung mit rechten und linken Extremisten gewinnt Troeltschs Gedanke des politischen Kompromisses ideologiekritische Schärfe. Moralische Maximalforderungen aufzustellen oder kompromißlos Utopien nachzujagen, hält er für verantwortungslos. Sein

Protest gegen einen einseitigen politischen Moralismus ist darin selbst ethischer Natur, als es Troeltsch in der Politik um die Verwirklichung des jeweils relativ Besseren geht. Es ist ein fundamentaler Fehler, wenn linke wie rechte Utopisten perfektionistische Zukunftstableaus malen, ohne an die Bedingungen ihrer Realisierung oder an die Einwände der politischen Gegner zu denken. Diese Form des Politisierens muß entweder an den harten Realitäten scheitern oder zum Terror werden. Absolute politische Erlösungsstrategien lassen sich eben nur mit absoluter Gewalt durchsetzen. An rechten Fememorden sah Troeltsch, wie aus reaktionären Träumen politische Verbrechen wurden. Früher als viele andere warnte er schon im September 1921 vor dem entstehenden deutschen Faschismus.

Der Philosoph Karl Löwith hat im Zusammenhang einer Abrechnung mit seinem Lehrer Martin Heidegger den Deutschen eine fatale Verbindung von weltanschaulichem Dogmatismus und politischem Desinteresse bescheinigt: »[. . .] nichts fällt den Deutschen leichter als in der Idee radikal zu sein und in allem Faktischen indifferent.« Ernst Troeltsch repräsentiert hierzu einen Gegentyp: im Prinzipiellen pluralistisch und tolerant, aber entschieden, sobald es um konkrete politische Fragen geht.

V.

Über den letzten Lebensjahren von Ernst Troeltsch liegt ein melancholischer Schatten. Zu viele Aufgaben hatte er gleichzeitig übernehmen wollen. Chronische Überarbeitung war die Folge. An Erholung war bei seinem ungeheuren Arbeitspensum kaum zu denken. Ständige finanzielle und familiäre Sorgen ließen nur kurze Atempausen zu. Troeltschs Professorengehalt reichte gerade noch für die einfachsten Bedürfnisse seiner dreiköpfigen Familie. Den Speiseplan diktierte die kriegsbedingte Notwirtschaft, und der Winter wurde jedes Jahr zu einer wirklichen Bedrohung. Hinzu kam, daß Troeltschs Frau schwer krank war. Sie hatte schon in Heidelberg an nervösen Überreizungen und psychosomatischen Krankheiten gelitten. Jetzt mußte sie mit einem gefährlichen, durch die Mangelernährung verursachten Gallenleiden kämpfen. Aber es waren nicht nur die Alltagssorgen, die Troeltsch in Zustände der Hoffnungslosigkeit führten. Er hatte in den wenigen Jahren nach dem Krieg viele Enttäuschungen erleben müssen. In schneller Folge war eine Reihe wichtiger Freunde gestorben und hatte eine große Lücke in seinem Leben gerissen. Zudem sah er immer deutlicher, wie gering die Zukunftschancen der Demokratie waren. Troeltsch verzweifelte angesichts der politischen Polarisierung: »Der Staat ist zerbrochen und ohne Autorität, und in dem Chaos triumphieren nur Kapitalisten einerseits, Abenteurer und Wucherer andererseits. [. . .] Die Intellektuellen, Professoren etc. sind so einfältig wie möglich, kämpfen den Klassenkampf gegen die drohende Deklassierung und wiederholen die alte nationalistische Ideologie. An positive Arbeit und Heilung der Schäden denken nur wenige.«

Einen Tiefpunkt durchlitt Troeltsch nach dem Attentat auf seinen Freund Walther Rathenau: »Die Ermordung Rathenaus, mit dem ich gut befreundet war, der drohende Zerfall des Reiches, die Orgien der Gemeinheit und des Unverstandes, die weitere Erschwerung der eigenen finanziellen Situation, die Angst vor dem Winter: alles das bringt zusammen mit der Überarbeitung und den nunmehr hoffentlich überstandenen Sorgen um meine Frau mich in eine trübe und deprimierte Seelenverfassung. [. . .] Allein das sind Depressionszustände, die vorübergehen bei körperlicher Kräftigung. Eine tiefe Trauer wird zwar wohl nie mehr von mir weichen, solange ich lebe. Soweit ich für irdische Dinge lebte, habe ich für mein Vaterland gelebt, und ich sehe nun seinen hoffnungslosen Zerfall; und mit einem großen Teil der Menschen meines Standes und Berufes bin ich zerfallen, weil ich an eine Restauration nicht glaube und sie auch nicht wünsche. Es müßten ganz neue Wege gegangen werden, und die will niemand sehen. Verzeihen Sie diesen Gefühlsausbruch. Ich habe in den letzten Wochen furchtbar gelitten und werde mich nie ganz davon erholen. Gott sei Dank hat der Mensch noch ein zweites Vaterland, aus dem einen niemand hinauswerfen kann.«

Troeltsch erkannte, daß sich für sein politisches Programm keine Mehrheit finden würde. Seine Partei, die DDP, verfiel schon bald der Bedeutungslosigkeit, und die erhoffte Bildung einer stabilen bürgerlichen Mitte blieb aus. Ist Troeltsch also gescheitert? Lassen sich seine resignativen Töne als Eingeständnisse der eigenen Niederlage deuten? Natürlich kann man mit solchen Fragen historische Bilanzen anstellen und aus sicherer Distanz errechnen, wer Sieger und wer Besiegter ist. Aber wer in dieser Weise Troeltschs »Mißerfolg« messen will, sieht nicht, daß seine Mutlosigkeit und Zukunftsangst ihren Grund in einer klaren Einschätzung der politischen Lage hatten. Sein früher Tod im Februar 1923 ersparte es Troeltsch, das Eintreffen seiner Befürchtungen zehn Jahre später erleben zu müssen.

Literaturhinweise

Hauptwerke von Ernst Troeltsch

Die Soziallehren der christlichen Kirchen und Gruppen, Gesammelte Schriften Bd. I, Aalen: Scientia Verlag 1977.

Zur religiösen Lage, Religionsphilosophie und Ethik, Gesammelte Schriften Bd. II, Aalen: Scientia Verlag 1981.

Der Historismus und seine Probleme, Gesammelte Schriften Bd. III, Aalen: Scientia Verlag 1977.

Aufsätze zur Geistesgeschichte und Religionssoziologie, Gesammelte Schriften Bd. IV, Hans Baron (Hg.), Aalen: Scientia Verlag 1981.

Die Absolutheit des Christentums und die Religionsgeschichte, Tübingen und Leipzig: J.C.B. Mohr 1902.

Politische Ethik und Christentum, Göttingen: Vandenhoeck & Ruprecht 1904.

»Protestantisches Christentum und Kirche in der Neuzeit« in: *Die Kultur der Gegenwart. Ihre Entwickelung und ihre Ziele,* Paul Hinneberg (Hg.), Teil I, Abt. IV/1, *Geschichte der christlichen Religion,* Berlin und Leipzig: B.G. Teubner 1909 (2. Auflage).

Die Bedeutung des Protestantismus für die Entstehung der modernen Welt, München und Berlin: R. Oldenbourg 1911 (2. Auflage).

Der Historismus und seine Überwindung. Fünf Vorträge, eingeleitet von Friedrich von Hügel, Berlin: Pan Verlag Rolf Heise 1924.

Deutscher Geist und Westeuropa. Gesammelte kulturphilosophische Aufsätze und Reden, Hans Baron (Hg.), Tübingen: J.C.B. Mohr 1925.

Das ungeheuer umfangreiche und verstreute Gesamtwerk von Ernst Troeltsch ist nahezu vollständig aufgeführt in der Ernst Troeltsch-Bibliographie, Friedrich Wilhelm Graf und Hartmut Ruddies (Hgg.), Tübingen: J.C.B. Mohr 1982.

Eine gute Einführung in Troeltschs Denken bieten Friedrich Wilhelm Graf und Hartmut Ruddies, »Ernst Troeltsch: Geschichtsphilosophie in praktischer Absicht« in: *Grundprobleme der großen Philosophen.* Philosophie der Neuzeit IV, Josef Speck (Hg.), Göttingen: Vandenhoeck & Ruprecht 1986, S. 128–164.

Zur Biographie:

Hans-Georg Drescher, *Ernst Troeltsch.* Leben und Werk, Göttingen: Vandenhoeck & Ruprecht 1991.

Über den neuesten Stand der Troeltsch-Forschung informieren die Troeltsch-Studien, Friedrich Wilhelm Graf und Horst Renz (Hgg.),

Bd. I: *Untersuchungen zur Biographie und Werkgeschichte,* Gütersloh: Gütersloher Verlagshaus Gerd Mohn 1982.

(Bd. II in Vorbereitung)

Bd. III: *Protestantismus und Neuzeit,* Gütersloh: Gütersloher Verlagshaus Gerd Mohn 1984.

Bd. IV: *Umstrittene Moderne.* Die Zukunft der Neuzeit im Urteil der Epoche Ernst Troeltschs, Gütersloh: Gütersloher Verlagshaus Gerd Mohn 1987.

Bd. VI: *Ernst Troeltschs Soziallehren.* Studien zu ihrer Interpretation, Friedrich Wilhelm Graf und Trutz Rendtorff (Hgg.), Gütersloh: Gütersloher Verlagshaus Gerd Mohn 1993.

Personenregister

Avenarius, Ferdinand (1856–1923). Schriftsteller und Herausgeber des *Kunstwarts,* in dem Troeltsch seine *Spektatorbriefe* veröffentlichte. Durch den *Kunstwart* und die Gründung des »Dürerbundes« setzte A. sich für eine umfassende ästhetische Volksbildung ein. In zwei Büchern untersuchte er kritisch die alliierte Kriegspropaganda (*Das Bild als Verleumder,* 1915; *Das Bild als Narr,* 1918).

Bauer, Max (1869–1929). Oberst und im I. Weltkrieg Verbindungsmann Ludendorffs zu Wirtschaft, Gewerkschaften und Parteien. B. beteiligte sich am Kapp-Putsch und lebte anschließend in China.

Beaconsfield, Benjamin Disraeli Earl of (1804–81). Konservativer britischer Premierminister (1868, 1874–80) und Schriftsteller.

Bellamy, Edward (1850–98). Amerikanischer Schriftsteller und Sozialreformer, der vor allem durch seinen utopischen Roman *Rückblick aus dem Jahre 2000* (1888) bekannt wurde.

Benesch, Eduard (1884–1948). Tschechischer Außenminister (1918–35), Ministerpräsident (1921/22) und Staatspräsident (1935–38).

Berg, Friedrich Freiherr von (1868–1939). Der hochkonservative B. wurde im Januar 1918 auf Druck von Ludendorff und Hindenburg Chef des Zivilkabinetts von Wilhelm II.

Bernstein, Eduard (1850–1932). Sozialistischer Theoretiker und Publizist. B. kritisierte den strengen Marxismus und gab dem reformistischen Flügel der SPD ein wissenschaftliches Fundament (»Bernsteinscher Revisionismus«). Gegen Ende des Krieges trat er der USPD

(1917–18) bei. Er hatte hervorragenden Anteil an der Ausarbeitung des »Görlitzer Programms« (1921) der SPD, das die Wiedervereinigung mit Teilen der USPD anbahnte (1922).

Bethmann Hollweg, Theobald von (1856–1921). Reichskanzler und preußischer Ministerpräsident (1909–17). B. bemühte sich als gemäßigter Konservativer um außenpolitischen Ausgleich und nach innen um eine Demokratisierung des Reiches, konnte sich aber im Verlauf des Krieges immer weniger gegen Hindenburg und Ludendorff durchsetzen. Seine Absetzung führte zu einer faktischen Militärdiktatur. B. schrieb zu seiner Rechtfertigung *Betrachtungen zum Weltkrieg* (1921).

Blunck, Andreas (1871–1933). DDP-Abgeordneter in der Nationalversammlung und im Reichstag. Knapp eine Woche lang Justizminister im Kabinett Müller (März bis Mai 1920).

Braun, Carl Otto (1872–1955). Sozialdemokratischer Politiker. Mitglied des Berliner Arbeiter- und Soldatenrats (November 1918), anschließend preußischer Landwirtschaftsminister (1918–21). Mit nur kurzen Unterbrechungen war B. preußischer Ministerpräsident (1920 bis 32) und machte Preußen zu einem »demokratischen Bollwerk«. Er führte eine große Koalition aus SPD, DDP, Zentrum und DVP. Im Juli 1932 wurde er von Reichskanzler von Papen in einem partiellen Staatsstreich des Amtes enthoben und von Hitler 1933 endgültig entmachtet.

Braun, Friedrich Edler von (1863–1923). Verwaltungsbeamter im Landwirtschaftsressort. Reichstagsabgeordneter der DNVP (seit 1920) und erster Vorsitzender des Reichswirtschaftsrates (1920).

Bredereck, Paul (1877–?). Rechtsanwalt, Mitglied der DNVP und Pressechef der Kapp-Putschisten.

Briand, Aristide (1862–1932). Sozialistischer französischer Politiker. Mehrfacher Ministerpräsident (1921 bis 22, 1925–26 u.ö.). Er befürwortete eine Aussöhnung mit Deutschland und schloß mit Stresemann die Locarno-Verträge ab (1925), die ein europäisches System der Friedenssicherung etablierten und Deutschland den

Eintritt in den Völkerbund ermöglichten (Friedensnobelpreis 1926 gemeinsam mit Stresemann).

Brockdorff-Rantzau, Ulrich Graf von (1869–1928). Der Diplomat und überzeugte Demokrat B. wurde als Parteiloser im Kabinett Scheidemann Außenminister (1919). Er leitete die deutsche Delegation bei der Pariser Friedenskonferenz, trat aber zurück, um den »Diktatfrieden« nicht zu unterschreiben. Anschließend wurde er Botschafter in Moskau (1922–28).

Bülow, Bernhard Fürst von (1849–1929). Reichskanzler und preußischer Ministerpräsident (1900–09). B. vertrat eine forcierte Weltmachtpolitik, unterstützte das Tirpitzsche Flottenbauprogramm und führte Deutschland außenpolitisch in die Isolation.

Cambó y Battle, Francesce de Asis (1876–1947). Spanischer Minister für wirtschaftliche Entwicklung (1918) und Finanzminister (1921/22).

Champion, Edme (1836–1915). Französischer Historiker.

Clemenceau, Georges (1841–1929). Französischer Ministerpräsident (1906–09, 1917–20). C. nahm bei den Friedensverhandlungen eine schroff deutschlandfeindliche Haltung ein.

Cohn, Oskar (1869–1934). Reichstagsabgeordneter der SPD (seit 1912), Wechsel zur USPD (1917).

Czernin von und zu Chudenitz, Ottokar Graf (1872–1932). Österreichischer Außenminister (1916–18). In seinen Bemühungen um einen baldigen »Brotfrieden« begab sich C. in Gegensatz zur deutschen Kriegspartei.

Delbrück, Hans (1848–1929). Professor für Geschichte in Berlin, Herausgeber der *Preußischen Jahrbücher* (seit 1883) und Politiker. Während des Krieges trat D. als Führer der Gemäßigten für eine Politik des Verständigungsfriedens und der inneren Demokratisierung ein. Nach seinem Selbstverständnis ein »aufgeklärter Konservativer«, kämpfte D. in der Weimarer Republik gegen die nationalistische Rechte. D. leitete den »Mittwochabend«, einen politischen Klub, über den Troeltsch wertvolle Kontakte und Einsichten erhielt.

Denikin, Anton Iwanowitsch (1872–1947). Seit 1917 Oberbefehlshaber der russischen Westfront. Im russischen Bürgerkrieg führte D. eine Freiwilligenarmee gegen die Bolschewiki (1918–20).

Dilke, Charles Wentworth (1843–1911). Liberaler britischer Politiker und Schriftsteller, der sozialreformerische und imperialistische Gedanken verband.

Doyé, Georg. Der geheime Regierungsrat D. war Referent für die Sicherheitspolizei im preußischen Innenministerium. D. war führend am Kapp-Putsch beteiligt.

Dreyfus, Alfred (1859–1935). Der französische Artilleriehauptmann jüdischer Abstammung wurde aufgrund gefälschter Beweise und aus antisemitischen Motiven von einem Militärgericht des Landesverrats für schuldig befunden und zu lebenslanger Verbannung verurteilt (Dezember 1894). Es begann ein langer Kampf gegen das Unrechtsurteil, in den auch Emile Zola eingriff. Erst 1906 wurde D. rehabilitiert. Die Dreyfus-Affäre war die schwerste französische Staatskrise der Jahrhundertwende und die wichtigste Schlacht zwischen dem konservativ-katholischen Lager und den laizistischen Republikanern, die sich für D. einsetzten.

Ebert, Friedrich (1871–1925). Sozialdemokratischer Politiker. Gemeinsam mit Haase Parteivorsitzender (seit 1913), nach dessen Übertritt zur USPD alleiniger Vorsitzender (1917). E. setzte sich nach Kriegsende für die schnelle Herstellung verfassungsmäßiger Zustände ein. Prinz Max ernannte ihn zum Reichskanzler (9. 11. 1918). Einen Tag später wurde er zusammen mit Haase Vorsitzender des als Regierung fungierenden Rats der Volksbeauftragten (»Duumvirat«). Die Nationalversammlung wählte E. zum Reichspräsidenten (11. 2. 1919). Trotz seiner würdigen und auf Ausgleich bedachten Amtsführung wurde er zur Zielscheibe rechter Hetzkampagnen.

Ehrhardt, Hermann (1881–1971). Korvettenkapitän und Führer des nationalistischen Freikorps »Brigade Ehrhardt«. E. war maßgeblich an der Niederwerfung kommunistischer Aufstände in Mitteldeutschland, polnischer Freischärler in Oberschlesien, aber auch am Kapp-Putsch beteiligt. Nach dem Scheitern des Putschs floh E. nach Bayern, wo er den Geheimbund »Organisation

Consul« aufbaute, der für die Ermordung Erzbergers und Rathenaus verantwortlich war.

Eisner, Kurt (1867–1919). Sozialistischer Politiker und Schriftsteller; einer der Gründer der USPD. An der Spitze des Arbeiter- und Soldatenrates rief er den sozialistischen Freistaat Bayern aus (7./8.11.1918), dessen Ministerpräsident er wurde. Innenpolitisch strebte er eine Kombination von Rätesystem und Parlamentarismus an. In der Kriegsschulddebatte agitierte er für ein uneingeschränktes deutsches Schuldbekenntnis. Er wurde von dem rechtsradikalen Grafen Arco-Valley erschossen.

Erzberger, Matthias (1875–1921). Führer des linken Flügels der Zentrumspartei und Finanzminister im Kabinett Bauer (1919–20). E. war verantwortlich für die Steuerreform. Er unterzeichnete das Waffenstillstandsabkommen. Als wichtigster Vertreter der »Erfüllungspolitik« war E. für die nationalistische Rechte die negative Symbolfigur der neuen Republik und wurde das erste prominente Opfer rechter Hetze. Helfferich warf ihm in einer Kampagne die Verquickung öffentlicher und privater Interessen vor. E. konnte nicht alle Vorwürfe entkräften und mußte im März 1920 zurücktreten. Er wurde, nachdem er schon ein erstes Attentat überlebt hatte, von zwei Angehörigen der rechtsradikalen »Organisation Consul« ermordet (26. 8. 1921).

Facta, Luigi (1861–1930). Italienischer Ministerpräsident (Februar–Oktober 1922). Im selben Jahr war F. Vorsitzender der Konferenz von Genua.

Falkenhayn, Erich von (1861–1922). Preußischer General, Kriegsminister (1913–15) und Chef des Generalstabs des Feldheeres (1914–16).

Gareis, Karl (1889–1921). Radikaler bayrischer Sozialist, Mitglied des bayrischen Landtags und Fraktionsführer der USPD (seit Juli 1920). G. wurde von unbekannten Attentätern — wahrscheinlich Rechtsextremisten — erschossen.

Graefe, Albrecht von (1868–1933). Reichstagsmitglied der DNVP (seit 1919). Nach einem Zwischenspiel als

Gründer und Führer der Deutschvölkischen Freiheitspartei (1922) trat G. zur NSDAP über (1923).

Groth, Klaus (1819–99). Plattdeutscher Dichter.

Haase, Hugo (1863–1919). Sozialistischer Politiker. Seit 1913 gemeinsam mit Ebert Parteivorsitzender der SPD und mit Scheidemann Fraktionsvorsitzender. H. gehörte dem linken, pazifistischen Parteiflügel an und wechselte 1917 zur USPD, deren Vorsitzender er wurde. Während der Revolutionsphase leitete er mit Ebert den Rat der Volksbeauftragten (November–Dezember 1918). Er befürwortete die Zusammenarbeit seiner Partei mit der SPD. Er wurde von einem Geisteskranken ermordet.

Haenisch, Konrad (1876–1925). Sozialdemokratischer Politiker des rechten Parteiflügels. H. wurde — anfangs gemeinsam mit Hoffmann (USPD) — preußischer Minister für Wissenschaft, Kunst und Volksbildung (1918–21). H. war der direkte Vorgesetzte Troeltschs, während dessen Zeit als parlamentarischer Unterstaatssekretär im preußischen Kultusministerium.

Haniel von Haimhausen, Edgar (1870–1935). Diplomat, Staatssekretär im Auswärtigen Amt (1920–22). H. war der Vertreter Deutschlands bei der Waffenstillstandskommission (1918/19) und in Versailles der Generalsekretär der deutschen Abordnung (1919).

Harden, Maximilian (eigentlich Felix Ernst Witkowski, 1861–1927). H. gründete und führte in einem Ein-Mann-Betrieb die Zeitschrift *Die Zukunft,* die zum *Spiegel* der Kaiserzeit wurde. Politisch begann H. als Bismarck-Anhänger und erbitterter Gegner von Wilhelm II., aber im Laufe des Krieges näherte er sich linkssozialistischen Positionen an. Der jungen Republik stand er feindlich gegenüber. Kurz nach der Ermordung Rathenaus, mit dem ihn eine Haß-Freundschaft verband, verübten Rechtsradikale ein Attentat auf ihn (3. 7. 1922), das ihn schwer verletzte. Seine letzten Lebensjahre verbrachte er in der Schweiz.

Harding, Warren Gamaliel (1865–1923). Republikanischer Präsident der USA (1921–23). Gegner der Reformbewegung und Weltpolitik seines Vorgängers Wilson.

Headlam-Morley, James Wycliffe (1863–1929). Englischer Historiker und Berater des Foreign Office (seit 1920).

Heim, Georg (1865–1938). Bayrischer Politiker und Reichstagsabgeordneter des Zentrums (seit 1895). Der populäre »Bauerndoktor« gründete die Bayrische Volkspartei, eine bayrisch-föderalistische Abspaltung des Zentrums (1918).

Heine, Wolfgang (1861–1944). Sozialdemokratischer Justizminister der preußischen Revolutionsregierung (1918–19), anschließend preußischer Minister des Inneren (1919–20). Nach dem Kapp-Putsch wurde H. wegen seiner uneindeutigen Haltung gegenüber den Putschisten entlassen.

Helfferich, Karl Theodor (1872–1924). Nationalökonom, Bankier und Politiker. Staatssekretär des Reichsamts des Innern und Vizekanzler (1916–17). Als Mitglied des Parteivorstands und Reichstagsabgeordneter der DNVP wurde H. einer der Wortführer der nationalistischen Feinde der Weimarer Republik und der »Erfüllungspolitik«. Er führte eine aggressive Kampagne gegen Erzberger. 1920 wurde er zwar in einem Beleidigungsprozeß zu einer Geldstrafe verurteilt, aber die Diskreditierung Erzbergers war ihm gelungen.

Hergt, Oscar (1869–1967). Preußischer Finanzminister (1917/18), Mitbegründer und Vorsitzender der DNVP (1919–1924), die er als koalitionsfähige, christlich-konservative Volkspartei konzipierte. Es gelang H. aber nicht, seine gemäßigten Vorstellungen gegen den nationalistischen Flügel unter Helfferich durchzusetzen und die DNVP von Rechtsextremisten frei zu halten.

Hermes, Andreas (1878–1964). Agrarfachmann und Zentrumspolitiker. Ernährungsminister (1920–22) und Finanzminister (1921–23). 1933 legte H. seine politischen Ämter nieder. H. war in den Widerstand gegen Hitler verwickelt und wurde nach dem 20. Juli 1944 zum Tode verurteilt. Das Urteil wurde aber nicht vollstreckt, und die Allierten konnten ihn im April 1945 befreien.

Hindenburg, Paul von Beneckendorff und von (1847 bis 1934). Generalfeldmarschall und Chef des Generalstabs der deutschen Armee (1916–18), Reichspräsident (1925–1934).

Hintze, Paul von (1864–1941). Marineoffizier und Staatssekretär im Auswärtigen Amt (1918). Sein Einfluß bewegte Wilhelm II. dazu, der Einführung der parlamentarischen Regierungsform zuzustimmen (27. 9. 1918). H. bereitete außerdem die Flucht des Kaisers nach Holland vor.

Hoffmann, Adolf (1858–1930). Sozialistischer Politiker. Als Vertreter der USPD wurde H. gemeinsam mit Haenisch preußischer Kultusminister (November 1918). Der radikale Atheist und Kirchengegner H. setzte sich gegen den Widerstand scines Kollegen für eine sofortige und prinzipielle Trennung von Staat und Kirche ein und provozierte damit die Gefahr eines neuen Kulturkampfs. Seine Maßnahmen mußten aufgrund des kirchlichen Widerstands bald widerrufen werden. Nach einer kurzen Zeit bei der KPD (1921) kehrte er wieder zur SPD zurück.

Iswolsky, Alexander Petrowitsch (1856–1919). Russischer Außenminister (1906–10), anschließend Botschafter in Paris (bis 1917).

Jagow, Traugott von (1865–1941). Polizeipräsident von Berlin (1909–16), anschließend Regierungspräsident von Breslau (bis 1918). J. war am Kapp-Putsch führend beteiligt. Kapp machte ihn zum »preußischen Innenminister«. Er wurde wegen Hochverrats zu fünf Jahren Festungshaft verurteilt.

Kahr, Gustav Ritter von (1862–1934). Bayrischer Ministerpräsident mit separatistischen Neigungen (1920/21). K. wollte Bayern zur »Ordnungszelle« im revolutionären Reich machen und provozierte eine Kraftprobe mit Berlin, als er die Auflösung der bayrischen Bürgerwehren verweigerte. Vom Amt des Regierungspräsidenten von Oberbayern (1921–23) mußte K. wegen seiner unklaren Haltung während des Hitler-Putschs zurücktreten. Er wurde im Zusammenhang mit der »Röhm-Affäre« ermordet.

Kapp, Wolfgang (1858–1922). Der Verwaltungsbeamte K. gründete mit Tirpitz die imperialistische Vaterlandspartei (1917). Seit Juli 1919 war er im Parteivorstand der DNVP und plante seit dieser Zeit einen Putsch. Von Lüttwitz drängte ihn zum Losschlagen am 13. 3. 1920, obwohl die Planungen noch nicht abgeschlossen waren. Schon vier Tage später mußte er aufgeben und nach Schweden fliehen. 1922 kehrte er zurück, um sich vor Gericht zu verantworten, starb aber vorher in der Untersuchungshaft an Krebs.

Karl I. (1887–1922). Kaiser von Österreich und König von Ungarn (1916–1918). K. emigrierte 1919 in die Schweiz. Von dort aus versuchte er zweimal die Wiedereinführung der Monarchie in Ungarn durchzusetzen (1921). Er wurde daraufhin von der Entente nach Madeira verbannt.

Kautsky, Karl (1854–1938). Sozialistischer Politiker und Theoretiker. Mitglied der SPD, seit 1917 der USPD. In seiner Schrift *Wie der Weltkrieg entstand* (1919) versuchte er, Deutschland die Hauptschuld am Kriegsausbruch nachzuweisen.

Keim, August (1845–1926). Preußischer Generalleutnant, Mitbegründer des Flottenvereins und Führer des extrem nationalistischen Alldeutschen Verbandes.

Kessel, Gustav von (1846–1918). Preußischer Offizier, Oberbefehlshaber in den Marken und Gouverneur von Berlin (1909–1918).

Keynes, John (1883–1946). Geistiger Vater der modernen Volkswirtschaftslehre. 1919 arbeitete K. als englischer Sachverständiger in der Alliierten Reparationskommission mit, trat aber zurück, weil er die Forderungen gegenüber Deutschland für nicht vertretbar hielt.

Kerenski, Alexander Fedorowitsch (1881–1970). Russischer Ministerpräsident (seit Juli 1917), nach dem bolschewistischen Umsturz Flucht in die USA (November 1917).

Killinger, Manfred Freiherr von (1886–1944). Marineoffizier, Mitglied der »Brigade Ehrhardt« und der

»Organisation Consul«. Mitglied der NSDAP (seit 1928).

Koltschak, Alexander Wassiljewitsch (1874–1920). Russischer Admiral. K. führte während des russischen Bürgerkriegs eine antibolschewistische Armee in Sibirien, wurde besiegt und erschossen.

Kopp, Vigdor (1881–1930). Sowjetischer Vertreter in Berlin (1920).

Lagarde, Paul Anton de (eigentlich Bötticher, 1827 bis 1891). L. war einer der bedeutendsten historisch-kritischen Bibelforscher des 19. Jahrhunderts und einer der theologischen Lehrer Troeltschs. Als politischer Publizist vertrat er radikal-konservative und antisemitische Positionen. Breite Resonanz fand der leidenschaftliche Einzelgänger erst nach seinem Tod. Zusammen mit Nietzsche und Langbehn war er der geistige Vater der reaktionären Kulturkritik der Jahrhundertwende.

Larsen, Karl (1860–1931). Dänischer Schriftsteller (*Ein Däne und Deutschland,* 1921).

Legien, Carl (1861–1920). Vorsitzender des Allgemeinen Deutschen Gewerkschaftsbundes (1919–20). L. gründete zusammen mit Hugo Stinnes die Zentralarbeitsgemeinschaft, einen Zusammenschluß von Unternehmern und Gewerkschaften, der letzteren die volle Anerkennung sicherte (15. 11. 1918). Im Kampf gegen die Kapp-Putschisten organisierte L. einen Generalstreik in Berlin.

Lenin, Wladimir Iljitsch (eigentlich Uljanow, 1870 bis 1924). Russischer Revolutionsführer. Mit deutscher Hilfe kehrte L. am Ende des I. Weltkriegs aus dem Schweizer Exil nach Rußland zurück, wo er nach der bolschewistischen Oktoberrevolution von 1917 Vorsitzender des Rats der Volkskommissare und der Gründer der Sowjetunion wurde.

Lensch, Paul (1873–1926). Journalist und Reichstagsabgeordneter der SPD (1912–18). Während des Krieges wandelte sich L. vom radikalen Marxisten zum Vertreter des äußersten rechten Flügels der SPD. L. leitete dann die *Deutsche Allgemeine Zeitung,* die Stinnes gehörte (1922–25). Er wurde aus der Partei ausgeschlossen (1922).

Lequis, Arnold von (1861–1949). Preußischer General. L. leitete als Befehlshaber des Generalkommandos »Lequis« den Einzug regierungstreuer Truppen nach Berlin (Dezember 1918), der die Republik stabilisieren sollte.

Lerchenfeld-Köfering, Hugo Graf von und zu (1871 bis 1944). Diplomat und bayrischer Ministerpräsident (1921–22). Der parteilose, aber konservativ-demokratisch eingestellte Nachfolger Kahrs suchte den Ausgleich mit Berlin, lehnte aber das Gesetz zum Schutz der Republik ab.

Lewald, Theodor (1860–1947). Staatssekretär im Reichsministerium des Innern (1919–21).

Leygues, Georges (1859–1933). Linksrepublikanischer französischer Politiker. Ministerpräsident und Außenminister (September 1920–Januar 1921).

Lloyd George, David (1863–1945). Liberaler britischer Premierminister (1916–22). In den Pariser Friedensverhandlungen nahm er zwischen Wilson und Clemenceau eine vermittelnde Position ein und vertrat gegenüber Deutschland, das er vor dem wirtschaftlichem Ruin und einer Revolution bewahrt sehen wollte, eine gemäßigte Haltung.

Lodge, Henry Cabot (1850–1924). Amerikanischer Senator (Vorsitzender des auswärtigen Ausschusses des Senats). L. war einer der wichtigsten Gegner Wilsons und brachte den Versailler Vertrag im Senat zu Fall. 1921 unterstützte L. den deutsch-amerikanischen Friedensvertrag.

Luckwaldt, Friedrich (1875–1945). Professor für Neuere Geschichte in Danzig und Verfasser einer *Geschichte der Vereinigten Staaten* (1920).

Ludendorff, Erich (1865–1937). Seit 1916 leitete General L. gemeinsam mit Hindenburg die deutsche Kriegsführung. L. stürzte Bethmann Hollweg (1917) und führte mit Hindenburg eine faktische Militärdiktatur mit dem Ziel eines Sieg-Friedens um jeden Preis. Nachdem er die Unabwendbarkeit der Niederlage erkannt hatte, wälzte er die Verantwortung auf Regierung und Parteien ab. Am 26. 10. 1918 wurde L. entlassen und floh nach Schweden. Nach seiner Rückkehr (1919) begann er eine Hetzkampagne gegen die Republik und war indirekt am Kapp-Putsch (1920) sowie direkt am Hitler-Putsch (1923) beteiligt. 1925 bei der Wahl des Reichspräsidenten unterlag er als Kandidat der NSDAP seinem ehemaligen Weggefährten Hindenburg.

Lüttwitz, Walter Freiherr von (1859–1942). Preußischer General und nach Kriegsende »Vater der Freikorps«. Als Befehlshaber der Berliner Truppen warf er die kommunistischen Aufstände nieder (1919). Am 10. 3. 1920 wurde L. von Ebert und Noske beurlaubt, daraufhin initiierte er den Kapp-Putsch. Wegen seiner im Vergleich zu Kapp weniger radikalen Haltung wurde er amnestiert.

Luxemburg, Rosa (1871–1919). Sozialistische Politikerin. Wegen ihrer radikalen Opposition gegen den Krieg mehrfach in Haft, gründete sie gemeinsam mit Karl Liebknecht den Spartakusbund und die KPD (1918). Nach der Niederschlagung des Spartakus-Aufstandes wurde sie von Freikorpsoffizieren ermordet (15. 1. 1919).

MacKenna, Reginald (1863–1943). Britischer Finanzminister (1915–1916) und Vorsitzender der Midland-Bank (seit 1919). M. nahm als Finanzfachmann an der Arbeit der Reparationskommission teil.

Masaryk, Thomáš Garrigue (1850–1937). Gründer und Staatspräsident der Tschechoslowakei (1918–35).

Max, Prinz von Baden (1867–1929). Letzter Kanzler des Kaiserreichs (Oktober–November 1918). M. versuchte durch die Einführung des allgemeinen Wahlrechts und die Parlamentarisierung der Verfassung eine »Revolution von oben«. Er erzwang die Entlassung Ludendorffs und beendete damit die faktische Militärdiktatur. Am 9. 11. 1918 verkündete er eigenmächtig die Abdankung von Wilhelm II. und übertrug Ebert die Reichskanzlerschaft.

Michaelis, Georg (1857–1936). Auf Ludendorffs Vorschlag hin wurde M. als Nachfolger Bethmann Hollwegs Reichskanzler und preußischer Ministerpräsident (Juli–November 1917). Aber er konnte sich gegenüber Reichstag und Oberster Heeresleitung nicht durchsetzen. Anschließend wurde M. Oberpräsident von Pommern (1918–19).

Moltke, Helmuth von (1848–1916). Preußischer Generaloberst und Chef des Generalstabs der Armee (seit 1906). M. mußte nach der Marne-Schlacht zurücktreten (September 1914).

Morgenthau, Henry (1856–1946). Deutschstämmiger amerikanischer Diplomat und politischer Freund Wilsons. M. war amerikanischer Botschafter in Konstantinopel (1913–16). 1918 veröffentlichte er seine Memoiren *Ambassador Morgenthau's Story.*

Müller, Adam Heinrich (1779–1829). Katholisch-romantischer Staats- und Gesellschaftstheoretiker. Sein Werk erfuhr am Ausgang des 19. Jahrhunderts in Deutschland eine neue Rezeption.

Müller, Hermann (1876–1931). Sozialdemokratischer Politiker des gemäßigten Flügels, einer der Parteivorsitzenden (1919–27). Als Außenminister im Kabinett Bauer (Juni 1919–März 1920) unterzeichnete M. den Versailler Vertrag. Nach dem Kapp-Putsch wurde M. der letzte Kanzler der »Weimarer Koalition« (März bis Juni 1920) und später Kanzler einer Großen Koalition (1928–30).

Nitti, Francesco Saverio (1868–1953). Nationalökonom, liberaler italienischer Politiker. Mehrfacher Minister (1911 und 1922) und Ministerpräsident (1919–20). 1924 verließ er Italien und wurde in Paris einer der führenden Köpfe der antifaschistischen Emigration (1926).

Nivelle, Georges Robert (1858–1924). Oberbefehlshaber des französischen Heeres (Dezember 1916–Mai 1917). N. war verantwortlich für die erfolglose, mit sehr hohen Opfern verbundene Doppelschlacht an der Aisne und in der Champagne (April–Mai 1917). Nach Meutereien der Soldaten mußte er zurücktreten.

Noske, Gustav (1868–1946). Sozialdemokratischer Politiker des rechten Parteiflügels um Ebert, Gouverneur im rebellierenden Kiel (November 1918). Als Oberbefehlshaber der Truppen in den Marken schlug der »Bluthund« den kommunistischen Aufstand in Berlin nieder (Januar 1919) und liquidierte die Bremer Räterepublik (März 1919). In seiner Funktion als Reichswehrminister war N. für den Aufbau einer neuen Armee verantwortlich (Februar 1919–März 1920). Nach dem Kapp-Putsch mußte er zurücktreten.

Oeser, Rudolf (1858–1926). Liberaler Politiker (DDP), Reichsinnenminister (November 1922–August 1923).

Payer, Friedrich von (1847–1931). Liberaler Politiker, Vizekanzler (November 1917–November 1918), Abgeordneter der DDP in der Nationalversammlung (1919 bis 20).

Pöhner, Ernst (1870–1925). Münchner Polizeipräsident (1919–21) und Teilnehmer am Kapp-Putsch.

Poincaré, Raymond (1860–1934). Französischer Politiker. Bekleidete mehrfach hohe Ämter: Staatspräsident (1913–20), Ministerpräsident (1912–13, 1922–24, 1926 bis 29), Außenminister (1922–24) und Finanzminister (1926–29). P. war Vorsitzender der Reparationskommission und vertrat gegenüber Deutschland eine unnachgiebige Verhandlungsposition (Frühjahr 1920). Er stürzte Briand wegen dessen angeblich zu konzilianter Haltung (1922).

Radbruch, Gustav (1878–1949). Rechtsphilosoph, Strafrechtler und sozialdemokratischer Politiker. Professor in Königsberg, Kiel und Heidelberg. Mitglied des Reichstags (1920–24) und Reichsjustizminister (1921 bis 22 und 1923). Troeltsch bezieht sich in *Auf dem Weg zur neuen Mitte* auf R.s vor der Kantgesellschaft gehaltenen Vortrag *Über Religionsphilosophie des Rechts* (1919).

Radek, Karl (1885–1939?). Radikaler sozialistischer Politiker polnischer Abstammung. R. war zeitweilig Mitglied des Exekutivkomitees der Komintern (1920–24) und einer der wichtigsten Verbindungsleute zwischen den russischen Bolschewiki und der radikalen deutschen Linken. Er unterstützte Luxemburg und Liebknecht beim Aufbau der KPD. R. wurde Opfer der stalinistischen Säuberungen.

Rathenau, Walther (1867–1922). Großindustrieller, liberaler Politiker und Publizist. R. machte als Vorstandsmitglied (seit 1899) und Präsident (seit 1915) die AEG zum größten Elektrokonzern Europas. Während des Krieges organisierte R. weite Bereiche der Kriegswirtschaft. Der politische Publizist R. vertrat planwirtschaftliche Vorstellungen. In verschiedenen Funktionen vertrat er die Erfüllungspolitik: Sachverständiger bei den Friedensverhandlungen in Paris (1919) und bei der Konferenz von Spa (1920), Leiter der deutschen Delegation in Cannes (Januar 1922). R. war Mitglied der DDP und im ersten Kabinett Wirth Wiederaufbauminister (Juni–Oktober 1921) sowie im zweiten Kabinett Wirth Außenminister (Januar–Juni 1922). Er nahm an der Konferenz in Genua teil und schloß mit der russischen Delegation den Rapallo-Vertrag ab (April 1922). Er wurde von zwei Angehörigen der rechtsradikalen »Organisation Consul« erschossen. Als Reaktion auf diesen Mord trat das Gesetz zum Schutz der Republik in Kraft.

Rennenkampf, Pawel Karlowitsch von (1854–1918). Russischer General des I. Weltkrieges.

Reuter, Fritz (1810–74). Plattdeutscher Dichter und Romancier.

Roethe, Gustav (1859–1926). Professor für deutsche Philologie in Berlin und nationalistischer »Kathederprophet«.

Roth, Christian (1873–1934). Politiker der Bayrischen Mittelpartei und bayrischer Justizminister (1920–21). R. nahm an Hitlers Putschversuch teil (1923).

Rupprecht, Kronprinz von Bayern (1869–1955). Während des Krieges Generalfeldmarschall und Befürworter eines schnellen Friedens. Er verzichtete nicht auf den Thron und galt nach 1918 als »heimlicher König« von Bayern.

Sand, Karl Ludwig (1795–1820). Der Theologiestudent und Jenaer Burschenschaftler ermordete aus politischen Motiven den reaktionären Schriftsteller August von Kotzebue (1761–1819). Dies gab den Anlaß zu den repressiven Karlsbader Beschlüssen und den Demagogenverfolgungen.

Scheidemann, Philipp (1865–1939). Mit Ebert Führer der gemäßigten Mehrheit der SPD. S. rief am 9. 11. 1918 die Republik aus und wurde der erste republikanische Regierungschef in Deutschland (Februar–Juni 1919). Da er sich auf ein »Unannehmbar« festgelegt hatte, mußte er vor der Unterzeichnung des Versailler Vertrags zurücktreten. S. agitierte gegen die konservative Reichswehr und die nationalistische Rechte. Er entging knapp einem Blausäureattentat (4. 6. 1922).

Scheler, Max (1874–1928). Katholischer Sozialphilosoph und Schriftsteller (*Die Ursachen des Deutschenhasses,* 1917).

Schiffer, Eugen (1860–1954). Liberaler Politiker (DDP). Vizekanzler und Finanzminister im Kabinett Scheidemann (Februar–April 1919) und Vizekanzler und Justizminister im Kabinett Bauer (Oktober 1919–März 1920). Während des Kapp-Putschs vertrat er die geflohene Regierung in Berlin. Im ersten Kabinett Wirth übernahm S. wieder das Amt des Justizministers (Mai–Oktober 1921) und leitete anschließend die Genfer Verhandlungen mit Polen über Oberschlesien. Deutscher Vertreter am Internationalen Gerichtshof in Den Haag (1922–23).

Schmidt, Robert (1864–1943). Sozialdemokratischer Politiker, Vertreter des gemäßigten Flügels. Ernährungsminister (1919), wiederholt Wirtschaftsminister (1919 bis 20, 1921–22, 1929–30) sowie Minister für Wiederaufbau (1923).

Seeckt, Hans von (1866–1936). Generaloberst und Chef der Heeresleitung (1920–26). S. hielt die Armee aus dem Kapp-Putsch heraus und wurde Chef der Heeresleitung (Juni 1920). Er baute — zum Teil in geheimer Zusammenarbeit mit der Roten Armee — die neue Wehrmacht auf. S. wahrte gegenüber der Republik eine nur formale Loyalität und formte die Armee zu einem reaktionären Staat im Staate.

Simons, Walter (1861–1937). Der nationalliberale Leiter der Rechtsabteilung des Auswärtigen Amts war an den Waffenstillstandsverhandlungen und an den Verhandlungen in Versailles beteiligt. Er lehnte die Unterzeichnung ab und trat zurück. Im Kabinett Fehrenbach (Zentrum) wurde er Außenminister (1920–21). Seine Ablehnung der Londoner Reparationsforderungen führte zum Abbruch der Konferenz und zum Rücktritt der Regierung (Mai 1921). Präsident des Reichsgerichts und des Reichsstaatsgerichtshofs (1922–29).

Solf, Wilhelm (1862–1936). Liberaler Diplomat, Staatssekretär im Auswärtigen Amt (Oktober–Dezember 1918).

Spahn, Martin (1875–1945). Historiker und nationalistischer Politiker. Reichstagsabgeordneter des Zentrums (1910–12), der DNVP (1924–33), schließlich der NSDAP (1933–45).

Stadtler, Eduard (1886–1945). Nationalistischer Publizist. S. war Gründer und Leiter der »Antibolschewistischen Liga zum Schutze der deutschen Kultur«, deren Gründungsaufruf auch Troeltsch unterschrieb (1919). Er gab das jungkonservative Blatt *Das Gewissen* heraus und veröffentlichte 1919 ein Pamphlet über *Die Diktatur der sozialen Revolution.* S. war Reichstagsmitglied der DNVP (1921–33), anschließend der NSDAP.

Stegerwald, Adam (1874–1945). Zentrumspolitiker, führender Funktionär in der christlichen Gewerkschaftsbewegung und preußischer Ministerpräsident (April bis November 1921). Gemeinsam mit Troeltsch und anderen gründete S. den »Volksbund für Freiheit und Vaterland« (1917). Reichsverkehrsminister (1929–30) und Reichsarbeitsminister (1930–32). Nach dem II. Weltkrieg Mitbegründer der CSU.

Stinnes, Hugo (1870–1924). Führer der deutschen Großindustrie. Kurz vor Kriegsende gründete er mit Legien unter dem Druck der Revolution die Zentralarbeitsgemeinschaft aus Gewerkschaften und Arbeitgebern zur Lösung wirtschafts- und sozialpolitischer Probleme. S. baute nach dem Krieg die größte deutsche Unternehmensgruppe, den Stinnes-Konzern, auf. Reichstagsabgeordneter der DVP (seit 1920). 1922 einigte er sich mit dem französischen Bankier und Politiker Lubersac über den Aufbau der zerstörten französischen Gebiete. Da S. zahlreiche Zeitungen besaß, verglich

Troeltsch ihn mit dem englischen Pressetycoon Northcliffe.

Strack, Hermann (1848–1922). Evangelischer Theologe.

Stresemann, Gustav (1878–1929). Nationalliberaler Politiker. Während des Krieges stand S. Ludendorff nahe, gründete dann aber die rechts von der DDP stehende DVP (Dezember 1918), welche vor allem die Interessen der Großindustrie vertrat. Erst seit 1922 stand S. loyal zur Verfassung. Als Reichskanzler (1923) und Außenminister (1923–29) gelang ihm die vorläufige Sicherung der Republik nach innen und außen.

Südekum, Albert (1871–1943). Sozialdemokratischer Politiker und Publizist, preußischer Finanzminister (1918 bis 20).

Tagore, Rabindranath (1861–1941). Indischer Dichter, Philosoph und Maler (Literaturnobelpreis 1913).

Talaat-Bey, Mehmed (1872–1921). Türkischer Großwesir und einer der Führer der revolutionären jungtürkischen Bewegung. T. war mitverantwortlich für den Völkermord an den Armeniern während des I. Weltkrieges. 1918 floh er nach Deutschland, wo er von einem armenischen Studenten ermordet wurde.

Tirpitz, Alfred von (1849–1930). Großadmiral und imperialistischer Marinepolitiker. Der Gründer des Flottenvereins initiierte die aggressive Flottenbau-Politik Deutschlands, die zum Konflikt mit England führte. Gemeinsam mit Kapp gründete er die nationalistische Deutsche Vaterlandspartei (1917). Später gehörte er als Abgeordneter der DNVP dem Reichstag an (1924 bis 28).

Traub, Gottfried (1869–1956). Liberaler evangelischer Theologe und nationalistischer Politiker. Nach seiner ungerechtfertigten Entlassung aus dem Pfarrdienst (1912) wurde er zum Direktor des liberalen »Deutschen Protestantenbunds« gewählt (1913). Im Krieg wandelte sich T. zum entschiedenen Annexionisten. Er gab die berüchtigten *Eisernen Blätter* heraus (1914–39) und trat der Tirpitzschen Vaterlandspartei bei (1917). Wegen »vaterländischer Verdienste« wurde er kirchlich rehabilitiert (1918). Er wurde als Kandidat der DNVP in die Nationalversammlung gewählt. T. nahm als Informationschef am Kapp-Putsch teil (1920). Seit 1921 arbeitete er als Redakteur der *Münchner-Augsburger Abendzeitung*.

Treitschke, Heinrich von (1834–96). Historiker und nationalistischer Publizist (*Politik*. Vorlesungen, 2 Bde., 1897/98; *Deutsche Geschichte im 19. Jahrhundert,* 5 Bde., 1879–94).

Trotzky, Leo (1879–1940). Bolschewistischer Revolutionsführer. T. leitete die russische Delegation in Brest-Litowsk und baute als Kriegskommissar die Rote Armee auf (seit März 1918). Er verlor den Machtkampf gegen Stalin und wurde abgesetzt (1925). Auf Betreiben Stalins wurde er im mexikanischen Exil ermordet.

Vögler, Albert (1877–1945). Großindustrieller und Politiker. V. gründete die Vereinigten Stahlwerke (Thyssen-Konzern). Er war der engste Mitarbeiter von Stinnes und für die DVP Mitglied des Reichstags (1920 bis 24). 1945 beging er Selbstmord, um der Verhaftung durch amerikanische Soldaten zu entgehen.

Wells, Herbert George (1866–1946). Englischer Schriftsteller. Er gab gemeinsam mit Sidney und Beatrice Webb und George Bernard Shaw die *Fabian Tracts* heraus (seit 1884), gesellschaftskritische Analysen und soziale Reformvorschläge — unter deutlicher Abgrenzung vom Marxismus. In seinen Zukunftsromanen entwarf W. utopische Ideen über einen sozialistischen Weltstaat.

Wilhelm II. (1859–1941). Deutscher Kaiser und König von Preußen (1888–1918). W. führte nach dem Krieg eine öffentlich gewordene Korrespondenz mit Hindenburg über die Kriegsschuldfrage und die Ereignisse, die zu seiner Abdankung geführt hatten.

Wilhelm (1882–1951). Sohn von Wilhelm II., Kronprinz des deutschen Reiches und Preußens. Er ging wie sein Vater nach der Novemberrevolution in die Niederlande. Er verzichtete auf alle Thronrechte (1. 12. 1918) und kehrte nach Deutschland zurück (1923).

Wilson, Thomas Woodrow (1856–1924). Demokratischer Präsident der USA (1913–21). W. formulierte 1918 in seinen 14 Punkten das Programm eines gerechten Friedens »ohne Sieger und Besiegte« (Selbstbestimmungsrecht der Völker, Völkerbund), das große propagandistische Wirkung entfaltete. Mit seinen moralistischen Friedensvorstellungen konnte W. sich aber gegen die Bestrafungspolitik Frankreichs nicht durchsetzen, weshalb ihn seine deutschen Gegner als Lügner bezeichneten. Zu Hause scheiterte seine Außenpolitik im Senat, der den Versailler Vertrag nicht ratifizierte. 1919 erhielt er den Friedensnobelpreis.

Winnig, August (1878–1956). Rechter sozialdemokratischer Politiker. Reichskommissar für Ost- und Westpreußen (ab Januar 1919) und Oberpräsident von Ostpreußen (ab Juni 1919). W. leistete beim Kapp-Putsch keinen Widerstand, um die Ruhe in seiner Provinz zu wahren. Er wurde deshalb abgesetzt und aus der Partei ausgeschlossen. Seit den 20er Jahren war W. als antidemokratisch-konservativer Publizist erfolgreich.

Wirth, Josef (1879–1956). Zentrumspolitiker des Erzberger-Flügels und Reichskanzler zweier Kabinette (Mai 1921–November 1922).

Yorck von Wartenburg, Ludwig Graf (1759–1830). Preußischer Feldmarschall während der napoleonischen Kriege.

Zimmermann, Arthur (1864–1940). Staatssekretär im Auswärtigen Amt (November 1916–August 1917). Der Ludendorff nahestehende und als Scharfmacher geltende Z. schickte am 16. 1. 1917 eine Depesche an den deutschen Gesandten in Mexiko. Darin forderte er diesen auf, Bündnisverhandlungen mit Mexiko zu führen. Im Falle des Kriegseintritts der USA sollte Mexiko mit Deutschland kämpfen und dafür weite Teile der US-amerikanischen Südstaaten erhalten. Diese aberwitzige Depesche wurde abgefangen. Ihre Veröffentlichung erregte die öffentliche Meinung der USA und erleichterte der Regierung Wilson, an der Seite der Entente in den I. Weltkrieg einzutreten. Das Eingreifen der USA in das Kriegsgeschehen besiegelte die Niederlage Deutschlands.

Zeittafel

1918

8. 1. Wilson verkündet das Friedensprogramm der »14 Punkte«.

3. 3. Friedensvertrag von Brest-Litowsk mit Rußland.

29. 9. Die Oberste Heeresleitung verlangt Waffenstillstand und Parlamentarisierung des Reiches.

3. 10. Prinz Max von Baden wird Reichskanzler.

3./4. 10. Deutsches Waffenstillstandsangebot an Wilson.

28. 10. Parlamentarisierung der Reichsverfassung.

3. 11. Matrosenaufstand in Kiel. Beginn der Revolution.

5. 11. Gründung der Zentralarbeitsgemeinschaft von Gewerkschaften und Großindustrie.

9. 11. Abdankung von Wilhelm II. Scheidemann ruft die Republik aus. Ebert wird Reichskanzler.

10. 11. Bildung des Rats der Volksbeauftragten aus SPD und der Unabhängigen Sozialdemokratischen Partei Deutschlands (USPD).

11. 11. Unterzeichnung des Waffenstillstands.

20. 11. Gründung der linksliberalen Deutschen Demokratischen Partei (DDP).

24. 11. Gründung der extrem rechten Deutschnationalen Volkspartei (DNVP).

16.–20. 12. Kongreß der Arbeiter- und Soldatenräte in Berlin: Entscheidung für Wahlen zur Nationalversammlung.

15. 12. Gründung der nationalistisch-liberalen Deutschen Volkspartei (DVP).

28./29. 12. USPD-Vertreter verlassen den Rat der Volksbeauftragten.

19.–31. 12. Gründung der Kommunistischen Partei Deutschlands (KPD).

1919

4.–12. 1. Spartakusaufstand in Berlin.

15. 1. Mord an Liebknecht und Luxemburg.

18. 1. Eröffnung der Pariser Friedenskonferenz.

19. 1. Wahl zur Nationalversammlung: Sieg der Mitteparteien (SPD, Zentrum, DDP).

26. 1. Wahl zur Verfassungsgebenden Preußischen Landesversammlung.

Januar–Mai Aufstände, Streiks, Errichtung von Räterepubliken in vielen Teilen Deutschlands.

6. 2. Eröffnung der Nationalversammlung in Weimar.

11. 2. Wahl Eberts zum Reichspräsidenten.

13. 2. Kabinett Scheidemann (»Weimarer Koalition«: SPD, Zentrum, DDP).

21. 2. Ermordung Eisners.

16. 6. Ultimatum zur Annahme der alliierten Friedensbedingungen.

20. 6. Rücktritt des Kabinetts Scheidemann.

21. 6. Kabinett Bauer (SPD, Zentrum, seit Oktober 1919 auch DDP). — Selbstversenkung der deutschen Hochseeflotte bei Scapa-Flow.

28. 6. Unterzeichnung des Friedensvertrags von Versailles.

14. 8. Weimarer Verfassung tritt in Kraft.

1920

10. 1. Versailler Vertrag tritt in Kraft.

7. 2. Die Alliierten übergeben der deutschen Regierung eine Liste mit 895 auszuliefernden »Kriegsverbrechern«. Deutschland leistet dieser Forderung keine Folge.

13.–17. 3. Kapp-Putsch.

27. 3. Kabinett Wirth (SPD, Zentrum, DDP).

März/April Kämpfe im Ruhrgebiet und in Mitteldeutschland.

6. 6. Reichstagswahl: starke Verluste der »Weimarer Koalition«.

21. 6. Kabinett Fehrenbach (Zentrum, DDP, DVP).

5.–16. 7. Konferenz von Spa: Erste Klärung der Reparationsfrage.

16. 10. Spaltung der USPD.

Dezember Griechisch-türkischer Krieg (bis 1922).

1921

24.–29. 1. Pariser Konferenz: Festsetzung der deutschen Reparationen auf 269 Milliarden Goldmark, zahlbar in 42 Jahren.

21. 2.–14. 3. Londoner Konferenz zur Reparationsfrage.

März Kommunistische Aufstände in Sachsen und Hamburg.

8. 3. Besetzung von Duisburg, Düsseldorf und Ruhrort durch Alliierte.

20. 3. Volksabstimmung in Oberschlesien für den Verbleib im Deutschen Reich. Aufstand polnischer Freischaren.

27. 3. Festsetzung der deutschen Reparationen auf 132 Milliarden Goldmark.

4. 5. Rücktritt des Kabinetts Fehrenbach.

5. 5. Londoner Ultimatum zur Annahme der Reparationsforderungen.

10. 5. 1. Kabinett Wirth (SPD, Zentrum, DDP). Annahme des Ultimatums, Beginn der »Erfüllungspolitik«.

24./25. 8. Friedensvertrag zwischen Deutschland und den USA.

26. 8. Mord an Erzberger.

September SPD-Parteitag in Görlitz.

12. 10. Völkerbund beschließt die Teilung Oberschlesiens zwischen Polen und Deutschland.

20. 10. Angora-Vertrag: Verständigung zwischen Frankreich und der türkischen Republik in Ankara unter Kemal Atatürk.

26. 10. 2. Kabinett Wirth (SPD, Zentrum, DDP).

5. 11. Preußisches Kabinett Braun (SPD, Zentrum, DDP, DVP).

12. 11.–2. 2. 1922 Washingtoner Konferenz: Abkommen zur Flottenbegrenzung.

1922

6.–13. 1. Konferenz von Cannes: Moratorium für Reparationszahlungen.

10. 4.–19. 5. Wirtschaftskonferenz von Genua.

16. 4. Rapallo-Vertrag zwischen Deutschland und der Sowjetunion.

4. 6. Attentat auf Scheidemann.

24. 6. Mord an Rathenau.

18. 7. »Gesetz zum Schutz der Republik«.

7.–14. 8. Londoner Konferenz.

August Beginn der Hyperinflation.

24. 9. Wiedervereinigung von Rest-USPD und SPD.

22. 11. Kabinett Cuno (Parteilose, DVP, DDP, Zentrum).

1923

11. 1. Besetzung des Ruhrgebietes durch französische und belgische Truppen.

1. 2. Tod Troeltschs in Berlin.

Inhalt

Briefe 1918–22

Dossier

Die Berliner Briefe 1918–1922 von Ernst Troeltsch sind im Januar 1994 als hundertundneunter Band der ANDEREN BIBLIOTHEK im Eichborn Verlag, Frankfurt am Main, erschienen. Der Titel DIE FEHLGEBURT EINER REPUBLIK stammt vom Herausgeber.

Troeltsch hat diese Briefe für die Münchner Zeitschrift *Der Kunstwart und Kulturwart* geschrieben, vom Februar 1919 bis zum Juli 1920 unter dem Pseudonym Spectator, dann, bis zum Oktober 1922, unter seinem eigenen Namen und unter dem Titel *Berliner Brief*. Die Kolumne erschien in der Regel alle vierzehn Tage.

Nach dem Tode des Autors veröffentlichte H. Baron 1924 eine Auswahl unter dem Titel *Spektator-Briefe. Aufsätze über die deutsche Revolution und die Weltpolitik 1918/22,* mit einem Geleitwort von Friedrich Meinecke, im Verlag J. C. B. Mohr, Tübingen.

Die vorliegende Ausgabe, die Johann Hinrich Claussen zusammengestellt und erläutert hat, ist ebenfalls eine Auswahl; sie folgt jedoch Barons Edition nicht, sondern geht auf die Erstveröffentlichungen zurück. Kürzungen im Text sind mit [. . .] bezeichnet.

Dieses Buch wurde in der Buchdruckerei Greno in Nördlingen aus der Korpus Modern Nr. 1 Monotype gesetzt und auf einer Condor-Schnellpresse gedruckt. Das holz- und säurefreie mattgeglättete 100 g/qm Bücherpapier stammt aus der Papierfabrik Niefern. Den Einband besorgte die Buchbinderei G. Lachenmaier in Reutlingen.

1. bis 6. Tausend, Januar 1994. Einmalige, limitierte Ausgabe im Buchdruck vom Bleisatz.

ISBN 3-8218-4109-5. Printed in Germany.

Von jedem Band der ANDEREN BIBLIOTHEK gibt es eine Vorzugsausgabe mit den Nummern 1–999.